分子考古学导论

蔡大伟 主编

科学出版社

北京

内 容 简 介

本书是我国分子考古领域的第一部基础性读物,它系统地介绍了分子考古学的基本概念、理论原理、研究方法以及国内外的主要研究方向和进展。

本书适合作为考古学、博物馆学本科生、研究生的必修课教材,同时,也可以作为分子进化和古生物专业研究人员的参考书。

图书在版编目(CIP)数据

分子考古学导论/蔡大伟主编. —北京:科学出版社,2009
ISBN 978-7-03-023404-9

Ⅰ. 分… Ⅱ. 蔡… Ⅲ. 分子-考古学 Ⅳ. K85

中国版本图书馆 CIP 数据核字(2008)第 178069 号

责任编辑:宋小军　席　慧/责任校对:李奕萱
责任印制:赵德静/封面设计:王　浩

科　学　出　版　社　出版
北京东黄城根北街16号
邮政编码:100717
http://www.sciencep.com

中国科学院印刷厂 印刷
科学出版社发行　各地新华书店经销
*
2008年12月第 一 版　　开本:B5(720×1000)
2008年12月第一次印刷　印张:16 1/2
印数:1—2 500　　　　　字数:360 000

定价:48.00元
(如有印装质量问题,我社负责调换〈科印〉)

《分子考古学导论》编委会名单

主编 蔡大伟
编者 周　慧　崔银秋　王海晶
　　　许　月　张小雷

分子考古学进入我国才十余年的时间，是一个非常新的交叉学科，也是一个非常有潜力的学科，这一年轻的学科要健康、稳定、快速地向前发展，离不开后备人才的培养。相信这本书的出版，会使越来越多的人认识分子考古、喜爱分子考古、投身于分子考古领域，这也是本书所要达到的目的。本书的出版，有利于分子考古研究方法和技术水平的提高，对传统考古研究领域的深化以及多学科研究的整合都将起到积极的推动作用。

由于编者水平有限，书中难免有一些错误，敬请广大读者批评指正。

蔡大伟
吉林大学边疆考古研究中心
2008 年 8 月 18 日

目　录

前言
绪论 ………………………………………………………………… (1)
　一、什么是分子考古学？ ………………………………………… (1)
　二、分子考古的主要研究内容 …………………………………… (1)
　　1. 研究人类的起源与迁徙 …………………………………… (1)
　　2. 古代动植物的驯化 ………………………………………… (2)
　　3. 古人的个体识别、群体遗传关系及族属鉴定 …………… (2)
　　4. 古人与生活环境的关系 …………………………………… (3)
　　5. 古病理研究 ………………………………………………… (4)
　三、分子考古学理论基础与研究方法 …………………………… (4)
　四、什么是古 DNA，有何特点？ ……………………………… (6)
　五、古 DNA 分子保存年限 ……………………………………… (9)
　六、古代 DNA 研究的历史与现状 …………………………… (12)

第一篇　生物学基础

第 1 章　生物大分子 ………………………………………… (21)
　1.1　蛋白质 ………………………………………………………… (21)
　　1.1.1　肽键 …………………………………………………… (23)
　　1.1.2　蛋白质的结构与功能 ………………………………… (23)
　　1.1.3　同源蛋白质 …………………………………………… (24)
　1.2　核酸 …………………………………………………………… (25)
　　1.2.1　碱基、核苷、核苷酸 ………………………………… (26)
　　1.2.2　核酸的紫外吸收 ……………………………………… (30)
　　1.2.3　核酸的变性、复性与杂交 …………………………… (30)

第 2 章　基因与基因组 ……………………………………… (32)
　2.1　基因的定义 …………………………………………………… (33)
　2.2　基因组定义 …………………………………………………… (33)
　2.3　半保留半不连续复制机制 …………………………………… (33)
　2.4　基因的突变、损伤与修复 …………………………………… (34)
　2.5　基因重组 ……………………………………………………… (35)

2.6　基因转录 ………………………………………………………………（35）
　2.7　遗传密码 ………………………………………………………………（36）
　2.8　蛋白质的生物合成 ……………………………………………………（38）
第3章　基因组演化与物种分类 ………………………………………………（40）
　3.1　细胞的形成 ……………………………………………………………（40）
　3.2　从单细胞生物到多细胞生物 …………………………………………（42）
　3.3　病毒基因组 ……………………………………………………………（42）
　3.4　原核生物染色体结构 …………………………………………………（43）
　3.5　真核生物的染色体结构 ………………………………………………（44）
　3.6　人类基因组 ……………………………………………………………（45）
　3.7　基因组进化模式 ………………………………………………………（46）
　3.8　物种的分类 ……………………………………………………………（49）
　3.9　分子系统树 ……………………………………………………………（50）
第4章　遗传多态性标记 ………………………………………………………（52）
　4.1　遗传多态性标记的分类 ………………………………………………（52）
　　4.1.1　形态、生理标记 …………………………………………………（52）
　　4.1.2　染色体标记 ………………………………………………………（53）
　　4.1.3　血型和蛋白质标记 ………………………………………………（53）
　　4.1.4　DNA 标记 …………………………………………………………（53）
　4.2　DNA 多态性研究 ………………………………………………………（53）
　　4.2.1　DNA 多态性形成机制 ……………………………………………（53）
　　4.2.2　DNA 标记的分类 …………………………………………………（54）
　　4.2.3　人类 DNA 多态性研究的历史和现状 …………………………（56）
　4.3　mtDNA 遗传多态性标记 ………………………………………………（57）
　　4.3.1　mtDNA 遗传系统的特点 …………………………………………（59）
　　4.3.2　mtDNA 多态性检测方法 …………………………………………（59）
　　4.3.3　mtDNA 多态性研究在人类进化上的应用 ………………………（60）
　　　4.3.3.1　非洲人群的迁移和 mtDNA 变异 ……………………………（61）
　　　4.3.3.2　欧洲人群的迁移和 mtDNA 变异 ……………………………（63）
　　　4.3.3.3　亚洲人群的迁移和 mtDNA 变异 ……………………………（64）
　4.4　Y 染色体遗传标记 ……………………………………………………（67）
　　4.4.1　Y 染色体结构 ……………………………………………………（67）
　　4.4.2　Y 染色体遗传系统的特点 ………………………………………（68）
　　4.4.3　Y 染色体变异形式 ………………………………………………（69）
　　4.4.4　Y 染色体多态性检测方法 ………………………………………（70）
　　4.4.5　单核苷酸多态位点变异在人类进化中的应用 …………………（70）

第二篇 古 DNA 应用实例

第 5 章 人类古 DNA 研究应用 (85)
5.1 古 DNA 在人类起源研究中的应用 (85)
5.2 古 DNA 在人群水平上的应用 (98)
5.2.1 欧洲人群研究 (98)
5.2.2 新疆地区人群研究 (99)
5.2.3 中国北方地区古代人群研究 (101)
5.3 古 DNA 在家庭或家族水平的应用 (103)
5.4 古 DNA 在个体水平的应用 (104)
5.4.1 性别鉴定 (104)
5.4.2 个体身份识别 (105)
5.5 古 DNA 在古病理学的应用 (110)

第 6 章 古 DNA 与家养动物起源研究 (116)
6.1 家养动物起源研究的研究方法 (116)
6.1.1 考古调查 (116)
6.1.2 分子生物学分析 (118)
6.2 家猪的起源研究 (118)
6.3 狗的起源研究 (121)
6.4 黄牛的起源研究 (122)
6.5 绵羊的起源研究 (126)
6.6 山羊的起源研究 (128)
6.7 家马的起源研究 (131)

第 7 章 植物古 DNA 研究应用 (138)
7.1 小麦古 DNA 研究应用 (138)
7.2 玉米古 DNA 研究应用 (140)
7.3 稻古 DNA 研究应用 (141)
7.4 高粱古 DNA 研究应用 (142)
7.5 其他植物遗存古 DNA 研究应用 (142)
7.6 植物化石古 DNA 研究应用 (143)
7.7 冰芯中植物古 DNA 研究应用 (146)

第三篇 古 DNA 的研究方法

第 8 章 古 DNA 研究流程 (153)
8.1 古 DNA 实验技术流程 (153)
8.1.1 考古发掘人员样本采集 (153)

8.1.2　样本评估 ……………………………………………（154）
　　8.1.3　样本处理 ……………………………………………（156）
　　8.1.4　DNA 提取 ……………………………………………（157）
　　8.1.5　PCR 扩增 ……………………………………………（158）
　　　　8.1.5.1　PCR 技术的基本原理 ……………………（158）
　　　　8.1.5.2　PCR 反应5要素 ……………………………（160）
　　　　8.1.5.3　PCR 系统中的其他成分 …………………（161）
　　　　8.1.5.4　PCR 反应参数 ……………………………（162）
　　8.1.6　PCR 产物检测 ………………………………………（163）
　　8.1.7　PCR 产物纯化 ………………………………………（165）
　　8.1.8　测序 …………………………………………………（166）
8.2　古 DNA 序列的真实性 …………………………………………（168）
　　8.2.1　污染来源 ……………………………………………（169）
　　8.2.2　污染的控制 …………………………………………（170）
　　8.2.3　污染的识别 …………………………………………（172）
　　8.2.4　甄别古 DNA 的标准 …………………………………（172）
8.3　古 DNA 研究中的新进展 ………………………………………（173）
　　8.3.1　荧光实时定量 PCR …………………………………（174）
　　8.3.2　扩增产物长度多态性 ………………………………（174）
　　8.3.3　嘧啶 N 糖基化酶 ……………………………………（175）
　　8.3.4　焦磷酸测序技术 ……………………………………（176）
　　8.3.5　多重 PCR ……………………………………………（177）

第9章　古 DNA 数据分析 ……………………………………………（181）
9.1　系统发育分析 ……………………………………………………（181）
　　9.1.1　系统发育树 …………………………………………（181）
　　9.1.2　序列比对与排序 ……………………………………（184）
　　9.1.3　系统发育树的重建 …………………………………（184）
　　　　9.1.3.1　距离法 ……………………………………（185）
　　　　9.1.3.2　简约法 ……………………………………（188）
　　　　9.1.3.3　似然法 ……………………………………（189）
　　　　9.1.3.4　进化树搜索 ………………………………（190）
　　　　9.1.3.5　系统树树根的确定 ………………………（191）
　　　　9.1.3.6　其他构树方法 ……………………………（191）
　　　　9.1.3.7　不同构树方法的评估和比较 ……………（192）
　　　　9.1.3.8　系统发育树的检验 ………………………（194）

9.2 遗传多维尺度分析 …………………………………………………… （195）
9.3 主成分分析 …………………………………………………………… （196）
9.4 群体遗传学分析 ……………………………………………………… （197）
  9.4.1 群体遗传多样性指数分析 ……………………………………… （197）
  9.4.2 核苷酸配对差异分析与中性检验 ……………………………… （198）
  9.4.3 分子差异分析 …………………………………………………… （198）
  9.4.4 基因混合度计算 ………………………………………………… （199）

第 10 章 古 DNA 研究常用软件 ………………………………………… （202）

10.1 引物设计 …………………………………………………………… （202）
  10.1.1 引物设计原则 …………………………………………………… （202）
  10.1.2 Primer Premier 软件 …………………………………………… （203）
10.2 从测序图谱到 DNA 序列——Chromas 软件的应用 …………… （206）
  10.2.1 文件输入及导出 ………………………………………………… （207）
  10.2.2 图谱的编辑及序列查找 ………………………………………… （207）
10.3 序列检索 …………………………………………………………… （208）
  10.3.1 相似性检索 ……………………………………………………… （209）
  10.3.2 相关序列的下载 ………………………………………………… （210）
10.4 DNA 序列的比对及排序——Clustal 软件的应用 ……………… （214）
  10.4.1 序列输入 ………………………………………………………… （214）
  10.4.2 编辑比对序列 …………………………………………………… （214）
  10.4.3 多重序列比对 …………………………………………………… （215）
  10.4.4 构建系统树 ……………………………………………………… （216）
10.5 分子系统树的构建及检验与 Phylip 软件包的使用 ……………… （216）
  10.5.1 Phylip 软件包输入数据的格式 ………………………………… （218）
  10.5.2 用 Phylip 软件包构建系统发育树 …………………………… （219）
10.6 Mega 软件包在分子系统学中的应用 …………………………… （222）
  10.6.1 Mega 数据的输入 ……………………………………………… （223）
  10.6.2 数据文件的导入 ………………………………………………… （224）
  10.6.3 序列特殊信息的浏览和输出 …………………………………… （224）
  10.6.4 序列的分组 ……………………………………………………… （226）
  10.6.5 序列的组成成分统计 …………………………………………… （226）
  10.6.6 遗传距离的计算 ………………………………………………… （227）
  10.6.7 系统发育树的构建及检验 ……………………………………… （230）
  10.6.8 多重序列比对 …………………………………………………… （232）

10.7 Arlequin 软件包在分子系统学中的应用……………………………………（233）
　　10.7.1 Arlequin 软件包输入数据的格式…………………………………（233）
　　10.7.2 Arlequin 软件包操作界面简介及数据输入………………………（233）
　　10.7.3 遗传多样度指数菜单…………………………………………………（235）
　　10.7.4 中性检验菜单…………………………………………………………（237）
　　10.7.5 遗传结构分析菜单……………………………………………………（237）
10.8 Network 软件与中介网络图的构建…………………………………………（238）
　　10.8.1 Network 软件输入数据及其格式…………………………………（239）
　　10.8.2 中介网络图的构建……………………………………………………（240）
　　10.8.3 绘制中介网络图………………………………………………………（241）
　　10.8.4 Network 软件操作技巧……………………………………………（242）
10.9 SPSS 软件与遗传多维尺度分析及主成分分析………………………………（242）
　　10.9.1 SPSS 数据输入…………………………………………………………（243）
　　10.9.2 SPSS 与遗传多维尺度分析…………………………………………（244）
　　10.9.3 SPSS 与主成分分析…………………………………………………（247）

绪　　论

一、什么是分子考古学？

考古学是研究人类历史中有关人类及其活动的科学，新石器时期以来的生物和人类文明的研究都属考古学和历史学研究范畴。从世界范围看，现代考古学已逐渐演变成一个以人文科学研究为目的，包含大量自然科学方法的交叉性学科。20世纪80年代，随着分子生物学技术飞速发展，尤其是PCR扩增技术的出现以及对古DNA（ancient DNA）研究的深入，考古学家和分子生物学家将以古DNA研究为主导的现代分子生物学引入传统考古学研究领域，并逐渐形成了新兴的考古学的分支学科——分子考古学（molecular archaeology）。

分子考古学是指利用分子生物学技术，对出土的古代的任何可研究对象（包括人类、动物、植物以及微生物）进行分子水平上的考古研究。分子考古学的核心是古DNA研究，它利用现代分子生物学的手段提取和分析保存在古代人类和动植物遗骸（remains）中的古DNA分子去解决考古学问题。作为遗传信息的载体，古DNA分子能够准确地反映生物的结构特征以及生物种群的系统发生与演变规律，对解决人类的起源和迁徙，动植物的家养与驯化过程以及农业的起源和早期发展等重大考古学问题具有重要意义。

从研究的方法与手段来看，分子考古属于科技考古范畴；从所研究的对象和内容上来看，分子考古属于生物考古范畴。目前，分子考古学正在逐步走向成熟，并成为国际考古学界所普遍关注的焦点和前沿。

二、分子考古的主要研究内容

古代DNA技术从诞生之日起就被广泛用于人类学、考古学、古生态学、群体遗传学、动物系统学、植物系统学、保护生物学以及法医学等领域。下面简要介绍一下古DNA技术在考古学方面的应用情况。

1. 研究人类的起源与迁徙

应用分子生物学讨论现代人类的起源、演化、发展和迁徙已经对考古学的研究产生不可估量的影响。然而以往的分子进化研究主要是以现代生物的遗传信息为基础，通过对现代生物的遗传数据分析反推得以重建历史事件，并不是由直接观察历史记录进行研究的。现代生物的遗传信息仅仅为漫长的进化历史提供间接证据，从某种意义上来说，现代分子进化研究是受到时间束缚的（time trapped），其结论可能会与现在古人类学及考古学的发现相矛盾,如果能够直接从古代人类标本中获取分子演化的证据,无疑对研究人类的进化和起源具有重要的意义。古代 DNA 提取和检测技术的建立,为解决上述问题打开了希望之门。通过对古 DNA 的研究,结合对现代人的 DNA 研究,我们可以从分子水平上追踪进化的轨迹,有效地捕捉进化过程中的细节。目前,最成功的例子是通过对尼安德特人的古 DNA 研究表明尼安德特人是人类进化过程中灭绝了的"旁支",尼安德特人的基因对于现代人的基因库没有贡献,不是人类的直系祖先。

2. 古代动植物的驯化

在人类漫长的发展历程中,动物和植物的驯化是最重要的事件,家养动物为人类提供了来源稳定的动物蛋白质,是人类社会由散居、渔猎型向群居、农业型转变的重要基础和必然产物[1]。野生动物被驯化为家养动物后,其扩散是依赖于人类的迁移而实现的。因此,对家养动物起源的研究不仅具有其自身的意义,对于了解人类社会的发展也有重要的价值。目前,考古学家们采用多种方法和手段进行研究。以往人们只能研究动植物家养过程中的形态变异,而对产生这些形态变异的根源——遗传变异则不能直接观察和研究。基于古代 DNA 研究的分子遗传学在了解早期农业的发展方面具有很大的潜力,尤其在确定动植物的驯化和家养时间的确定方面作用更加突出。目前的研究主要集中于大型的家养动物,如绵羊、山羊、牛、马和猪等的起源研究,初步揭示了近东和东亚这两个独立的主要驯化中心。此外,科学家还通过对小麦、高粱、稻米以及玉米等农作物驯化过程的分析,了解早期农业社会的发展以及人类利用植物思路的变化。

史前人类进行动植物驯化,或通过迁徙把某地的动植物带到其他地域是不争的历史事实。因此,通过对考古学发现的动物区系内遗存的 DNA 进行分析,可以追踪史前人类的迁徙情况。Matisoo-Smith 和 Allen[2] 的研究表明,太平洋老鼠(*Rattus exulans*)是由第一批来太平洋岛屿的拓荒者带来的。通过分析这种横跨太平洋岛屿,与人类共生的物种的分子多态性,他们阐明了首批拓荒者的迁徙路径。

3. 古人的个体识别、群体遗传关系及族属鉴定

(1) 古 DNA 在个体水平上最简单的应用就是性别鉴定。性别是极其重要的一项个体指标,对于了解古代社会的劳动分工、埋葬习俗等都很有帮助。这一工作过去由传统体质人类学的骨骼形态分辨来完成,如对颅骨、上下颌骨、骨盆等具有性别差异部位的区分,但形态鉴定主要依靠经验,而且对骨骼数量、部位要求都较高,对未成年个体的性别判断不够准确,尤其是那些人类学标记不清晰,如仅仅有骨骼碎片或儿童的遗骸更是难以辨认。而分子生物学手段从决定性别的根本因素 DNA 入手,通过扩增细胞核 DNA 中具有性别多态性的基因片段来鉴别,显然科学得多。此外,还可以对家系内部个体的身份进行血缘识别。古代社会的人们往往聚族而居,死后经常埋葬在一起。在考古研究中,通过对家系内母系、父系血缘世系的确立以及特殊家庭之间关系的了解，可以分析当时的社会结构、婚嫁模式乃至史前社会的丧葬习俗等考古学问题。以往我们只能通过观察不同个体的墓志铭、埋葬位置、陪葬方式和形制来探讨不同个体间的亲缘关系，在相关细节缺乏时很难准确地进行个体身份的识别。通过分析不同个体的线粒体 DNA（mtDNA）和 Y 染色体 DNA（Y-DNA），我们很容易弄清他们的母系和父系血缘关系。

（2）对古人的群体研究主要目的是重建古代人群的遗传结构、进化过程及迁移模式。一个人群的遗传学变化是从它的祖先人群继承下来的，因此，现代人群与其祖先人群具有相似的遗传标记频率。此外，某些遗传标记在不同人群间是呈特征性分布的，这样的遗传标记可作为两个人群间亲缘关系的指示性标记。在能大量获得古人类个体的前提下，史前的人口迁徙情况、人群的连续性发展和人群代替问题，可以用古 DNA 技术分析说明[3]。

首先，在一个较小而确定的地域范围内，古 DNA 技术可以分析人群连续性和人群替代等问题。其次，在较为广泛的地域范围里，用古 DNA 技术可以研究在大洲范围内的人群迁徙。例如，Haak 等[4]通过对 7500 年前的欧洲农民的遗传结构进行分析证明，新石器时期第一批由近东地区扩散到欧洲的农民对现代欧洲人的遗传影响非常有限，其影响力仅限于农业技术的传播，这为现代欧洲人起源于旧石器时期的猎户采集人提供了佐证。

（3）在考古学文化的研究中，族属鉴定是考古中重要的一环，以往考古学家只能通过考古学文化内涵、文献记载以及民族史的成果进行推测，缺少比较确切的科学依据，古 DNA 能够提供直接的遗传证据，为相关的考古学文化的渊源和流向、族属以及古代和现代民族的关系提供重要的信息。例如，汪古部是金元时期蒙古草原上的重要部落之一，在中国历史上，这一部落对元朝的建立和中国的统一曾经起了重要的作用。然而，关于汪古部的族源历来有不同的观点，主要有汪古属于突厥族和汪古属于蒙古族等说法。付玉芹等[5]对汪古部的遗传结构进行了分析，结果表明汪古部的遗传结构十分复杂，其母系既含有亚洲谱系成分，又包含了欧洲谱系成分。同时发现这个古代部落与现在说突厥语族的乌兹别克族和维吾尔族人的亲缘关系最近，支持了汪古部的突厥起源说。

4. 古人与生活环境的关系

对远古人类生活环境的重建是史前考古学家研究的课题之一。通过对史前人们居住的生态系统的重建，可以了解当时古人的生存适应情况，包括食物获取行为、季节性迁徙行为以及动植物的驯养行为等。过去主要用确认动植物群落、动物区系遗存的方法进行环境重建，用某些物种优选的栖息地推断局部环境的生态状况。因此，对动植物遗存进行准确的确认在环境重建方面是至关重要的。然而，在一些考古遗址中常见的一些形态不清或有争议的动植物残骸的物种确认经常是不准确的[6]。

此外，遗传学上有密切联系但形态学上明显不同的物种，其生存环境往往也是不同的。在这种情况下，用古 DNA 技术对考古学遗存进行物种的准确分类，对重建局部生态环境是必不可少的。Barnes 等[7]对 Lincolnshire 两个考古学位点的 6 个鹅种，进行了 DNA 依赖的物种确认，结果表明，当时的盎格鲁撒克逊人（Anglo-Saxon，7~12 世纪）既从事猎禽活动，也从事野生鸟的驯化管理。Kahila 等[8]对前陶器时代（距今 9500~8000 年）和陶器时代（距今 7500~5500 年）的一些山羊骨骼进行了形态学分析，认为前陶器时代的山羊属于正处于驯化前期的野生种，而陶器时代的山羊则明显属于驯化山羊（*Capra hircus*）。通过古 DNA 分析得到了与形态学分析相同的结果，并通过古 DNA 研究成功区别开了山羊的两个野生种——牛黄山羊（*Bezoar goat*）和努比亚野生山羊（*Nubian ibex*），这一点通过目前形态学手段是无法做到的，体现了古 DNA 的优越性。

此外，通过分析古人类粪便中残留的 DNA，可以揭示当时古人类食物中的动物、植物的种类，间接复原当时的生活环境和食物获取方式。分析古土壤中的植物 DNA 也可以重建当时的生活环境，Willerslev 等[9]先后在西伯利亚冰原和南极格陵兰岛地下深层土壤中获取植物叶绿体 DNA 的片段并且鉴定出了多种植物，复原了几十万年前当地的生态环境。

5. 古病理研究

通过对古代样本微生物的调查，人类学家、考古学家可以推断某些物种灭绝的原因。极地永冻地带发现的某些种类的大型哺乳动物样本，为开创这方面的研究创造了条件；古代埃及木乃伊，不但可以用来分析新石器时代以来的埃及人群的基因频率多态性，也可以用来研究古代疾病的进化历史。鉴定古人遗骸中的病原微生物，如对流感病毒、结核分枝杆菌以及麻风病的研究，为古代传染病及其传播方式、影响范围以及病原体与宿主之间相互作用的研究，开创了一条新途径。根据上文的描述，我们从人类资源古 DNA 和非人类资源古 DNA 两方面，对其在考古学中的应用进行了总结（表1），请读者进一步参考。

三、分子考古学理论基础与研究方法

传统考古学的理论基础是地层学和类型学，分子考古学的理论基础是分子系统学（molecular phylogenetics）和群体遗传学（population genetics）。

分子系统学是由物种分类的传统方法衍生而来的。18 世纪，林奈（Linnaeus）根据已知的生物体在形态结构上的差异，把生物归入不同的类别，为生物多样性的描述和分类奠定了基础，林奈这一系统因其严谨性、科学性而很快得到公认，并被进化学家拉马克、达尔文、海克尔所采用。1860 年，海克尔提出了系统发生（phylogeny）这一概念。系统发生研究的主要任务是探讨物种之间的历史

表1　古DNA在考古学中的总体应用情况

古DNA资源	应用领域	解决问题的范围	具体内容
人类资源应用	个体识别	性别鉴定	分析婚姻和丧葬习俗、不同性别的差别、死亡率，进而分析当时的社会状况
		母系和父系血缘追踪	分析当时的社会结构、个体的社会地位、婚嫁模式以及丧葬习俗和迁徙等
	群体遗传关系（含族属鉴定）	种群连续性和种群替代	分析群体历史遗传结构的变化规律，追踪史前人群的进化和迁徙，分析具有相同/不同形态结构、文化特征的古代人群之间以及古代人群与现代人群之间的祖先与后裔关系
	人类起源与进化	整个现代人类以及其他古人类	不同地区人类的进化模式及其起源，如东亚人群、欧洲人群的起源问题
非人类资源应用	动植物资源	动植物遗骸种属鉴定	分析狩猎方式、食物结构、环境重建
		种群连续性和种群替代	分析动植物群体历史遗传结构的变化，揭示其起源与驯养的历史及其与农业起源的密切关系
	微生物资源	古病理	探寻史前和有史记载的疾病历史和模式

渊源以及物种之间的亲缘关系。早期的研究主要集中于物种、物种形成和地理变异而不是生物发生。20世纪50年代开始，免疫学方法和蛋白质电泳开始用来比较亲缘关系接近的物种及同一物种不同成员的变化。70年代以后，随着分子生物学的发展，生物大分子在系统进化研究上的作用越来越重要，核酸（DNA或RNA）、蛋白质和染色体都可作为遗传标记，来解释种群的遗传结构和分类群间的关系，而这些大分子的研究产生了许多可比较的数据基础，提供了洞察分子本身进化的可能，同时这些分子含有大量的有效遗传信息，由此而产生了分子系统学。

分子系统学的研究首先是通过现代分子生物学技术，获得物种特定遗传标记的大量数据，然后把这些数据进行相关的数学分析而对研究结果进行解释和说明。近几年随着测序技术的推广、普及和自动测序技术的发展，DNA已经成为分子系统学研究的主要遗传标记，常用的分析方法有DNA杂交、串联重复序列数目变异、单链构象多态性、变性梯度凝胶电泳、限制性片段长度多态性、随机扩增多态性DNA、测序和克隆。在得到遗传标记的大量数据后，必须对它们进行系统发育分析，从中得出遗传信息，来构建系统进化树，用以描述所研究的生物间的进化关系。

群体遗传学是古DNA研究的另一块基石。群体是指一群可以相互交配的个体。群体遗传学主要研究群体的遗传结构及其变化规律，是一门定量地研究生物进化机制的遗传学分支学科。群体遗传学起源于英国数学家哈代（Hardy）和德国医学家温伯格（Weinberg）于 1908 年提出的遗传平衡定律（law of genetic equilibrium），也称为哈代-温伯格定律。以后，英国数学家费希尔（Fisher）、遗传学家霍尔丹（J. B. S. Haldane）和美国遗传学家赖特（S. Wright）等又做出了重大贡献，使群体遗传学成为一门独立的学科。

遗传平衡定律认为，如果一个群体无限大，群体内的个体随机交配，没有突变和选择压力发生，则群体中各种基因型的比例可以逐代保持不变。事实上，这种情况在自然界中尤其是人类社会中是不可能存在的，基因型的频率肯定是变化的。基因突变、自然选择、遗传漂变和群体迁移是造成基因频率变化的主要因素。基因突变是指基因发生突变，突变基因在群体中固定（fixed）下来需要很长时间。自然选择即环境对变异的选择，即保存有利变异和淘汰不利变异的过程。选择的实质是定向地改变群体的基因频率。遗传漂变（random genetic drift）是指由于群体较小和偶然事件造成基因频率随机波动的现象。当一个新的群体只是由几个个体建立起来时，就会发生遗传漂变的极端情况，称为奠基者效应（founder effect）。迁移是指含有某种基因的个体从一个地区迁移到另一个地区的机会不均等，而导致基因频率发生改变。群体遗传学就是应用数学和统计学的方法研究群体中基因频率和基因型频率的变化，以及影响这些变化的选择效应和突变作用，还研究了群体迁移和遗传漂变与遗传结构的关系，由此来探讨生物进化的机制。

分子考古学的研究方法是利用分子生物学技术从古代生物遗骸中提取出 DNA，获取古 DNA 序列，然后运用分子系统学和群体遗传学的分析方法，对数据进行分析，以解决考古学问题。

古代 DNA 研究的一般实验技术路线包括样本的采集、保存质量评估、去污染处理、DNA 提取、PCR 扩增、PCR 产物的测序和数据的真实性检验等步骤，通过上述步骤，我们能够获得真实可靠的古 DNA 序列。随后利用系统发育分析和群体遗传学方法对古 DNA 数据进行分析处理，系统发育分析主要是通过构建 DNA 系统发育树揭示古代群体和现代群体的关系，从分子水平上探讨群体进化的规律。群体遗传学分析通过分析过去群体的遗传结构，推断群体的扩张模式、历史动态，推算群体起源、分歧的大致时间以及群体的进化速率、基因混合程度、甄别古 DNA 序列等，并可以给出统计学上的量化结果。

四、什么是古 DNA，有何特点？

古 DNA（ancient DNA）是指残存在古代生物遗骸中的遗传物质——脱氧核糖核酸（DNA）。对古生物体中残存的 DNA 进行研究，能够揭示远古时期不为人知的生态、环境、社会的发展。古 DNA 研究的资源是比较丰富的，化石、亚化石、博物馆收藏标本、考古标本、法医学标本都可以作为古 DNA 研究的材料。根据标本的物理特性，古 DNA 研究材料可分为软组织（包括毛发）、硬组织和化石。在特定环境下（永冻地带或干燥的沙漠）得以较好保存的软组织，包括人或动物古尸的肌肉、皮肤、脑、内脏和毛发等都是古DNA研究中难得的材料，而且是最容易成功提取古DNA的，如埃及的木乃伊、德国和法国边界发现的距今5000多年的"雪人"（图1）、博物馆馆藏干尸标本等。所谓硬组织是指骨、牙齿等材料，它们来源广泛，种类和数量较多，是古代DNA研究中最常见的材料，也是古DNA研究的主要对象。人骨和牙齿结构较为稳定，经过长期埋藏，其骨细胞内仍能含有一定数量的DNA片段。但对化石而言，在现有技术条件下，绝大多数化石还不能成为古代DNA研究的材料。

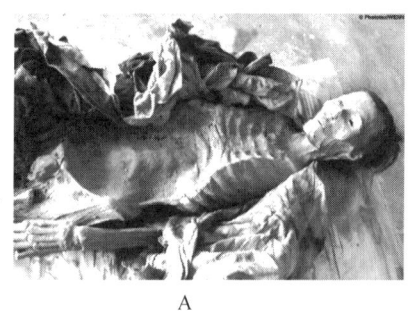 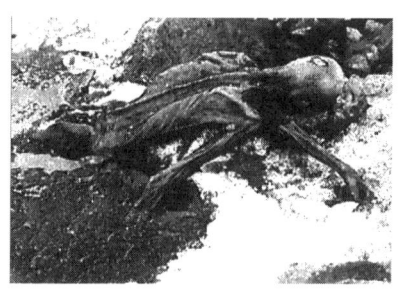

A   B

图1 古人类样本
A. 新疆木乃伊（引自www.photobase.cn）；B. 冰人"奥茨"（引自http：//rosedale.lkdsb.net/otzi.htm）

经过长期的保存，古DNA具有含量极低、高度降解、广泛损伤的特点。Handt等[10,11]用竞争性PCR方法定量分析古DNA的含量（以可经PCR扩增的模板DNA的分子数表示），根据他们的研究，在保存状态较好的情况下，每毫克古代样品中约含2000个长约100bp的mtDNA分子，比新鲜组织中的含量少6个数量级以上。而保存状态一般的样品中，古DNA的含量更低，仅为每毫克组织10~40个分子。一般而言，生物遗体中的古DNA分子已经降解成短的片段，长度仅为100~500bp。

现代DNA具有正常的DNA结构，它包括两个缠绕在一起形成双螺旋结构的核苷酸长链，互补碱基腺嘌呤（A）与胸腺嘧啶（T）、胞嘧啶（C）与鸟嘌呤（G）之间的氢键连接。在活细胞中，DNA分子的损伤会通过修复系统快速而有效地自我修复。而当生物死亡之后，由于自身的修复机制停止作用[21]，在体内核酸酶、外界环境以及土壤微生物的共同作用下，DNA分子迅速降解并遭到严重的损伤，随着时间的推移逐渐积累，最终导致古DNA完整性的丧失。

古DNA损伤包括断链损伤、氧化损伤、DNA交联和水解损伤四个方面，其中水解损伤和氧化损伤是古DNA损伤的主要因素，二者均可引起古DNA分子含氮碱基发生脱氨基、脱嘌呤以及脱嘧啶等变化，进而造成DNA分子的断裂。

水解主要破坏碱基与糖环相连接的 N-糖苷键以及连接磷酸糖骨架的磷酸二酯键，此外，酸、碱催化作用都可导致碱基本身水解脱去氨基，如胞嘧啶脱氨基形成尿嘧啶，腺嘌呤脱氨基形成次黄嘌呤（图2）。水解作用导致 DNA 含量减少、片段变短以及编码潜能改变。

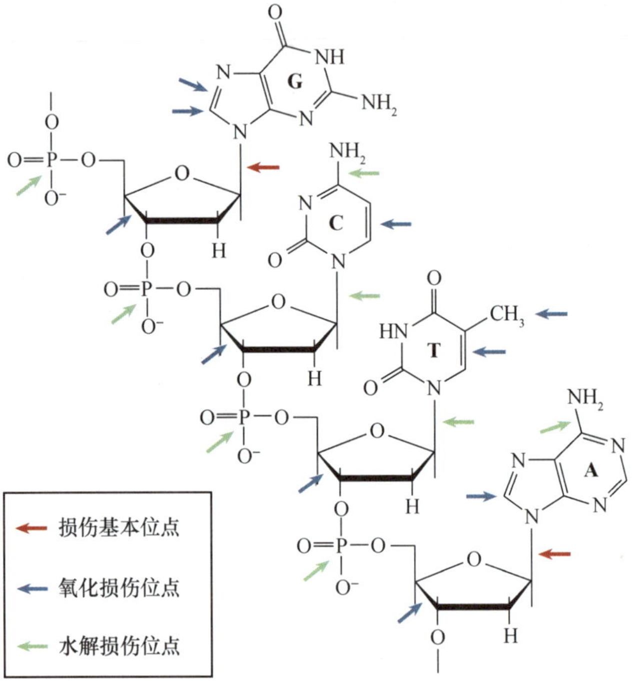

图 2　DNA 的易损伤位点[12]

氧化作用则对碱基和磷酸糖骨架本身具有破坏作用，氧化损伤可以是电离辐射直接造成的，也可能是由电离辐射所引发的各种自由基所造成的。嘌呤和嘧啶的双键是氧化损伤所发生的主要部位，脱氧核糖环的化学键也是氧化损伤的易发部位（图2）。氧化损伤引起的碱基、糖-磷酸骨架结构的改变以及碱基修饰作用，在 PCR 反应中会严重阻碍 Taq 酶对 DNA 链的延伸作用，例如，由碱基 C、T 氧化产生的乙内酰脲能关闭 DNA 聚合酶的活性，抑制 PCR，C 脱氨基则可导致 PCR 过程中不正确碱基的插入等。

除了水解和氧化损伤以外，古 DNA 还面临着断链损伤和 DNA 交联。断链损伤可以分为内源性的酶促降解以及非酶解磷酸二酯键的断裂两个方面，它们是导致古 DNA 片段变短的重要原因。DNA 交联在 PCR 扩增过程中也会严重阻碍 Taq 酶作用的发挥。此外，其他诸如 UV 照射、烷基化作用以及一些细菌等微生物所释放的酶类也对古代样本中的 DNA 有损伤作用。表 2 列出了 DNA 的损伤类型和 PCR 解决方案。

表 2 古代 DNA 损伤类型总揽及 PCR 解决方案[13]

损伤类型	发生过程	对 DNA 影响	解决方案
断链损伤	微生物降解	DNA 总量减少	套叠引物 PCR 扩增（片段叠加）
	内源核酸酶降解	片段变短	
	其他化学过程		
氧化损伤	碱基损伤	碱基的片段化	套叠引物 PCR 扩增（片段叠加）
	脱氧核糖残基损伤	糖环的片段化	
		核苷酸修饰	多个独立的 PCR 扩增；多克隆测序
DNA 交联	DNA 内；DNA 和其他生物分子（如蛋白质分子）	Mailard 产物	PTB（N-苯酰甲噻唑溴，N – phenacyl thiazolium bromide）
水解损伤	氨基丢失：A→I；C→U；5' 甲基化：C→T；G→X	编码潜能改变	多个独立的 PCR 扩增；多克隆测序

五、古 DNA 分子保存年限

古 DNA 分子的保存年限，一直是科学家关注的问题。Willerslev 等[13]曾经做过古 DNA 的保存年限的统计。如图 3 所示，截止到 2004 年末，已报道的一些最古老的古 DNA 都是从永冻地带的样本中获得的，包括 5 万年前的猛犸象 mtDNA[14]、6.5 万年前的美洲野牛 mtDNA[15]以及 30 万~40 万年前的植物叶绿体 DNA（chloroplast DNA，cpDNA）和 4 万~6 万年前的细菌序列[16,17]。

Lindahl 等[18]以纯化的 DNA 水溶液为实验材料对 DNA 的降解进行模拟分析，实验测得在 70℃，pH 7.0 条件下 DNA 衰减速率为 4×10^{-9} bp/s，进而估计古 DNA 的最大保存年限为 10 万年。然而在现实中，古 DNA 的降解是受到多方因素所控制的，并不是简单的实验室模拟就能准确地推断出古 DNA 的保存年限。Pääbo[19]通过对古代遗骸中残存的 DNA 分子的研究，提出 DNA 的损伤速度并不与时间呈正比关系，DNA 降解的速度在死亡后一段时间里最快，随后很快下降并保持相对稳定的状态，这就是 DNA 降解的"平台效应"。相似的降解方式在其他古分子如氨基酸、可溶性肽中也有发现。Li 等[20]发现在特殊条件下 DNA 水溶液与生物组织的降解速率差异明显，根据 DNA 水溶液的降解速率来推算古 DNA 的保存年限并不准确。这些研究表明古 DNA 的降解速度受许多因素影响，与埋藏环境的温度、湿度、pH 和离子强度、土壤特性、微生物及组织分解产生的有机物（如腐殖酸、棕黄酸）等密切相等（表 3）。

· 10 ·　　　　　　　　　　　分子考古学导论

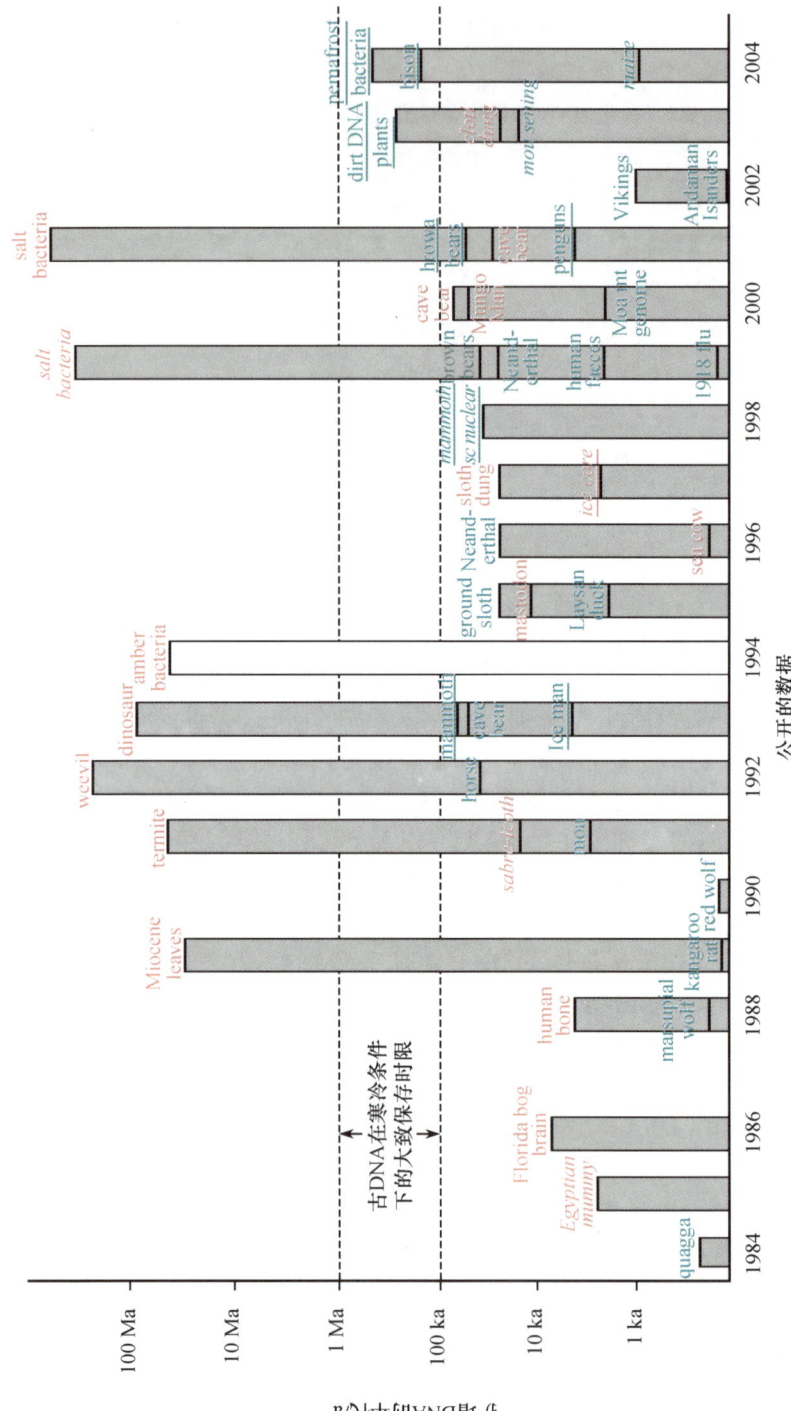

图 3　古 DNA 保存年限统计[13]

绿色：代表独立重复的结果；红色：代表未经过独立重复的结果；下画线：永久冻土和冰；斜体：核 DNA 序列

表3 影响古DNA的因素及结果[21]

因素	结果及结论
温度	低温（0℃以下最好）可降低水解反应、氧化反应的速率，阻碍微生物的生长，有利于古DNA的保存
湿度	游离水分是水解反应及氧化反应的必要条件，湿度较低且恒定的条件利于古DNA的保存
酸碱性	强酸或强碱性条件均导致DNA降解或骨骼组织的破坏，中性或弱碱性环境有利于古DNA的保存
微生物	微生物及其代谢活动可完全破坏DNA，干燥、低温环境可抑制微生物活性，有利于古DNA保存
UV辐射或放射性同位素	UV辐射只破坏样品表面DNA，但可激活氧离子，加速DNA氧化过程代谢气体的形成及软组织破坏，可加速微生物的破坏作用，深度埋藏将大大减弱辐射作用，有利于古DNA的保存

一般来说，恒定低温的环境对古DNA的长期保存起着关键作用。Barnes等[22]和Lambert等[23]的研究证明，从全新世、更新世永冻地带保存的骨样本中可以扩增出长度为900~1000bp的古DNA。原因在于在寒冷的埋藏环境下，土壤冻结或冰的形成过程产生封闭作用，可以隔离埋藏生物遗体DNA与氧气的接触，抑制其氧化分解。由于液态水含量极大地减少和冰胶结作用，主要依赖于液态水而发生的生物大分子的化学分解以及生物降解反应减慢，有机体在成岩过程中没有降解和水解，从而使古DNA分子得以较好的保存[24]。

目前，已报道的一些最古老的DNA都是从永冻地带的样本中获得的。2003年，丹麦哥本哈根大学的分子生物学家Eske Willerslev等[16]在西伯利亚冰原地下31m深的土壤中提取出植物叶绿体DNA的片段，并且鉴定出了被子植物、裸子植物和苔藓植物的28个科，从沉积物的放射性定年来看，这些DNA距今30万~40万年。2007年，Eske Willerslev等[25]在冰雪覆盖的格陵兰岛冰河下的发现更是将古DNA的保存年限提高到80万年。Eske Willerslev等从地下2000m深的冰芯中提取出古老植物（松树、云杉、赤杨和紫杉）和昆虫（蝴蝶、蜘蛛、苍蝇和甲虫）的DNA，应用热释光测年技术和放射性年代测定法测定这些冰芯的年龄有45万~80万年。

除了寒冷的环境以外，湿度较低、中性或弱碱性埋藏环境有利于古DNA的保存；深度埋藏将大大减弱UV辐射或放射性同位素辐射作用，也有利于古DNA的保存。此外，不同组织DNA的保存也不同，一般来说，古DNA在骨骼和牙齿中比在软组织中的保存要好。为什么会出现这样的情况呢？这首先要从骨骼的结构说起，人类骨骼组织主要包括三种细胞：骨细胞、成骨细胞和破骨细胞，其细胞间质主要由胶原质和羟基磷灰石 [$Ca_{10}(PO_4)_6(OH)_2$] 构成，胶原质与羟基磷灰石通过钙桥连接形成的嵌合结构具有一定的空间效应，弱碱性条件下 DNA 片段带负电，在羟基磷灰石晶体表面可以形成化学吸附，这对古 DNA 的保存相当有利[21]。在长期埋藏过程中，骨骼组织中非晶态的羟基磷灰石将逐渐转变为晶体结构，这种晶态的转变对古 DNA 的保存有两方面影响：一方面，结晶使骨骼硬度增强，可减缓外部环境因素的侵蚀；另一方面，结晶度的增加减小了羟基磷灰石的吸附表面积，使古 DNA 的保存空间减小，羟基磷灰石晶态结构的改变和可逆分解将加速微生物对骨胶原质的分解，促使胶原质逐渐分解或矿化，同时，胶原质的存在也将有效延缓羟基磷灰石的分解速率[21]。深入了解古 DNA 降解与埋藏环境的关系，对于我们进行古 DNA 研究具有科学的指导意义，可以避免盲目的研究。

六、古代 DNA 研究的历史与现状

DNA 是遗传信息的载体，它所携带的遗传信息是人们的研究焦点，然而人们一直认为有机体死亡后 DNA 会很快降解，它所携带的遗传信息也就随之消失殆尽，并没有什么价值。但是经过人们不断地艰难探索，古 DNA 的研究露出了一线曙光。古 DNA 的研究历史大致可以划分为三个阶段：①准备和酝酿阶段（1984～1989 年）；②暴发阶段（1989～1994 年）；③平稳发展阶段（1994 年至今）。

1981 年，我国湖南医学院的专家们发表了有关约 2000 年前长沙马王堆汉代女尸的古 DNA 和古 RNA 的研究成果，这是最早的 DNA 提取研究，其开创性的研究得到世界的公认[26]。

1984 年，美国加利福尼亚大学伯克利分校的 Higuchi 等[27]成功地从博物馆保存的已绝灭 140 年的斑驴（quagga）风干的肌肉中提取出 DNA，克隆并测序了两段 mtDNA 序列。通过其与马、驴和斑马的相关 mtDNA 序列的比较，得出结论：斑驴与斑马的亲缘关系最近，而与马或驴的亲缘关系较远（图 4）。这篇文章在 *Nature* 上发表后引起极大的轰动。随后，Pääbo 在 1985 年从距今 2400 多年的埃及木乃伊中也成功地克隆出了人类古 DNA[28]。这些结果清晰地表明 DNA 分子的片段可以在有机体死亡之后的很长一段时

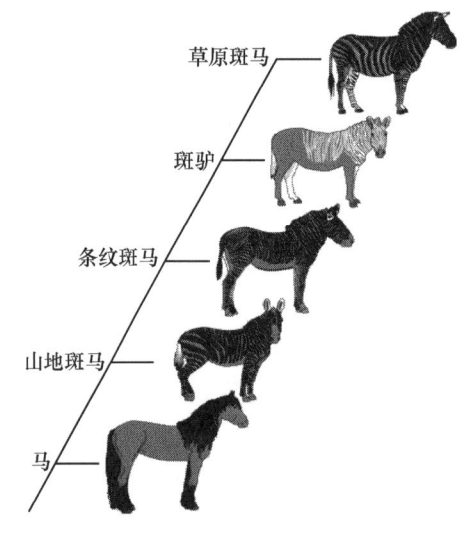

图 4　斑驴与马和斑马的进化关系图

间内保存。更为重要的是,这些实验结果表明,通过对古代 DNA 的研究,灭绝物种与其近亲的亲缘关系可以在分子水平上重新构建,从此掀起了古 DNA 研究的热潮。

但生物机体的变质降解以及在漫长的地质年代中古 DNA 被严重地损伤和修饰,给古 DNA 的研究带来许多困难。因而早期的古 DNA 研究主要集中在 DNA 的提取过程,其目的仅仅是为了证明在远古的生物遗骸中能够提取出 DNA 并用于科学研究。

随着 1986 年美国化学家 Mullis 及其合作伙伴发现并创立了划时代的聚合酶链反应(polymerase chain reaction,PCR)技术,古 DNA 迎来了一次划时代的革命,PCR 技术能够灵敏、高效、特异性扩增上百万的目的 DNA 片段,使古代材料中微量的 DNA 在很短的时间内扩增出大量的古 DNA 成为现实,极大地推动了古 DNA 的研究。1989 年,Pääbo 首先意识到 PCR 技术所带来的革命,率先把该技术引入到古 DNA 研究中[29],他和其领导的研究小组从一个一岁古埃及男孩的木乃伊组织中提取并克隆了 DNA 片段,还从陈列在曼彻斯特博物馆中的埃及第 12 王朝的祭司 Nakht-ankh 的木乃伊肝组织中得到了 mtDNA 序列[30]。其后保存在冻土及沙漠环境中的古代干尸成为获取古人 DNA 的主要材料。

1990 年,美国科学家 Golenberg 等[31]首次从爱达荷州 Clarkia 中新世(距今 1700 万~2000 万年)的木兰属(*Magnolia*)植物化石中获取了叶绿体 DNA,使古 DNA 的来源从一些软组织扩大到了化石,大大丰富了古 DNA 的来源,激发了研究者广泛的兴趣,从而掀起了研究古 DNA 的高潮。1992 年,Soltis 等[32]首次从中新世湖泊沉积物的植物叶片中获得 DNA 加以分析获得成功。人们开始探索研究恐龙等早已灭绝的生物化石中的 DNA,以及琥珀化石中的 DNA。Woodward[33]从六七千万年前的恐龙化石中获得 DNA 序列。Desalle 和 Gatesy[34]从距今约 2500 万年的琥珀中获得白蚁线粒体 DNA。Cano[35~37]从保存在距今 1.2 亿~1.35 亿年白垩纪琥珀中获得象鼻虫 DNA,从距今 2500 万~4000 万年琥珀中的孢子中获取古细菌 DNA。与此同时,Höss 和 Pääbo[38]报道获得了更新世骨骼化石中的 DNA。

1994 年以后,许多科学家开始考虑古 DNA 的真实性问题,并且验证出许多原来报道的古 DNA 其实是 DNA 污染的结果(如恐龙、琥珀化石的研究,系统发育分析认为,从恐龙骨骼碎片中得到的古 DNA 序列最有可能是人类的 mtDNA 片段的污染[39])。当时甚至有科学家认为所有得到的古 DNA 都有可能是一些污染的 PCR 产物[40],古 DNA 研究的声誉一落千丈,科学家们痛定思痛,开始呼吁制定古 DNA 研究标准来检验结果的真实性[41,42],1997 年对尼安德特人的研究是古 DNA 研究历史上的经典之作。严格遵循古 DNA 真实性的标准,自此古 DNA 研究重新得到尊重,走向平稳发展阶段。

最近古DNA研究进入了一个新纪元。多重PCR扩增技术和一种新基因组焦磷酸测序技术使研究者能够从核基因组获得有意义的序列信息，而不是仅仅依靠线粒体或叶绿体基因。古DNA测序在2005年取得了重要突破，来自德国莱比锡马克斯普朗克人类进化学院的Michael Hofreiter和他的同事在英国 *Nature* 杂志上发表了运用multiplex PCR从200mg骨粉中获得了16 770bp的猛犸象全线粒体基因组的文章，证明了可以从少量小分子重建长序列[43]。仅仅两天后，著名的美国 *Science* 杂志发表了一个关于对27 000年前西伯利亚猛犸象下颌骨的核DNA和mtDNA大规模测序的报道。使用这种技术能从古代化石样本中测定280 000 000bp的序列，其中130 000 000bp是来源于猛犸象本身[44]。这些进展预示着古DNA研究进入了核DNA时代。对此我们充满期盼，虽然我们无法通过灭绝生物DNA序列再造这种生物，但是可以通过研究灭绝生物的某些基因来推测其表型，如皮肤颜色、行为优点等。通过研究 *FOX2P* 基因可以回答诸如尼安德特人能否说话，如果能，又达到什么程度等问题，进而有助于解决尼安德特人灭亡原因的争论[45]。

古DNA研究在我国起步较晚，除了1981年湖南省湖南医学院开展的长沙马王堆汉代女尸的古DNA研究外[26]，最早的研究可以追溯到1995年，当时北京大学生命科学学院的科学家对河南西峡盆地白垩纪恐龙蛋化石进行了古DNA的提取和分析，后来这个结果被证明是外源微生物的污染，尽管如此，该项研究开创了我国古DNA研究的先河[46]。随后，陆续有其他高等院校和研究机构开展了古DNA研究。1999年，中国医学科学院的吴东颖利用古DNA方法分析了古代契丹人与达斡尔、汉族等的遗传关系[47,48]。2001年，吉林大学考古DNA实验室对河南、内蒙古、河北等墓地出土的古人骨进行了mtDNA分析，探讨了运用古DNA方法解决考古学相关问题，如人骨性别、墓地的社会性质、社会组织结构、族属等的可行性[49~51]。2001年，复旦大学开始进行三峡地区的分子考古工作，先后完成了上海马桥遗址、浙江桐乡新地里良渚文化墓地和重庆巫山大溪遗址出土遗骸的分子考古学研究，对于探求当时的人员迁移、当地的社会成员组成、社会结构、文化交流方式和影响程度具有先导意义[52]。2002年，中国地质大学（武汉）的杨淑娟和赖旭龙揭示了中国首例猛犸象的古DNA序列[53]。

总体来说，我国的古DNA研究规模较小，还处于积累资料阶段。值得一提的是，1998年，吉林大学生命科学学院与考古系合作成立了国内第一个考古DNA实验室，近十年来一直从事古DNA研究工作，积累了一定数量的古DNA数据，发表的论文占中国古DNA研究论文的80%以上。

该实验室成立至今，先后承担了多个国家重大项目，完成了对郑州西山仰韶晚期墓地（新石器时期，约5000年前）、龙头山夏家店上层文化墓地、三道湾汉代鲜卑墓地（约2000年前）和姜家梁墓地（约5000年前）等多处人骨样本线粒体 DNA 高可变区的扩增与测序工作。姜家梁墓地所处的时期为母系社会与父系社会的过渡阶段，使用传统考古学方法无法准确得出结论。通过古 DNA 分析判定了姜家梁墓地古人群已由母系社会过渡到了父系社会。

完成了新疆罗布诺尔、吐鲁番、圆沙古城、交河故城、山普拉和察吾呼沟等不同区域不同时代古样本的 DNA 分析，揭示了新疆地区部分古代人类 mtDNA 高可变区序列突变频率、速度和特点。定量描述了新疆地区距今 4000~2000 年期间多民族之间的基因混合程度和迁移模式[54~59]。

对老山汉墓出土的女性墓主人遗骸进行体质人类学、古 DNA 和颅像复原三个方面的综合研究。结果显示，老山汉墓女性墓主人的 DNA 序列属于亚洲 M 谱系，代表了东亚地区现代人群的某种祖先类型的遗传学性状[60]。

对山西太原虞弘墓主人的残破遗骸进行了古 DNA 分析，揭示了其神秘的中亚身份[61]。

对青海喇家灾难遗址中的古代人类进行了分子鉴定，揭示了他们的亲缘关系及其与青藏地区现代人类的关系[62]。

近年来，还开展了古代动植物起源与驯化的古 DNA 研究，初步揭示了中国古代绵羊和家马起源与驯化的历史[63,64]。

以上简要介绍了古 DNA 研究的发展过程，在短短 20 年里，它是考古学范围发展最为迅速的一个前沿领域，并形成了一个新学科——分子考古学，推动了考古学的发展。正如生物考古学领域最重要的学者之一马丁·琼斯在 2002 年出版的《分子狩猎——考古学家如何唤醒沉睡的过去》一书中所说："过去 25 年，分子生物学的进展和应用使考古学发生了深刻的变化。过去被我们视为废物的动植物遗骸、残留物和土壤中蕴涵着大量有关物种鉴定、亲缘关系、进化以及疾病的信息"。一个与以往不同的历史正在被书写，随着分子生物学技术的不断进步以及科研工作者的不断努力，古 DNA 的研究会发展到新的深度和高度，考古学必然会随之进入一个更高的境界。

参 考 文 献

[1] 张亚平. 家养动物的起源、进化与遗传多样性. 光明日报, 2004-11-5
[2] Matisoo-Smith E, Allen J S. Name that rat: molecular and morphological identification of Pacific rodent remains. Int J Osteoarch, 2001, 11: 34~42
[3] Kaestle F A, Horsburgh K A. Ancient DNA in anthropology: methods, applications, and ethics. Am J Phys Anthropol, 2002, 35: 92~130
[4] Haak W, Forster P, Bramanti B, et al. Ancient DNA from the first European farmers in 7500-year-old Neolithic sites. Science, 2005, 310 (5750): 1016~1018
[5] Fu Y Q, zhao H, Cui Y Q, et al. Molecular genetic analysis of Wanggu Remains, Inner Mongolia, China. Am J Phys Anthropol, 2007, 132: 285~291

[6] Gobalet K W. A critique of faunal analysis: inconsistency among experts in blind tests. J Archaeol Sci, 2001, 28: 377~386

[7] Barnes I, Young J P W, Dobney K M. DNA-based identification of goose species from two archaeological sites in Lincolnshire. J Archaeol Sci, 2000, 27: 91~100

[8] Kahila B G, Khalarily H, Mader O, et al. Ancient DNA evidence for the transition from wild to domestic status in Neolithic goats: a case study from the site of Abu Gosh, Israel Anc Biomol, 2002, 4: 9~17

[9] Willerslev E, Cappellini E, Boomsma W, et al. Ancient biomolecules from deep ice cores reveal a forested southern Greenland. Science, 2007, 317: 111~114

[10] Handt O, Richards M, Trommsdorff M, et al. Molecular genetic analysis of the Tyrolean Ice man. Science, 1994, 264: 1775~1778

[11] Handt O, Krings M, Ward R H, et al. The retrival of ancient human DNA sequences. Am J Hum Genet, 1996, 59: 368~376

[12] Hofreiter M, Serre D, Poinar H N, et al. Ancient DNA. Nature Rev Genet, 2001, 2: 353~360

[13] Willerslev E, Cooper A. Ancient DNA. Proc Biol Sci, 2005, 272 (1558): 3~16

[14] Höss M, Pääbo S, Vereshchagin N K. Mammoth DNA sequences. Nature, 1994, 370: 333

[15] Gilbert M T, Wilson A S, Bunce M, et al. Ancient mitochondrial DNA from hair. Curr Biol, 2004, 14: 463~464

[16] Willerslev E, Hansen A J, Brand T B, et al. Diverse plant and animal DNA from Holocene and Pleistocene sedimentary records. Science, 2003, 300: 792~795

[17] Willerslev E, Hansen A J, Brand T B, et al. Long-term persistence of bacterial DNA. Curr Biol, 2004, 14: 9~10

[18] Lindahl T. Instability and decay of the primary structure of DNA. Nature, 1993, 362: 709~715

[19] Pääbo S, higuchi R G, Wilson A C. Ancient DNA and polymerase chain reaction. The emerging field of molecular archaeology. J Biol Chem, 1989, 264 (17): 9709~9712

[20] Li C X, Cheng A J, Yang Q. A preliminary study on DNA survival cures under simulated sedimentary environment. Palaeoworld, 12: 1~12

[21] 杨周岐, 张虎勤, 张金等. 古人类骨骼 DNA 降解影响因素分析. 第四军医大学学报, 2006, 27 (1): 90~92

[22] Barnes I, Matheus P, Shapiro B, et al. Dynamics of Pleistocene population extinctions in Beringian brown bears. Science, 2002, 295: 2267~2270

[23] Lambert D M, Ritchie P A, Millar C D, et al. Rates of evolution in ancient DNA from Adélie penguins. Science, 2001, 295: 2270~2273

[24] 程国栋, 林清. 寒区环境中的古 DNA 分子. 冰川冻土, 2002, 24 (6): 812~818

[25] Willerslev E, Cappellini E, Boomsma W, et al. Ancient biomolecules from deep ice cores reveal a forested southern Greenland. Science, 2007, 317: 111~114

[26] 王贵海, 陆传宗. 长沙汉墓古尸肝脏中核酸的分离与鉴定. 生物化学与生物物理进

展，1981，39：70~75

[27] Higuchi R, Bowman B, Freiberger M, et al. DNA Sequences from the Quagga, an extinct member of the horse family. Nature, 1984, 312：282~284

[28] Pääbo. Molecular cloning of ancient Egyp tian mummy DNA. Nature, 1985, 314：644~645

[29] Pääbo S, Higuchi R G, Wilson A C. Ancient DNA and the polymerase chain reaction. Journal of Biological Chemistry, 1989, 264：9706~9712

[30] Pääbo S, Gifford J A, Wilson A C, et al. Mitochondrial DNA sequences from a 7000-year-old brain. Nucleic Acids Res, 1988, 16：9775~9787

[31] Golenberg E M, Giannassi D, Clegg M T, et al. Chloroplast DNA sequence from a Miocene Magnolia species. Nature, 1990, 344：656~658

[32] Soltis P S, Soltis D E, Smiley C J. An *rbc*L sequence from Miocene Taxodium (bald cypress). Preceedings of the National Academy of Science USA, 1992, 89：449~451

[33] Woodward S R, Weyand N J, Burnell M. DNA sequence from Cretaceous. Period Science, 1994, 266：1229

[34] Desalle R, Gatesy J, Wheeler W, et al. DNA sequences from a fossil termite in Oligo-Miocene amber and their phylogenetic implications. Science, 1992, 257：1933~1936

[35] Cano R J, Poinar H N. Rapid isolation of DNA from fossil and museum specimens suitable for PCR. Biotechniques, 1993, 15 (3)：4432~4436

[36] Cano R J, Borucki M K. Revival and identification of bacterial spores in 25- to 40-million-year-old Dominican amber. Science, 1995, 268 (5213)：1060~1064

[37] Cano R J, Poinar H N, Pieniazek N J, et al. Amplification and sequencing of DNA from a 120-135-million-year-old weevil. Nature, 1993, 363 (6429)：536~538

[38] Höss M, Pääbo S. DNA extraction from Pleistocene bones by a silica-based purification method. Nucleic Acids Res, 1993, 21 (16)：3913~3914

[39] Hedges S B, Schweitzer M H. Detecting dinosaur DNA. Science, 1995, 268：1191~1192

[40] Rollo F, Asci S A, Marota L, et al. Molecular ecology of a Nelithic meddow: the DNA of the grass remains from the archeological site of the Tyrolean iceman. Experientia, 1994, 50：576~584

[41] Cooper A, Poinar H N. Ancient DNA: do it right or not? Science, 2000, 289 (5482)：1139

[42] Hebsgaard M B, Phillips M J, Willerslev E. Geologically ancient DNA: fact or artefact? Trends Microbiol, 2005, 13：212~220

[43] Krause J, Dear P H, Pollack J L. Multiplex amplification of the mammoth mitochondrial genome and the evolution of Elephantidae. Nature, 2005, 10：1038

[44] Poinar H N, Schwarz C, Qi J, et al. Metagenomics to paleogenomics: large-scale sequencing of mammoth DNA. Science, 2005, [Epub] doi: 10.1126/science.1123360

[45] Philip Hunter. Ancient DNA research goes nuclear. European Molecular Biology Organization, 2006, 7 (2)：136~139

[46] 安成才，李毅，朱玉贤等．中国河南西峡恐龙蛋化石 18S rDNA 部分片段的克隆及序列分析．北京大学学报（自然科学版），1995, 31 (2)：140~147

[47] 吴东颖，马素参，刘春芸等. 契丹遗骸 DNA 序列分析及其与达斡尔、汉族等的遗传关系. 中国医学科学院学报，1999a，21（3）：202

[48] 吴东颖，马素参，刘春芸等. 契丹古尸分子考古学研究. 云南大学学报（自然科学版），1999b，21（3）：300

[49] 吉林大学考古 DNA 实验室. 河北阳原县姜家梁遗址新石器时代人骨 DNA 的研究. 考古，2001，7，654~661

[50] 万诚，崔银秋，段然慧等. 夏家店等古人骨 DNA 的提取、扩增及序列分析. 中国生物化学与分子生物学报，2001，17（5）：636~641

[51] 周慧，万成，朱泓. 古人骨 DNA 的提取、扩增、测序与研究. 北方文物，2001，3：8~11

[52] 黄颖，李辉，文波等. 遗传基因技术与三峡考古实践. 东南文化，2002，3：55~63

[53] 杨淑娟，赖旭龙. 中国首例猛犸象古 DNA 序列. 中国地质大学学报，2002，28：136~142

[54] 崔银秋，许月，杨亦代等. 新疆罗布诺尔地区铜器时代古代居民 mtDNA 多态性分析. 吉林大学学报（医学版），2004，30（4）：650~653

[55] 崔银秋，张全超，段然慧等. 吐鲁番盆地青铜至铁器时代居民遗传结构研究. 考古，2005，7：563~568

[56] 高诗珠，崔银秋，杨亦代等. 新疆克里雅河下游圆沙古城古代居民线粒体 DNA 多态性研究. 中国科学 C 辑：生命科学，2008，38（2）：136~146

[57] 崔银秋，段然慧，朱泓等. 交河故城古车师人线粒体 DNA 分析. 高等学校化学学报，2002，23（8）：1510~1514

[58] Xie C Z, Li C X, Cui Y Q, et al. Mitochondrial DNA analysis of ancient Sampula population in Xinjiang. Progress in Natural Science, 2007, 17（8）：927~933

[59] 谢承志，刘树柏，崔银秋等. 新疆察吾呼沟古代居民线粒体 DNA 序列多态性分析. 吉林大学学报（理学版），2005，43（4）：538~540

[60] 朱泓，周慧，林雪川. 老山汉墓女性墓主人种族类型、DNA 分析和颅像复原. 吉林大学社会科学学报，2004，2：21~27

[61] Xie C Z, Li C X, Cui Y Q, et al. Evidence of ancient DNA reveals the first European lineage in Iron Age Central China. Proceedings of the Royal Society. B：Biological Sciences, 2007, 274：1597~1601

[62] Gao S Z, Yang Y D, Xu Y, et al. Tracing the genetic history of the Chinese people: Mitochondrial DNA analysis of a neolithic population from the Lajia site. American Journal of Physical Anthropology, 2007, 133：1128~1136

[63] Cai D W, Han L, Xie C Z, et al. Mitochondrial DNA analysis of Bronze Age horses recovered from Chifeng region, Inner Mongolia. Progress in Natural Science, 2007, 17（5）：545~550

[64] Cai D W, Han L, Zhang X L, et al. DNA analysis of archaeological sheep remains from China. Journal of Archaeological Science, 2007（34）：1347~1355

第一篇 生物学基础

第 1 章　生物大分子

什么是生命？生命的定义是：主要由蛋白质、核酸等组成，能够不断自我更新以及向多方向发生和突变，并能复制自身的多分子体系。生命就本质而言是物质的，是具有特殊运动形式的物质。地球上有各种各样的生物，外形千差万别，但从简单的病毒、细菌到复杂的植物、动物都有着相同的物质基础。生命中最重要的两类物质是蛋白质和核酸。虽然不同生物体内的蛋白质、核酸分子大小不同、数目不同、功能不同，但组成这两类生物大分子的基本结构单位是相同的，合成和分解的反应过程也是相同的。生物靠种类繁多的蛋白质来完成各种生物功能，而核酸结构决定了蛋白质的结构和功能。蛋白质的主要作用是执行生物功能，核酸的主要作用是传递遗传信息。

1.1　蛋白质

构成蛋白质的基本结构单位是氨基酸。基本氨基酸共有 20 种，这些氨基酸除甘氨酸外大多是 L 构型的 α-氨基酸。通式为：

$$\begin{array}{c} \text{COOH} \\ | \\ \text{NH}_2\text{—C—H} \\ | \\ \text{R} \end{array}$$

20 种氨基酸只是侧链基团 R 不同。每种氨基酸都可由 3 个字母组成的代表符号和单字母代表符号表示（图 1-1），利用氨基酸的代表符号书写蛋白质结构极其方便。

根据侧链基团的性质可将氨基酸分为疏水的（Ala、Val、Leu、Ile、Met、Pro、Phe、Trp）和亲水的（Asp、Glu、Lys、Arg）。丝氨酸和苏氨酸带有脂肪族羟基侧链，其侧链羟基能和适当的供体和受体基团形成氢键。谷氨酸和天冬氨酸的侧链有第二个羧基，是酸性的氨基酸。天冬酰胺和谷氨酰胺既是 H^+ 的供体，又是 H^+ 的受体，这种特性与蛋白质的结构和功能有重要联系。赖氨酸和精氨酸带有碱性的侧链基团。在生理条件下组氨酸常处于可逆的解离状态，往往和 Fe^{2+} 等金属离子形成配位化合物。3 个带芳香环侧链的氨基酸中，苯丙氨酸是非极性的，酪氨酸和色氨酸的侧链具有形成氢键的能力。色氨酸的结构比其他氨基酸复杂，在蛋白质中含量最低；半胱氨酸的侧链的巯基反应活性很

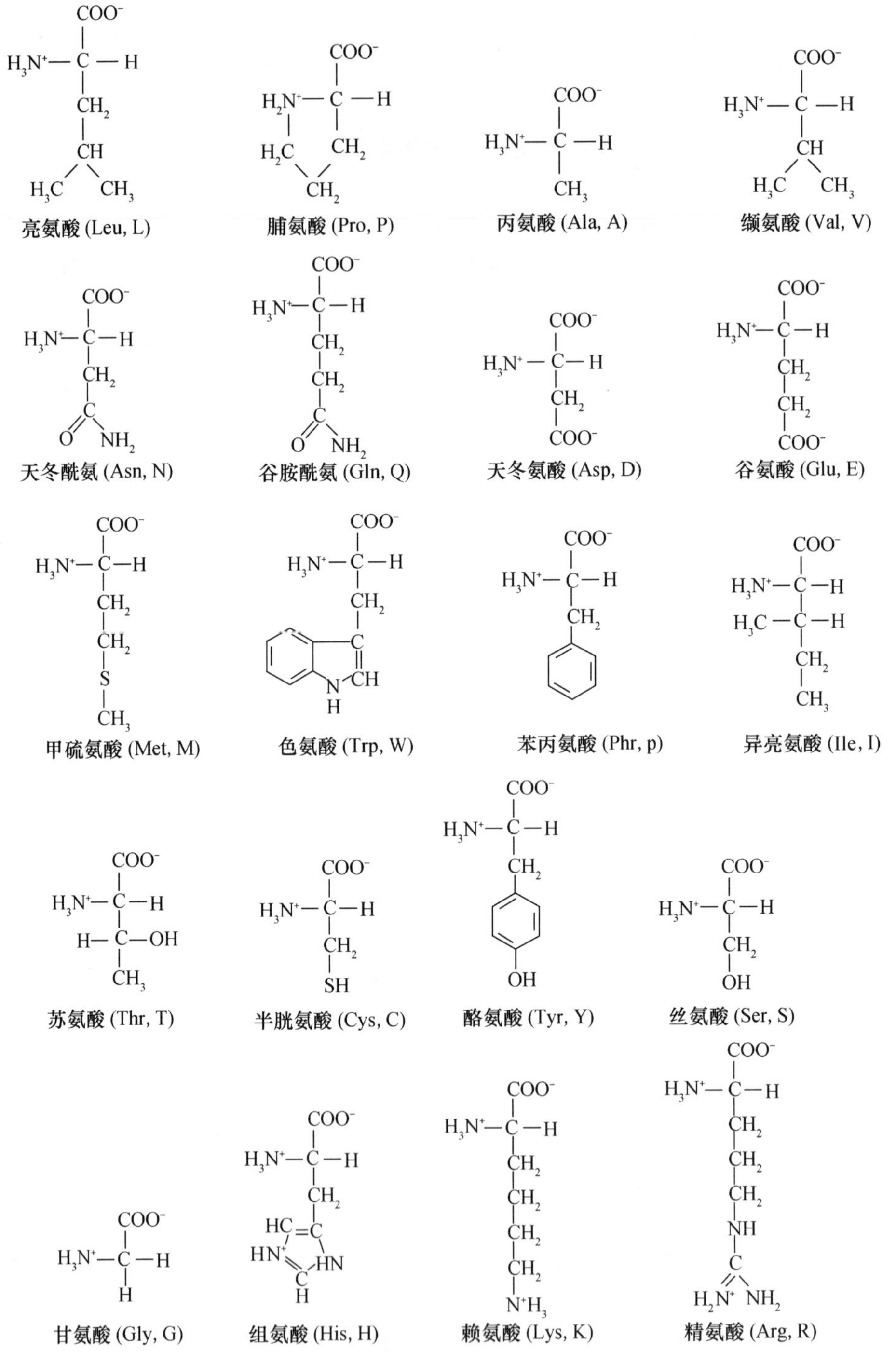

图 1-1　氨基酸结构及代表符号

高，2 分子的半胱氨酸的巯基氧化后可形成二硫桥；甲硫氨酸的硫原子有时参与形成配位。

除了蛋白质中常见的 20 种氨基酸及相应的衍生氨基酸外，还有 100 多种氨基酸以游离或结合的形式存在于生物界，但并不是蛋白质的组成成分，这些氨基酸统称为非蛋白质氨基酸，如 β-丙氨酸、鸟氨酸等。

1.1.1 肽键

一个氨基酸的 α-羧基与另一个氨基酸的 α-氨基脱水形成共价键，该化学键称为肽键，也叫酰胺键，产物是肽（图 1-2）。肽中的脱水氨基酸称为氨基酸残基，由两个氨基酸残基组成的肽称为二肽，由三个氨基酸残基组成的肽称为三肽。线性的肽结构称为肽链。肽链的一端是氨基，另一端是羧基，它们分别称为 N 端和 C 端。

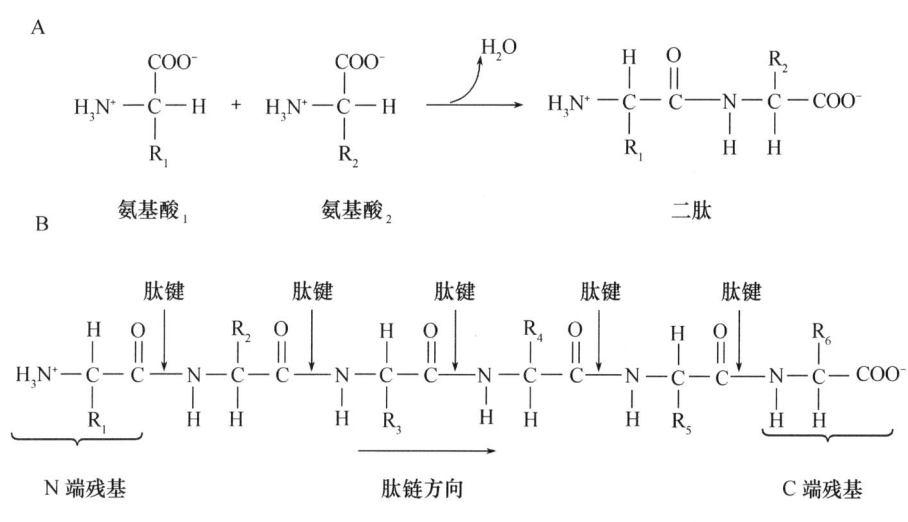

图 1-2 肽键
A. 肽键形成；B. 肽链方向

肽键具有部分双键性质，呈平面结构。该结构特征对肽和蛋白质的折叠结构有重要贡献，即该肽键的立体化学在决定蛋白质骨架如何折叠中起重要作用。

1.1.2 蛋白质的结构与功能

蛋白质几乎在所有生命过程中都担负着关键作用。目前已知的蛋白质的生物功能包括生物催化、机械支撑、运输与贮存、协调、免疫保护、生长与分化调控、细胞信号转导、物质跨膜运输、电子传递等。蛋白质只有形成特定的空间结构（高级结构）才能发挥其生物活性。

蛋白质的结构层次（图 1-3）包括：一级结构，即多肽链中氨基酸的排列顺序；二级结构，指肽链借助氢键作用而形成自己特有的 α 螺旋和 β 折叠；三级结构，即整个肽链的空间走向，包括侧链的排列，也就是蛋白质分子的空间结构或三维结构；四级结构，即亚基结合状态。

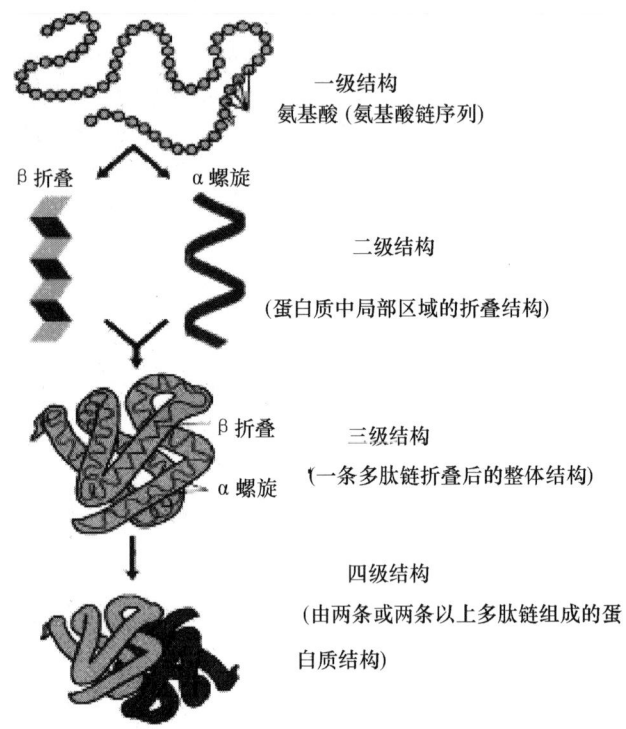

图 1-3 蛋白结构层次

（引自 http://www.genome.gov/Pages/Hypevion/DIR/VIP/Glossary/Illustration/protein.cfm）

维持蛋白质空间结构的作用力主要是非共价键或次级键，包括氢键、范德华力、静电作用、疏水作用等。其中氢键和疏水作用是维持蛋白质空间结构的最重要因素。

1.1.3 同源蛋白质

在不同生物中，具有相同或相似功能的蛋白质称为同源蛋白质。同源蛋白质的氨基酸序列具有明显的相似性。两种不同生物的同源蛋白质序列的相似程度能够反映出这两种生物的亲缘关系。例如，细胞色素 c 是线粒体内参与生物氧化的电子传递体，大约在 10 亿年前生物进化到需氧阶段而产生的一种古老蛋白质。脊椎动物的细胞色素 c 由 103 或 104 个氨基酸残基组成，昆虫的由 108 个氨基酸残基组成，植物的一般由 112 个氨基酸残基组成。生物物种的亲缘关系越近，氨基酸序列的差异度越小，人与黑猩猩的细胞色素 c 的一级结构完全一样，与恒河猴的只有一个氨基酸残基不同。从细胞色素 c 氨基酸序列的差异，可以看到生物从单细胞到多细胞，从低等动物到高等动物的进化关系。通过比较近百种不同生物细胞色素 c 的一级结构而建立了这些生物的进化树（图 1-4）。

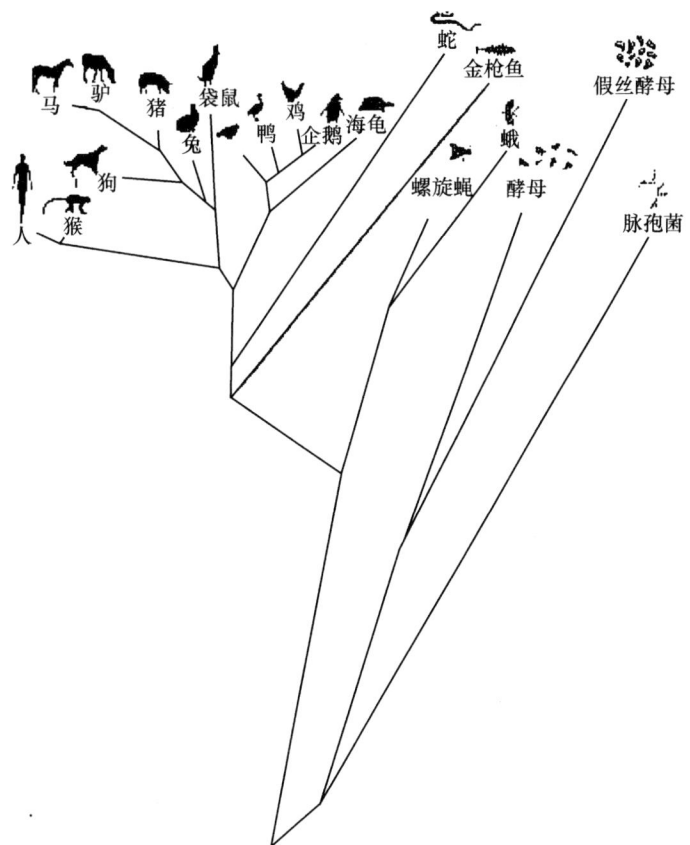

图 1-4　根据细胞色素 c 氨基酸序列的差异建立的进化树[1]

1.2　核酸

1868 年，瑞士的生化学家 Friedrich Miescher 报道了一种不能被蛋白酶消化的物质，也就是说不是已知的任何一种蛋白质。因为它是从细胞核中得到的，具有酸性，而被命名为核酸。20 世纪 20 年代，人们将热杀死的有毒肺炎球菌与活的无毒肺炎球菌一起注射小鼠，从而导致小鼠死亡，通过这一实验认识到核酸可能传递遗传信息。1952 年，Alfred Hershey 等用放射性磷和硫分别标记噬菌体的 DNA 和蛋白质，再用标记的噬菌体感染细菌，结果发现是放射性磷标记的 DNA 进入了细菌，而且新产生的噬菌体含有放射性磷，这才有力证明了 DNA 是遗传物质。1953 年，Jamse Watson 和 Francis Crick 根据伦敦大学化学家 Rosalind Franklin 的 DNA 结晶 X 射线图，提出了 DNA 双螺旋的结构模型。结果发表在 1953 年 4 月 25 日出版的 Nature 杂志。该模型能合理解释遗传物质的各种功能，合理解释生物的遗传和变异，为揭示自然界色彩缤纷的生命现象奠定了理论基础，揭示了生命世界多样性和生命本质一致性的辩证统一。DNA 双螺旋结构模型的提出标志着分子生物学的正式诞生，是生命科学的里程碑。

生物界的核酸有两大类，即脱氧核糖核酸（deoxyribonucleic acid，DNA）和核糖核酸（ribonucleic acid，RNA）。这两类核酸在生物体生命活动的全过程中都起着极其重要的作用，是生物体遗传的物质基础。构成核酸的基本结构单位是核苷酸，核苷酸由碱基、核糖或脱氧核糖、磷酸组成。

1.2.1 碱基、核苷、核苷酸

核酸分子中有两类碱基：嘌呤碱和嘧啶碱。嘌呤碱主要有腺嘌呤（adenine，A）和鸟嘌呤（guanine，G）；嘧啶碱主要有胞嘧啶（cytosine，C）、尿嘧啶（uracil，U）和胸腺嘧啶（thymine，T）（图 1-5）。这 5 种碱基在核酸中广泛存在，称基本碱基。在核酸分子中偶尔还会出现一些稀有碱基，这些碱基多甲基化，在 tRNA 中较多。常见的一些稀有碱基包括 5-甲基胞嘧啶（m^5C）、1-甲基腺嘌呤（m^1A）、N_6、N_6-二甲基腺嘌呤（m_2^6A）、次黄嘌呤（I）、5，6-二氢尿嘧啶（DHU）等。

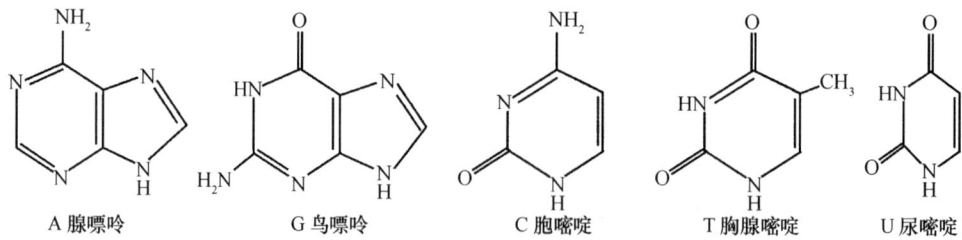

A 腺嘌呤　　G 鸟嘌呤　　C 胞嘧啶　　T 胸腺嘧啶　　U 尿嘧啶

图 1-5　核酸中的 5 种基本碱基

核苷（nucleoside）是由碱基与戊糖缩合形成的化合物。核酸分子中的戊糖有两种（图 1-6）：D-核糖（D-ribose，R）和 D-2 脱氧核糖（D-2-deoxyribose，dR）。

D-核糖 D-2-脱氧核糖

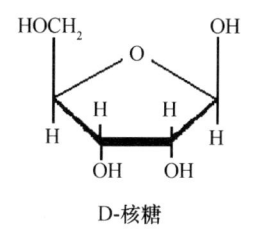

图 1-6 两种戊糖

DNA 和 RNA 的区别在于：DNA 分子中含有 A 、C 、G 、T，不含 U，戊糖为 D-2-脱氧核糖；RNA 分子中含有 A 、C 、G 、U，不含 T，戊糖为 D-核糖。

碱基与核糖缩合形成核糖核苷，与脱氧核糖缩合形成脱氧核糖核苷，如图 1-7 所示。

胞嘧啶核苷　　腺嘌呤核苷　　胞嘧啶脱氧核苷

图 1-7 核苷

核苷分子中戊糖环上的羟基磷酸化，形成核苷酸（nucleotide），也可称为磷酸核苷（图 1-8）。根据核苷酸分子中戊糖的不同，核苷酸可分为脱氧核糖核苷酸和核糖核苷酸两类。核糖有 2′、3′、5′ 三个游离羟基，因此可形成 2′-核苷酸、3′-核苷酸和 5′-核苷酸三种核苷酸。而脱氧核糖只有 3′、5′ 两个游离羟基，故只能形成 3′-脱氧核苷酸和 5′-脱氧核苷酸。自然界中存在的游离核苷酸多为 5′-核苷酸，其代号可略去 5′，如 5′-腺嘌呤核苷酸简称腺苷酸，其他核苷酸的名字可以照此类推。

图 1-8 核苷酸

生物体内的多磷酸核苷具有重要的生物学作用。4种三磷酸脱氧核苷酸（dATP、dGTP、dCTP、dTTP）是合成DNA的重要原料，4种三磷酸核苷酸（ATP、GTP、CTP、UTP）是合成RNA的重要原料。

DNA的结构可分为一级、二级和三级。DNA的一级结构（primary structure）是指DNA分子中核苷酸的排列顺序；二级结构（secondary structure）是指两条DNA单链形成的双螺旋结构；三级结构（tertiary structure）则是指双链DNA进一步扭曲盘旋形成的超螺旋结构。

在DNA的一级结构中，4种脱氧核糖核苷酸分别以核糖3位、5位的羟基与磷酸形成磷酸二酯键，相连成长链，因为链中所有的脱氧核糖和磷酸都是相同的，所以碱基顺序也就代表核苷酸顺序。组成DNA的碱基有腺嘌呤（A）、鸟嘌呤（G）、胞嘧啶（C）和胸腺嘧啶（T）。DNA一级结构即核苷酸顺序，携带着生物的遗传信息，由这些核苷酸顺序指导合成特定氨基酸序列的蛋白质，特定序列的蛋白质形成正确的三维结构后，执行特定的生物功能。

DNA是由两条单链结合在一起形成的双链分子，每条链都是由A、T、G、C以多种多样的排列方式组合而成的。除RNA病毒外，大多数生物的遗传信息都以特定的核苷酸排列顺序贮存在DNA分子上，核苷酸排列顺序变化，意味着其生物学含义的改变。

DNA双链通过碱基配对（base pairing）形成氢键进而形成双螺旋结构。因为几何形状等原因，A只与T配对，而G也只与C配对。A与T之间可形成2个氢键，G与C之间可形成3个氢键（图1-9A），当双链中一条链的碱基序列一定时，另一条链的碱基序列就与之互补配对，所以DNA测序只需测其中一条链的序列。配对的碱基在同一平面上，与螺旋轴呈垂直状态。DNA双螺旋结构十分稳定，分子间的碱基堆积力可以使碱基缔合，是维系DNA双螺旋结构稳定的主要作用力。DNA分子长度可以用碱基对（base pair, bp）表示。

DNA二级结构即双螺旋（double helix）结构的特点：脱氧核糖与磷酸交替排列构成DNA的主链。两条脱氧核苷酸链反向平行排列，一条方向是$5'\rightarrow3'$，另一条方向是$3'\rightarrow5'$。两条链围绕一个共同的轴心以右手方向盘绕成双螺旋构型（图1-9B）。因为核糖与磷酸是亲水的，而碱基是疏水的，所以主链在螺旋外部，而碱基则处于螺旋内部。

生物体内存在多种核酸水解酶。这些酶可以催化水解多种核苷酸链中的磷酸二酯键。它们可以分为：以DNA为底物的DNA水解酶（DNase）和以RNA为底物的RNA水解酶（RNase）。根据作用方式又可分为两类：外切核酸酶和内切核酸酶。外切核酸酶的作用方式是从多聚核苷酸链的$3'$端或$5'$端开始，逐个水解切除核苷酸；内切核酸酶的作用方式刚好和外切核酸酶相反，它从多

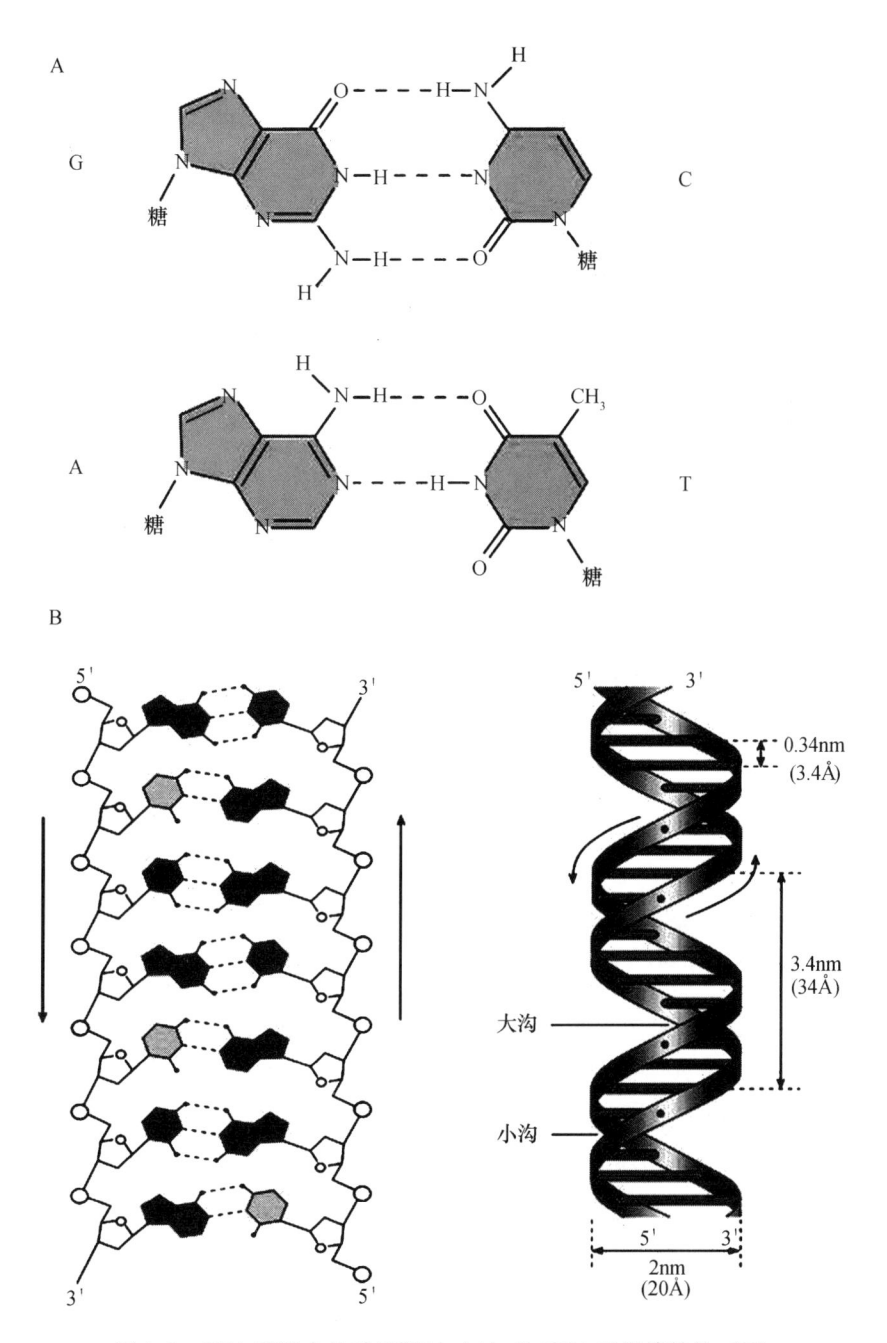

图 1-9 DNA 双链中的碱基配对（A）和 DNA 双螺旋结构（B）

聚核苷酸链内部切割，在某个位点切断磷酸二酯键。在分子生物学研究中最有应用价值的是限制性内切核酸酶，这类酶可以特异性地水解核酸中某些特定部位的磷酸二酯键。

1.2.2 核酸的紫外吸收

在核酸分子中，由于嘌呤碱和嘧啶碱具有共轭双键体系，因而具有独特的紫外线吸收光谱，一般在260nm左右有最大吸收峰，可以作为核酸及其组分定性和定量测定的依据（图1-10）。

1.2.3 核酸的变性、复性与杂交

核酸的变性是指核酸双螺旋区的氢键断裂，变成单链结构的过程。变性后的核酸将失去其部分或全部的生物活性。核酸的变性并不涉及磷酸二酯键的断裂，所以它的一级结构保持不变。能够引起核酸变性的因素很多，如温度升高、酸碱度改变、甲醛和尿素等的存在，均可引起核酸的变性。变性后DNA对260nm紫外光的吸收率比变性前明显增加，这种现象称为增色效应。

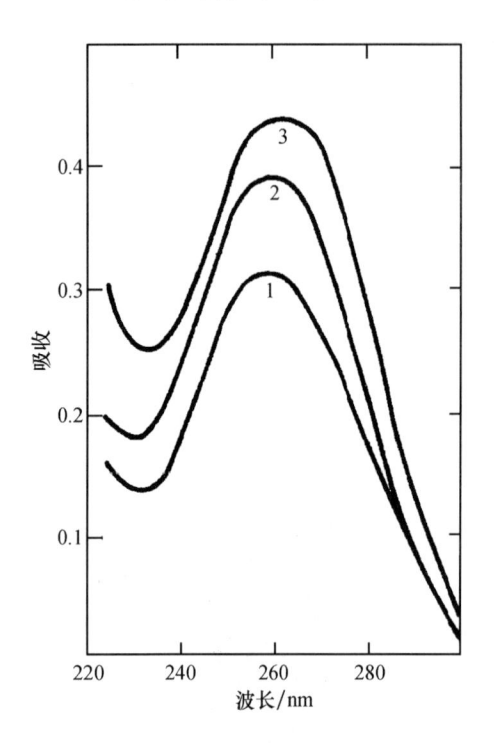

图1-10 DNA的紫外吸收光谱
1. 天然DNA；2. 变性DNA；3. 核苷酸总吸收[2]

用加热的方法使DNA变性叫做热变性。DNA的变性过程是突变性的，它在很窄的温度区间内完成。因此，通常将DNA的变性达到50%时，即增色效应达到一半时的温度称为DNA的解链温度（melting temperature，T_m），T_m也称熔解温度。

变性DNA在适当的条件下，两条彼此分开的单链可以重新缔合成为双螺旋结构，这一过程称为复性。热变性后形成的DNA片段在复性时，各片段之间只要有大致相同的碱基彼此互补，就可以重新形成双螺旋结构。DNA复性后，一系列物理、化学性质将得到恢复。DNA复性的程度、速率与复性过程的条件有关。将热变性的DNA骤然冷却至低温时，DNA很难复性。但是将变性的DNA缓慢冷却时，可以复性，这一过程也叫退火（annealing）。分子质量越大，复性越难。浓度越大，复性越容易。此外，DNA的复性也与它本身的

组成和结构有关。

RNA 的分子中核糖的第二位有羟基,能够攻击主链的磷酸二酯键,引起断链。所以 RNA 分子的稳定性远不如 DNA。

参 考 文 献

[1]　贺竹梅. 现代遗传学教程. 广州: 中山大学出版社, 2002, 3
[2]　王镜岩, 朱圣庚, 许长法等. 生物化学 (第三版). 北京: 高等教育出版社, 2002

第 2 章　基因与基因组

1865 年，奥地利的孟德尔根据豌豆杂交实验，提出了"遗传因子"的概念。1909 年，丹麦的 Jonnasen 发现生物的每一个从亲代遗传到子代的性状都是由"遗传因子"决定的，因而提出基因（gene）一词代替"遗传因子"。美国遗传学家摩尔根（1866~1945 年）研究果蝇，提出"染色体是基因的物质载体"。得知控制果蝇眼睛颜色的基因位于 X 染色体上，第一次把一个特定的基因与特定的染色体联系起来，建立了遗传染色体学说。一条染色体是由一条 DNA 链结合着一些保护蛋白质螺旋而形成。

蛋白质是构成生命大厦的砖块，它们构建了细胞和组织，形成参与催化重要生物化学反应的酶，作为信号分子调节细胞活动。基因表达（gene expression）主要指的是由基因控制蛋白质的合成（图 2-1）[1]。由基因 DNA 序列指导 RNA 合成的过程称为转录（transcription），由 RNA 指导蛋白质合成的过程称为翻译（translation）。当细胞合成某种蛋白质时，我们说编码该蛋白质的基因被表达、

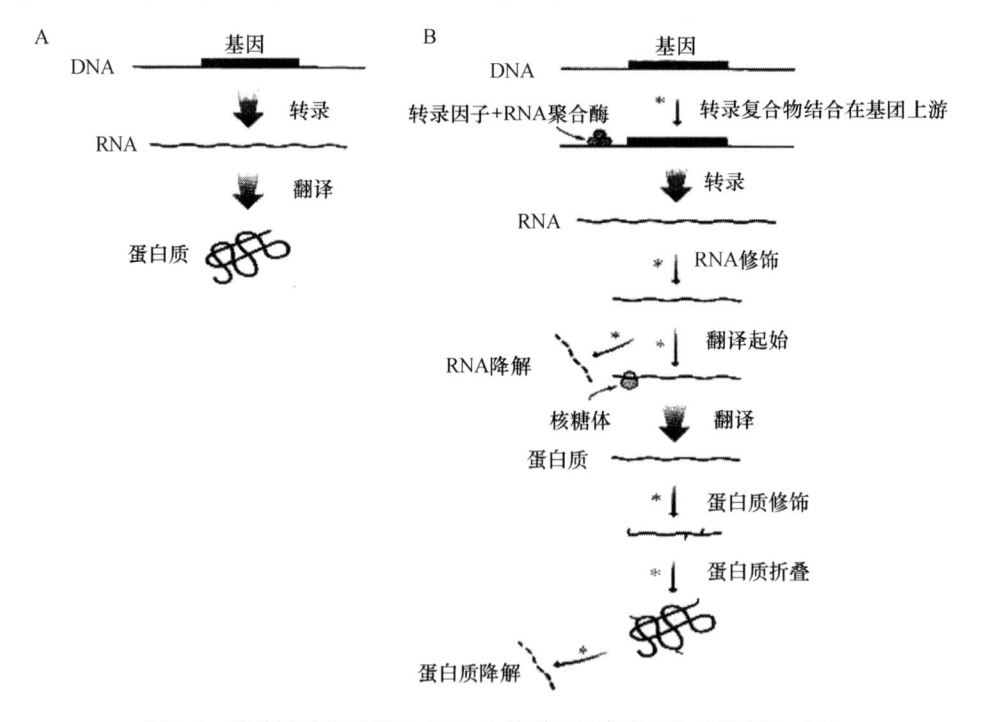

图 2-1　简单描述基因表达（A）和较详细的真核生物基因表达（B）

被激活或被打开。一个生物体的所有细胞含有相同数目的基因，但特定的组织细胞只表达特定的基因。不同的组织表达哪些基因，表达多少量等都受到精确的控制。

地球上生物信息的语言是通用的，即不同的生物有着相同的遗传密码。我们把细菌、昆虫、植物和动物（包括人类在内）的任何生物的基因可以通过实验在特定细胞中转录、翻译成相应的蛋白质。遗传工程可以将一种生物的基因转进另一种生物。人们将人胰岛素基因转入大肠杆菌，让其生产人的胰岛素。也能够让烟草产生人的抗体蛋白。

2.1 基因的定义

一个基因是编码一条多肽（蛋白质）链或功能 RNA 的核苷酸序列，是 DNA 分子链上的特定区域。编码蛋白质的基因转录产生的 RNA 称为信使 RNA 或 mRNA (messenger RNA)，功能 RNA 有 rRNA (ribosome RNA)、tRNA (transfer RNA) 等。

2.2 基因组定义

基因组是指一种生物或一个细胞内所有 DNA 序列，包括基因（编码区）和基因间序列（非编码区）。每一种生物都有自己特有的基因组，它含有维持该生物体结构和代谢方式的遗传信息。细胞每次分裂（有丝分裂）都必须完整地将基因组复制一次，原核生物与真核生物的复制形式有所不同，如图 2-2 所示。复制必须严格正确，子细胞才能得到一份完整的遗传信息。

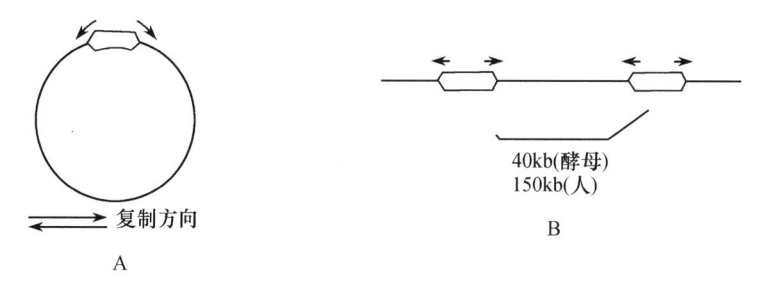

图 2-2 DNA 复制的方式
A. 原核生物环状染色体复制；B. 真核生物线形染色体复制[2]

2.3 半保留半不连续复制机制

DNA 复制的核心在于 DNA 双螺旋中的两条链的碱基互补配对（A:T, C:G）。

在复制过程中，两条亲代链分开，分别作为模板指导酶催化互补子链的合成。一条新生链和一条母链形成新的双链 DNA 分子，如图 2-3 所示，两条双链在细胞分裂时分别进入两个子细胞。

复制的起点是在 DNA 分子固定的区域，该区域称为起始点。原核生物基因组只有一个复制起始点（OriC），在该位点形成两个复制叉，双向复制。在终止点完成双链的复制，即复制终止。而真核生物 DNA 复制有多个起始位点。例如，酵母有 300 个起始点，相当每 40kb DNA 就有一个复制起始点，人约有 20 000 个复制起始点，相当于每 150kb 就有一个。

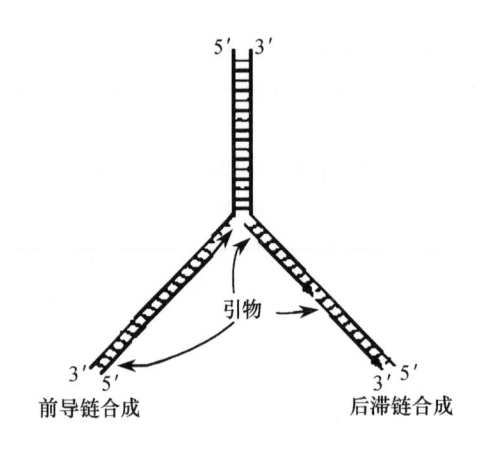

图 2-3 半保留不连续复制机制[2]

DNA 复制主要由 DNA 聚合酶来完成，还需要 RNA 聚合酶（又叫引物酶或 DnaG）、解链酶等多种蛋白质的帮助。DNA 复制的合成方向是 $5'\rightarrow 3'$，前导链的合成是连续的，而后滞链的合成是一个不连续的过程。所以 DNA 的复制称为半保留半不连续复制。大肠杆菌的 DNA 复制速度为 900bp/s。

2.4 基因的突变、损伤与修复

DNA 复制的错误率很低，这是维持上一代与下一代间遗传信息的准确所必需的。大肠杆菌复制中自发突变率是 $1/10^{10}$，即每合成 10^{10} 碱基，有可能发生一次错误。DNA 聚合酶的 $3'\rightarrow 5'$ 外切核酸酶活性纠正偶发错误，保证 DNA 复制有较高的保真性。

高能离子辐射、紫外线、亚硝酸盐、烷化剂、芳香化剂等可以引起 DNA 的碱基发生结构变化。绝大部分这种改变可被 DNA 修复所纠正。如果没有被纠正，而变成可遗传的、永久的改变，称为突变（mutation）。最简单的突变是点突变，即单独一个碱基的改变。点突变又分为转换（transition）和颠换（transversion），前者是嘌呤与嘌呤或嘧啶与嘧啶之间的互变，而后者是嘌呤与嘧啶之间的互变。点突变如果发生在 DNA 非编码区非调节区或发生在编码子的第 3 个碱基，没有改变它编码的蛋白质的氨基酸——称为沉默突变（silent mutation）。如果由于点突变而改变了蛋白质中的氨基酸——称为错义突变（missense mutation）。错义突变对蛋白质的功能影响可能很小或很大，也有可能由此导致生物体的死亡，这就是致死突变，这取决于蛋白质的重要性。点突变也可能使一个密码子变成一个终止密码子,如 UAU→UAA,UAC→UAG,结果基因产物将是一个截短了的蛋白质。这种突变称为无义突变(nonsense mutation)。插入或缺失一个或多个核苷酸,会引起移码突变(frameshift mutation)。移码突变的结果是所翻译出的蛋白质序列从突变点起到 C 端的序列都发生改变。与调节细胞生长、分裂、死亡相关基因的突变可能诱发癌症。群体中许多沉默突变、非致死突变的积累产生了遗传多态性(genetic polymorphism),即"正常"DNA-蛋白质序列可接受的突变。

DNA 内在的化学活性以及细胞中存在的活性分子可以使 DNA 自发性地损伤,如氧化、烷基化损伤以及聚化加合物损伤等。DNA 修复有几种机制,如在可见光照射下,DNA 光解酶可将紫外光引起的嘧啶二聚体分解成正常的单体。烷基转移酶可除掉烷基化引起的突变。切除修复是一种普遍存在的修复机制,分为碱基切除修复(base excision repair,BER)和核苷酸切除修复(nucleotide excision repair,NER)两种形式。

2.5 基因重组

两条双链 DNA 分子之间发生部分区域交换,称为 DNA 重组。DNA 重组是导致基因组大规模变化、生物进化的重要过程。自然界最重要的是同源重组,又称一般重组(general recombination),首先发现于真核生物的减数分裂。同源重组必须在较长区域内具有相同或相似序列,同源染色体平行排列,同源区发生交换。细胞减数分裂后,单倍体配子带有父母两方的遗传信息。后来在细菌中也发现了同源重组。同源重组是最普遍的重组方式。由于同源即序列相同或相似,片段交换之后,仍有稳定的碱基配对维持双螺旋结构。

2.6 基因转录

有机体在生长发育过程中,不断地合成 RNA 和蛋白质以保持其生命特征。基因表达(gene expression)包括转录和翻译两个过程。细胞内大多数基因的表达都受到调节和控制,以至于在特定的环境、特定的时间表达一定数目的特定基因来满足生长与繁殖的需要。转录的起始是基因表达的第一步,也是基因表达调节的主要控制点。

转录过程中催化聚合反应的是 RNA 聚合酶,被转录的 DNA 链称为模板链(template strand)或反义链(antisense strand),与模板链互补的 DNA 链称为非模板链(nontemplate strand)、正义链(sense strand)或编码链(coding strand),在转录过程中，RNA 聚合酶与模板链以转录泡的模式进行转录（图 2-4）。

DNA 的转录过程与复制过程相类似，但也存在不同，主要在于：复制时，DNA 分子的两条多核苷酸链都作为模板，产物是与模板等长的整体分子，带有基因组的全套遗传信息；而转录一种 RNA 分子时只利用 DNA 分子中的一条链为模板，而且只是一个基因或一个操纵子的转录，转录单位在模板上的位置和转录数量随细胞的生活状态而改变。

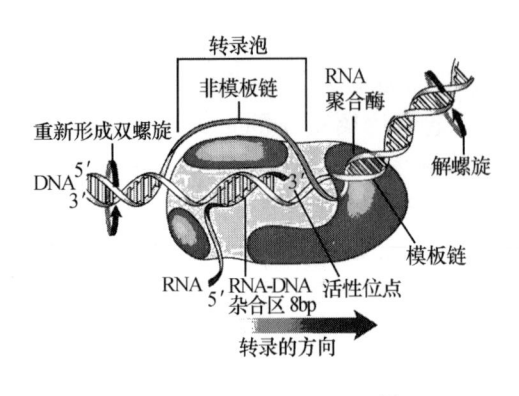

图 2-4 转录泡的模式[3]

2.7 遗传密码

生物遗传信息流向第一步是 DNA 中的核苷酸序列通过转录合成 RNA 分子，RNA 序列是与 DNA 双链中的模板链互补的，即 DNA 序列由碱基配对原则（A:U、C:G）决定了 RNA 序列。第二步由 RNA 序列指导合成蛋白质，即蛋白质中氨基酸序列是由 RNA 的序列决定的，RNA 序列中每三个核苷酸编码一个氨基酸。从固定的起始点开始，mRNA 的编码区内每三个相邻的碱基代表一个密码子，被特定的 tRNA 分子反密码子三个互补的核苷酸所识别。RNA 序列中，三联体密码子以线性方式被阅读，中间没有停顿也没有重复。蛋白质的合成是从 mRNA 5′ 端开始，向 3′ 端方向进行，RNA 中有 4 种核苷酸——U、C、A、G，每三个核苷酸组成一个密码子（codon），潜在有 64 种（$4^3 = 64$）不同的三联体，如表 2-1 所示。而蛋白质中只有 20 种氨基酸需要编码，那么密码子是丰余的。

表 2-1 三联体密码子*

第一碱基	第二碱基								第三碱基
	U		C		A		G		
U	UUU UUC	苯丙氨酸 Phe	UCU UCC	丝氨酸 Ser	UAU UAC	酪氨酸 Tyr	UGU UGC	半胱氨酸 Cys	U C
	UUA UUG	亮氨酸 Leu	UCA UCG		UAA UAG	终止信号 终止信号	UGA UGG	终止信号 色氨酸 Trp	A G

续表

第一碱基	第二碱基									第三碱基
	U		C		A		G			
C	CUU CUC CUA CUG	亮氨酸 Leu	CCU CCC CCA CCG	脯氨酸 Pro	CAU CAC	组氨酸 His	CGU CGC CGA CGG	精氨酸 Arg	U C A G
					CAA CAG	谷氨酰胺 Gln			
A	AUU AUC AUA	异亮氨酸 Ile	ACU ACC ACA ACG	苏氨酸 Thr	AAU AAC	天冬酰胺 Asn	AGU AGC	丝氨酸 Ser	U C A G
	AUG	甲硫氨酸			AAA AAG	赖氨酸 Lys	AGA AGG	精氨酸 Arg	
	表示起点 Met								
G	GUU GUC GUA	缬氨酸 Val	GCU GCC GCA GCG	丙氨酸 Ala	GAU GAC	天冬氨酸 Asp	GGU GGC GGA GGG	甘氨酸 Gly	U C A G
	GUG	表示起点			GAA GAG	谷氨酸 Glu			

* 起始密码子为 AUG，终止密码子为 UAA、UAG、UGA。

20 世纪 60 年代，Nirenberg 建立了大肠杆菌无细胞蛋白质合成体系，即将细胞裂解液用核酸酶处理，抑制任何转录，加入 mRNA，进行蛋白质合成。平行进行 20 个反应，19 种非放射性氨基酸和一种放射性标记的氨基酸。分别合成 poly（U）（即 mRNA 序列中只有 U）、poly（C）、poly（A），确证了苯丙氨酸（Phe）、脯氨酸（Pro）和赖氨酸（Lys）的密码子分别是 UUU、CCC 和 AAA。随后发现合成的 RNA 链能附着在核糖体上，并与其对应的氨酰-tRNA 结合，用这样的体系确证了有 61 种密码子编码氨基酸（sense codon），另外 3 个是终止密码子（nonsense codon 或 stop codon）。遗传密码具有简并性，即同一种氨基酸具有多个密码子为其编码，编码同一氨基酸的 n 个密码子被称为同义密码子（synonymous codon）。20 种氨基酸中，除了甲硫氨酸（Met）和色氨酸（Trp）仅有一个密码子外，其他 18 种氨基酸均有一个以上的密码子。同义密码子通常只是第三位核苷酸不同。用肉眼或计算机观察基因组中的 DNA 序列发现，连续的密码子始于 AUG，终止于 UGA、UAA 或 UAG。新生肽链的第一个 N 端氨基酸是甲硫氨酸，即所有 mRNA 起始密码子是 5'-AUG-3'。起始密码子［start（initiation）codon］位于 mRNA 的 5'端附近。遗传密码具有普遍性，即在所有生物中，同一密码子编码的是同一种氨基酸，只有很少数例外。

2.8 蛋白质的生物合成

tRNA 的负载是特异性的第一个层次。第二个层次是 tRNA 的反密码子与被翻译的 mRNA 密码子相互作用的特异性。这个特异性确保蛋白质合成遵循遗传密码的规则。氨酰化的特异性保证 tRNA 携带特定的氨基酸。tRNA 上的反密码子和 mRNA 的密码子之间碱基配对，是反向平行的，如图 2-5 所示。

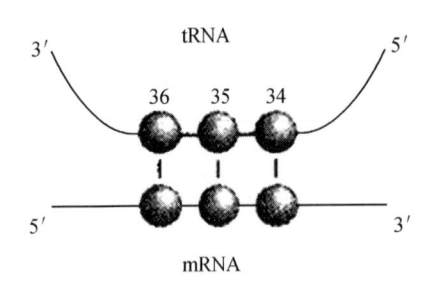

图 2-5 密码子和反密码子反向平行碱基配对

mRNA 按 5'→3' 方向读取，密码子第 1 位核苷酸与 tRNA 的第 36 位核苷酸配对，第 2 位与 tRNA 的第 35 位，第 3 位与 tRNA 的第 34 位核苷酸配对。由于反密码子位于 tRNA 环上，有轻度弯曲，故不能和密码子完全平行排列。mRNA 密码子的第三位与 tRNA 的第 34 位间形成非标准碱基配对，可以"摆动"，尤其 34 位核苷酸被修饰时，可能有一些不同的配对，例如，G 可与 C、U 碱基配对，U 可与 A、G 碱基配对，如图 2-6 所示。又如，丙氨酸 4 种密码子 GCC、GCU、GCA、GCG 可被两种 tRNA

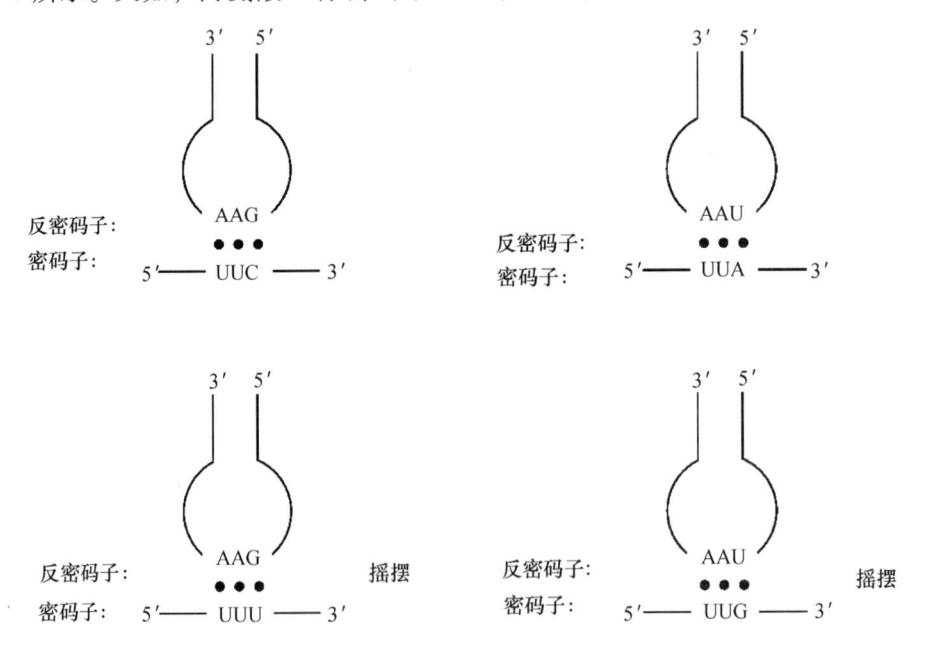

图 2-6 反密码子与密码子的摇摆碱基配对

所识别，这两种丙氨酸 tRNA 的反密码子分别是 CGG 和 CGU。异亮氨酸的密码子 AUA、AUC、AUU 可被一种异亮氨酸 tRNA 的反密码子 UAI 所识别。一个 tRNA 可识别 2 个或 3 个密码子而减少了细胞中所需 tRNA 的数量。

  蛋白质合成在细胞质中的核糖体上进行。mRNA 安装在核糖体上，在相关蛋白因子协调下，正确负载 tRNA 将氨基酸放置在特定的位置，两个氨基酸之间形成酰胺键而连在一起。核糖体一边通过 mRNA，一边连续不断地合成延长肽链。一个大肠杆菌细胞内大约含 20 000 个核糖体。

参 考 文 献

[1] 布朗 T A. 基因组. 袁建刚，周严，强佰勤译. 北京：科学出版社，2002，9
[2] 周慧. 简明生物化学与分子生物学. 北京：高等教育出版社，2006，4
[3] 王镜岩，朱圣康，许长法等. 生物化学（第三版）. 北京：高等教育出版社，2002

第3章 基因组演化与物种分类

地球生命的一大特点是统一性与多样性并存，绝大多数生物有相同的遗传密码和大体相似的细胞结构、相似的代谢途径，这说明它们之间存在或近或远的亲缘关系。在人类基因组中的1298个蛋白质基因家族中，只有94个是脊椎动物所特有的。随着模式生物，如大肠杆菌、线虫、果蝇、小鼠等以及人类基因组测序工作的完成，我们能够比较人与其他生物的基因组，并分析它们之间的差异。人类基因组中含2.5万~3万个基因，仅仅是果蝇、线虫基本数目的2倍。现已知道人比其他物种存在更高程度的"选择性剪接"，也就是说基因的蛋白质编码区（外显子）以更多种形式排列合成mRNA。所以与其他物种相比，人类每个基因编码更多的蛋白质。比较不同生物的基因组序列，不仅能揭示各物种遗传上的不同，还可帮助我们了解生命是如何起源的，又是如何由低级向高级，由简单到复杂进化的，重建生命系统发育树。

地球诞生已有45亿年左右，生物进化的前期是化学进化，由分子到细胞的形成。活细胞的定义：①有一细胞膜将细胞内含物与外界分离开来；②有一个或多个DNA分子作为遗传物质并决定着蛋白质的合成、代谢以及生长和细胞分裂；③转录系统合成RNA；④翻译系统将遗传信息转变成功能分子蛋白质；⑤代谢系统维持生命活动，提供可用的能量。

无疑最早的生命比今天的任何细胞要简单得多。非生命向生命的转化是一个逐渐的、多级的过程。任何单一事件都不能导致现代生命的复杂性。今天生物学家仍对生命没有完全一致的定义，但普遍认为：①生命是细胞群体，能利用化学能或辐射能来驱动需能化学反应；②能有控制地增加其质量；③具有编码的信息系统和将编码信息转换成功能分子来维持体系和体系再生。从地球诞生到最早细胞的出现经历了约10多亿年的时间。这一段时间称为化学进化（chemical evolution），即氨基酸聚合反应生成肽，核苷酸聚合形成核酸的非生物合成过程。细胞生命出现之后，才有了后来的生物进化（biological evolution）。

3.1 细胞的形成

地球诞生初期，其表面被水覆盖，大气层成分也与今天的完全不同，并不含有氧气，但含有很丰富的甲烷、氨气、二氧化碳和水等，并且很热。实验表明，这样的原始大气在闪电、雷鸣的条件下，可以合成一系列的氨基酸，包括丙氨酸、甘氨酸、缬氨酸等。还有可能合成甲醛、氰化氢，进一步反应生成其他氨基酸、嘌呤、嘧啶以及单糖等分子。氨基酸、核苷酸的聚合形成生物大分子可能发生在海洋或云中水滴不断浓缩和干燥的过程中，也可能发生在固体表面。一旦聚合反应生成多聚氨基酸和多聚核苷酸，完全有可能随机组合，多聚核苷酸能指导多聚氨基酸的合成，并能自我复制。RNA分子在生命起源过程中可能承担着非常关键的作用。20世纪80年代中期，人们发现RNA具有催化作用（即核酶），目前已知道这些核酶可以催化三类反应：自我切割、切割其他RNA和合成肽键。最近几年来，RNA世界的观点逐渐形成。RNA分子具有多种功能，既能自我复制和指导蛋白质合成，还具有催化功能。最初RNA仅作为互补核苷酸结合模板，这些核苷酸再自发发生多聚化。这些互补多聚化过程可能很不精确，以致产生多种RNA序列。其中一种或几种RNA序列具有初期核酶的特征。这些RNA可以称作"原始基因组"（protogenome）。一旦脂类分子达到足够浓度，它们就会自发地组装成膜，并有可能将一个或多个原始基因组包裹在内。这样RNA有了一个封闭的环境，并能积累到更高的浓度，更有效地控制反应，可称之为"原始细胞"。原始细胞具有竞争的优势：既可以保持多核苷酸的自我复制，还可以避免RNA指导合成的蛋白质丢失，维持蛋白质结构的柔韧性，其催化功能更加强大。20种氨基酸有更多的化学多样性，能够催化更加复杂的生物化学途径，因此逐渐取代了RNA的催化功能。在RNA的自我复制过程中，偶然会遇到核苷酸糖基的第二位发生了脱氧，结果复制出DNA，而DNA分子糖基2位缺羟基，稳定性大大增加，用做编码功能更具优势。最初的DNA基因组是由RNA基因组转化而来的，优势一旦形成，就不可逆转。初期DNA基因组由许多分散的分子组成，每一分子确定一种蛋白质，相当于一个单独的基因。这些基因连接到一起形成初级的染色体。在细胞分裂时，基因分配效率加强，而具有更高的遗传性。RNA的催化功能被蛋白质取代，编码功能被DNA取代，连接DNA和蛋白质的功能逐渐变得更加精确和复杂，特别是RNA与蛋白质结合形成复合体（即核糖体，蛋白质合成工厂），真正意义上的细胞才正式形成。

总体来看，生物由低级向高级，由简单向复杂方向进化。越高级的生物，其生命形式越复杂，基因组也是由小逐渐变大，基因组内含的基因也越多。初始的原核细胞只能在无氧条件下生存与代谢，随着光合作用的出现，大气中氧气量不断上升。那些可进化为能利用氧进行代谢的细胞有幸存活下来，而有些厌氧菌被淘汰，有些厌氧菌与需氧型细胞结合，共同生活。代谢趋于复杂化，细胞膜发生内陷，形成各种细胞器——这就迈向了原核细胞向真核细胞的进化。真核细胞的出现约在14亿年前。

3.2 从单细胞生物到多细胞生物

原核细胞只能从原始细胞进化而来，真核细胞只能从原核细胞进化而来，多细胞复杂的生物只能从真核细胞进化产生。真核细胞分裂之后不分开，形成细胞群体，不同部分的细胞开始分工，不同功能的细胞相互联系，协调统一，能更好地适应环境，利用环境。越高级的生命形式越复杂，面对变化的环境越具有竞争优势，越有机会生存与进化发展。

多细胞藻类最早出现于9亿年前，在5.3亿年前的寒武纪（Cambrian revolution）产生了许多新物种。最早的陆栖昆虫、动物和植物出现于3.5亿年前。此后爬行类动物开始出现并繁荣和多样化。在距今2亿～1亿年期间，恐龙经历了繁盛和消亡的过程，6500万年前，恐龙灭绝之后，哺乳动物开始出现，并由此进化发展出原始灵长类。在约450万年前出现类人动物。地球上旧的物种不断消失，新的物种不断出现。

生命是由基因组决定的。每种生物有其独特的基因组，基因组携带着构成和维持该生物一切活动所需的所有遗传信息。所有细胞生物的基因组是DNA（脱氧核糖核酸），有些病毒的基因组是RNA（核糖核酸）。环境的物理、化学因素以及复制过程都可能改变DNA的化学结构，部分的改变被DNA修复酶所复原。逃避了修复的改变作为突变永久保留下来。突变是分子进化的原因，分子进化是生物进化的推动力。

3.3 病毒基因组

病毒的遗传物质核酸（DNA或RNA）被蛋白质衣壳包裹，只能在宿主细胞内复制与生活，所以一般认为病毒不是"活着的有机体"。侵染原核生物的病毒又称为噬菌体（bacteriophage或phage）。

M13噬菌体是一种侵染大肠杆菌的病毒，它的外形是螺旋丝状。它有一较小的基因组，6.4kb（1kb=1000bp）环状单链DNA（+链、正义链、编码链），只有10个紧密排列的基因，如图3-1所示。

M13单链基因组进入宿主细胞之后，借助宿主（大肠杆菌）的体系将自己的单链DNA合成双链复制型（replication form，RF）。然后复制产生多拷贝，同时还有另一复制机制产生众多单链正义DNA，后者与M13基因组指导合成的蛋白质结合，运动至宿主细胞膜上，再与衣壳蛋白结合，形成新的病毒，排出细胞。M13并不使宿主细胞破裂，而是随细胞分裂而进入子代细胞中，所以M13是一种温和的病毒。

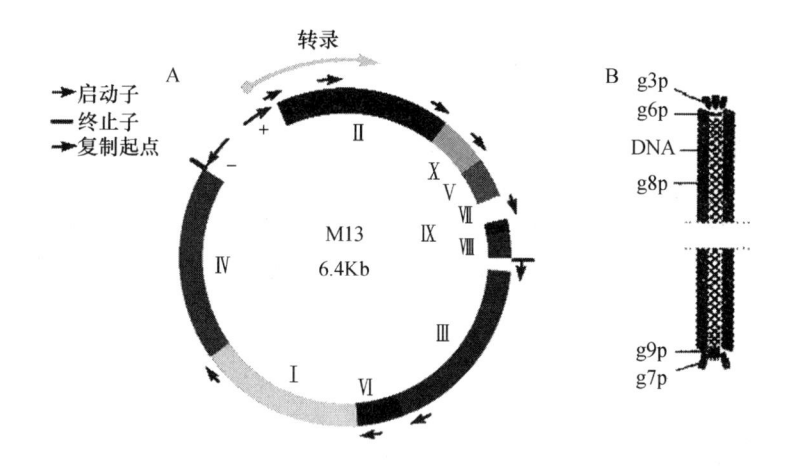

图 3-1　M13 噬菌体基因组（A）及噬菌体形状（B）
(引自参考文献 [1])

λ 噬菌体是另一种研究的比较清楚的侵染大肠杆菌的病毒，它的基因组是 48.5kb 线性双链 DNA，它具有一个二十面体的头部和一个长的柔韧的尾部，如图 3-2 所示。它能识别大肠杆菌外膜上的特殊受体，通过尾部将 DNA 注入宿主细胞。进入细胞之后，线性双链 DNA 分子的两端互补粘连。复制后借助宿主的转录与翻译体系合成外壳蛋白，包装成新的 λ 噬菌体，破坏细胞，从中释放出来。

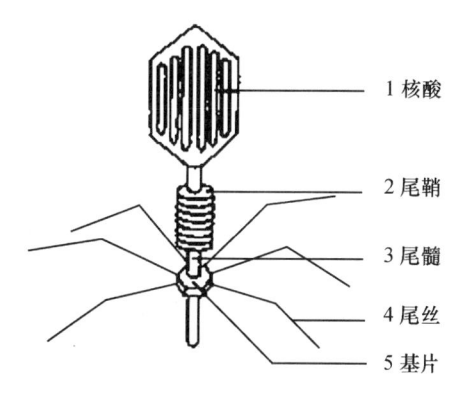

图 3-2　λ 噬菌体的结构示意图[1]

线性双链 DNA 也可以整合插入大肠杆菌基因组的 DNA 之中，伴随后者的复制而被复制，并不破坏宿主细胞——该过程称为溶原性侵染（lysogenic infection），插入宿主 DNA 的病毒 DNA 又称为原病毒（provirus）。

3.4　原核生物染色体结构

所有细菌的主要基因都位于单一的环状双链染色体 DNA 上，染色体 DNA 编码 1000～5000 个蛋白质。大肠杆菌染色体可以作为原核生物染色体结构的代表。大肠杆菌染色体是一闭合环状双链 DNA 分子，由 4.6Mb（4600kb）碱基对组成。染色体环中，蛋白质与 DNA 结合，对 DNA 起着保护、固定和压缩的作用。

3.5 真核生物的染色体结构

真核生物的细胞结构更加完善，有了明确的细胞核。染色体位于细胞核中。真核生物基因组 DNA 总长度远远大于原核生物，真核生物的基因分布在大小不等的一定数目的线性染色体中，人类为 23 对 46 条染色体。不同生物有不同数目的染色体，见表 3-1。每条染色体中 DNA 为单一线性分子，伸展长度可达几厘米。DNA 分子经过几级压缩被包装成染色体，如图 3-3 所示。染色体是高度有序的 DNA-蛋白质复合体，染色体中蛋白质组分占质量的 50% 以上。细胞分裂期，染色质处于高度浓缩状态，在光学显微镜下可以区分出不同的染色体。

表 3-1 几种真核生物的基因组大小和染色体数目

生物名称	基因组大小/Mb	染色体数目/对
酵母	12.1	16
果蝇	140	4
人	3000	23
玉米	5000	10

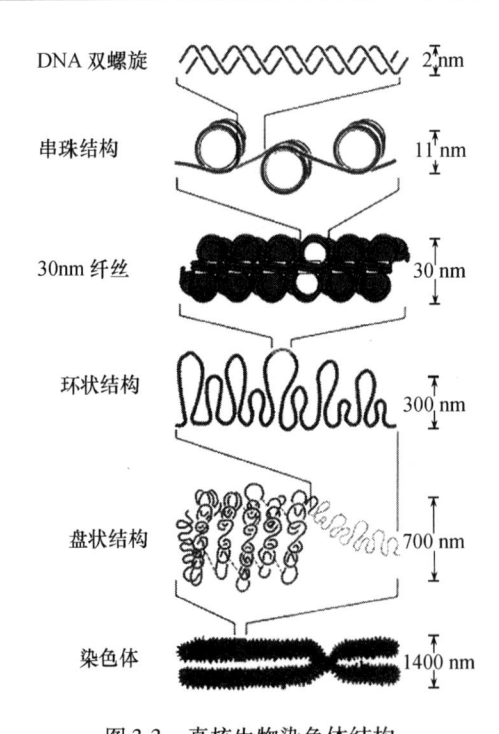

图 3-3 真核生物染色体结构

（引自：http://www.nature.com/nature/journal/v421/n6921/images/nature01411-91.z.jpg）

核小体：DNA 压缩包装的第一步就是与组蛋白（histone）结合，形成规律结构，即核小体（nucleosome）。146bp 长度的 DNA 以左手螺旋的方式绕球形组蛋白八聚体 1.8 圈，形成负超螺旋，这样的结构称为核小体核心（nucleosome core），对核酸酶的降解作用有很强的抵抗性。H1 组蛋白与核小体核心结合，又有 20bp 的 DNA 得到保护，免受核酸酶的降解。核小体的组成是：166bp DNA 绕组蛋白八聚体两圈，它包含有一个核心组蛋白的八聚体和一分子的 H1 组蛋白。在电子显微镜下，核小体呈"串珠状"。可看到核小体颗粒之间有很细的 DNA 链相连。核小体颗粒之间的 DNA 平均长度为 55bp，变化范围 0～100bp。

30nm 纤丝：6 个核小体沿着左

手方向螺旋一圈，形成 30nm 纤丝（fiber），这种结构又称为螺线管（solenoid）。螺线管与某些基质蛋白结合形成环状结构。18 个环形成一个盘状结构，几百个盘状结构堆成染色体臂（图 3-3）。

3.6 人类基因组

我们每一个人都是独一无二的。人体内大多数细胞含有 23 对（46 条）染色体，但性细胞（精子和卵子）只含有 23 条染色体。精子和卵子结合产生胚胎拥有了 23 对染色体。性细胞（也称配子）是通过减数分裂产生的。在减数分裂的过程中，同源染色体之间会发生部分染色体交换，即重组。交换的染色体可能带上父母双方的特征。即孩子从父亲的精子得到的 23 条染色体中有的基因来自祖父，有的来自祖母，有的是祖父祖母重组后的新基因。同样，从母亲卵子得到的 23 条染色体中有的基因来自外祖父，有的来自外祖母，有的是外祖父外祖母重组后的新基因。

人类基因组有两类，一类是核基因组（nuclear genome），另一类是线粒体基因组（mitochondrial genome）。线粒体基因组是 16 569bp 的双链环状分子，位于细胞产生能量的线粒体中。每个细胞内约有几千个拷贝的线粒体基因组。

核基因组由大约 30 亿个碱基对（3000Mb）组成，人类基因组编码区只占 3% 左右，非编码区占 97%（图 3-4）。核基因组分成 24 个线性 DNA 分子，最短的 55Mb，最长的 250Mb。每一个 DNA 分子含在不同的染色体中。24 条染色体中有 22 条常染色体，两条性染色体（X 和 Y）。

内源性反转录病毒（endogenous retrovirus，ERV）是整合进脊椎动物染色体中的反转录病毒基因组。有一些仍有活性，在细胞生命过程中可能会合成内源性病毒。但大多数是一些退变的遗迹，不能形成病毒。这样的序列在人类基因组中约有 1000 个。其截断的形式有时称为反转录病毒样元件（retroviral-like element，RTVL）。在人类 DNA 中约有 20 000 个拷贝。

串联重复 DNA 序列是真核生物基因组的普遍特征，原核生物中不存在。这种重复序列又叫做卫星 DNA（satellite DNA）。将人的 DNA 断裂成 50～100kb 片段，在密度梯度离心时，就会形成一个主带（平均浮力密度为 1.701）和三个卫星带（平均浮力密度为 1.687、1.693、1.697），主带 DNA 由单拷贝序列组成，其 GC 含量在 40% 左右，卫星序列的 GC 含量不同于主带。卫星 DNA 大多数位于染色体着丝粒。另外两种串联重复的 DNA 序列是小卫星（minisatellite）和微卫星（microsatellite）。人类染色体末端 DNA 序列属于小卫星 DNA，是 5'-TTAGGG-3' 重复几百次的序列，端粒 DNA 有着非常重要的功能。微卫星是由 1bp、2bp、3bp 或 4bp 重复 10～20 次组成的特征序列，微卫星的功能目前还不清楚，但它可

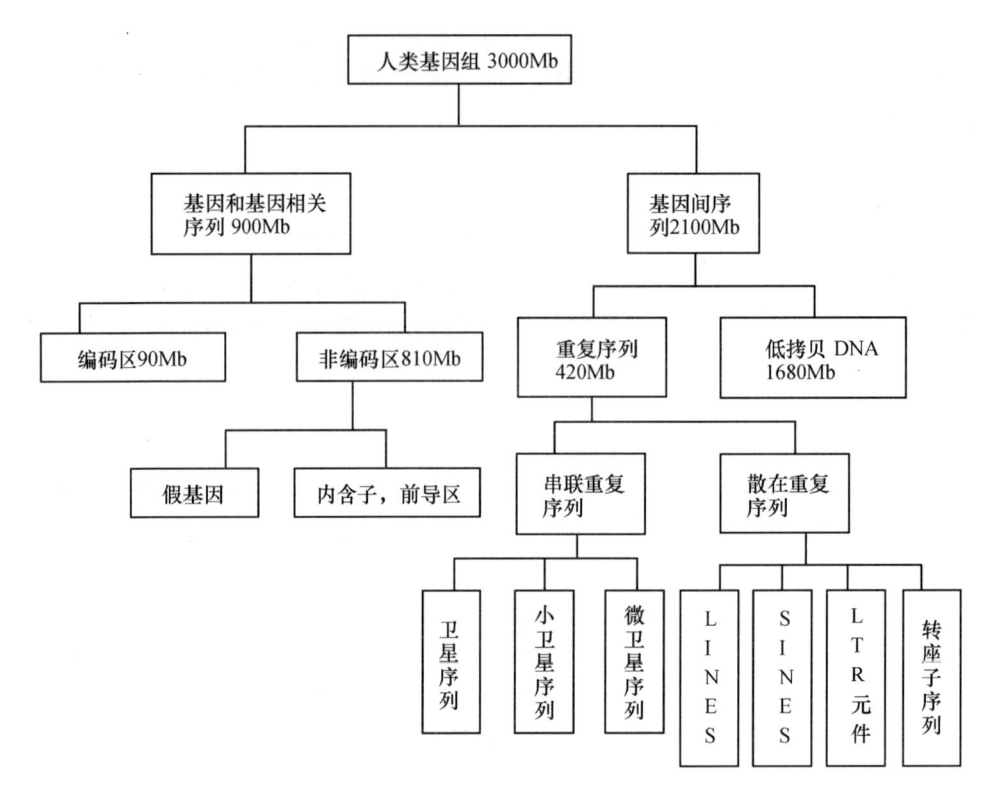

```
                    人类基因组 3000Mb
                          │
          ┌───────────────┴───────────────┐
     基因和基因相关                    基因间序
     序列 900Mb                        列 2100Mb
          │                               │
    ┌─────┴─────┐                   ┌─────┴─────┐
  编码区90Mb  非编码区810Mb        重复序列      低拷贝 DNA
                │                   420Mb       1680Mb
           ┌────┴────┐                 │
         假基因   内含子，前导区   ┌────┴────┐
                                 串联重复    散在重复
                                 序列         序列
                                   │           │
                              ┌────┼────┐  ┌───┼────┬────┐
                             卫   小   微  L   S   L   转
                             星   卫   卫  I   I   T   座
                             序   星   星  N   N   R   子
                             列   序   序  E   E   元   序
                                  列   列  S   S   件   列
```

图 3-4　人类基因组的组成

以作为基因组的遗传标记和物理标记，帮助测序片段的定位。许多微卫星中的序列重复数是可变的，即重复单位的数目在同种属的不同个体中不一样。任何两个人都不会含有完全相同的微卫星图谱。所以微卫星被用来研究人与人的亲缘关系，也可用来确定罪犯。

人类不同个体的基因组之间的差异是很小的，仅仅是这里少几个碱基，那里多几个碱基。多数的变化发生在基因组的非编码区，所以没有大的影响。极少数的变化会导致蛋白质的改变。最常见的变异是某一个碱基被其他碱基所取代，即单核苷酸多态性（single nucleotide polymorphism，SNP）。平均每 1000~2000 个碱基就有一个 SNP 位点。

3.7　基因组进化模式

每一种生物都有自己独特的基因组。基因组 DNA 在进化过程中，变得越来越长，越来越复杂，基因组进化导致新物种的形成。单细胞生物如大肠杆菌基因组的总长度为 4.64 Mb，只有 4288 个基因，人类基因组总长度均为 3100Mb，约有 3 万个基因。生物基因组是如何变长的？新基因是如何产生的？真核生物与原核生物的主要区别之一是前者能够进行有丝分裂和减数分裂。正常的减数分裂前，细胞染色体复制，产生四倍体细胞（即每条染色体有 4 个拷贝），第一次分裂之后产生二倍体细胞，第二次分裂产生单倍体细胞（即配子，精子或卵子细胞）。减数分裂中第一次分裂如果发生异常，如同源染色体对没有分开，而进入同一细胞，第二次分裂产生了二倍体配子。如果两个二倍体配子结合，将会产生四倍体合子（即同源多倍体）。四倍体后代的基因组比二倍体的亲代的多了 1 倍。有两套（或两套以上）基因，突变压力减少，提高了物种的变异性，从而大大推进了进化速度。在生物进化的 30 多亿年的历史中，无性生物时代占去近 2/3 的时间，在这段时间里，生命进化很慢，自从出现有性生殖后，生物进化速度明显加快，表 3-2 列出了各个地质时期的主要进化事件。今天地球上已发现的 200 多万物种中，有性生殖的种类约占 98%，原始的无性生物只占很少数。

表 3-2 地质年代划分及各地质时期的一些主要进化事件

代	纪	世	百万年前	植物	动物
新生代	第四纪	全新世 更新世	0.01	热带雨林加速灭绝	人类文明时代 许多哺乳类灭绝
			2～0.01	草本植物广布和多样化	现代人类出现
	第三纪	上新世	6～2	草本被子植物繁盛	人科灵长类首次出现
		中新世	24～6	随着植物衰退，草原广布	类猿哺乳类、草食哺乳类及昆虫繁盛
		渐新世	37～24	许多现代显花植物的科演化	叶食哺乳类及类猴灵长类出现
		始新世	58～37	雨量充沛的亚热带森林繁盛	所有现代哺乳纲、目出现
		古新世	66～58	被子植物多样化	原始灵长类、草食类、肉食类、虫食类出现
					恐龙和大多数爬行类灭绝
中生代	白垩纪		114～66	显花植物广布，松柏类衰退	胎盘哺乳类和现代昆虫类群出现
	侏罗纪		208～144	苏铁类和其他裸子植物繁盛	恐龙繁盛，鸟类出现
	三叠纪		245～208	苏铁、银杏出现，裸子植物和蕨类统治地球	哺乳类、恐龙类首次出现，珊瑚和软体动物统治海洋

续表

代	纪	世	百万年前	植物	动物
古生代	二叠纪		286~245	松柏类出现	爬行类多样化，两栖类衰退
	石炭纪		360~286	成煤森林时代：石松、问荆和蕨类繁盛	两栖类多样化，爬行类首次出现，昆虫类经历第一次大的适应辐射
	泥盆纪		408~360	种子蕨类首次出现	有颌鱼类多样化并统治海洋，昆虫和两栖类首次出现
	志留纪		438~408	低矮的维管植物在陆地出现	有颌鱼类首次出现
	奥陶纪		505~438	海洋藻类繁盛	无脊椎动物广布和多样化，无颌鱼类及脊椎动物首次出现
	寒武纪		570~505	海洋藻类繁盛	具外骨骼无脊椎动物占统治地位

有性繁殖使生物体有两整套染色体，基因的种类没有增加，也没有产生新基因，只是基因拷贝增加。正是因为新增加的基因拷贝对生物的正常代谢并不是必需的，这些基因有可能发生突变而不危害生物的生存。例如，人类药物代谢的酶细胞色素 P450（cytochrome P450）是一类单加氧酶，多位于细胞内质网上，催化多种内、外源物质（包括大多数临床药物）的代谢。CYP2C9（cytochrome P450 2C9）是 P450 的一个重要成员，负责代谢产生 10%~16% 的临床药物。CYP2C9 基因具有多态性，除野生型外，已报道了至少 12 种突变型，每种都是一个核苷酸发生突变。中国约有 6.6% 和 2% 的人携带 A1057C 和 T269C 突变体，它们是基因的 1057 位的腺嘌呤突变成了胞嘧啶和 269 位的胸腺嘧啶突变成了胞嘧啶。这两种突变体基因编码酶的活性与野生型相比有大幅下降，携带者在服用某些药物，如抗凝药华法林时，不能及时将药物清除，容易发生毒副作用。多数基因突变后，序列发生改变，产生无功能的假基因（pseudogene），但也有可能突变导致新基因的产生，有利于生物代谢。如果蝇的 *Methuselah* 基因（产物与 G 蛋白偶联的细胞表面受体）发生点突变使相应蛋白质的 514 位氨基酸改变，果蝇平均寿命由 55 天提高到 77 天，上升 35%（图 3-5）。嗜碱菌的甘露糖酶最适 pH 是 9.5，该酶的基因发生一个碱基突变导致酶蛋白的 133 位氨基酸变化或者 226 位氨基酸变化，结果 pH10 时的催化活性由 80% 下降到 10% 以下。

大量多基因家族则是某个基因或几个基因倍增的例子。如人的 1 号染色体中有 2000 个 5S rRNA 的基因，13、14、15、21、22 号染色体中各含有 50 多个 28S、5.8S、18S rRNA 串联基因。这是在进化过程中基因倍增而形成的。哺乳动物珠蛋白的基因是一个非常古老的基因。人类的珠蛋白基因家族的多个成员在 DNA 序列上有高度的相似性，它们是由共同的古珠蛋白基因进化而产生的

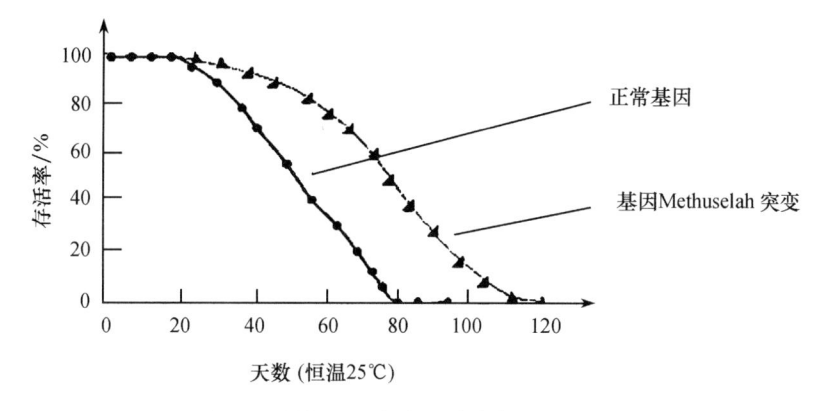

图 3-5　果蝇基因突变导致寿命变化的曲线

（图 3-6）。在 β-珠蛋白基因中，早期胚胎表达的是 ε 基因，胎儿期表达 Gr、Ar 基因，成人表达 δ 基因和 β 基因（产物只有一个氨基酸之差）。2 个 α-珠蛋白和 2 个 β-珠蛋白组成的血红蛋白（hemoglobin）是我们血液中运输氧的工具。

基因组进化还包括基因重组、基因内部片段重复（domain duplication）、基因片段滑动（domain shuffling）复制。基因片段重复使基因变得更长，不同的基因片段组合，可以形成新的编码序列即新的基因。

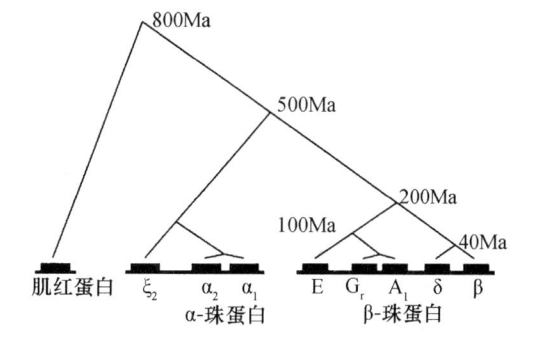

图 3-6　人类珠蛋白的基因进化（Ma：百万年）[2]

突变可以在生物体内积累，积累的突变可以代代相传，这就是我们与亲戚在遗传上更相似的原因。远古的人类祖先基因组发生的变化，可能出现在全世界很多人群中，而最近发生的变化将只在更加区域化的人群中出现。两种生物基因组的序列差异度直接正比于它们的亲缘关系，换句话说就是，亲缘关系越远，其基因组序列的差异度越大。当比较三、四或更多的基因组序列，就可得到它们的进化关系。可以通过计算不同生物的同一种基因序列的差异度，来分析它们从共同祖先分歧的时间。由此可以确定不同生物在进化过程中的地位、分歧时间以及亲缘关系，建立该分子的系统树（molecular phylogenetic tree）。

3.8　物种的分类

瑞典博物学家林奈（Linnaeus）在 18 世纪首次提出按照生物的相似点和不同

点，以一种综合的方式对其进行分类。将所有已知生物放入一个逻辑有序的分类体系中，以揭示它们之间的关系。这是一系列不同等级的分类目录，从界（Kingdom）开始，然后是门（Phylum）、纲（Class）、目（Order）、科（Family）、属（Genus）和种（Species）。如人的位置是：动物界、脊索动物门、脊椎动物亚门、哺乳纲、灵长目、人科、人属、智人种。

物种是生命的主要形式，体现了生物界统一性中的多样性、连续性中的不连续性（图3-7）。不同时期、不同学科的学者对物种概念有不同的标准。传统的分类学家认为每一个物种都有自己独有的形态。遗传学家认为物种是互交繁殖的生物群体。物种根本上的差异来自遗传的差异。同一物种个体间的差异叫种内差异。与种间差异不同，种内差异经常是连续的，而种间差异是间断的。但是种间差异是从种内差异发展而来的。

物种形成的三个主要环节：首先的环节是基因突变或染色体畸变随机发生，并在群体内积累到一定程度，在外界条件的影响下，群体发生分化。

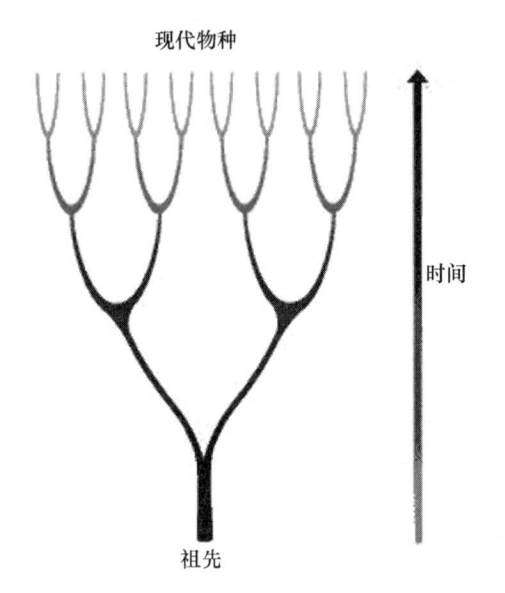

图 3-7 生命之树[2]

第二个环节是选择影响物种形成的方向。随机突变无方向性，大多数突变对生物体有害。少数突变是中性的，很少数突变是有利的。这些突变多以隐性杂合状态存在于群体中。杂合状态的两份基因拷贝分别来自父亲和母亲，一份没有突变能维持正功能，另一份拷贝发生突变，功能改变对生物没有影响。当环境改变时，某些杂合基因型会体现某种优势，即突变基因的功能能应答环境的改变，能更好地生存，从而影响物种形成方向。第三个环节是隔离，地理隔离或生殖隔离（不能自由交配或交配后不能产生可育后代）导致遗传物质交流中断，群体歧化不断加深，直到新物种的形成。

3.9 分子系统树

重建地球上所有生命进化的系统树，最理想的途径就是利用地球上所存在的化石证据，但是化石十分零散，不完整而且很难得到。科学家们把目光转移到了形态学和比较生理学上，科学家们已经基本得出了有机体进化历史的主要框架。然而由于有机体的形态和生理性状的进化十分复杂,在研究过程中必然会有很多种假设,这些假设有的难以令人信服。分子生物学的进展大大改善了这种困难的局面。人们可以通过比较 DNA 序列或蛋白质序列来研究生物的进化关系,建立分子系统树。因为 DNA 和蛋白质分子数据与形态学、生理学数据相比具有明显的优势。

(1) 分子特征能严格地定量化,如 DNA 序列中每个核苷酸位置就是一个特征,有 4 种不同的特征状态即 A、C、G 和 T。同样,蛋白质序列中是 20 种氨基酸状态。

(2) 分子特征状态清晰,A、C、G 和 T 易辨认,不会相互混淆。而形态学特征状态常常相互重叠,不易区分。

(3) 分子资料易于转换成数字形式,可用数学和统计学分析检验。

(4) 所有生物的形态特征由其基因组 DNA 所决定,所以 DNA 序列可以体现生物的进化关系。

(5) DNA 进化演变是逐渐的、有规律的。基因组中 DNA 突变积累到一定程度,产生新的基因组,出现新的物种。这是一个由量变到质变的过程。

20 世纪 80 年代,以 DNA 为基础的分子系统进化学研究开始大规模开展。现在虽然蛋白质序列仍在某些情况下使用,但 DNA 已占据了主导地位。因为 DNA 比蛋白质能提供更多的进化信息。一对同源基因的核苷酸序列比相应蛋白质序列包含更多的信息。有时密码子的第三位发生了突变,对应的氨基酸并不改变,那么 DNA 序列有了差异,而蛋白质序列没有差异。另外,真核生物基因组中有很多非编码序列,这些序列中发生的大量突变,从蛋白质序列中反映不出来。同样重要的是 DNA 测序比较容易、快速和便宜。目前已经积累了不同生物的、大量的 DNA 序列数据,可以进行多方面的比较研究。

参 考 文 献

[1] 周慧. 简明生物化学与分子生物学. 北京:高等教育出版社,2006,4
[2] 布朗 T A. 基因组. 袁建刚,周严,强佰勤译. 北京:科学出版社,2002,9

第 4 章　遗传多态性标记

遗传多样性是生物多样性的核心，广义上主要是指种内或种间表现在分子、细胞、个体三个水平的遗传差异，狭义上主要是指群体间和群体内个体间的遗传多态性程度。遗传多样性研究主要从蛋白质多态性、染色体多态性和 DNA 多态性三方面进行，蛋白质多态性主要包括氨基酸序列和同工酶或等位酶变异；染色体多态性主要是染色体数目、组型及其减数分裂时的行为差异；DNA 多态性主要以限制性片段长度多态性、扩增片段长度多态性、随机扩增多态性、微卫星和单核苷酸多态性等反映，这些多态性一般是由 DNA 的碱基点突变、DNA 片段的插入和缺失、DNA 的同源重组、转座子的转座作用等引起的。

遗传标记是指可以明确反映遗传多态性的生物特征。人类遗传标记的研究工作可划分为三个阶段：①20 世纪 60 年代以前，对血液中遗传标记的研究，主要采用血清免疫学检测细胞表面抗原。②20 世纪 60 年代以后，主要采用电泳技术和免疫电泳技术分析细胞内的酶和血清蛋白，酶型有 PGM、ACP、ESD 等。血清蛋白型有 HP、GC、BF 等。③20 世纪 70 年代以后，限制性内切核酸酶技术、体外扩增技术、DNA 直接测序技术等新方法的建立，引发了对细胞内 DNA 多态性的研究。DNA 直接测序可以分别研究同义的和非同义的多态性，这样我们就可以在分子水平上研究适应性和非适应性的进化。对人类 DNA 多态性标记的分析将揭示出人类个体及群体的遗传学信息，有两种类型的 DNA 具有特别的意义：只能通过男性遗传的 Y 染色体中的 DNA（Y-DNA），以及只能通过女性遗传的线粒体 DNA（mtDNA）。由于这两种 DNA 均无重组，因此利用 Y 染色体和线粒体 mtDNA 重建进化史要比利用常染色体更加容易。本章我们主要介绍 DNA 多态性标记的研究，特别是 mtDNA 和 Y-DNA 多态性标记的研究。

4.1　遗传多态性标记的分类

4.1.1　形态、生理标记

物种的形态、生理标记可以作为群体特征、群体分化的标志，直观地研究种群中控制某一性状的基因多态性，如被毛有红色、棕色、黄色、黑色等，通过对群体中某一性状表型的统计分析可以推断基因的显隐性关系及群体内复等位基因的状况。但这些直观的形态、生理标记数量有限，显隐性关系复杂，对于显性个体无法直接从表型上判断该个体在遗传上是显性纯合还是杂合。

4.1.2 染色体标记

染色体标记主要是指染色体核型（染色体数目、大小、随体、着丝点位置等）及带型（C带、G带、N带等）。染色体分带技术是一种直观、快速而经济的检测外源遗传物质的方法，但染色体分带的技术性较强，易受实验条件的影响，且大多数染色体的这种细胞学标记数目有限，导致某些不具有特异带型的染色体或片段的鉴定可靠性略差。

4.1.3 血型和蛋白质标记

用于多态性研究的生化标记有血型（红细胞抗原和白细胞抗原类型等免疫性状）及蛋白质等。同一类型的蛋白质由于其编码基因发生突变，导致肽链上氨基酸序列的组成出现差异，这种差异可以通过电泳进行检测。从1955年Smith首创淀粉凝胶电泳方法后，以Ashton为首的一批学者，在动物血液、体液、脏器等部位检测出多种蛋白质遗传变异。但是随着研究的不断深入进行，蛋白质作为遗传标记的不足之处也被逐渐认识，由于密码子的简并性，约30%的碱基替换不发生氨基酸取代，在发生取代的氨基酸中，有2/3的取代在电泳时也不能检测出来。

4.1.4 DNA标记

DNA分子标记是DNA水平上遗传多态性的直接反映。DNA水平的遗传多态性表现为核苷酸序列的任何差异，哪怕是单个核苷酸的变异。因此，DNA标记在数量上几乎是无限的。与以往的遗传标记相比，DNA标记还有许多特殊的优点，如无表型效应、不受环境限制和影响等。目前，DNA标记已广泛地应用于遗传图谱构建、目的基因定位和分子标记辅助选择等各个方面。

4.2 DNA多态性研究

4.2.1 DNA多态性形成机制

1. 不等位交换

人类基因组中，碱基缺失和插入是一种较为常见的突变形式。缺失和插入可能由几种机制造成，机制之一是不等位交换（unequal crossing over）。两条染色体间不等位交换，结果在一条染色体上有一片段缺失，而在另一条上则出现相应的添加。一般来说，较大片段的插入和缺失是由这种机制造成的。

2. 复制滑脱

复制滑脱（replication slippage 或 slipped-strand mispairing）是造成缺失和插

入的第二种机制。这类机制发生在邻接串联重复序列的 DNA 区域中，而滑脱又造成某一片段 DNA 缺失或重复，至于究竟是缺失还是重复则要看滑脱发生在 5'→3' 方向还是与之相反的方向。

3. 重组

重组包括同源重组、位点专一性重组和转座。其中转座（transposition）和反转录转座（retroposition）是另外一种导致突变的形式。遗传物质从一个染色体位置向另一个位置的运动叫转座。以 RNA 为中介的转座形式叫反转录转座。有丝分裂前期，每条染色体含有两条姐妹染色单体，同源染色体配对后，非姐妹染色单体发生互换，结果等位基因间组合形式发生改变，两个基因座的等位基因是否在互换中发生重新组合，与两个基因座的连锁距离有关，两个基因座相距越近，重组的概率越小。染色体互换、重组导致配子间的基因型不同，从而出现后代的表型差异。在有丝分裂后期，同源染色体分离，不同的同源染色体在分向两极时，相互间是独立的，因而父方、母方来源的染色体随机组合，产生基因组变异。如人类有 23 对染色体，父母双方之间有 2^{23} 种组合形式，由于还有父母染色单体的重组混合，因而除了同卵双生外，几乎不可能得到遗传上相同的后代。另外，在受精过程中，具有不同基因组合形式的无数个精子中，只有一个与卵子结合，这种结合也是随机的，理论上，任何一种基因组合形式的精子都有平等的机会与卵子结合，因此这一过程也可产生基因多态性。

4.2.2 DNA 标记的分类

DNA 的多态性可分为两种：①表现在碱基序列上，即序列多态性；②表现在两个固定端点间 DNA 片段的长度上，即片段长度多态性。由此产生的遗传标记也分两大类——长度多态性标记和序列多态性标记。长度多态性标记根据分析检测的方法又分为限制性内切核酸酶片段长度多态性和扩增片段长度多态性。此外，有一类是既有串联重复单位数目变化（short tandem repeat，STR），又有重复单位内部序列的变化，即既有长度多态性，又有序列多态性，如 D1S8 基因组，此类被称为小卫星可变重复单位多态性。在遗传多样性研究领域使用较多的有如下几类。

1. 限制性片段长度多态性标记（restricted fragment length polymorphism，RFLP）

RFLP 是最早研究和使用的分子标记，它的变异特征可将其归纳为两种类型：一种是碱基替换型，由于限制酶（restriction enzyme，RE）识别位点上发生单个碱基替换，使某一限制位点丧失或获得而产生 RFLP，这种 RFLP 称为位点多态性；另一种是结构变异型，由于 DNA 序列内发生较大的顺序变异，包括较长片段的缺失、重组和插入等，而使 RE 识别位点的丧失或获得，或即使 RE 识别位点没有变，但由于长度差异而使消化片段发生增减变异。不同来源的基因组 DNA，在进化过程中经历不同的选择、突变或重组，使酶切位点发生不同程度的变迁，经酶切后产生长度不同的酶切片段。通过这种片段长短的差异反映出酶切位点的多态性。RFLP 的主要优点是：在各种生物的各类 DNA 中普遍存在，只要有探针就可以检测不同物种同源 DNA 分子的 RFLP；无表型效应，其检测不受环境、性别及年龄的影响；RFLP 是生物进化过程中由 DNA 的变异造成的，数量非常之大，可以通过选择适宜的 RFLP 作为基因组标记。RFLP 的不足之处是：多态信息含量低，且检测的多态水平过分依赖于 RE 的种类和数目；RFLP 操作复杂，工作量大；RFLP 对样品中靶序列拷贝数的纯度要求高，因而样品需求很大。随着 PCR 技术的广泛应用，新发展起来的 PCR-RFLP 将 PCR 和 RFLP 的优点融为一体，结合随机扩增多态性标记和 RFLP 产生的 AFLP，使多态性的检测变得更加方便、准确、安全。

2. 随机扩增多态性标记（random amplified polymorphism DNA，RAPD）

William 等报道了在 PCR 基础上形成的 RAPD 技术，它利用一些随机排列的寡聚核苷酸作为引物，采用低退火温度 36~40℃对基因组 DNA 进行 PCR 扩增，得到具有多态性的 DNA 片段作为分子标记。与其他技术相比，使用 RAPD 技术前无需预先了解检测物种基因组相关分子的 DNA 序列，并且技术简单、快捷，实验成本较低。但由于 RAPD 使用的是随机引物，故在扩增过程中的引物-模板不完全配对使 RAPD 产物对 PCR 反应条件要求很高，且稳定性、重复性和可比性较差。

3. 微卫星 DNA

微卫星 DNA（microsatellite DNA）又称简单串联重复序列（simple tandem repeat，STR），是指以少数几个核苷酸（多为 1~6bp）为单位构成核心序列，核心序列经多次串联重复形成的 DNA 片段。一般认为微卫星的多态性是由减数分裂过程中的不平衡交换所致，也可能是由其他机械原因引起，同时这些串联重复序列也可能发生碱基的替换、插入或丢失。与核心序列相连的侧翼序列在基因组中具有高度保守性，这就使得许多微卫星位点能在亲缘关系较近的物种中同时存在。除此之外，微卫星在基因组中分布广泛，如基因组中二核苷酸 $(AC)_n$ 估计有 6.5 万~10 万个，平均 30~50kb 就有一个。微卫星的检测手段安全、方便、快捷，其重复序列加上其侧翼序列也不过 100~400bp，用少量的 DNA 作为模板经 PCR 扩增，通过变性或非变性 PAGE 凝胶电泳就可以将片段分离开，使用无危害的银染方法即可得到清晰的电泳带型，如利用荧光标记还可进行多重 PCR 扩增物检测，实现自动化处理，使检测更加快速、准确、有效。微卫星在群体中的变异程度非常大，具有丰富的多态性，从实践中检测到的位点多态性普遍高于 RFLP 及其他各种类型的表型标记。如今微卫星凭借其数量多、分布广泛、多态性丰富、易检测的特点已越来越受到遗传工作者青睐。

4. 单核苷酸多态性标记

单核苷酸多态性（single nucleotide polymorphism，SNP）是生物体基因组中存在最广泛的一类变异，它是由碱基置换、缺失或插入等单碱基突变所造成的位点多态性，因此由点突变引起的 RFLP 也属于 SNP。SNP 遗传稳定，突变率低，每个核苷酸的突变率大约为 10^{-9}，即每一个核苷酸在任何一代人群中的每 6×10^9 个个体中就会发生一次突变。这种标记物在基因组中的分布密度很高，在人类基因组中约有 300 万个这种标记，平均每 1000 个碱基对就会有一个；另一方面，SNP 大多只有两个等位基因，其杂合度最大只有 50%，而微卫星标记一般都有多个等位基因，杂合度都在 70% 以上，因此 SNP 与微卫星相比提供的信息量较少，要得到同等分辨率的连锁图，所需 SNP 标记的数目至少是微卫星的 4 倍以上。但由于 SNP 在基因组中的数目多，覆盖密度大，利用 2000～3000 个这种标记来构建每一条染色体单倍型就可以达到 250～350 个微卫星标记物的分布的要求，而其分辨率则是这些微卫星标记物的 4～5 倍。SNP 的分析方法有许多种，其中有些适用于分析已知的 SNP，另一些则既可用于分析已知的 SNP 也可以用于寻找未知的 SNP，这些方法包括单链构象多态性、异源双链分析、变性梯度凝胶电泳、变性高压液相法、错配的化学切割、突变的酶学检测等方法。近年来基因组研究的推进，以及生物技术与计算机科学、数学等学科中多种理论和技术的相互交叉和融合，孕育出了 DNA 芯片技术，它利用大规模集成电路手段控制固相合成成千上万个寡核苷酸探针，并把它们有规律地排列在一定大小的硅片上，然后将要研究的 DNA 或 cDNA 分子用荧光标记后与芯片上的探针杂交，再通过激光共聚焦显微镜对芯片进行扫描，配合计算机系统每一个探针上的荧光信号做比较和检测，将其应用于 SNP 的检测中，可以将每条染色体的 SNP 标记物做成探针固化在芯片上，只需要一块芯片，一次杂交就可以完成检测工作，从而可以上百倍地提高工作效率。

4.2.3 人类 DNA 多态性研究的历史和现状

过去对于人类遗传多态性，主要是以基因产物，如抗原、蛋白质和酶，进行研究。近几年逐渐认识到基因产物多态性起源于结构基因的多态性，采用 DNA 杂交技术，观察到人类染色体 DNA 限制性片段长度多态性（RFLP）；采用基因扩增片段长度多态性技术（AMP-FLPS），对人类染色体 DNA 可变数目串联重复序列（VNTR）进行分析；采用全自动 DNA 测序仪可直接对 DNA 测序，分析序列多态性。这些研究都揭示了串联重复 DNA 是常见多态现象。在人类基因组中，重复 DNA 序列还含有许多段串联重复序列（STR）。检查的大量新位点杂交探针也相继发现。随后崛起的限制性片段长度多态性大大推动了遗传病的基因定位的工作。20 世纪 80 年代中期，随着 PCR 技术的诞生，发现和建立了许多 VNTR 遗传标记系统，大规模基因组扫描、分型与连锁分析方法是基因定位中最常用的手段。目前，另一类标记物质微卫星标记物被发现和建立，利用 PCR 和电泳检测相对容易，成为目前在基因定位和个体识别方面应用最多的遗传标记，如 SNP、STR 是大规模基因扫描方法的基础。

储存遗传信息的 DNA，在真核生物中主要存在于细胞核中，同时也存在于线粒体中。存在于细胞核中的 DNA 是与组蛋白相结合以染色体的形式存在。人类细胞核内有 22 对常染色体（autosome）和一对性染色体（sex chromosome）。存在于常染色体内的 DNA 称为常染色体 DNA（autosomal DNA），而存在于性染色体内的 DNA 称为性染色体 DNA（sex-chromosome DNA），其中存在于男性 Y 染色体内的 DNA 称为 Y-DNA。线粒体是真核生物的一个细胞器，其功能是产生能量以维持细胞的活动。根据细胞所需能量强度的不同，一个细胞中所含线粒体的数目可以有很大差异。人类的正常细胞中含有多个线粒体，每个线粒体内含多个拷贝的线粒体基因组 DNA。人类 mtDNA 基因组由 16 569 对碱基组成，而核基因组 DNA 有 31 亿对碱基，但 mtDNA 基因组在进化的研究中非常重要。下面我们重点介绍 mtDNA 和 Y 染色体遗传多态性标记在人类进化研究中的应用。

4.3 mtDNA 遗传多态性标记

线粒体是存在于绝大多数真核细胞内的独立于细胞核的一种基本的、重要的细胞器，是细胞进行氧化磷酸化的场所。动物 mtDNA 是共价闭合的环状双链超螺旋分子，分子质量较小，一般为 15~20kb（人类 mtDNA 全长为 16 569bp）。两条链所含碱基成分不同，根据密度不同分为轻链（L）和重链（H）。L 链仅编码 ND6 和 8 个 tRNA 基因；H 链编码 22 个 tRNA 基因、大小 2 个 rRNA 基因和 13 个疏水性蛋白质多肽以及一段包含复制起点的控制区（control region，CR），称为 A+T 区或 D 环（displacement loop region，D-loop）（图 4-1）。

D 环区位于 tRNA^{Pro} 和 tRNA^{Phe} 基因之间（不同的物种长度不同，同一物种长度略有不同；图 4-2），属于非编码区。该区包括 3 个功能域（L-Domain、C-Domain、R-Domain）、6 个保守片段（Block A 和 B、CSB1、CSB2、CSB3 以及 C-Domain），还包括复制先导链的起始区（OH）、两个主要的转录启动子（LSP 和 HSP）和终止结合序列（TAS）。在控制区内，碱基替换主要发生在非保守片段上，即使在亲缘关系很近的物种间，也存在差异。

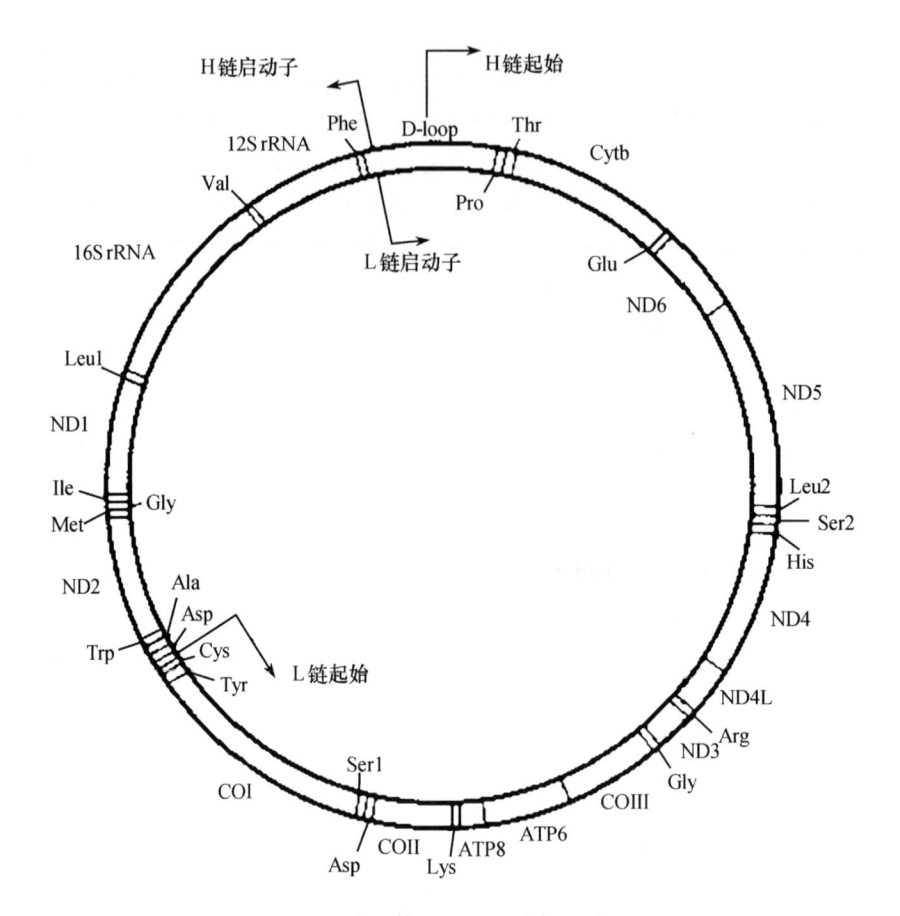

图 4-1　线粒体基因组（引自互联网）

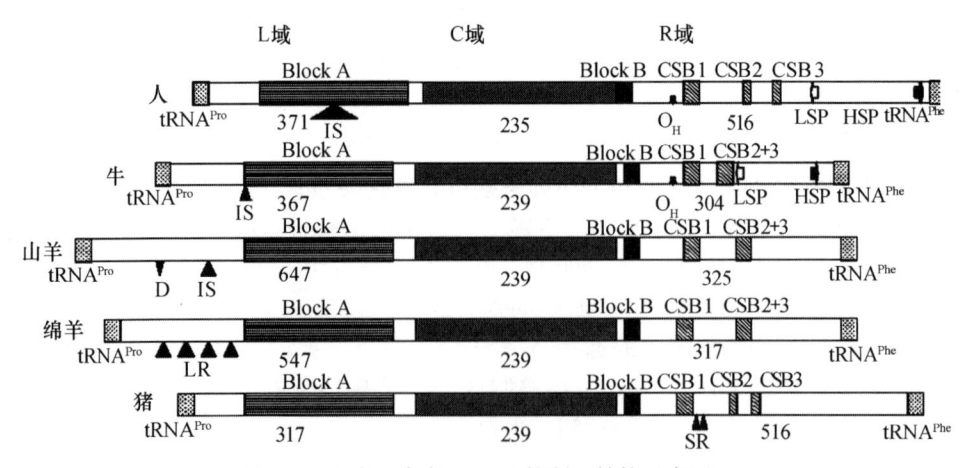

图 4-2　人类和家畜 mtDNA 控制区结构示意图

人类线粒体控制区包括 nt16 024～nt16 519 和 nt1～nt576，由于不编码蛋白质，在进化过程中选择压力相对较小，因而具有较其他区域更多的多态性，每 100bp 就有 1～3 个核苷酸发生变化，这两个区域被称为第一高可变区、第二高可变区（hypervariable region Ⅰ，hypervariable region Ⅱ）即 HVR Ⅰ 和 HVR Ⅱ。它与细胞核 DNA 比较，具有独特遗传学特征。

4.3.1 mtDNA 遗传系统的特点

1. 母系遗传

在受精过程中，受精卵内几乎所有的 mtDNA 均来自于卵子，父亲不能将其 mtDNA 传递给后代，因此表现为母系遗传（maternal inheritance）。

2. 多拷贝

人类的正常细胞中含有多个线粒体，每个线粒体内含多个拷贝的 mtDNA（血小板和未受精的卵子例外，它们中的每个线粒体内只含有一个拷贝的 mtDNA），体细胞含有 200～1700 个 mtDNA 拷贝。

3. 高突变率

mtDNA 具有比核 DNA 更高的突变率，mtDNA 中某些区域的进化速度是核基因组的 6～17 倍。突变的和正常的 mtDNA 共同存在于一个细胞内，这取决于该细胞对线粒体功能的依赖程度和突变 mtDNA 所占的比例，并依次累积于中枢神经系统、骨骼肌、心脏、肾和肝。

4.3.2 mtDNA 多态性检测方法

mtDNA 在种间、种内具有广泛多态性。造成多态性的主要原因是碱基替换（较多）以及小核苷酸片段的插入和缺失（较少），碱基替换主要发生在基因间隔区和控制区，且不同部位替换速率不同。

1. 直接测序

利用 PCR 制备测序模板，对 mtDNA 的第一高可变区和第二高可变区进行测序，获得整个区域所有核苷酸序列。通过系统发育分析以及群体遗传学的分析方法比较不同物种或个体间的相关序列来探讨其进化关系。

2. 限制片段长度多态性分析（RFLP）

根据特定位点的区域选择引物进行 PCR（polymerase chain reaction）扩增或者从细胞中分离出纯的 mtDNA，而后用特异性内切核酸酶进行消化处理，切割成大小不同的片段，再通过凝胶电泳将这些片段按分子质量大小分离开来，通过染色或放射自显影技术对酶切图谱进行序列的间接比较。

3. 序列特异寡核苷酸点杂交分析（sequence-specific oligonucleotide hybridization，SSO）

在 mtDNA 控制区的某一区域设计一系列 20bp 左右的寡核苷酸标记探针，并与特定片段的扩增产物杂交,如果扩增的目的片段上存在的变异正好处在探针与之结合的部位,探针和扩增片段就不能结合。该方法检测速度快,但探针检测的位点有限,某些未知位点不能很好地被检测出来。

4. 扩增产物长度多态性(amplified product-length polymorphism,APLP)

APLP 方法的原理是基于将两个等位基因特异引物之一的 5' 端附加入一个非互补的序列,这种引物的使用允许我们扩增区别两个等位基因的不同尺寸的产物。PCR 扩增产物通过聚丙烯酰胺凝胶电泳进行分离,根据片段长度判断位点的突变模式。

4.3.3　mtDNA 多态性研究在人类进化上的应用

mtDNA 是研究现代人类起源和演化最有力的工具。早在 1980 年,Brown 通过对 21 个不同种族与不同地区人群的 mtDNA 进行研究,揭示了 mtDNA 限制酶酶切模式在群体遗传学中可用于追溯人类的历史[1]。1981 年,Anderson 等发表了人类第一个完整的 mtDNA 序列(也称为剑桥标准序列,Cambridge reference sequence,CRS)。不久后,Denaro 等[2]发现一个 *Hpa*I 酶切位点 3592(3594 C/T),将大多数非洲人与高加索人和东方人区分开。此后,各国学者纷纷对世界各地区人群的 mtDNA 变异模式进行研究来探讨人类的起源与迁徙问题,不断积累的数据展现了各大洲人群 mtDNA 谱系的系统发育关系以及各大洲特异的 mtDNA 分布模式。科学家们可以通过对这些 mtDNA 变异界定的单倍型类群(haplogroup)特异的地理分布情况来推测过去群体的迁移模式和迁移时间(图 4-3)。

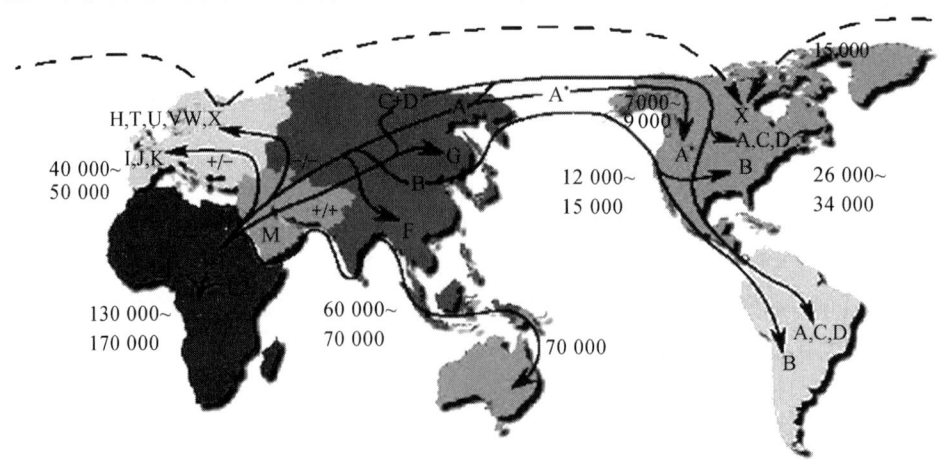

图 4-3　人类线粒体 DNA 迁移图

(引自 http://www.mitomap.org/WorldMigrations.pdf)

mtDNA 单倍型类群的划分主要是根据编码区的 RFLP 分型结果，同时结合控制区的序列多态性来进行确定。目前关于 mtDNA 单倍型类群的详细划分还在进行当中，mtDNA 全基因组研究的开展，能够为单倍型类群的划分提供更多的数据支持。表 4-1 列出了一些主要单倍型类群的分型标准。

表 4-1 人类 mtDNA 单倍型类群分型标志

单倍型类群	编码区酶切位点	控制区多态性位点
A	+663 *Hae*III	16 223-16 290-16 319-16 362
B	8271~8281 9bp 缺失、+16 517 *Hae*III	16 189
C	+13 263 *Alu*I	16 223-16 298-16 327
D	-5176 *Alu*I	16 223-16 362
E	-7598 *Hha*I	16 223-16 362
F	-12 406 *Hpa*I/*Hinc*II	16 172-16 304
G	+4830 *Hae*II	017　16 129-16 223
H	+14 766 *Mse*I 和 +7025 *Alu*I	073
I	-4529 *Hae*II 和 +10 032 *Alu*I	16 129-16 223
J	+4216 *Nla*III、+10 394 *Dde*I 和 -13 704 *Bst*OI	16 069-16 126
K	-9052 *Hae*II 和 +10 394 *Dde*I	16 224-16 223
L	+3592 *Hpa*I	
L1	+3592 *Hpa*I 和 +10 806 *Hinc*II	187-189-223-278-311
L2	+3592 *Hpa*I 和 +10 394 *Dde*I	16 223-16 278-16 390
L3	-3592 *Hpa*I 和 +10 394 *Dde*I	16 223
M	+10 394 *Dde*I 和 +10 397 *Alu*I	
N	+10 871 *Mnl*I 和 -10 397 *Alu*I	
T	+4216 *Nla*III、+13 366 *Bam*HI、+15 606 *Alu*I、-15 925 *Msp*I	16 126-16 294
U	12 308G	12 308G
V	+14 766 *Mse*I 和 -4577 *Nla*III	16 072-16 073-16 298
W	+8249 *Ava*II 和 -8994 *Hae*III	16 223-16 292
X	-1715 *Dde*I 和 +14 465 *Acc*I	16 189-16 223-16 278

4.3.3.1 非洲人群的迁移和 mtDNA 变异

最早在 1987 年，以 Wilson 为首的伯克利研究组根据对祖先来自非洲、欧洲、亚洲及新几内亚和澳大利亚土著共 147 名妇女胎盘细胞 mtDNA 的分析提出了生活在地球上的现代人类共同起源于非洲的"夏娃"理论[3]。他们的分析结果表明，非洲大陆特异单倍型类群 L 比欧亚人群中检测到的单倍型类群古老，界定 L 类群的突变 +3592HpaI 只在非洲人群和历史记载中与非洲人群有基因交流的其他人群中存在。

单倍型类群 L 还含有众多的亚型，如果以黑猩猩序列作为外类群的话，可以被明显分为4个亚型——L0、L1、L2 和 L3[4]，并且可以进一步划分为多个小亚型（图4-4）。29% 的非洲人群中所检测到的单倍型可归入 L1 中；34% 的非洲人的单倍型属于 L2；其余 37% 的非洲人单倍型（−3592 Hpa I）构成 L3[5]。L3 与欧亚人群中的单倍型较为相似，可能是欧亚人群单倍型的祖先型。非洲人群最近的共同祖先有可能生活在距今 100 000 ~ 170 000 年前；非洲与非洲以外的人群是从单倍型类群 L3 上分开的，L3 亚型可以追溯到距今 50 000 ~ 80 000 年前[6]。

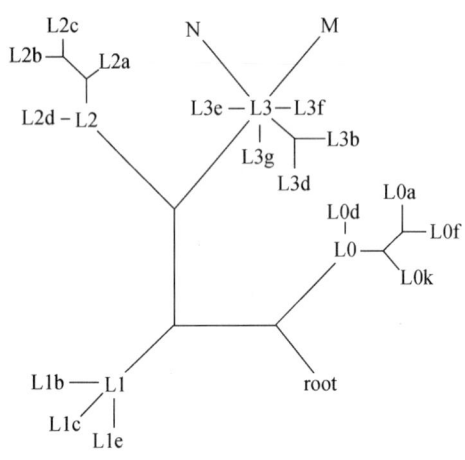

图4-4 人类线粒体 DNA 进化树

单倍型类群 L3 的两个分支 M 和 N 构成了非洲以外人群的 mtDNA 变异模式。所有西部欧亚大陆人群都包含在单倍型类群 N 中，而东部欧亚大陆人群中单倍型类群 M 和 N 的分布频率几乎相同。由于单倍型类群 M 在欧洲人群中没有分布，而且从 L3 型中分歧时间非常早，由此推测单倍型类群 M 是东亚人群起源的古老 mtDNA 单倍型类群。Quintana-Murci 等[7]在 1999 年发现单倍型类群 M 在印度人和埃塞俄比亚人中分布的频率很高。M 类群的地理分布和变异情况表明亚洲人群中的单倍型类群 M 与东非人群中的 M 类群约在 6 万年前分开，迁入亚洲的 M 类群随后发生了群体和地理上的扩张，而留在东非的 M 类群一直到 10 000 ~ 20 000 年前才开始群体扩张。M 类群在地中海东部各国和岛屿（Levant，包括叙利亚、黎巴嫩等在内的从希腊到埃及等地区）中未检测到，而在阿拉伯半岛南部存在高的分布频率，这提示 M 类群的分布路线可能是现代人类祖先成功地迁出非洲，即通过东非、印度西部走出非洲的路径。最近，单倍型类群 N 也被认为具有相似的迁徙模式[8]。除 M 和 N 外，单倍型类群 L3 中其他的所有亚型在非洲以外缺乏，尤其是在南亚地区，表明在非常早的时候，现代欧亚大陆人群的祖先就已经具有这两个单倍型类群。单倍型类群 M 和 N 也有非常相近的分歧时间——54 200 ~ 11 400 年和 53 400 ~ 11 700 年[9]。但是 Kivisild 等有不同的观点，他们认为单倍型类群 N 的分化应该更早[10]。

4.3.3.2 欧洲人群的迁移和 mtDNA 变异

mtDNA 分析显示，欧洲人群具有很高的遗传相似性。超过 90% 的欧洲人群能够被划分到以下 8 个主要的单倍型类群：H、V、T、J、N1、U、X 和 W，这些单倍型类群几乎都是西部欧亚人群特有的，只有很少部分欧洲人具有东亚或南亚特有的单倍型类群[11,12]（图 4-5）。但是，值得注意的是，虽然从 mtDNA 单倍型类群上看欧洲人群也是一个整体，但并不意味着这些人的来源都相同。Richards 等[13,14]从更深层次的系统发育分析显示这些单倍型类群在欧洲的迁徙模式是完全不同的。

HV、TJ 和 UK 都属于单倍型类群 R。单倍型类群 H 是欧洲人群中分布最广泛的单倍型。在西欧和北欧人群中的分布频率能达到 40%~60%，而且在近东人群中也有广泛的分布，同时在北非和中亚地区也有分布，但在南亚、

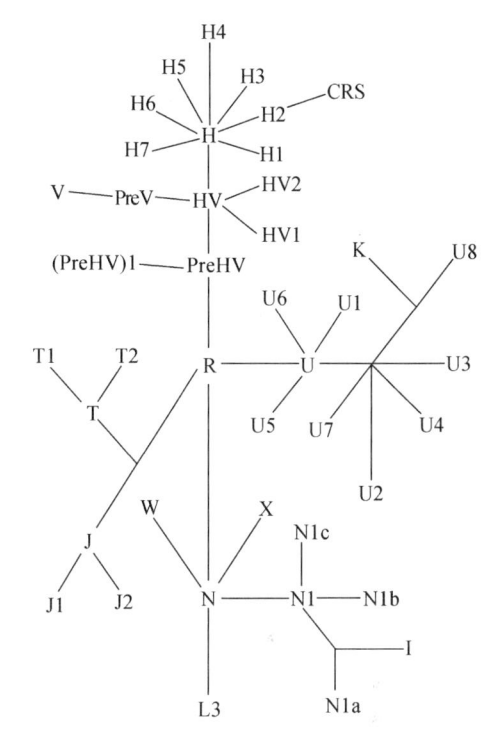

图 4-5 线粒体 DNA 在西部欧亚大陆的进化树

东亚和西伯利亚地区却极少发现。其中 preHV1、HV1 和 HV2 这三个亚型主要分布在近东、中东和高加索地区。单倍型类群 H 最有可能是在 25 000 年前由近东起源的[12]。其中剑桥标准序列也属于单倍型类群 H，如果不考虑编码区的变异，只考虑 mtDNA HVRI 变异模式的话，剑桥标准序列是在欧洲分布最广泛的变异模式。许多研究者试图用新的分型原则来重新划分单倍型类群 H 的亚型，以期发现这些亚型在欧洲的特异性地理分布特征。基于 mtDNA 的全序列，目前共划分出了 7 个亚型：H1 和 H2、H3 和 H4、H5~H7。但是单倍型类群 H 在西部欧亚大陆的地理分布模式还远没有解决。

单倍型类群 V 是 H 型的姐妹型，在大多数欧洲人群 mtDNA 基因库中的分布频率都集中在 1%~6%。但是在伊比利亚半岛上的巴斯克人群和加泰罗尼亚人群中的分布频率却高达 20%。同时，在斯堪的纳维亚半岛的 Saami 人群中也有较高分布，而且特异位点 16 298 的变异频率非常高，达到了 40%，但是这一单倍型类群在 Saami 人群中的多态性却很低。有学者认为单倍型类群 V 是人类祖先在

10 000～15 000年前从伊比利亚半岛扩张出来的标志类型[15]。

单倍型类群T和J是发育树上的姐妹簇，在欧洲人群中的分布频率相近，都在6%～14%，两个单倍型类群都有很复杂的亚型，这些亚型有可能是在新石器时期从近东扩张到欧洲的。

单倍型类群U是欧洲大陆最古老最庞大的单倍型，有可能是在50 000年前起源于近东，包括9个呈特异性地理分布的亚型。U1～U8和K，这些亚型在非洲、西伯利亚、近东和高加索地区，南亚地区也有发现。单倍型类群U5是U型中最大的也是多样性最多的亚型，可以被进一步划分为很多的亚型。单倍型类群U4是U型中在欧洲分布第二广泛的亚型，其在欧洲的扩张可以追溯到25 000年前。这一亚型在东欧和南欧人群中的分布频率要高于西欧人群，但是最令人惊讶的是，这一亚型在西西伯利亚的乌戈尔人群中有最高的分布频率（16%）。单倍型类群U1、U2、U3、U6、U7和U8主要分布在欧洲人群中，其中，U1、U3、U6和U7在南欧、近东、北非人群和高加索人群中都有相对较高的分布频率，而U2亚型主要分布在近东和欧洲。单倍型类群K属于单倍型类群U，是最早在欧洲发现的单倍型类群之一，而且K型在西欧的分布频率要远高于东欧，并且在近东和安纳托利亚也有分布。单倍型类群K的最高分布频率是在德裔犹太人群Ashkenazi中，达到了30%。

单倍型类群N下的其余亚型（I、N1a、N1b、N1c、W和X）在欧洲的分布频率都很低，都在5%以内。单倍型类群I、N1a、N1b和N1c主要分布在北欧和西欧，其中，单倍型类群I可追溯到大约35 000年前，暗示着旧石器时代早期起源。单倍型类群X在欧洲人群中的分布频率很低，但是在所有欧洲人群中都有发现。最初这一单倍型类群被认为是欧洲特有的单倍型，但是现在看来其分布要广泛得多，从北非和南非到近东和西伯利亚，甚至在本土美洲人中都有分布。单倍型类群W在南欧比北欧有更多的遗传多态性，并且在南亚也有发现。虽然在芬兰人群中单倍型类群W分布最为广泛，但多态性却很低。

欧洲人群的单倍型显示出高度的多态性，与近东人群非常相似，支持欧洲人群来自于近东的观点。综合分析几个主要的单倍型类群的分歧时间，显示欧洲人群最有可能是在旧石器晚期从近东迁徙来的。但是单倍型类群V是一个特例，其有可能是在10 000～15 000年前起源于欧洲内部。另外一个特例是单倍型类群U5，虽然在近东有2%的分布频率，但从其亚型分布考虑，有可能是在50 000年前起源于欧洲，在近东发现的这些U5亚型可能是欧洲人群回迁到近东的结果。

4.3.3.3 亚洲人群的迁移和mtDNA变异

从图4-4中可以看出，单倍型类群M和N分为明显不同的两个簇，大量研究表明，这两个簇有明显的地理分布特征。Ballinger等[16]以及Torroni等[17]对东南亚、东亚、西伯利亚和我国藏族个体的 mtDNA 进行的 RFLP 研究表明，几乎所有的群体都存在 +10 394 *Dde* I 和 +10 397 *Alu* I 突变（M 型）。图 4-6 显示了 mtDNA 单倍型类群在东部欧亚大陆的进化树。

单倍型类群 M 中的单倍型类群 D（D4 和 D5）、G（G1 和 G2）、C、Z 以及单倍型类群 N 下的单倍型类群 A、B 和 Y 构成了北亚和东北亚地区人群的主要 mtDNA 库，这些单倍型在东亚地区同样分布广泛。同时，这些东部欧亚特有的单倍型类群在中亚地区的 mtDNA 基因库中也有广泛分布。

单倍型类群 C、D 和 G 的分布有一个明显的从南亚向东南亚递增的趋势，在南亚几乎没有分布，而在东南亚却有很高的分布频率。但是，在东

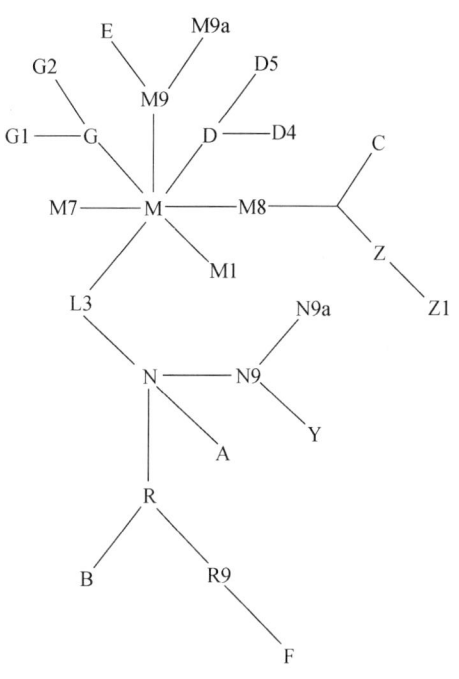

图 4-6 线粒体 DNA 在东部欧亚大陆的进化树

亚和西伯利亚地区有广泛分布的单倍型类群 D 在南亚地区的越南、缅甸和马来西亚都极少被发现，但在泰国中却有中等的分布频率（17%）。在中亚地区，单倍型类群 D 和 G 中只有 D4 和 G2 亚型在这里有分布，而且可能是从一个非常早的迁移事件中到达这里的。单倍型类群 A、Y 和单倍型类群 C、D 有着相似的区域分布特点，在北亚地区有最高的分布频率，而在南亚地区却极少分布，同样在东南亚也很少见。

单倍型类群 Z 和 C 一样都属于 M8 的亚型，最早是在西伯利亚北部地区发现的，随后，在北欧人群中的芬兰和 Saami 人群中也发现了单倍型类群 Z，而且在北欧发现的主要都是 Z1 亚型。

单倍型类群 M2~M6 主要分布在南亚地区，而 M7、M8（包括单倍型类群 C 和 Z）、M9 在东亚和东南亚人群中都有最高的分布频率，其中的单倍型类群 M7 和 M9 在西伯利亚人群中也偶尔有发现。

在东南亚人群中分布最广泛的单倍型类群是 B 和 R9，同时还包括一些单倍型类群 F，这些单倍型类群可能是在非常早的时期从中国的南部或者亚洲的东南部地区分离出来的。在波利尼西亚人群中，单倍型类群 B 几乎是这个人群中仅有的单倍型类群。在大多数西伯利亚人群中，这些单倍型类群分布频率却很低。单倍型类群 B 中的 COII/tRNA^{lys} 基因间的 9bp 缺失在亚太地区及太平洋岛屿沿线人

群中的缺失频率呈现的地理分布趋势较好地和该地区史前人类迁移路线吻合，研究表明，这一序列缺失是由于在复制期间滑动错配产生长度的突变，丢失了一个9bp序列所致[18]。系统分析显示这一缺失序列在从现代人mtDNA祖先进化的过程中只发生一次并且是东亚人群的重要标记。Redd等[19]对太平洋岛屿人群中的9bp缺失情况研究表明，此缺失可能在距今约58 000年前起源于亚洲，约27 000年前扩张进入印度尼西亚群岛，约5500年前向东发生了扩张，这种推测结果比较支持波利尼西亚人起源的快车模型（express model）[20]。

姚永刚等对我国6个地区汉族群体251个个体mtDNA控制区第一高可变区序列分析表明，在中国人中主要存在C、D、E/G、Z、M8、A、Y、N9、F和R9等类群；西北地区的一些民族群体，如维吾尔族、哈萨克族中还存在欧洲单倍型类群H、J、T、W、U2、U4和U5等[21]。在另一篇研究中，姚永刚等[22]分析了我国人群线粒体DNA单倍型类群的系统发育关系，结果表明，汉族本身是多源的基因库被同一个文化（汉文化）同化、融合和统帅的产物。

中亚地区由于地处欧亚大陆交界，各群体的遗传结构表现为蒙古人种和欧罗巴人种的基因融合。1991年，赵桐茂等[23]在对中国各民族的免疫球蛋白变异型的研究中得出新疆维吾尔接受到与中亚其他地区相似程度的高加索人种的基因流，其欧洲成分约占37%。1998年，Comas等[24]对中亚4个群体的mtDNA序列分析体现，在所检测到的东亚地区人群的单倍型中，东亚人的单倍型约占60%，欧洲人的约占33%，表明中亚人群同时有欧洲人群和东亚人群的特点，是一混合人群，而且中亚复杂的地理位置没有对人群产生影响，高地吉尔吉斯人和低地吉尔吉斯人没有明显的差异。2000年，姚永刚等[20]对我国新疆的维吾尔族和哈萨克族等群体进行了研究，表明他们的单倍型和一些变异位点的分布比较接近现今的中亚人，混有部分欧罗巴人种的血缘，但主体变异还是表现为蒙古人种。2004年，Comas等[25]又对来自中亚地区的12个人群的232例个体进行了线粒体DNA分析，结果显示，大部分中亚人群线粒体谱系属于东部欧亚谱系（A、B、C、D、F、G、Y和M）和西部欧亚谱系（HV、JT、UK、I、W和N），还有一小部分属于印度谱系特有的M亚型，在母系遗传上没有自己特有的区域类型，这表明现在的中亚人群是已经分化了的东部和西部欧亚人群基因融合的结果。同时Comas等还发现D4c和G2a亚型有可能是从中亚扩张出去的。Comas推测人类走出非洲后，在中亚或者东非分化成两个完全不同的单倍型类群M和N，随后，这两个单倍型类群分别扩张到东部欧亚和西部欧亚，形成有地理分布特点的一些亚型，而中亚是这些有明显地理分布特点的群体之间的交界地带。

以上研究表明，新疆人群在遗传上与中亚人群相似，是东西方人群混合的结果，证明了此地区现代人群起源的混合学说。同时，丝绸之路的建立也加速这一地区的人群混合。

4.4 Y染色体遗传标记

人类的遗传物质主要位于染色体上，每一个正常体细胞含有23对染色体，其中22对为常染色体，1对为性染色体，性染色体包括X染色体和Y染色体。在经历两次减数分裂后，精子染色体数目和DNA量均减半，性染色体为X或Y，特别是Y染色体仅存在于精子中，为精子的重要特征之一。基因组DNA多态性研究为人类进化和群体遗传提供了更为科学和可靠的依据，对基于社会学、历史学和考古学进化的研究是重要的补充。常染色体中DNA多态性来源除了突变外，还有可能来自减数分裂中的重组，因此在一定程度上不能完全忠实地反映进化过程中的突变事件。Y-DNA具有区别于其他染色体的独特的特征，在人类进化、法医学及亲子鉴定中发挥着重要的作用。

4.4.1 Y染色体结构

Y染色体长约59 000kb，长度是mtDNA的4000倍。根据染色特性，可对Y染色体进行区带划分。Y染色体的短臂和长臂各只有1个区，短臂只有1个带，但可分为3个亚带（Yp 11.1、Yp 11.2和Yp 11.3），Yp 11.3又可分为2个亚亚带（Yp 11.31和Yp 11.32），性别决定因子（sex-determining region of the Y，SRY）就定位于Yp11.3；长臂分为2个带（Yq 11和Yq 12），Yq11可带分为2个亚带（Yq 11.1和Yq 11.2），Yq 11.2亚带又可分为3个亚亚带（Yq 11.21、Yq 11.22和Yq 11.23）（图4-7）[26]。

Y染色体短臂最顶端含有一个很小的片段，称责任性交换区（约占整个染色体的5%），不包括在Y染色体区间图谱中，在细胞分裂时，X和Y染色体配对并进行DNA互换就发生于此，因此X和Y染色体此区的DNA具有高度的专一性，又称为"拟常染色体区"（pseudoautosomal region）；95%为非重组区（non-recombining portion of Y chromosome，NRY），不发生重组，而是以单倍体形式由父传给子。Y染色体非重组区单核苷酸多态性被认为在人类的进化过程中在基因组的特定位点只发生一次的事件，这类多态性标记突变率低且能够稳定遗传，对久远事件记录精确，是目前公认的研究早期人类起源进化和迁移的最理想的工具。

Y染色体基因数量非常少，只有40个左右。有研究表明，人类原始的Y染色体包含1500个基因，但在约3亿年的进化过程中，Y染色体不断减小，到现在只有40个基因了，这些基因包括X-Y相同基因、X-Y同源基因和与男性性状有关的Y染色体特异基因。造成Y染色体遗传基因递减的原因是基因突变，一个成年男子精子复制次数比女性卵子多350多次，这使复制中发生的突变，如缺

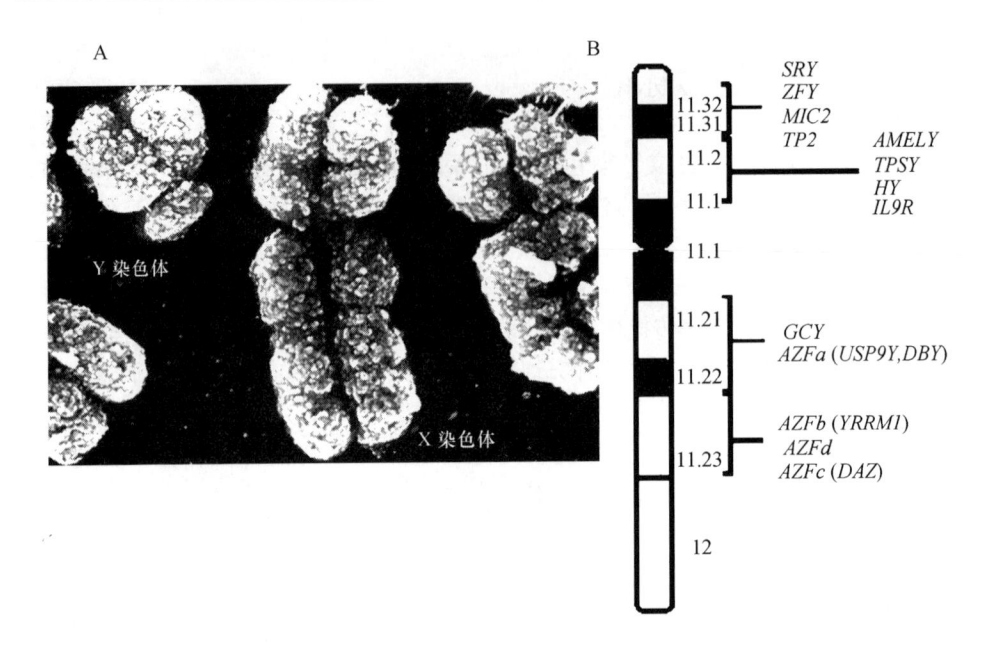

图 4-7　Y 染色体的电镜照片（A）（引自 http：//www.nj13.zhs.cn/bio/phoko/upLoad Thurrbs/2004316105542310.jpg）与结构示意图（B）[26]

失或插入的出现概率增加，这些突变可能会影响 Y 染色体功能，并会传给后代，例如缺失或编码出错。另外，在进化过程中相对于女性的 XX 性染色体，男性的 XY 染色体中的 Y 染色体一旦发生遗传信息丢失，就不可能像女性 XX 染色体那样可以由另一个 X 染色体上的信息来补充。

4.4.2　Y 染色体遗传系统的特点[27]

（1）父系遗传。Y 染色体携带性别决定因子 SRY，携带 Y 染色体的个体为男性，即 Y 染色体只能由父亲传递给儿子，呈现父系遗传。在群体遗传中，它可以用来追溯现代人类的父系祖先，是母系遗传的 mtDNA 研究的补充。

（2）不发生重组。Y 染色体处于半合子状态，除末端的拟常染色体区外，Y 染色体的绝大部分不发生重组，使 Y 染色体上由单核苷酸突变界定的单倍型类群（haplogroup）保持完整，易于确定。因而，Y 染色体上所积累的突变可用于研究男性的遗传学历史。

（3）数量少。在一对夫妇中，Y 染色体的数目是其他任何一个常染色体数目的 1/2，使得 Y 染色体有效人群的大小仅是常染色体有效人群的 1/2，但实际上，Y 染色体的有效人群可能更小，因为男性的后代的数量往往多于女性。理论上，融合时间与有效人群的大小呈一定的比例。因而，不同 Y-DNA 序列间的相似性比其他任何常染色体的 DNA 序列间的相似性高。在小的隔离群体中，某种性别 Y 染色体通过遗传漂变而迅速被固定，易产生人群特异的单倍型类群。

（4）在大多数地方的婚俗通常是妻子嫁到丈夫家里，并安家在丈夫的出生地。这使得 Y 染色体的变异比常染色体和 mtDNA 的变异更具有明显的地域聚集性，这一特征已得到研究证实。

由于 Y 染色体具有上述独特的特征，其在个体识别、父权鉴定中有一定意义，尤其是利用 Y 染色体遗传特征还能追溯父系的迁移历史及重新构建同一父系家族。

4.4.3 Y 染色体变异形式

根据 Y 染色体不同多态性位点的变异形式和突变率的高低，可把 Y 染色体的多态性分成 4 种形式。

（1）单核苷酸多态标记（single nucleotide polymorphism，SNP）。具体是说单核苷酸的突变，它们被认为是在人类进化过程中在基因组的特定位点只发生一次的事件（unique event polymorphism），这类多态性标记能够检验稳定种群的谱系，具有低突变率的特征，如碱基的取代、插入、删除。

（2）Y 染色体特定位置片段的插入和缺失。例如，Y 染色体特异的 Alu 序列插入多态位点（Y Alu polymorphism，YAP）DYS287。该位点位于 Y 染色体长臂一区一带（Yq11）。有 Alu 序列插入的个体，其 PCR 扩增片段产物约为 450bp，记作 YAP$^+$；而无 Alu 序列插入的个体，其 PCR 扩增片段产物为 150bp，记作 YAP$^-$。

（3）微卫星（microsatellite）DNA 多态标记，又称为短串联重复（short tandem repeat，STR），它们是串联重复单位长度为 2~6bp 的重复序列，都具有高突变率的特征，我们现在主要研究的都是微卫星位点，总体上，微卫星位点的变异率可达到每代 0.2%。微卫星 DNA 多态标记以它们所在的染色体位置命名。如 DYS19，这里的"D"代表 DNA，"Y"代表 Y 染色体，"S"指的是 DNA 标记为单（single）拷贝序列，最后的数字代表该标记发现的顺序和特定染色体的分类。

（4）小卫星（minisatellite）DNA 多态标记，它们是重复单位长度为 6~70bp 的串联重复序列，目前研究有限，在 Y 染色体上只发现了 MYS1 和 MYS2 两个小卫星位点，它具有较高突变率。

第 1 和 2 类的变异形式由于突变率很低，很少发生再次突变，所以只存在两个等位基因，因此称为双等位基因（biallelic markers）。第 3 和 4 类变异形式由于突变率较高，存在多个等位基因，因此称为多等位基因。它们在人类进化研究中起不同的作用。双等位基因位点突变率低，不易受重组和回复突变影响，是进化事件的忠实记录者，可以鉴定稳定的谱系关系。而多等位基因突变率高，易受回复突变影响，对于较远的进化事件往往缺乏分辨力，却适合反映相对近期发生的突变情况，因而被更多地用于分析由不同双等位基因所构成的单体群的演化过程。在古 DNA 研究中，Y 染色体的研究相对较少，主要是 Y 染色体在细胞中是单拷贝，与 mtDNA 相比数量极少，其提取、PCR 扩增的难度相当大。

4.4.4 Y 染色体多态性检测方法

1. 直接测序

利用 PCR 制备测序模板，对 Y 染色体特定区域测序，获得整个区域所有核苷酸序列。

2. PCR-限制片段长度多态性（PCR-RFLP）

根据特定位点的区域选择引物进行 PCR 扩增，而后用特异性限制性内切核酸酶进行酶切。

3. DNA 芯片

在微芯片上排列成千上万个寡核苷酸探针，荧光标记的 PCR 产物与之杂交，结合到互补的探针上，主要用于 SNP 检测。

4. 变性高效液相色谱（denaturing high performance liquid chromatography，DHPLC）

DHPLC 主要用于多态性标记的寻找。

4.4.5 单核苷酸多态位点变异在人类进化中的应用

1997 年，Underhill 等[28]发展了快速识别 Y 染色体 SNP 的变性高效液相色谱方法，极大地提高了 Y 染色体多态性研究的效率。

2000 年，Underhill 等[29]报道了 167 个双等位基因位点，除 7 个位点是由传统的 RFLP 和测序的方法发现的外，其余 160 个位点都是由变性高效液相色谱检测到的。根据最大简约原则，他们用这 167 个位点构建了 Y 染色体非重组区的系统树（图 4-8），可产生 116 个单倍型。并检测了 1062 个来自全球各地的个体，发现现代的东非和 Khoisan 是现代人的祖先，他们在 35 000 ~ 89 000 年前离开非洲。

2001 年，Underhill 等[30]进一步对亚非欧 21 个人群的 Y 染色体的单核苷酸进行分析，发现 218 个突变位点，应用最大简约法的原理构建系统发育树，以巨猿（great ape）的序列数据为树根，定义了 131 个单倍型，并将它们分为 10 个单倍型类群（Hg），统计其在亚非欧人群中的分布情况。我们根据 Underhill 等的 SNP 分型位点构建了系统发育树的简要分支图（图 4-9）。

第4章 遗传多态性标记

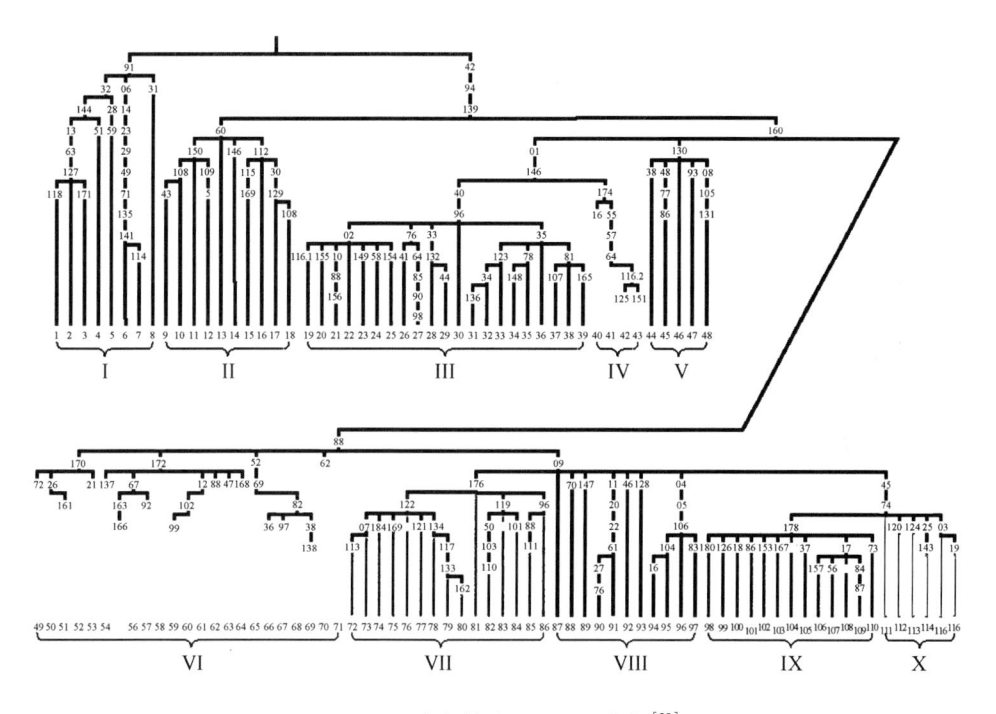

图4-8 Y染色体非重组区系统树[29]

HgI 和 HgII 被限制于非洲，与基于 M168 变异的其他非洲人和非非洲人相比截然不同，HgI 是通过存在 M91 和缺乏 M42/M94/M139 界定的类群，仅存在于一小部分非洲人中，是一个非常古老的单倍型类群，而所有的非非洲人和大多数非洲人都携带有 M42/M94/M139。HgI 和 HgII 比其他单倍型有一个更深的遗传宗谱。代表人群主要是分布在南非的一些班图语系和克瓦桑语系的人以及来自中非的俾格米人、苏丹人、埃塞俄比亚人、马里人。HgI 和 HgII 类群的分布情况、系统发育位置和累积变异暗示非洲人群早期的变化和扩散模式以及非洲大陆的早期人群分布。

M168 位于单倍型类群 III～X 的根部，代表了人类穿过非洲和远离时一个显著的标志。M168 被认为是人类在非洲时产生的突变，其原始型仅出现在现在东非人群，除非洲以外的现代人以及部分非洲人都带有 M168 突变型，M168 位点突变是现代人类单一起源于非洲的最直接证据。

在 M168 突变的基础上产生了三个突变类型：

（1）YAP/M145/M203 分布于非洲、东南亚和日本，界定 HgIII 和 HgIV。HgIII 是 YAP/M145/M203 两个分支中的一支，通过 M40（SRY4064）界定，主要分布于非洲和地中海沿岸，在中东南欧中的频率较高，在中亚也偶尔发

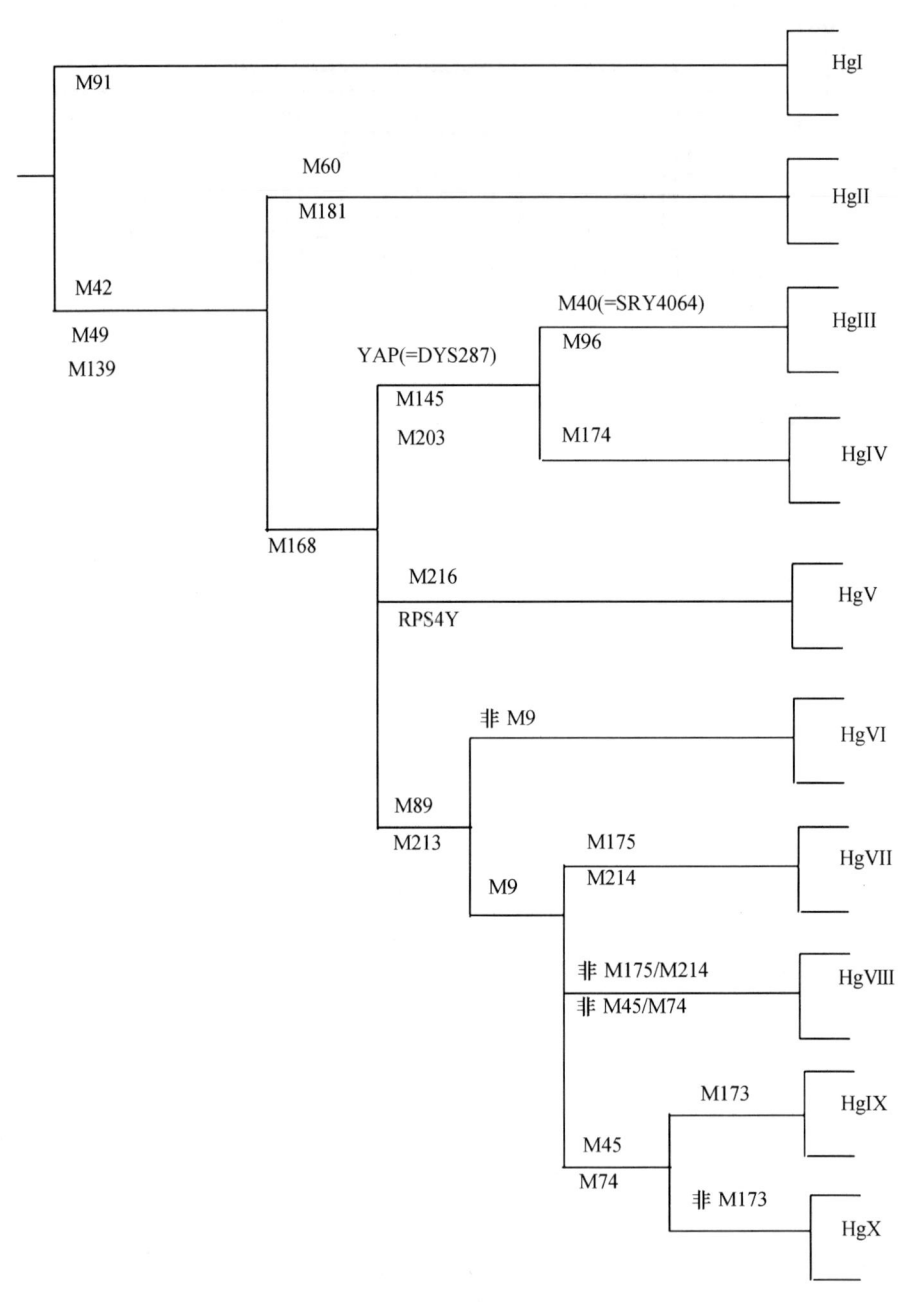

图 4-9　10 个单倍型类群的分支图[30]

现。HgIV 是另一分支，通过 M174 界定，主要分布于东南亚、日本、朝鲜半岛。从具有较近关系的单倍型类群 III 和 IV 可以看出，非洲人与东亚人具有共同的祖先。

(2) RPS4Y/M216 分布于澳大利亚、新几内亚、东南亚、日本和中亚，界定 HgV。

(3) M89/M213 贯穿全世界除了撒哈拉沙漠以南的非洲地区，主要是东非、欧亚大陆、美洲大陆，界定 HgVI ~ HgX。

单倍型类群 VI 被东非、大多数欧亚和美印第安人所共享。此突变依然代表非洲东北部人群的 NRY 多样性，它的大部分后代被发现在非洲以外，即大约在 45 000 ~ 30 000 年前通过黎凡特走廊分散到欧亚大陆，欧亚大陆的祖先人群 (M168/M89/M213) 后来经过迁徙和扩张，其后代又被分为 VII、VIII、IX、X 4 个单倍型类群。

Y-SNP 研究最大的问题是不同实验室的研究人员对单倍型类群的命名遵循各自的方法习惯，同一单倍型类群通常有不同的名字，直接的后果就是研究变得混乱不清，且不利于研究者进行交流，因此 YCC（Y Chromosome Consortium）提出了一个新的命名系统：A ~ R 系统，构建了一个单倍型类群树，显示了大约 200 个 Y-SNP 的相互关系，同时还列出了 7 个不同的命名系统，以及它们与 YCC 命名系统的对比关系（图 4-10）。

目前，科学家根据研究绘制除了 Y 染色体 SNP 单倍型在全球的起源与迁徙路线（图 4-11）。

国内的 Y 染色体研究起步也较早，1999 年，宿兵等[31]对中国 21 个民族的人群、22 个省的汉族人群、3 个东北亚人群、5 个东南亚人群和 12 个来自非洲、美洲、欧洲、大洋洲的人群的 Y 染色体 19 个双等位标志进行分析，结果表明，东亚的现代人有一个非洲的近期共同祖先，东南亚人群较东北亚人群有更多的多样性，可能意味着东南亚大陆是亚洲人最早定居的地方，然后向北扩散。

2000 年，柯越海等[32]检查了由 19SNP 组成的 Y 染色体单倍型类群在中国 22 个省、市汉族人群中的分布，结果表明，中国南北人群的 Y 染色体组成有较大差异，南方人群的多态性要明显高于北方人群，表明现代人类自南方进入中国，随后由南向北逐渐迁移，估算现代人类进入中国的时间大致在 1.8 万 ~ 6 万年前。

2001 年，柯越海等[33]对来自中国各地的 9988 例男性随机样本进行了 M89、M130 和 YAP 三个 Y 染色体单倍型的基因分型。这些位于 Y 染色体非重组区的突变型 M89T、M130T 和 YAP+ 均来自另一 Y 染色体单倍型 M168T，M168 是除非洲以外所有现代人及部分非洲人共同具有的一种古老的突变型，在除非洲以外地

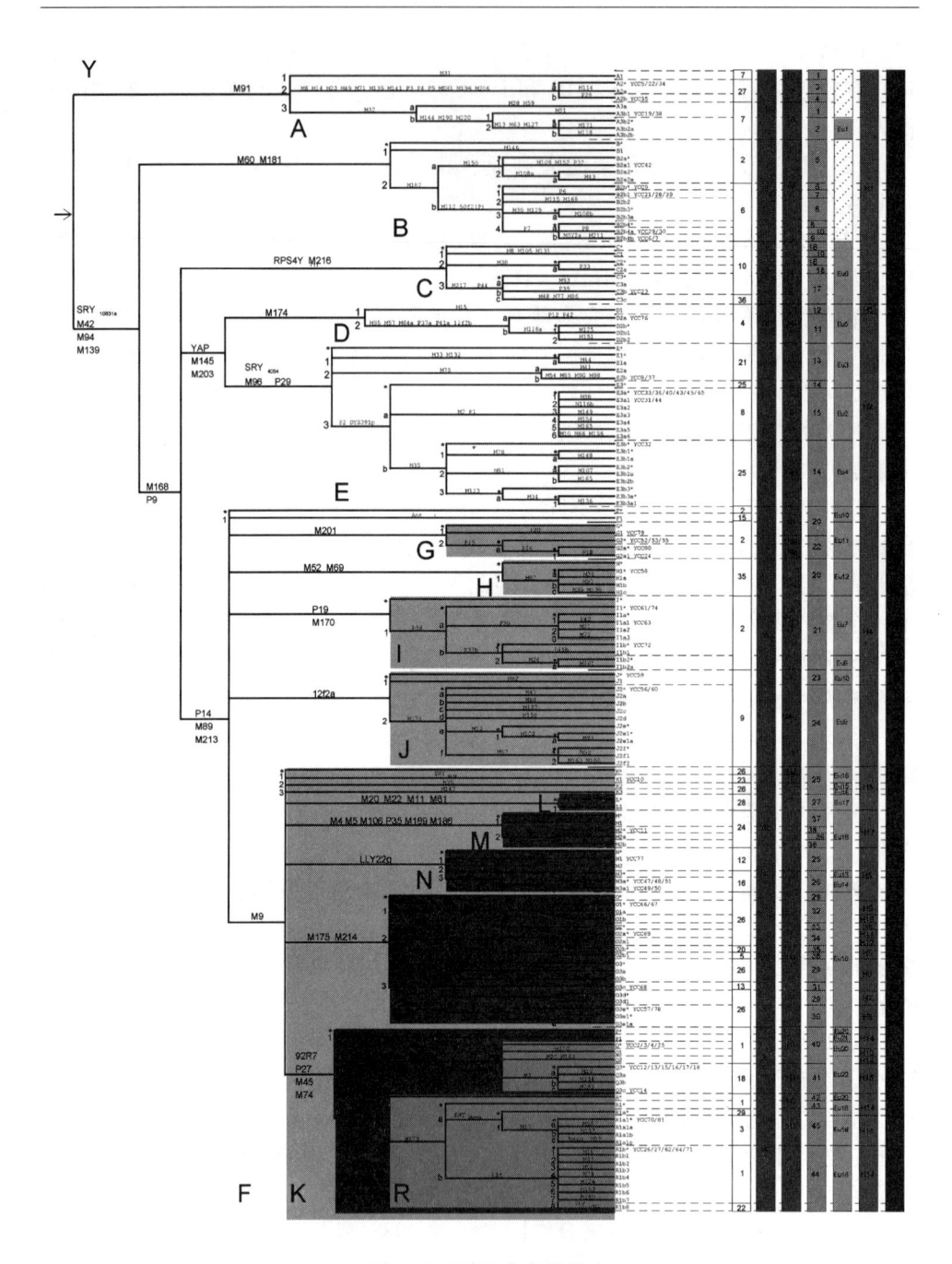

图 4-10　YCC 命名系统

（引自 http：//ycc.biosci.arizona.edu/）

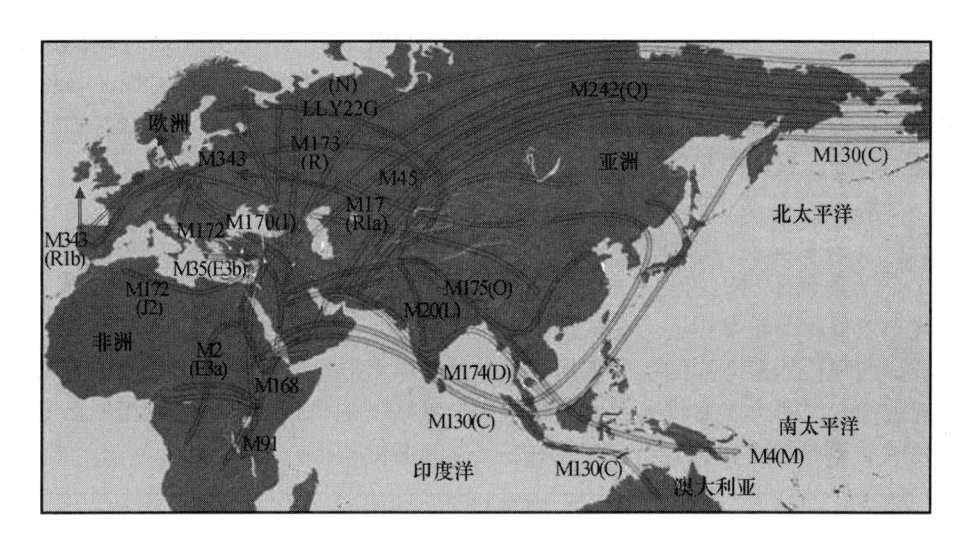

图 4-11 Y 染色体 SNP 单倍型在全球的起源与迁徙路线
（引自 http://www.geocities.com/littlednaproject/MIGRATE.JPG）

区没有发现一例个体具有比 M168 更古老的突变型。在 M168 突变基础上产生的 M89$^+$、M130$^-$ 和 YAP$^+$ 三种 Y 染色体单倍型在中国人群中的基因频率分别为 93.4%、3.7% 和 2.9%，结果显示，近万份样品无一例外具有这三种突变型之一，因此认为 Y 染色体的证据并不支持独立起源假说。这也是目前支持现代中国人非洲起源假说最新的遗传学证据。

2001 年，柯越海等[34]对横跨东南亚、东亚、西伯利亚、中亚等 163 个人群共 12 127 个男性个体样本进行了上述 Y 染色体多态性分析，结果与上文类似，受试的所有个体都包含这三个位点的其中一个突变，而这三个变异位点都落在 M168 的谱系之下，因此得出了现代东亚地区的人类起源于非洲的结论。

此外，我国科学家还先后开展了少数民族（如布依族、苗族、摩梭族、水族、蒙古族、锡伯族、赫哲族和回族等）的 Y 染色体多态性研究，初步揭示了 Y 单倍型类群的分布情况[35~39]。

东亚的 Y 染色体单倍型类群与民族类群最为相关的遗传标记，得到了分子人类学家的广泛关注。Y 染色体上的各 SNP 位点组合成的单倍型与民族系统的时间发生尺度比较一致，所以是迄今为止鉴别民族最恰当的遗传材料。近期，Y 染色体分型开始应用于古 DNA，对古代群体进行族源鉴定。

良渚文化的族属是考古学界的一个争议焦点，有百越和三苗两种说法。良渚文化与马桥文化差异极大，其居民遗传上是否继承也是有问题的。杨俊等[40]通过对马桥地区良渚时期、马桥时期、战国、明代及现代居民 Y 染色体若干 SNP

位点的检测，重点考察了 M119 位点，因为 M119C 这一 SNP 突变是百越民族的特色，M119C、M110C 和 M95T、M88G 更是百越的特有种。结果发现，马桥地区各时期的居民都有较高的 M119C 和 M95T 类型，具有典型的百越特征，而没有苗瑶的特征。这说明自古以来马桥地区居民都是越人，并且一脉传承至今。

李辉等[41]检测了长江沿岸 5 个考古遗址中发现的 56 个人类遗骸的 Y 染色体单倍群（图 4-12）。分析严格遵守了有关的规范以降低可能的污染。大部分样本的 5 个 Y 染色体 SNP 得到了成功地扩增，至少 62.5% 的样本属于 O 单倍群，与现代东亚群体的频率相近。在长江口附近的良渚文化遗址中发现了高频的 O1 单倍群，与现代的南岛和侗台群体相关。少见的单倍群 O3d 出现在了长江中游的大溪遗址中，说明大溪文化人群可能只是少量 O3d 的现代苗瑶群体的祖先。史前文化的明显遗传隔离揭示了中华文明多起源的遗传基础。

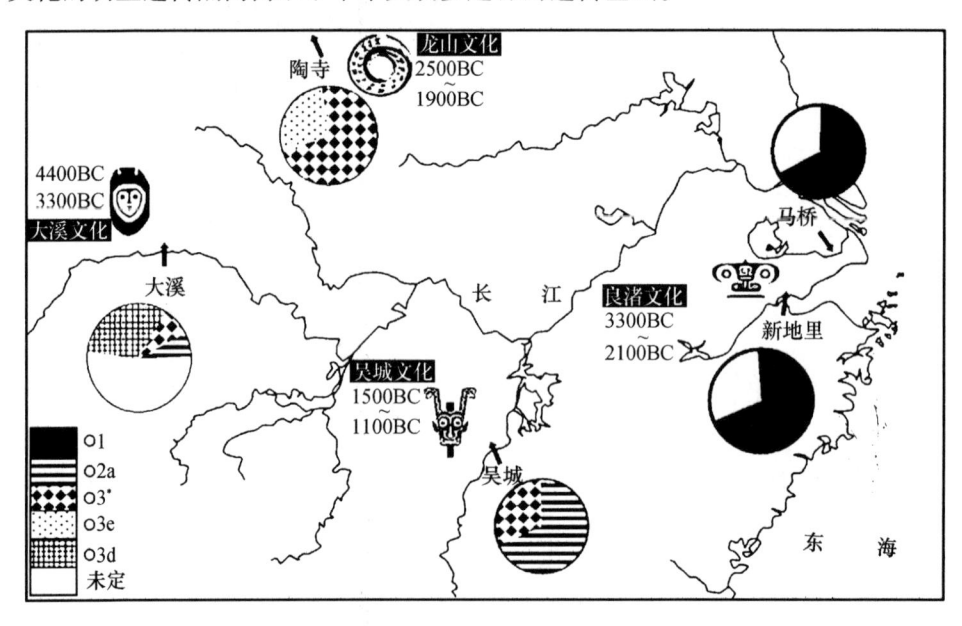

图 4-12 样本采集地点[41]

另外，国内外关于 Alu 插入这方面的研究也进行了很多。它是一个较常用的 Y 染色体标记物，是一个 Alu 在 Yq11 插入的结果。研究表明，在黑猩猩和大猩猩中未发现 Alu 插入，提示这一事件可能发生于人猿分离之后。由于 Alu 插入事件在进化史中仅发生过一次，故 YAP$^-$ 被认为是祖先型。人群中 Alu 插入的频率具有显著的异质性，YAP$^+$ 在非洲黑人中频率最高，平均为 79%，而欧洲人群频率只有 4%~11%，在亚洲只有日本和中国藏族表现出较高的频率。1994 年，Spurdle[42]应用 YAP 对非洲、欧洲、亚洲等 23 个人群的分析表明，非洲人 YAP$^+$

的频率最高,其次为欧洲人,大多数亚洲人为 YAP⁻,但一部分日本人为 YAP⁺[43]。这一多态的分布表明了在分隔的大的地理区域间研究父系遗传和男性基因流动的可能性。

1998 年,许丽萍等[44]调查了中国 10 个人群(包括瑶族、维吾尔族、回族、满族、土家族、藏族、壮族和彝族等少数民族)中 Y 染色体 Alu 序列的多态分布情况,发现藏族的 YAP⁺ 基因频率最高为 49%。总的说来,YAP⁺ 基因频率的分布北方群体高于南方群体,但也有例外。例如,满族和陕西汉族也起源于北方中国,但没有发现 YAP⁺ 染色体。2003 年,石宏等[45]对中国云南 25 个少数民族的 33 个群体共 1294 份样品进行了 Y 染色体 DYS287 位点多态性分析。结果表明,33 个群体的 YAP⁺ 平均频率为 9.2%,与已报道中国人群体的频率相符。YAP⁺ 频率在民族间有较大差异,同一民族的不同群体也不相同,表现出明显的地理分布差异,并结合民族学、历史学和考古学的相关证据,探讨了中国民族尤其是云南各个少数民族现存的格局的形成和发展历史。2003 年,李冬娜等[46]分析了中国海南岛三个黎族支系 DYS287 的多态性情况,三个黎族支系人群中没有发现 YAP⁺。

以上分子生物学家通过 mtDNA 与 Y-DNA 的研究都暗示了现代人类起源于非洲。尤其是 2000 年和 2001 年的关于 Y 染色体的文章[31~33],认为在 60 000 ~ 18 000 年前有一批从非洲来的移民经过东南亚到达中国南部,然后再向华北扩展,他们在中国完全地替代了原来生活在这里的古老的人类。这些作者主要认为距今 5 万 ~ 10 万年前第四纪冰川的存在,使得这一时期包括中国内地在内的东亚地区的绝大多数种类生物均难以存活,这是东亚人类的一个空缺期。在冰川期结束后,非洲起源并经由东南亚由南至北进入中国内地的现代中国人的祖先取代了冰川期前的古人类。

当然,并不是所有人都支持这一结论。我国古人类研究泰斗吴新智曾结合中国的人类化石、旧石器、古哺乳动物学和亚洲西部的旧石器等研究的新资料,论证根据 Y 染色体一些基因的分析认为中国的古老人类被来自非洲的现代人完全替代的推论不能成立。原因在于:①根据动物化石记录,第四纪大冰期时华南和华北仍旧适合人类居住。②5 万 ~ 10 万年前中国确有人类生活,如广西咁前洞、浙江桐庐、河南郑州织机洞、长江三峡库区丰都县井水湾旧石器遗址等,都曾出土过距今 5 万 ~ 10 万年的人类牙齿或石制品。从这 5 个地点的经纬度可以看出,这个在当时有确实证据表明有人类存在的地区南北跨度和东西跨度都相当广阔。③在 5 万 ~ 10 万年前那段时间之前和之后人类化石的形态不存在"中断",事实上是既有不同点又有相同之处。表现支持中国古人类以连续进化为主并且与外界有少量杂交的假说,从而也支持现代人起源的多地区进化说。中国人类进化模式可以被概括为"连续进化,附带杂交"。④西亚和中国旧石器不支持中国古人类在6万年前被非洲移民完全取代的推论。

此外,大量的研究表明,DNA标记的选择也会影响我们关于人类起源的研究结果,从不同位点得出的结论可能是互相冲突的。Yu[47]曾说过:"因为人类基因组的每一个位点仅仅能够捕捉人类历史的一个片段,不同的位点具有颇为不同的谱系。"Templeton[48]也指出:"只是根据一个位点或DNA区域,我们关于人类进化的观点会是怎样的不完全。当人们检测了更多DNA区域的时候,对人类进化更深入的见识肯定会随之而来。"Adcock等[49]在PNAS上发表的对古澳洲人的线粒体DNA的研究引起了广泛的关注。他们测定了10个古澳洲人的序列(距今6000~15 000年)。其中,LM3的序列与第11号染色体的mtDNA插入片段同源,这个序列可能来自于现代人类线粒体组最近的祖先。这个结果表明现代人起源的最早的已知mtDNA谱系在澳洲出现。与现代人的系统发育分析LM3位于东非洲的最深的分支上。而其他的古欧洲序列则与现代人相近。这个结果对普遍认为的人类的非洲单一起源说提出了质疑。

上述争论给了我们新的启示,应用分子生物学的理论研究人类起源这样重大的问题,在下结论时一定要慎之又慎,反复思考,寻找多方面的综合证据。正如吴先生所说:"对新信息进行解释和推论时必须对这样的复杂性保持深刻清醒的认识,人类进化不可能既是这样又是那样,只有将各个有关学科得来的信息进行综合思考才可望使得根据这些信息得出的推论趋于协调,对人类进化的认识逐渐接近真实。"[50]

参 考 文 献

[1] Brown W M. Polymorphism in mitochondrial DNA of humans as revealed by restriction endonuclease analysis. Proc Natl Acad Sci USA, 1980, 77: 3605~3609

[2] Denaro M, Blanc H, Johnson M J, et al. Ethnic variation in Hpa 1 endonuclease cleavage patterns of human mitochondrial DNA. Proc Natl Acad Sci USA, 1981, 78: 5768~5772

[3] Cann R L, Stoneking M, Wilson A C. Mitochondrial DNA and human evolution. Nature, 1987, 32531~32536

[4] Salas A, Richards M, Lareu M V, et al. The African diaspora: mitochondrial DNA and the Atlantic slave trade. Am J Hum Genet, 2004, 74: 454~465

[5] Watson E, forster P, Richards M, et al. Mitochondrial footprints of human expansions in Africa. Am J Hum Genet, 1997, 61: 691~704

[6] Chen Y S, Olckers A, Schurr T G, et al. mtDNA variation in the south African Kung and Khwe and their genetic relationships to other African populations. Am J Hum Genet, 2000, 66: 1362~1383

[7] Quintata-Murci L, Semino O, Bandelt H J, et al. Genetic evidence of an early exit of Homo sapiens from Africa through eastern Africa. Nat Genet, 1999, 23 (4): 437~441

[8] Kivisild T, Bamshad M J, Kaldma K, et al. Deep common ancestry of Indian and western-

Eurasian mitochondrial DNA lineages. Curr Biol, 1999, 9: 1331~1334

[9] Forster P, Torroni A, Renfrew C, et al. Phylogenetic star contraction applied to Asian and Papuan mtDNA evolution. Mol Biol Evol, 2001, 18: 1864~1881

[10] Kivisild T, Rootsi S, Metspalu M, et al. the genetic heritage of the earliest settlers persists both in Indian tribal and caste populations. Am J Hum Genet, 2003, 72: 313~332

[11] Torroni A, Lott M T, Cabell M F, et al. mtDNA and the origin of Caucasians: identification of ancient Caucasian-specific haplogroups, one of which is prone to a recurrent somatic duplication in the D-loop region. Am J Hum Genet, 1994, 55: 760~776

[12] Richards M, Macaulay V, Hickey E, et al. Tracing European founder lineages in the Near Eastern mtDNA pool. Am J Hum Genet, 2000, 67: 1251~1276

[13] Richards M, Macaulay V, Torroni A, et al. In search of geographical patterns in European mitochondrial DNA. Am J Hum Genet, 2002, 71: 1168~1174

[14] Richards M, Rengo C, Cruciani F, et al. Extensive female-mediated gene flow from sub-Saharan Africa into near eastern Arab populations. Am J Hum Genet, 2003, 72: 1058~1064

[15] Torroni A, Bandelt H J, D'Urbano L, et al. mtDNA analysis reveals a major late Paleolithic population expansion from southwestern to northeastern Europe. Am J Hum Genet, 1998, 62: 1137~1152

[16] Ballinger S W, Schurr T G, Torroni A, et al. Southeast Asian mitochondrial DNA analysis reveals genetic continuity of ancient Mongoloid migrations. Genetics, 1992, 130: 139~152

[17] Torroni A, Miller J A, Moore L G, et al. Mitochondrial DNA analysis in Tibet: implications for the origin of the Tibetan population and its adaptation to high altitude. Am J Phys Anthroplo, 1994, 93: 189~199

[18] 姚永刚,张亚平. 线粒体 DNA 和人类进化. 动物学研究, 2000, 21 (5): 392~406

[19] Redd A J, Stoneking M. Peopling of Sahul: mtDNA variation in aboriginal Australian and Papua New Guinean populations. Am J Hum Genet, 1999, 65: 808~828

[20] Lum J K, Cann R L. mtDNA and language support a common origin of Micronesians and Polynesians in island Southeast Asia. Am J Phys Anthroplo, 1998a, 105 (2): 109~119

[21] Yao Y G, Lv X M, Luo H R, et al. Gene admixture in the Silk Road region of China-evidence from mtDNA and melanocortin I receptor polymorphism. Genes Genet Syst, 2000, 75: 173~178

[22] Yao Y G, Kong Q P, Bandelt H J, et al. Phylogeographic differentiation of mitochondrial DNA in Han Chinese. Am J Hum Genet, 2002b, 70: 635~651

[23] Zhao T M, Zhang G L, Zhu Y M, et al. Study on Immunoglobulin allotypes in the Chinese: a hypothesis of the origin of the Chinese nation. Acta Genet Sin, 1991, 18 (2): 97~108

[24] Comas D, Calafell F, Mateu E, et al. Trading genes along the Silk Road: mtDNA sequences and the origin of Central Asian populations. Am J Hum Genet, 1998, 63: 1824~1838

[25] Comas D, Plaza S, Wells R S, et al. Admixture, migrations, and dispersals in Central

Asia: evidence from maternal DNA lineages. Eur J Hum Genet, 2004, 11: 1~10

[26] 周作民. 人类Y染色体的遗传特性. 中华男科学, 2000, 6 (4): 211~218

[27] 薛雅丽, 傅松滨, 李璞. Y-DNA多态与人类进化. 国外医学遗传学分册. 2002, 25 (3): 142~145

[28] Underhill P A, Jin L, Zemans R, et al. Detection of numerous Y chromosome biallelic polymorphisms by denaturing high performance liquid chromatography (DHPLC). Genome Res, 1997, 7: 996~1005

[29] Underhill P A, Shen P, Lin A A, et al. Y chromosome sequence variation and the history of human populations. Nat Genet, 2000, 26 (3): 358~361

[30] Underhill P A, Passarino G, Lin A A, et al. The phylogeography of Y chromosome binary haplotypes and the origins of modern human populations. Ann Hum Genet, 2001, 65: 43~46

[31] Su B, Xiao J H, Underhill P, et al. Y-chromosome evidence for a northward migration of modern humans into Eastern Asia during the last Ice Age. Am J Hum Genet, 1999, 65 (6): 1718~1724

[32] 柯越海, 宿兵, 肖军华等. Y染色体单倍型在中国汉族人群中的多态性分布与中国人群的起源及迁徙. 中国科学 (C辑), 2000, 30 (6): 614~620

[33] 柯越海, 宿兵, 李宏宇等. Y染色体遗传学证据支持现代中国人起源于非洲. 科学通报, 2001, 46 (5): 411~414

[34] Ke Y, Su B, Song X, et al. African origin of modern humans in East Asia: A tale of 12 000 Y chromosome. Science, 2001, 292: 1151~1153

[35] 李永念, 左丽, 文波等. 中国布依族人的起源及迁移初探——来自Y染色体和线粒体的线索. 遗传学报, 2002, 29 (2): 196~200

[36] 李永念, 左丽, 文波等. Y染色体单倍型在贵州苗族人群中的多态性分布. 贵阳医学院学报, 2003, 28 (2): 98~105

[37] 文波, 石宏, 任玲等. Y染色体、线粒体DNA多态性与云南宁蒗摩梭人的族源研究. 中国科学 (C辑), 2003, 33 (4): 375~384

[38] 何燕, 文波, 单可人等. 贵州三都水族Y染色体单倍型频率分析. 遗传, 2003, 25 (3): 249~252

[39] 于敏, 张咏莉, 陈峰等. 中国6个人群中Y染色体15个双等位基因标记变异频率分布及单体群分析. 遗传学报, 2002, 29 (4): 283~289

[40] 杨俊, 李辉, 金建中等. 上海原住民的Y染色体遗传分析. 中央民族大学学报 (自然科学版), 2004, 13 (1): 60~69

[41] Li H, Huang Y, Mustavich L F, et al. Y chromosomes of prehistoric people along the Yangtze River. Hum Genet, 2007, 122 (3~4): 383~8

[42] Spurdle A B, Hammer M F, Jenkine T. The Y Alu polymorphism in Southern African populations and its relationship to other Y-specific polymorphism. Am J Hum Genet, 1994, 54: 319~330

[43] Hammer M F, Spurdle A B, Karafet T, et al. the geographic distribution of human Y-chro-

mosome variation. Genetics, 1997, 145: 787~805
[44] 许丽萍,徐玖瑾,朱苏玲等. 中国 10 个人群中 Y 染色体 Alu 序列的多态分布. 科学通报, 1998, 43 (8): 843~846
[45] 石宏,董永利,李卫翔等. 中国云南 25 个少数民族 Y 染色体 DYS287 位点的地理多态性. 中国科学 (C 辑), 2003, 32 (4): 373~378
[46] 李冬娜,应大君,区采莹等. 中国海南岛三个黎族支系 DYS287、DYS19 的多态性研究. 遗传, 2003, 25 (1): 5~8
[47] Yu N, Fu Y, Li W. DNA polymorphism in a worldwide sample of human X chromosomes. Mol Biol Evol, 2002, 19 (12): 2131~2141
[48] Templeton A R. Out of Africa again and again. Nature, 2002, 416: 45~51
[49] Adcock G J, Dennis E S, Easteal S, et al. Mitochondrial DNA sequences in ancient Australians: Implications for modern human origins. Proc Natl Acad Sci USA, 2001, 98 (2): 537~542
[50] 吴新智. 与中国现代人起源问题有联系的分子生物学研究成果的讨论. 人类学学报, 2005, 24 (4): 259~269

第二篇 古DNA应用实例

第5章 人类古 DNA 研究应用

人类始终对自己的过去充满了好奇，蕴藏于广袤大地中的历史遗迹为人类追踪过去留下了零星的线索。随着分子生物学技术以及分子系统学理论的发展，我们可以通过古 DNA 研究方法来拨开层层迷雾窥视人类过去的点滴。由于 Y 染色体提取困难，目前，关于古人 Y 染色体的研究成果不多，本章着重介绍以古人 mtDNA 分析为主的研究成果。

5.1 古 DNA 在人类起源研究中的应用

现代人起源的问题近一个世纪以来一直受到国际学术界的普遍关注。众所周知，当人类社会发展到 4 万~5 万年前的旧石器时代晚期的时候，地球上生活的人类发生了较大的变化。首先是他们的体质特征已经进化得与我们今天的现代人十分相似，而与此前的人类（如直立人、早期智人）有较大的区别。其次，他们的生存空间也进一步扩大，除旧大陆的欧、亚、非三大洲外，人们又开始向美洲和大洋洲迁徙并出现了人种的分化。因此，该时期的人类被认为是我们现代人的直接祖先并被赋予一些新的名称，即晚期智人、现代智人或解剖学上的现代人。

晚期智人的起源问题直接牵涉现代各色人种的由来，因此长期以来受到人们的极大关注。总括起来，在学术界存在着两种相互对立的理论。一种可称为"单一地区起源论"，也叫做"入侵论"、"迁徙论"或"代替论"。持此观点的学者们相信现生的各色人种拥有一个近期（5 万~10 万年前）的共同祖先。也就是说，世界各地的远古人类中只有一处的人群成功地演化为解剖学上现代类型的智人。由于他们在解剖结构、生理功能以及文化、技术等方面拥有明显的优势，所以他们一经出现，便迅速地向四面八方迁徙，替代了其他地区的原住居民，并逐渐在适应环境的过程中形成了今天的各色人种。另一种理论可称为"多地区起源论"，也叫做"直接演化论"或"系统论"。该理论认为现代类型的智人都是由当地的早期智人乃至直立人演化而来的。各大人种的性状在很久远以前便存在着差异，他们各自平行发展，当然彼此之间不可避免地也存在着某些基因方面的交流，最后演化成现代的各色人种[1]。

上述两种理论的争议一直持续了几十年，至今尚无定论。早期的研究者主要是通过古人类化石进行该问题的研究。但已发现的化石材料不管是在时间上还是在空间上都存在着相当大的局限性，故两种理论在论证上都面临着不少困难。自20世纪80年代以来，一些学者开始尝试运用生物化学、分子生物学的方法解决这一争端。这种方法论方面的革命给现代人起源问题的研究带来了勃勃生机。

1987年，美国加利福尼亚大学伯克利分校生化系的Cann等[2]，在Nature杂志上发表了题为《线粒体DNA与人类进化》的文章。他们分析了145份现代人胎盘mtDNA样本。在这些样本中有98份是从美国的各医院获得的，其中20份美国黑人的样本代表非洲撒哈拉地区的黑人，32份代表亚洲的黄种人（包括中国、越南、老挝、菲律宾、印度尼西亚和汤加），46份代表白种人（来自欧洲、南非和中东）。剩下的47份样本中21份来自澳大利亚土著居民，26份来自新几内亚土著居民。将145份纯化的mtDNA经过12种限制性内切核酸酶消化（不同的酶切割自己识别的特定的DNA序列）。如果序列发生突变，就可能改变切割情况，然后比较切割产生的DNA片段，发现非洲样本变异最多，其次是亚洲。假设每百万年mtDNA变异2%~4%，那么计算出非洲mtDNA的平均年限为9.0万~18.0万年，亚洲是5.0万~10.5万年，澳大利亚是4.3万~8.5万年，欧洲是2.3万~4.5万年，新几内亚是2.8万~5.5万年。考虑到mtDNA主要来自母系，最后他们推测：这些mtDNA可能是从非洲20万年前假设存在的一个黑人妇女那里继承下来的，后又向世界各地扩散并完全取代了当地人类，从而提出了人类非洲起源说（图5-1）。这就是得到一些研究者支持的"线粒体夏娃"学说。也有人称之为非洲夏娃或黑夏娃理论。后来"线粒体夏娃"成了很流行的名词。

此后，科学家们继续对不同人群的mtDNA进行了大规模的研究，其结果均支持"非洲起源说"[3~7]。值得一提的是，2007年，Gonder等[8]分析了来自坦桑尼亚、南部非洲克瓦桑语族、Bakola俾格米人的62个完整的mtDNA基因组，并且与全球的226个基因组对比（图5-2）得出结论：人类的系统发育树的根部在非洲。这是首次运用mtDNA全基因组揭示人类起源于非洲，与先前利用mtDNA酶切数据和D-loop的多态性以及编码区的SNP等得出的结论相比具有更深层的意义。

与mtDNA研究相对应的Y染色体研究也显示出人类起源于非洲。1997年，Gibbons等[9]又根据Y染色体研究结果提出了"亚当学说"，认为最早的男性出现在非洲，与"夏娃学说"相吻合。此后，Underhill等的研究进一步支持人类起源于非洲（参见4.4.5节"单核苷酸多态位点变异在人类进化中的应用"）。

人类的起源和迁移问题虽然取得了如上所述的进展，但是仅根据现代样品得到的分子信息毕竟是间接的，从中推出的结论可能会与古人类学及考古学的发现相矛盾，如果能从古代人类遗骸中直接获取分子演化的证据，无疑对研究人类的

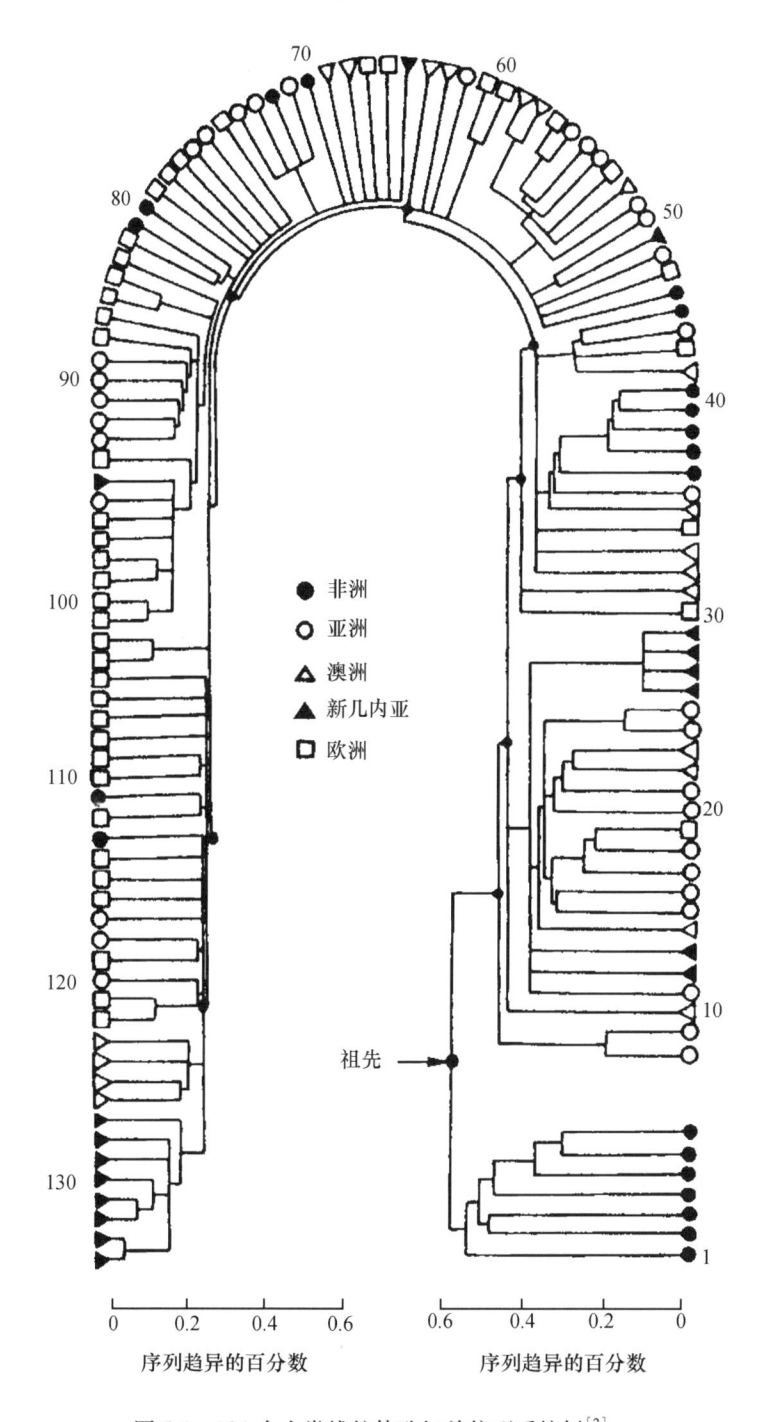

图 5-1　134 个人类线粒体酶切单倍型系统树[2]

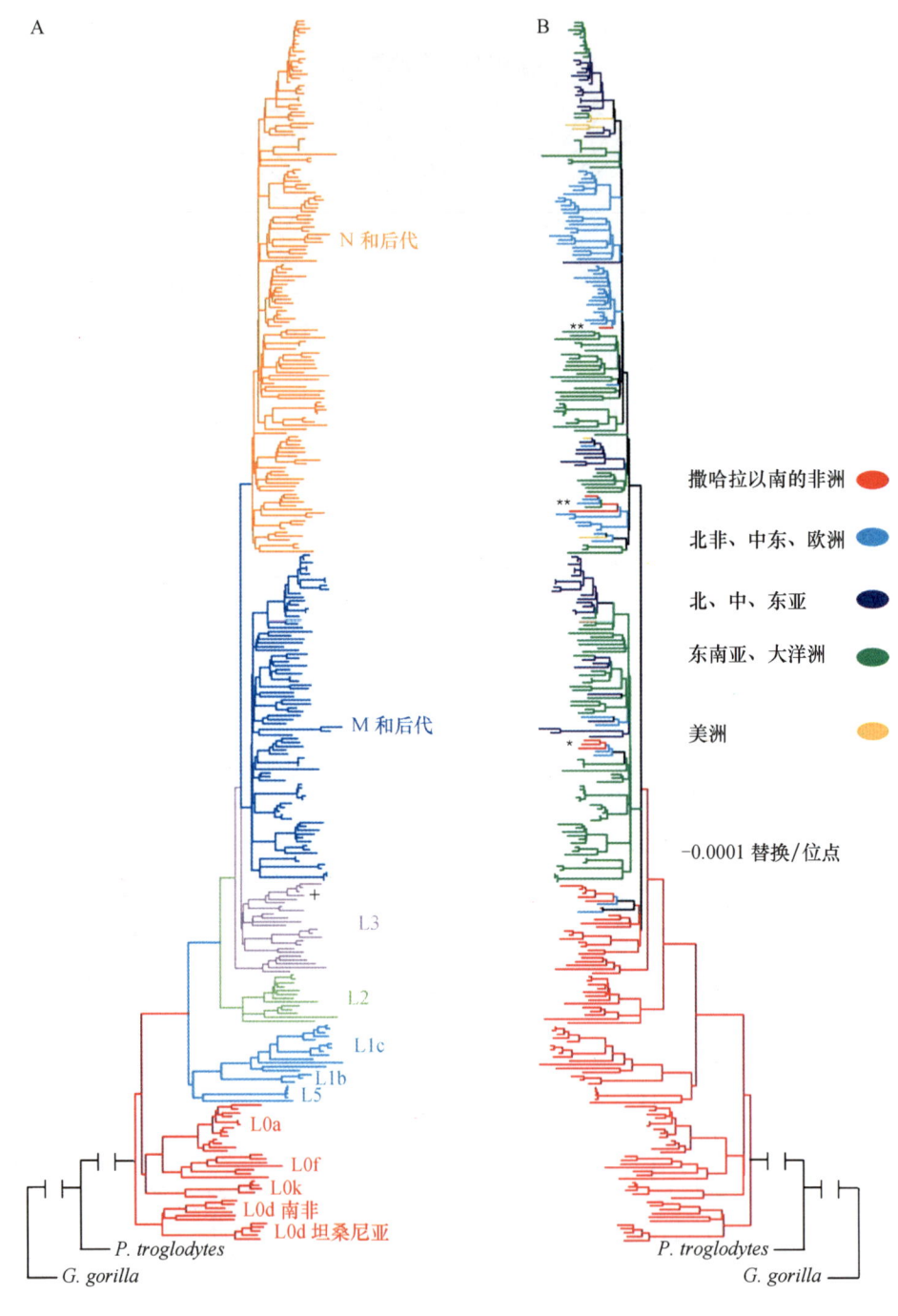

图 5-2 人类线粒体基因组邻接树[8]

A. 样本和颜色对应 mtDNA 单倍型类群；B. 样本和颜色对应于它们的地理分布

起源和迁移具有重要的意义。近年来科学家对尼安德特人和解剖学上现代人的遗骸进行了大量研究，为人类的起源和迁移研究提供了一定的遗传学证据，对于人类的起源和迁移研究具有一定的贡献。

古 DNA 在人类起源研究中影响最大的应该属于尼安德特人研究。尼安德特人（拉丁文学名 *Homo neanderthalensis*，又译尼安德塔人），一支 3 万～30 万年前生活在欧洲和亚洲西部的原始人类，因其化石在 1856 年首次发现于德国杜塞尔多夫附近尼安德特河谷的一个山洞中而得名。尼安德特人可能与现代人在我们的星球上共同生存了数千年的时间（图 5-3）[10]。

图 5-3　尼安德特人生活场景想象图[10]

通过形态学上的比较，对尼安德特人的认识主要有三种观点：①尼安德特人是现在欧洲人的祖先；②尼安德特人对现代人有一定的基因贡献，即其与现代人之间有过混血；③尼安德特人被现代人替代了，对现代人基因库没有任何贡献。

现代分子生物学家通过对现代人 mtDNA 与核基因组研究结果支持第三种观点，即尼安德特人在人类进化过程中是单独的一支，是人类进化过程中灭绝了的"旁支"，尼安德特人的基因对于现代人的基因库没有贡献，不是人类的直系祖先。

在利用现代人数据研究人类起源时存在模型中缺少选择、DNA 序列分子进化中分子钟的准确性等难题，由现代数据获得的结论有效性受到了质疑。为了弥补现代数据的不足，更加直接有效地研究尼安德特人在人类起源中的作用，从 1997 年开始，尼安德特人遗传物质陆续被研究，获得了喜人的成果。尼安德特人遗传物质的研究最初主要集中在 mtDNA 高可变区上，获得了或长或短的序列，直到 2006 年，随着新技术陆续应用于古 DNA 研究上，尼安德特人基因组研究进入了核基因组时代，获得了大量的序列。

1997 年，德国慕尼黑大学的 Pääbo 领导的研究小组首次开始尼安德特人遗传物质的探索[11]。该小组选择的是1856年发现于德国杜塞尔多夫附近尼安德特河谷的Feldhofer山洞内、距今大约4万年的尼安德特标本（在后来研究中将其命名为Feldhofer I），也是首次发现的尼安德特人标本，实验使用的是右肱骨（图5-4）。

图5-4　尼安德特标本的右肱骨[11]

实验首先采用氨基酸外消旋法来评估古DNA的含量，判断标本是否有研究的价值，经过比较研究发现该遗骸中存在可扩增的DNA模板。通过抽提、套叠引物扩增、克隆和测序最终获得了尼安德特标本中378bp的mtDNA高可变一区序列（HVR I），特别是NL16 230-NH16 262引物作为尼安德特人特异引物在后来的尼安德特人mtDNA研究中被多次应用。通过与现代人类基因的对比，系统发育分析（图5-5），与现代人祖先分歧时间推测等一系列分析，发现在系统演化树上，早在50万~60万年前Neanderthals的祖先就与人类祖先分离，从遗传学角度上得出了尼安德特人与现代人的祖先相距甚远，尼安德特人是介于现代人和黑猩猩（chimpanzee）之间的过渡类型，因此认为尼安德特人不是人类祖先，并支持现代人非洲起源说。同时在该研究中充分考虑了污染问题，采取了严格的防污染措施，使该研究可信度大大提高，成为古DNA研究可信性的有力证据。该研究成果在1997年被评为世界十大科技进步奖之一。虽然后来的研究发现这个序列可能存在损伤位点，但是经过多次研究也反复证明了这个序列的确属于尼安德特人序列，始终具有不可替代的重大意义[12,13]。

两年后，德国慕尼黑大学Pääbo领导的研究小组对1856年发现的尼安德特标本（Feldhofer I）进行了进一步研究[14]。在4次抽提物中，利用8对套叠引物，获得了92个克隆，经过测序获得了345bp mtDNA HVR II序列，结合1997

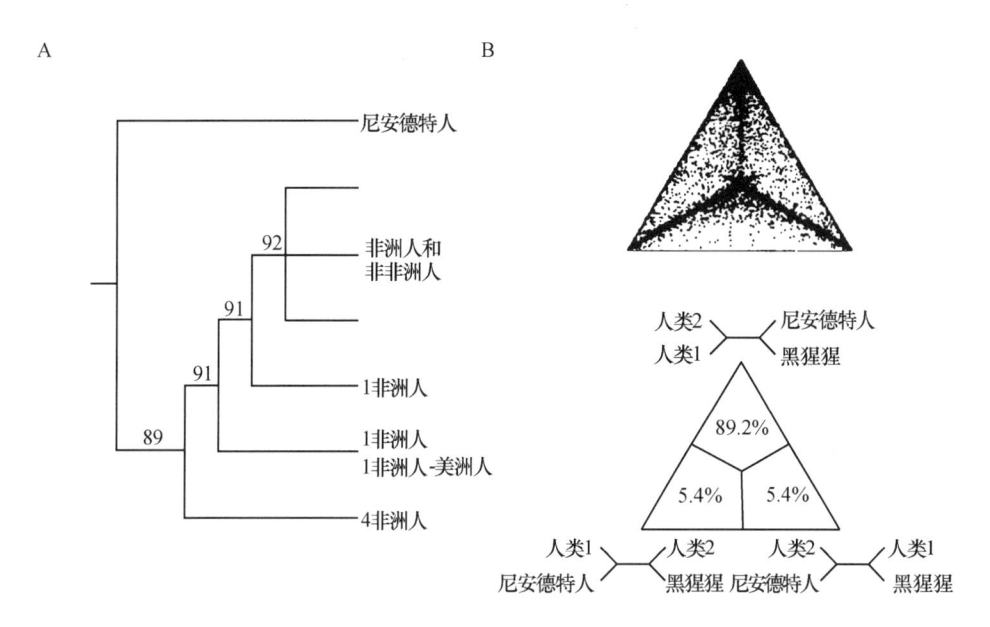

图 5-5　基于 mtDNA HVR I 序列的 Feldhofer I 尼安德特人系统发育分析[11]

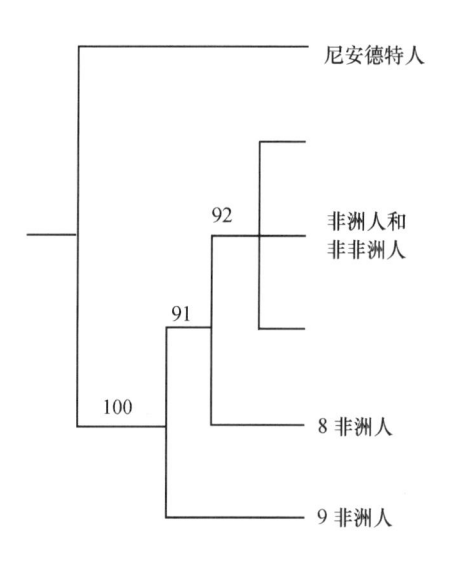

年获得的同一个体的 HVR I 序列、现代人序列与黑猩猩序列进行了序列比对，结果显示尼安德特人与现代人序列分歧度是现代人之间最大分歧度的 3 倍，序列分歧程度超过了现在的黑猩猩亚种。文章利用尼安德特人序列与各大洲现代人序列构建了系统发育树（图 5-6），进一步得出了尼安德特人与现代人的祖先相距甚远，并计算了分歧时间，尼安德特人与现代人祖先的分歧时间是距今 46.5 万年，可信区间是 31.7 万~74.1 万年，实验结果支持尼安德特人基因对现代人基因库无贡献，不是人类祖先。

2000 年，Ovchinnikov 等报道了第二例尼安德特人的 mtDNA[15]。此标本来源于北高加索地区 Mezmaiskaya 洞穴（在后来研究中将其命名为 Mezmaiskaya）。实验使用的是一个婴儿的肋骨，胶原蛋白含量显示大分子保存状况良好。放射性碳同位素测年显示该标本距今

图 5-6　基于 mtDNA HVR I 与 HVR II 序列的 Feldhofer I 尼安德特人系统发育分析图[14]

(29 195±965)年。实验采用了严格的真实性标准,该项成果的古 DNA 实验工作同时在苏格兰的格拉斯哥大学和瑞典的斯德哥尔摩大学进行,并得到了相同的结果。序列研究表明,Mezmaiskaya 与 Feldhofer I 尼安德特人的基因关系十分接近,二者之间只有 0.48% 的分歧。谱系分析表明,在分支树上尼安德特人明显地与现代人分开(图5-7),尼安德特人的 mtDNA 与现代人线粒体基因库无关,仍支持现代人起源的单一地区起源学说。另外又重复获得了第二例尼安德特人的古 DNA,因此在古人类研究领域和古 DNA 方法的可靠性方面均产生了深远的影响。

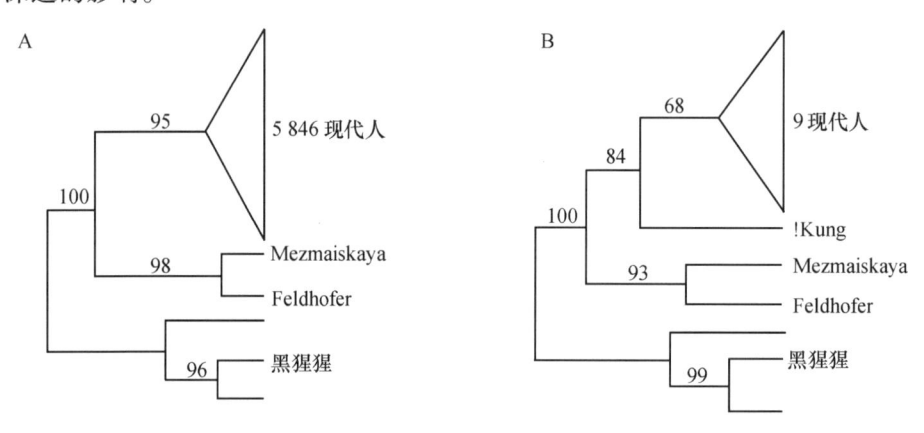

图 5-7 基于 mtDNA 序列的 Mezmaiskaya 尼安德特人与现代人系统发育分析[15]

2000 年,Krings[16] 等研究人员再次对尼安德特人的遗传物质进行了探索。实验首先对来源于克罗地亚的 Vindija 洞穴 G3 层的 15 例尼安德特人骨骼进行氨基酸组成与消旋化分析,发现其中 7 例样本氨基酸含量高,氨基酸组成与现代人骨骼氨基酸组成类似,且精氨酸、丙氨酸和亮氨酸消旋化水平低,这些特点显示这 7 例样本保存状况良好,实验人员对其中一个样本进行了放射性同位素定年为距今 42 000 年,对此样本进行了抽提、扩增获得了 mtDNA HVR I 和 HVR II 序列(在后来研究中将其定名为 Vindija 75)。在抽提过程中使用 PTB(N-phenacylthiazolium bromide)处理,打开分子间交联,提高了 DNA 回收效率,该研究认为 PTB 对从骨骼中回收 DNA 特别有利。文章结合 Feldhofer I 和 Mezmaiskaya 样本序列计算了尼安德特人之间变异度为 3.73%,这个变异度值低于黑猩猩(14.82%±5.70%)和大猩猩(18.57%±5.26%),而与世界范围现代人变异度值(3.43%±1.22%)相近。当将世界范围的现代人按照各大洲分类进行计算变异度时,三个尼安德特人变异与非洲、亚洲、美洲本土、澳大利亚土著和大洋洲居民处于同一水平上,而与欧洲居民相差较远,虽然二者在地理分布上处于同一地区。研究发现,尼安德特人与现代人的遗传关系比猿人近。系统发育树显示

第 5 章 人类古 DNA 研究应用

三例尼安德特人聚在一起，而与现代人明显分开（图5-8），虽然实验结果不能排除尼安德特人与现代人是否有过杂种繁殖，但是即使发生杂交，尼安德特人对现代人基因库也没有贡献。

2002 年，Schmitz 等[17] 对 1997 年和 2000 年德国杜塞尔多夫附近尼安德特河谷的 Feldhofer 山洞内的沉积物进一步清理过程中发现的大量人骨碎片进行了研究，除了发现属于 Feldhofer I 的尼安德特人骨骼外，还发现了属于其他尼安德特个体骨骼，对另一例尼安德特标本（Feldhofer II）的右肱骨进行了 mtDNA 研究。氨基酸含量和氨基酸外消旋化程度显示此标本保存状态良好，存在可扩增的 DNA 模板。实验获得了 357bp mtDNA 序列，与已经发表的尼安德特人 mtDNA 序列比较，获得了已经发表的几例尼安德特人之间的遗传关系（图5-9）。

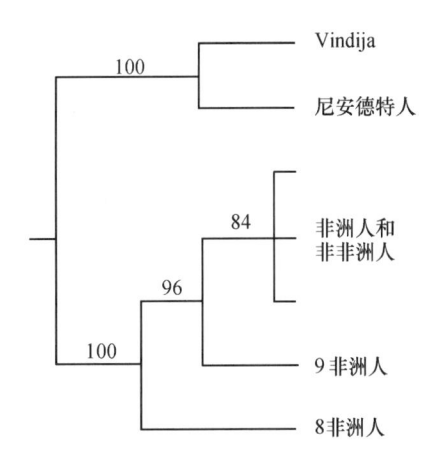

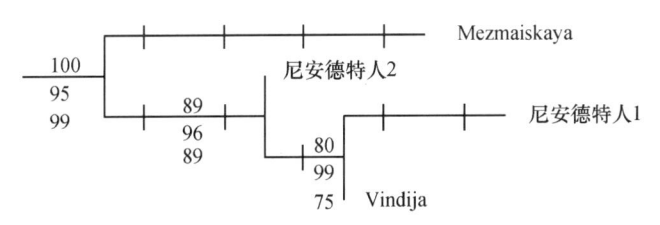

图 5-8　基于 mtDNA 序列的 Vindija 75 尼安德特人系统发育分析[16]

图 5-9　几例尼安德特人的遗传关系[17]

2003 年，Caramelli 等[18] 对 24 000 年前解剖学上的现代欧洲人 mtDNA 的研究发现，其序列分异度仍处在现代人 mtDNA 序列变异范围之内，但与同时代的尼安德特人的同源序列有着显著区别，也说明尼安德特人对现代人的基因组没有贡献，从另一方面为非洲起源说提供了佐证。

2004 年，Serre 等[19] 获得了来自于克罗地亚（Vindija 77 和 Vindija 80）、比利时（Engis 2）和法国（La Chapelle-aux-Saints）4 例尼安德特人和 5 例同时代的古人类的 mtDNA 序列。实验同样用氨基酸消旋化方法证明了样本保存状况。结果同样证明了尼安德特人对现代人基因库不可能有大的贡献，但是却无法排除尼安德特人对现代人是否具有微小的贡献。Serre 等计算了尼安德特人对欧洲早期现代人的遗传贡献不超过 25%（图 5-10）。

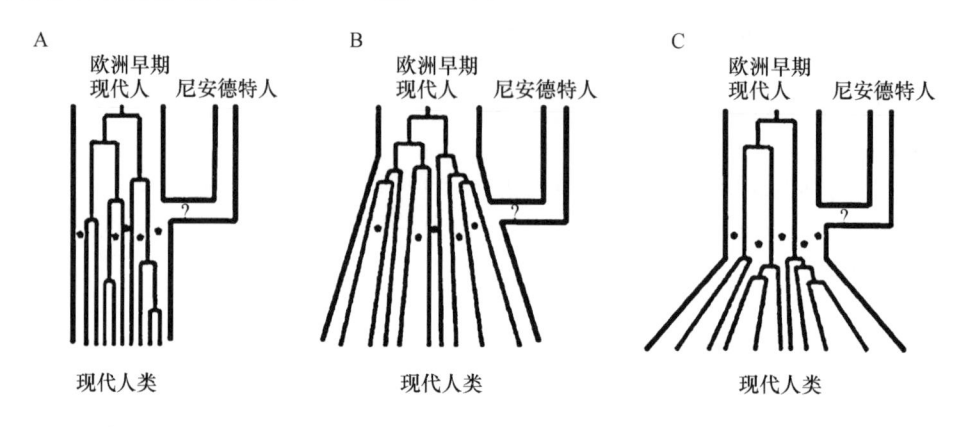

图 5-10　推定的尼安德特人对现代人基因库贡献的示意性模型[19]

2004 年，Cooper 等[20]分析了 8 个尼安德特人的序列，在早期的欧洲人或者现代人中都没有发现这 8 个序列，暗示尼安德特人对现代人类没有贡献。

2005 年，Lalueza-Fox 等[21]首次研究了伊比利亚半岛距今 43 000 年的尼安德特人（El Sidrón 441）的 mtDNA。实验获得了 47bp 的 mtDNA 序列，虽然较短但是序列显示与其他地区尼安德特人序列没有显著区别。有效人群尺寸估计显示尼安德特人不是 130 000 年前冰河时期的一次极端的瓶颈效应形成的，16 258 位点的高度多态性反应了尼安德特人最近祖先应该是 250 000 年前形成的。

2005 年，Beauval 等[22]研究了一个法国样本（Rochers-de-Villeneuv）的 mtDNA，遗憾的是获得的序列较短，无法获得长片段，这 31bp 序列与 Mezmaiskaya、Feldhofer II、Engis 2 和 La Chapelle-aux-Saints 相一致，而与 Feldhofer I、El Sidrón 441 和 Vindija 样本相差一个碱基。结果同样显示了尼安德特人序列的同源性，而与现代人序列相去甚远[22]。

2006 年，Orlando 等[23]研究了一个来自于比利时 Scladina 洞穴的尼安德特个体（Scladina）的 mtDNA，距今 100 000 年，是迄今为止研究遗传结构最古老的尼安德特人样本。实验使用 UNG（Uracil DNA-glycosylase）处理抽提液，以去除生物体死后胞嘧啶脱氨基造成的损伤。系统发育树（图 5-11）同样显示尼安德特人聚在一起，而与现代人相距较远。

2006 年，Lalueza-Fox 等[24]进一步分析发现伊比利亚半岛尼安德特人与其他欧洲尼安德特人的关系很密切。

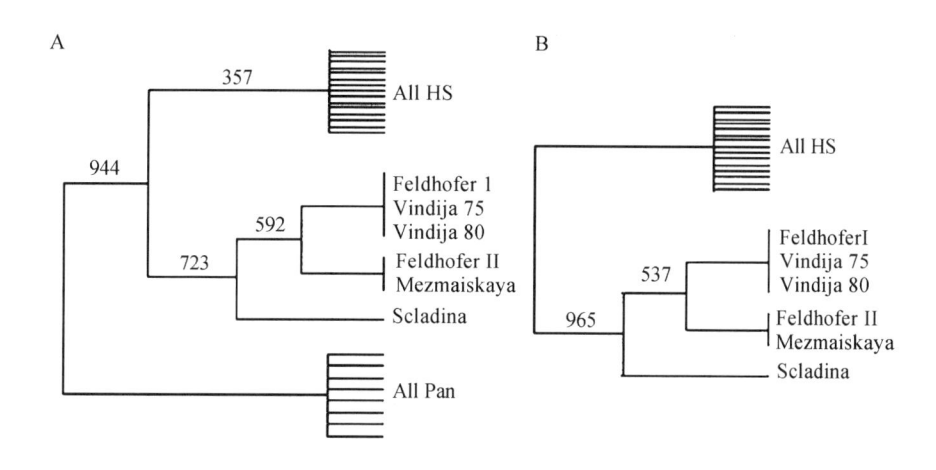

图 5-11 最大似然法获得的现代人与尼安德特人的系统发育关系[23]

2006 年，Caramelli 等[25]研究了意大利北部样本（Monti Lessini）的 mtDNA，在实验中也采用了 UNG 处理方法以减少损伤造成的错误序列。选择发表的几个较长的尼安德特人序列与获得序列共同构建了中介网络图和系统发育树（图 5-12）。结果不但显示尼安德特人 mtDNA 与现代人 mtDNA 明显分开，同时也显示尼安德特人序列也存在地域性。

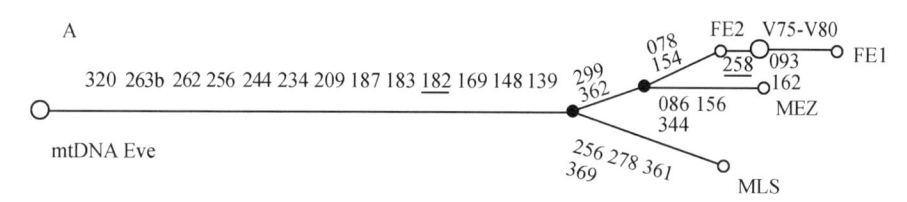

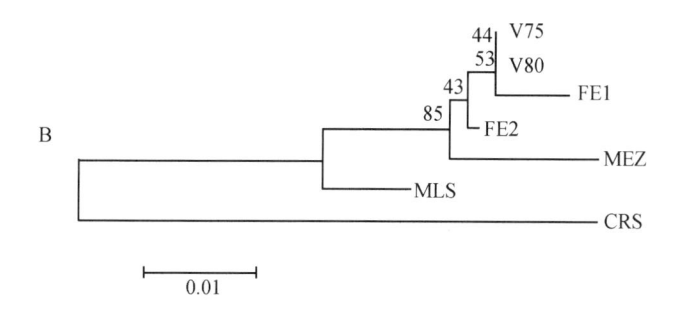

图 5-12　6 个尼安德特人的中介网络图（A）和 NJ 系统发育树（B）[25]

2006年，Excoffier[26]对上述3个研究进行了评论，并提出一个新的观点。他认为这些研究表明尼安德特人的遗传多态性被低估了，尼安德特人群体被地理分隔开来，在整个时期其遗传多态性发生了显著的改变（图5-13）。

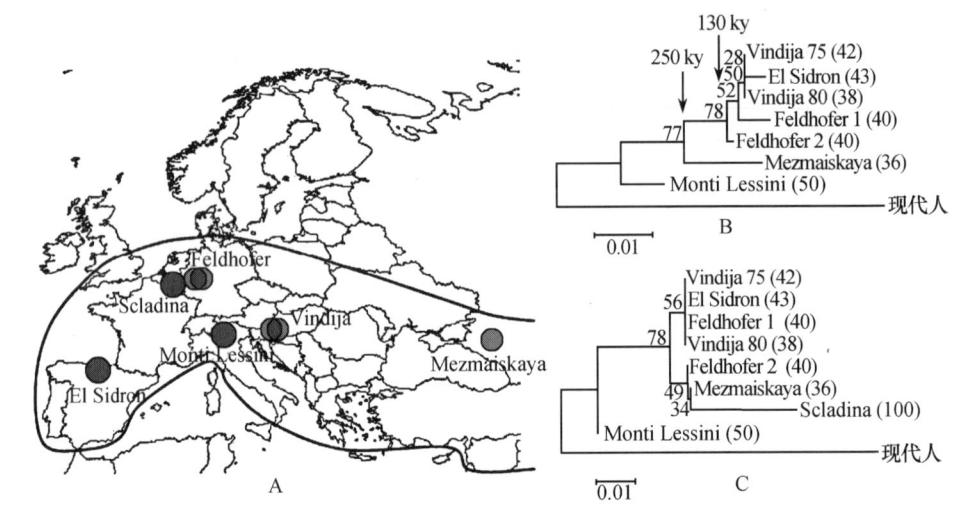

图5-13　目前研究尼安德特人标本的位置和相互关系
A. 标本采集地点；B. 基于304bp D-loop 片段的 NJ 树；C. 基于123bp D-loop 片段的 NJ 树[26]

2006年，Noonan 等[27]从来自克罗地亚的3.8万年前的尼安德特人骨头中提取出了核 DNA 片段。他们用细菌繁殖单个 DNA 片段，制造了一个 DNA 文库，而且还发展了一个从文库中提出具体序列的方法，从而为研究感兴趣的序列或区域提供了一个简单的方法，测定了65 000个碱基对。这些研究人员的实验揭示，DNA 的确是尼安德特人的，而不是来自现代人的 DNA 污染。他们报告说，现代人和尼安德特人最近的共同祖先生活在大约70.6万年前，这两个种群大约在37万年前分离开（图5-14）。虽然尼安德特人和现代人的基因组99.5%以上完全相同，但是几乎没有尼安德特人对人类基因库有贡献的证据。

2006年，Green 等[28]分析了大量尼安德特人和早期现代人的化石样品，使用焦磷酸测序技术（pyrosequencing），仅需从化石中提取10mg样品就可获得需要分析的 mtDNA 信息。实验已经完成对尼安德特人约1000kb 的测序工作，而这仅占总的测序数目的0.03%。这一方法不仅可以避免在 PCR 扩增中容易出现的核苷错配，还为已灭绝生物的基因组研究提供了新的方法。研究人员表示，他们将继续完善目前的基因测序技术，并争取在两年内完成

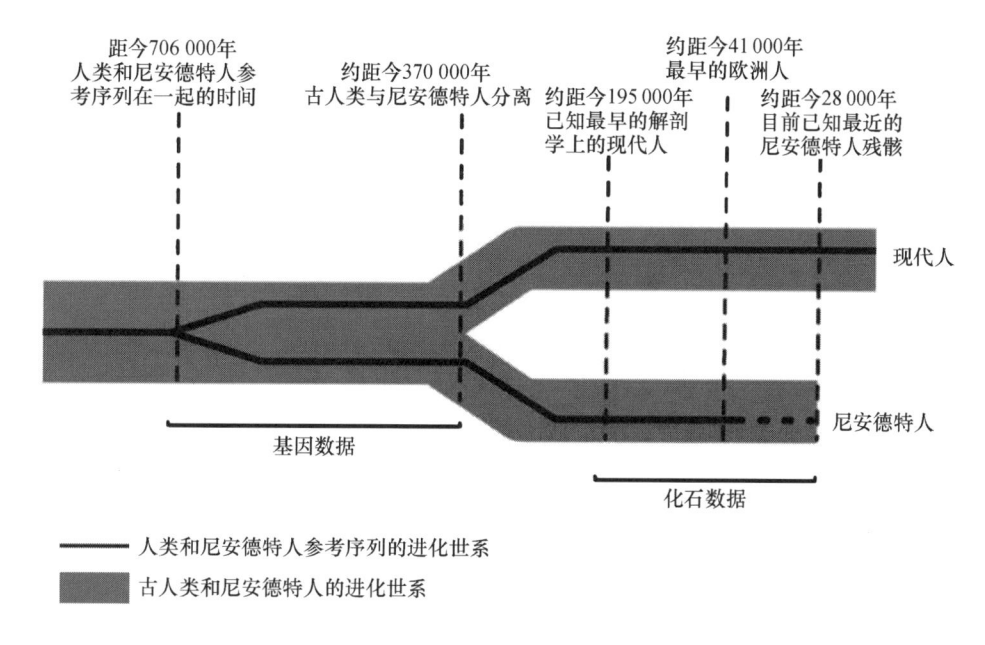

图 5-14 Noonan 等获得的尼安德特人与现代人的分歧时间[27]

尼安德特人全部基因的测序工作，尼安德特人的部分基因已经破译，下一步将继续破译尼安德特人的所有基因，从而解开尼安德特人与现代人之间的关系之谜。

但是，Wall 等[29]重新分析了 Noonan 等[27]和 Green 等[28]的研究结果，两篇论文描述了从同一个尼安德特人化石中获得的核 DNA 序列。经过重新分析这些研究中的数据，发现它们彼此不一致，指出其中的一个研究数据质量严重有问题，可能由于现代人的 DNA 污染或者高频率的测序错误造成的。

在另一项研究中，Krause 等[30]检测了 3 万~3.8 万年前乌兹别克和南西伯利亚的阿尔泰地区的人类化石的 mtDNA 序列。在比较了线粒体序列以后，他们发现这些亚洲样本显然是尼安德特人，因为这些化石的 DNA 序列落在欧洲尼安德特人的 mtDNA 变异范围内。这样，尼安德特人的地理分布可能比通常认为的范围向东至少扩展了 2000km（图 5-15）。

虽然关于人类起源问题目前仍然没有定论，尼安德特人与现代人的关系尚需进一步探索，但尼安德特人的研究表明古 DNA 在解决人类遗传结构方面具有重要作用，为解决这一问题提供了一个新的视角。要想得到最终的答案，还需要更多化石和分子生物学的证据。

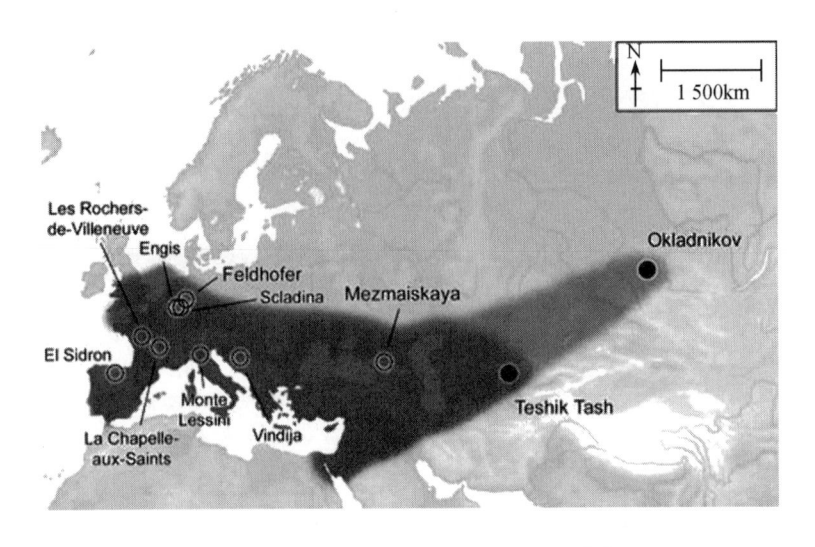

图 5-15 尼安德特人的地理分布范围[30]

5.2 古 DNA 在人群水平上的应用

古 DNA 研究可以用于提示群体的时间和空间特征，解决关于人类群体内历史问题，帮助人们了解群体的起源、迁徙和扩散情况。

5.2.1 欧洲人群研究

关于欧洲人群的起源一直存有争议。一种观点认为，现代欧洲人的祖先是7500 年前来自近东地区的第一批欧洲农民，另一种观点是 4 万年前在欧洲存在的旧石器时代的猎户采集人。2005 年，Haak 等[31]对德国、奥地利和西班牙地区出土的 57 例距今 7500 年前的欧洲农民遗骸（图 5-16）[32]进行了古 DNA 分析，57 个样本中有 24 个得到了可靠序列，18 个样本属于典型的西欧型：H、V、T、K、J 和 U3，另外 6 个样本属于 N1a 型，这一单倍型在新石器时期的欧洲农民中广泛存在，而在现代的欧洲人中频率只有 0.2%，说明新石器时期第一批欧洲农民对现代欧洲人的遗传影响非常有限，因此现代欧洲人的祖先不可能是新石器时期的农民，这为现代欧洲人起源于旧石器时期的猎户采集人提供了佐证。当然，也有学者对此结论提出异议，他们认为前者的结论是有限的[33]。因为在给定的欧洲区域内，并不是所有的标本都可以追溯到新石器时代转型期。而且，研究的标本仅局限于 24 个个体，不能代表整个欧洲人群，也未涉及父系 Y 染色体的研究。由此看来，关于欧洲人的起源问题还需要进一步研究。但是前人的研究为我们指

图 5-16　一具德国出土的遗骸[32]

明了研究方向，今后可以进一步在时间、地点上扩大研究范围，同时进行 mtDNA 和 Y 染色体研究，从母系和父系两方面着手解决问题。

5.2.2　新疆地区人群研究

最早的新疆古 DNA 研究是 1995 年 Francalacci[34] 对新疆出土的一具 2000 多年前的干尸进行的 mtDNA 分析，结果表明该个体属于单倍型类群 H。随后，Ovchinnikov 等[35] 对中亚出土的 2000 年前的 3 个 Jety-Asar 头骨标本的 mtDNA 进行了分析，观察到欧亚人群的基因融合现象。

2004 年，Lalueza-Fox 等[36] 对从中亚哈萨克斯坦出土的距今 2700 年的 36 例个体进行了 mtDNA HVR I 的序列分析以及编码区的 SNP 分析。结果表明，在 2700 年前，这一地区还没有发现东亚谱系的痕迹，东部的蒙古人群和西伯利亚人群向西迁徙发生在距今 2700 年以后。并且推测欧洲起源的人群可能曾经到达东部更远的地方，融入当地的东亚谱系人群当中，只是由于比例较小，受到遗传漂变的影响，最终消失在东亚人群中。

2004 年，崔银秋等[37] 对位于罗布诺尔地区的青铜时代古墓沟墓地（距今 3800 年）11 个个体的 mtDNA 进行了分析，结果显示所有谱系都属于欧洲单倍型谱系，且与现有的中南部西伯利亚人群关系最为密切，没有发现基因融合现象。此后，2005 年，崔银秋等[38]还对青铜至铁器时代的吐鲁番盆地三处墓地 20 例个体进行了遗传分析，结果显示吐鲁番群体具有混合人群的特征，与形态学分析结果一致。其人群基因来源中欧洲成分占 76%，而亚洲成分占 24%，在遗传距离上吐鲁番古代人群比新疆现代居民更接近于欧洲群体。崔银秋等结合上述两项研究，分析了新疆地区古代居民遗传结构的变化情况：至少汉代以前，欧洲和东亚谱系在新疆境内存在反向渗入，但相比之下，亚洲序列向西的渗入比较零碎，不如欧洲谱系成分的东进活跃。而在此之后，随着东亚群体向西迁徙的增加，欧洲谱系的影响出现弱化的趋势。这一结果与体质人类学及考古学的研究十分吻合，在先秦时期的新疆地区，欧洲人种的东进规模与数量要远远超过蒙古人种西进的规模与数量，但欧洲人种的东进势头却始终未超出新疆东部地区。蒙古人种的大规模西进应是出现在汉代或是更晚的时期。与先秦时期相比，汉代以后蒙古人种西进的规模与数量要远远大于欧洲人种的东进，这可能与匈奴、突厥和蒙古等民族的不断西迁有关。此外，中原王朝以及西辽国对西域的侵略，使得中原文化的影响不断渗透到古代新疆地区，同时也加深了蒙古人种与欧洲人种的混杂程度。

2005 年，谢承志等[39]对新疆察吾呼地区（距今 2500~3000 年）的 9 个古人骨的 mtDNA 进行了分析。从 GenBank 搜索的共享序列显示：7 个序列共享人群分布在欧洲内陆、西伯利亚草原和阿拉伯地区，2 个分布在东亚。将察吾呼地区古人序列与欧洲、亚洲序列进行系统发育分析，发现其在欧洲谱系和亚洲谱系中均有分布，这些结果表明，早在青铜至早期铁器时代，在我国新疆天山中部地区已经有蒙古人种存在。察吾呼沟古代居民应是一个欧洲和东亚人种混合的古代群体。2007 年，谢承志等[40]对新疆山普拉墓（距今 2200~1700 年）的古人遗骸进行了 mtDNA 分析，从 16 例样本中共获得 13 例真实可靠的 mtDNA HVRI，并在此基础上做了编码区的限制片段长度多态性（RFLP）分析，进行了单倍型类群归属，结果表明山普拉古代居民是一欧亚混合人群，同时具有东西部欧亚大陆特有单倍型类群。Tajimas'D 中性检验及错配分布图都证明山普拉古代人群在近期内没有经历过人群的扩张。结合 11 个来自欧亚大陆现代人群的 mtDNA 数据进行了多维尺度、中介网络和基因多样性分析，结果都表明新疆山普拉古代居民与伊朗人群和奥塞梯人群距离较近，存在一定的母系遗传联系。

圆沙古城位于新疆塔克拉玛干沙漠的中心地区，地处古丝绸之路的南线。2008 年，高诗珠等[41]研究了距今 2000~2500 年的圆沙古城 15 例古代居民的遗传结构。系统发育及多维度分析结果表明圆沙古城古代人群与现代中亚南部人群、印度河流域人群以及新疆察吾呼古代人群间存在着相对较近的遗传距离，同时这一结果也反映出欧亚大陆早期人群由西向东扩张的历史事件及当时存在的与当地蒙古人种的混合现象。

5.2.3　中国北方地区古代人群研究

于长春等对 9 例内蒙古商都东大井墓地东汉时期拓跋鲜卑遗存（东大井组）[42]和 18 例内蒙古察右中旗七郎山墓地魏晋时期拓跋鲜卑遗存（七郎山组）[43]的股骨样本进行了 mtDNA 研究。与现代人群比较，拓跋鲜卑首先与现代锡伯族和鄂伦春族表现了最近的亲缘关系，其次是外蒙蒙族、鄂温克族、内蒙蒙族、北方汉族、朝鲜族和埃文基人，再次是属于中亚的哈萨克族和乌兹别克族，最后是地处欧亚大陆的土耳其人。与古代人群比较拓跋鲜卑首先与匈奴表现了最近的亲缘关系。

王海晶等[44]对内蒙古凉城县蛮汗山南麓饮牛沟墓地的五座战国晚期墓葬遗骸进行了 mtDNA 研究。实验获得了 5 个古代个体的 mtDNA HVR I，并在此基础上对编码区进行了 RFLP 分析，对这些古代个体进行了单倍型类群归属，结果表明他们的单倍型类群属于 A、B、C、D 和 Z，都呈现亚洲特异的单倍型类群特征。结合 16 个来自东亚、西伯利亚和中亚的现代人群的 mtDNA 数据进行了系统发育和遗传多维度分析，结果表明饮牛沟古代人群与东亚人群有着较近的亲缘关系。

王海晶等[45]对内蒙古鄂尔多斯东部龙山时代晚期至夏商时期的朱开沟遗址古代人群进行了分子遗传学研究。实验成功获得了 7 个古代个体的 mtDNA HVR I，进一步归属为单倍型类群 A、C、D、G、M9 和 M10，所有的这些单倍型类群都是东部欧亚谱系特异的。在朱开沟人群中发现了 M9 类群，支持 M9 可能起源于中国中部或中国北部的观点。结合 14 个来自东亚和西伯利亚现代人群、饮牛沟古代人群和朱开沟古代人群 mtDNA 数据计算了遗传距离矩阵，进行了主成分分析。结果表明朱开沟古代人群与饮牛沟墓地古代人群及现代东亚人群遗传关系最近。在考古学上已经证明了朱开沟古代居民是中国境内本土起源的最早的具有畜牧文化特征的居民。这些古代居民在母系遗传上与其后的内蒙古饮牛沟古代居民及现代东亚人群具有较近亲缘关系，表明从大约 4000 年前到现在，该地区居民在母系遗传上具有一定的连续性。

王海晶等[46]对辽宁省喇嘛洞三燕墓地慕容鲜卑遗骸进行了分子遗传学分析。实验成功获得了 17 个 mtDNA HVR I，结合扩增产物长度多态性（APLP）分析编码区单倍型诊断性位点，确定了单倍型类群归属：其中 7 种单倍型类群属于东部欧亚特有的单倍型类群（M、B、C、D、F、G 和 Z），只有一种单倍型类群（J1b1）属于西部欧亚特有的单倍型类群。单倍型类群频率分析、遗传距离矩阵、系统发育分析和遗传多维度分析等一致表明喇嘛洞古代人群母系遗传结构非常复杂，主要与现代东亚人群有着较近的遗传关系，同时含有西伯利亚人群的母系遗传成分。在系统发育分析中，喇嘛洞人群与匈奴和拓跋鲜卑人群明显分开，结果显示这三个古代人群具有不同的母系遗传结构。拓跋鲜卑与西伯利亚人群有着较近的遗传关系，而喇嘛洞代表的慕容鲜卑与东亚人群遗传关系更加密切。

付玉芹等[47]研究了内蒙古和林格尔新店子墓地14个个体的mtDNA，结果表明它们都呈现亚洲特异的单倍型类群特征。结合现代人群的mtDNA数据进行的系统发育分析。结果表明，和林格尔新店子墓地东周时期的古代人群在母系遗传上与现在的西伯利亚人群的亲缘关系最近，进而推测和林格尔新店子墓地古代人群是从蒙古高原以及外贝加尔地区南下迁移而来的牧民。他们可能对后来中国北方长城地带游牧文化带的形成起了重要作用。

付玉芹等[48]从金元时期汪古部16个个体遗骸中，得到了12个古代个体的mtDNA HVR I，结合RFLP分析，发现5个个体包含在东部欧亚特异的大单倍型类群M中，其余的个体包含在大的单倍型类群N中，它在东部欧亚和西部欧亚均有分布。其中样本16属于单倍型类群H，这个单倍型类群在欧洲人群的线粒体DNA库中占有40%~50%的比例。与汪古部古代个体序列共享的人群主要分布在东亚、西伯利亚、中亚、个别分布在欧洲。汪古部人群与现今人群的系统发育分析和多维尺度分析一致表明汪古部与现代的中亚人群具有较近的亲缘关系。另外，汪古部人群在遗传距离上与乌兹别克人最近（0.0271），与维吾尔人次之（0.0484）。研究表明，四子王旗城卜子遗址汪古部古代人群的母系遗传结构是相当复杂的，可能包含了东亚、西伯利亚和欧洲成分，亚洲谱系可能贡献得更多。另外，汪古部与现在的属于不同突厥部族后裔的维吾尔族和乌兹别克族人群有着很近的亲缘关系，从某种程度上反映了汪古部与这两个人群有着共同的起源模式，研究结果支持汪古部的突厥起源论。

付玉芹等[49]对元上都遗址一棵树墓地5个古代个体的mtDNA的HVR I和编码区的变异模式进行了分析。5个个体归属为4个单倍型类群D、G、Z和B，这些单倍型类群广泛分布于中国北部的少数民族以及西伯利亚的某些人群中，这反映了一棵树古代人群的北部起源模式。一棵树古代人群在遗传距离上与现今内蒙古的达斡尔族人群和蒙古族人群的亲缘关系都很近，结合史学家对达斡尔族与蒙古族之间关系的研究，我们认为该墓地古人的族源应该是蒙古族。另外，系统发育分析和多维尺度分析以及分子差异分析均表明同一种语族的人，在母系遗传上有着更近的亲缘关系。

付玉芹等[50]从元上都遗址砧子山墓地23个个体中，成功地获得了21个个体的mtDNA HVR I序列，同时对这21个个体做了详细的RFLP分析。大部分古代个体的单倍型类群主要归属为6个不同的单倍型类群，即A、B、C、D、N9a、Z，其余的归属为大的单倍型类群M。所有的这些单倍型类群都是东部欧亚谱系特异的，并且砧子山古代人群所属的单倍型类群均包括在现在汉族人群的mtDNA

库中。又选择了相关的人群作为比较，进行了系统发育分析和主成分分析。分析结果一致表明这个古代人群在遗传上与汉族，特别是北方汉族最为接近。结合分子生物学和考古学的研究结果，可以得出以下结论：砧子山墓地古人是汉族人，而且主要是来自中国北方的汉族人。另外，该墓地的样本 5 和样本 10 以及样本 17 在形态特征上均表现出含有欧罗巴人种成分，但在母系遗传上表现为亚洲特异的单倍型类群。结合元上都所处的特殊历史地位和相关的历史记录，我们推测砧子山墓地所含欧罗巴人种成分的个体是西迁过来的西域人或欧洲人中的男性与从中原迁徙过来的汉族女性通婚产生的后代。该研究从分子水平上展现了元朝时期人群的迁徙以及东西方人群间的基因流。

许月等[51]对契丹人群进行了 mtDNA 研究，结果发现契丹人群与北亚人群遗传关系相对较近，而与东亚和中亚人群的遗传关系相对较远。契丹人群与鲜卑人群的遗传距离最近，而匈奴人群与内蒙古、外蒙古及布里亚特人群的遗传距离相对较近，与鲜卑和契丹人群的遗传距离相对较远。这不仅支持了契丹源于鲜卑之说，同时也说明了匈奴和契丹之间可能并不存在直接的源流关系。在现代人群中，尚未找到契丹族的直系后裔，达斡尔可能不是契丹的后裔。

5.3 古 DNA 在家庭或家族水平的应用

在古代墓地尤其是史前时期墓地的发掘工作中，经常会遇到对墓地的社会性质、社会组织结构的推断等问题。传统的研究方法多半采取根据墓地结构、布局以及人骨性别、年龄鉴定结合随葬品组合等情况进行推测，其结论缺少科学的说服性。通过对古人类 DNA 进行分析，了解同一墓地中不同墓葬中死者的遗传学关系，或者同一墓葬中不同死者的遗传学关系，这就为我们科学地了解一个群体的内部结构，比如，血缘关系、婚姻和居住模式等提供了有力的证据。

Stone 和 Stoneking[52]研究了在 Norris 农场墓地中遗骸的 DNA 谱系的空间排列方式，没有发现墓地内任何明显的空间排列方式，通过这些，他们认为有母系亲缘关系的个体并未埋藏在一起，显示他们的家庭结构和婚姻方式。另一种研究也很有趣，比如，在 Chiribaya 墓地，随葬品让我们了解这是一个高阶层人群，这样，我们就可以研究普通百姓与这些贵族之间的遗传距离，并可以发现贵族的遗传标记。

Kurosaki 等[53]从日本弥生和古坟时代的两个墓葬群的 55 个个体中提取到 DNA，并进行了家系及种族特征等方面的鉴定。

Shinoda 等[54]对日本绳纹时代的 Nakazuma 墓地中的 29 个个体的牙齿进行了 mtDNA 的研究，得到了 9 个不同序列，其中 17 个个体共享一个序列。这表明这一墓地基本上是一个母系墓地。这一结果对绳纹时代的考古学研究很有意义。同时，他们又将这些序列与现代的日本人序列进行比较，发现古 DNA 序列的多样性与现代人相同，系统发育分析表明绳纹时代古序列分散于现代人之中，未形成特殊束。这个结果说明在 Nakazuma 的绳纹时代的人群就已不是一个同源的群体，从遗传上反驳了日本人的双起源学说。

Keyser-Tracqui 等[55]通过 mtDNA 和核 DNA 标志研究了距今 2000 年的匈奴墓葬古人的埋藏风俗。

万诚等[56]对姜家梁新石器时代墓地进行了 mtDNA 研究。姜家梁古人群所处的时代较为特殊，故其社会属性的问题，即其应该是属于父系社会还是母系社会的问题，一直为考古学家们所关注。实验所获得的 10 个样品具有 9 个不同的 DNA 序列；虽然每个合葬墓内的样品的 DNA 序列更为相近，但是仍有 1~4 个碱基的差别。根据民族学的传统理论，母系氏族应具有"由共同的血缘关系结合起来的氏族成员，生前共同生活，死后埋葬在共同的氏族墓地"等重要特征。假如，姜家梁墓地为一母系氏族所拥有的话，每个合葬墓穴中的所有个体均应具有直接的母系血缘关系，因此，他们的 mtDNA 序列应该是完全一致的。实验结果与这一假设不符合。由此得出了姜家梁新石器时代墓地的社会属性不应该被判定为母系氏族社会。

许月等[57]对契丹贵族 mtDNA 进行了研究，发现耶律羽之家族与萧和家族表现出比较明显的遗传差异，说明这两个家族样本之间的母系遗传联系较少，它们之间的遗传差异一方面体现出了这两个家族的遗传关系，另一方面也可能与它们处于辽代不同时期有关；此外还对吐尔基山辽墓的样本进行了分析[58]，考古学资料表明该墓主人可能为契丹贵族女性，并有可能为契丹公主，为此将其与耶律羽之家族墓地和萧和家族墓地的样本进行了对比。结果表明，在系统发育树上，吐尔基山辽墓样本位于耶律羽之家族墓地样本的分布区中，而且在所得到的所有辽代契丹样本中，吐尔基山辽墓样本的序列与耶律羽之家族墓地的 15 号样本最为接近，仅有一个碱基之差，说明吐尔基山辽墓主人与耶律羽之家族存在较近的亲缘关系，验证了其贵族身份，并肯定了其为契丹公主的可能性是存在的。

5.4 古 DNA 在个体水平的应用

5.4.1 性别鉴定

应用 X 染色体和 Y 染色体上的遗传标记，古 DNA 技术可以帮助考古学家、人类学家对古代遗存进行性别鉴定，尤其是那些用形态学方法不好确定的个体，如婴儿或残缺不全的古代遗存[59]。对古代遗存的性别鉴定，可以帮助历史学家重建古人的生活方式和习惯。

1997 年，在以色列南部古阿什卡隆（Ashkalon）的一个墓地发掘出一个浴室，在这个浴室的后面，考古学家发现100多具未满月的婴儿遗骸，他们和一些动物的骨骸以及一些垃圾埋葬在一起，年代是4～6世纪，他们的埋葬方式和同时期的婴儿埋葬方式有显著的不同。起先考古学家解释这些残骸可能是被抛弃的女婴，因为在古阿什卡隆普遍存在这种现象，但是他们无法解释后来发现的一些有色情画的灯及招牌。Faerman 等[60]通过对43个婴儿左侧大腿骨进行性别鉴定后，确定了19个婴儿的性别，其中有15个男婴和4个女婴，在当时的社会中这是令人震惊的，他们得出结论：这座罗马浴室其实是一个妓院，而这些婴儿是妓女的后代，她们杀死了男婴而抚育了女婴继承自己的职业。

另一个令人感兴趣的例子是对 Aegerton 公墓埋葬的婴儿的遗骸研究[61]，Aegerton 是一个带有教堂的公墓，年代为12～19世纪，共有263个坟墓，其中132个是出生时死亡或未满月时死亡的婴儿，体质人类学的研究显示这些死婴性别比例偏差达到了令人吃惊的程度，60%是女婴，与期待的比率1.05:1相差甚远，从埋葬的方式上看，这些婴儿未经过洗礼，研究者认为这反映了当时对女婴的歧视，或许发生了杀婴事件，然而通过基因性别鉴定发现许多当时的鉴定是错误的，重新鉴定后的性别比率和1.05:1相比仅有一些轻微的男性偏差，这说明这些婴儿是正常死亡的，并不是女婴歧视或是杀婴的结果。

5.4.2 个体身份识别

从1993年以来，Woodward 和 Iskander（开罗埃及博物馆的王家木乃伊馆长）合作，对帝王谷的法老和王后木乃伊 DNA 进行分析。主要是对阿赫摩斯一世、图特摩斯三世、图坦哈蒙等18王朝十几位法老进行了 DNA 的遗传学分析，基本上得到了有关其父母亲家谱序列的资料，并且已公开发表[62]。

"十月革命"胜利后，末代沙皇尼古拉二世一家在叶卡捷琳堡被秘密处决，包括沙皇、皇后、22岁的女儿奥尔加、21岁的女儿塔吉扬娜、19岁的女儿玛丽亚、17岁的女儿安娜斯塔西娅、13岁的有先天性血友病的儿子阿列克谢、他们的医生和3个仆人，以及孩子们的宠物小狗，尸骨被焚烧后草草埋葬。1989年，人们发现了沙皇的埋藏地点，1991年，科学家发掘出了9具尸体，那么他们到底是不是沙皇一家呢？1994年，Gill 分析了这些遗骸，性别鉴定和 STR 揭示了沙皇皇后和她的三个女儿与一位在世亲属的序列相一致。他们又发现一具遗骸的 mtDNA 与沙皇在世的孙外甥及其兄弟的线粒体 DNA 序列几乎相一致（有一个 T/C 杂合位点），这一事实确认了遗骸的身份，为末代沙皇是否在20世纪初被处决这一历史悬案提供了有价值的证据[63]。为了解除人们对杂合位点真实性的疑虑，1996年，Ivanov 等[64]分析了沙皇兄弟 Georgij Romanov 的 mtDNA，其序列与沙皇相同，并且在同一位点发现了相同的 T/C 杂合现象，这表明沙皇家族的 mtDNA 存在异质性，这一结果强烈支持1994年的分析是正确的。

法国波旁王朝末代君主路易十六和王后在 1793 年的法国大革命中死于断头台，但他们最年幼的儿子路易十七却被囚禁于巴黎圣殿骑士团寺院监狱，并于 1795 年 6 月 8 日因患结核病而去世，死时年仅 10 岁。据说，路易十七病逝的当天，遗体做了解剖，其中一位叫做佩勒旦的解剖医生趁同事不注意，偷偷取下路易十七的心脏，并用手绢裹好带回家中，保存在了一个盛有酒精的瓶子里，这就是著名的"路易十七的心"（图 5-17）。1895 年这颗心被西班牙的波旁家族所接收；1975 年，这颗心脏又被波旁王室成员送回了巴黎。

A　　　　　　　　　　　　　　B

图 5-17　路易十七的肖像和保存在水晶杯中的心脏
A. 引自 http：//content.answers.com/main/content/wp/en-commons/thumb/b/bc/200px-Louis Charles of France6.jpg
B. 引自 http：//newsimg.bbc.co.uk/media/images/40248000/jpg/40248601 dauphin 203bodyafp.jpg）

在路易十七死后不久，欧洲就出现各种谣言，说路易十七实际上并没有死，共和政府找到一个他的替身以作为政治上的筹码。而且他的母亲安托内特究竟是被处死，还是死的只是替身，也是人们常常争论的话题。因此，19 世纪常常会听到有人宣称自己就是路易十七的新闻。瑞士钟表匠 Carl Wilhelm Naundorff 就一直声称自己是路易十七，他死于 1845 年，埋葬在荷兰的代夫特。1998 年，Jehaes 等[65]分析了其 mtDNA，发现其与皇后玛丽·安托内特和她的两个妹妹以及两位在世的母系亲属的序列不一致，表明 Carl Wilhelm Naundorff 完全是一个大骗子。

当证明 Carl Wilhelm Naundorff 不是路易十七时，Jehaes 等[66]将目标放在了那颗著名的心上面,他们联合两个不同的实验室对那颗心进行了 mtDNA 分析。结果发现,其序列与路易十七的母系亲属相一致,至此,路易十七的生死之谜真相大白于天下。据报道,法国文化部已经批准波旁家族后人的请求,同意将路易十七的心脏正式埋葬在巴黎北部圣丹尼斯教堂的法国王室墓地里。

老山汉墓是位于北京市石景山区东部老山地区的一座西汉时期的王室贵族墓葬。2000 年 2~11 月,北京市文物研究所对该墓葬进行了抢救性的清理发掘,出土了一批包括大型漆案、漆箱、丝织品、木俑、玉饰件、铅饼以及大量彩绘陶器和漆器残片等在内的珍贵文物,同时在墓葬前室西侧发现一具尸骨。经著名人类学家、中国社会科学院考古研究所研究员潘其风先生鉴定,老山汉墓的墓主人为一 30 岁左右的女性。因此,其身份应当属于西汉时期某诸侯王的王后。老山汉墓的发掘受到学术界和公众的密切关注。在田野考古发掘工作结束之后,为了进一步揭示该墓墓主人的种族类型和遗传学性状等重要学术问题,2002 年 10 月,经协商由吉林大学边疆考古研究中心和北京市文物研究所联合组成课题组,对老山汉墓出土的人骨进行体质人类学、古 DNA 和颅像复原三个方面的综合研究(图 5-18)。体质人类学研究表明老山汉墓女性颅骨的绝大多数项目均与以东亚类型为主要体质特征的古代人接近。而古 DNA 分析表明,老山汉墓女性墓主人的 DNA 序列属于亚洲 M 谱系,代表了东亚地区现代人群的某种祖先类型的遗传学性状。这与体质人类学研究结果基本一致,说明两种方法可以相互验证,相互补充,科学地证明老山汉墓主人的种族类型应属于东亚地区的蒙古人种,是古代中原人的代表[67]。

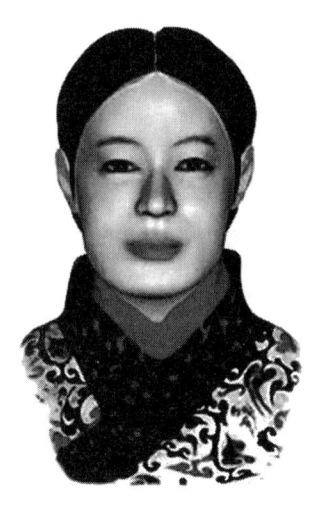

A   B

图 5-18　老山汉墓女主人颅骨照片(A)和颅像复原图(B)

隋代虞弘墓位于中国山西省太原市晋源区王郭村，由山西省考古研究所、太原市考古研究所、太原晋源区文物旅游局于1999年7月进行了联合考古发掘。墓葬在唐代时遭人破坏过，墓内除了虞弘夫妇的遗骸，大部分的陪葬品已不见踪迹，现仅存一具四周内外皆有彩绘描金雕绘图案的石椁和墓主夫妇的石刻汉文墓志。石椁上的壁画充满西域风情，生活景象应该是波斯和中亚诸国的特色，所绘人物深目高鼻，有明显的欧洲人种特征。虞弘夫妇二人的遗骸破损严重，谢承志等[68]对其进行了遗传分析（图5-19）。虞弘及其夫人的骨骼和牙齿样本都成功扩增出了mtDNA，且骨骼与牙齿得到的结果一致。综合mtDNA HVR I 及 RFLP 结果分析显示，虞弘属于主要分布在西部欧亚大陆的单倍型类群U5，而虞弘夫人的单倍型类群G主要分布在东部欧亚人群中。研究表明，西部欧亚特有的单倍型类群U5在1400年之前就已经到达中国的太原，并在当时就出现了中亚人与当地人通婚的现象。这是首次在古代中原地区发现西部欧亚特有的单倍型类群，同时，太原也是迄今为止古代中国发现的西部欧亚特有的单倍型类群到达的最东端。

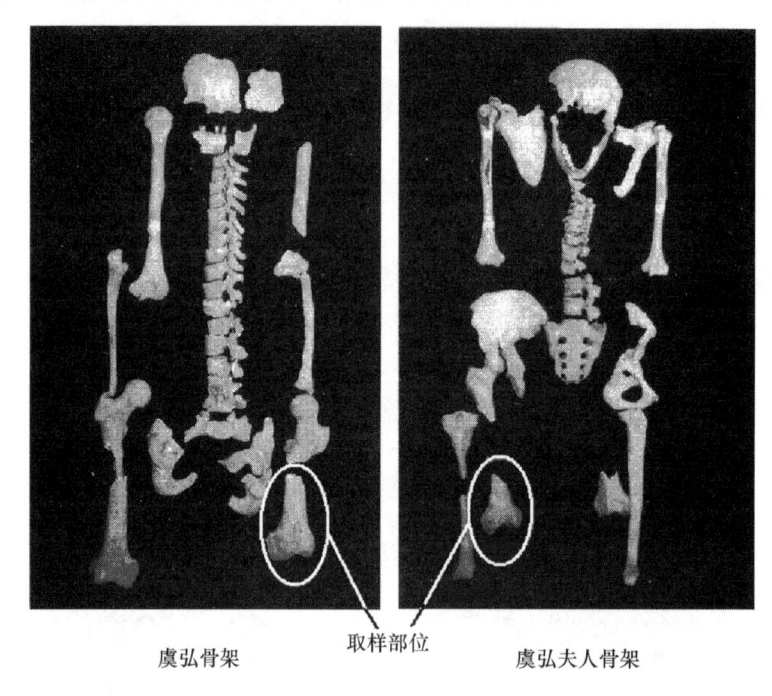

虞弘骨架　　取样部位　　虞弘夫人骨架

图5-19　虞弘和其妻子的遗骸以及古DNA研究的取样部位[69]

尼雅遗址位于和田地区民丰县以北100多千米的塔克拉玛干沙漠南缘，距今1700年左右。谢承志等[70]对一例出土于新疆尼雅遗址个体的mtDNA研究结果表明，该个体属于单倍型类群U3。通过对比U3亚型在现代人群及新疆古代人群中

第 5 章　人类古 DNA 研究应用

的分布,发现这一亚型主要分布在地中海以东的近东和伊朗人群中。在古代新疆人群中,山普拉人群中也发现了 4 例 U3 个体,这可能暗示尼雅人群和山普拉人群存在一定的母系遗传联系。

喇家遗址隶属青海省民和县官亭镇下喇家村,地处黄河上游的民和县官亭盆地。该遗址距今 3800~4000 年,遗骸一组组呈不同姿态分布于居住面上,有的相拥而死,有的倒地而亡,有的匍匐在地,有的母子相依。从人骨分布及姿态分析,反映出室内死者应属意外而亡。此遗址显示出前所未有的灾难迹象,可能是一次特大洪水侵袭夺去了室内生命。高诗珠等[71]对喇家遗址 16 例个体进行了 mtDNA 研究,结合 HVR I 序列与 RFLP 分型结果发现 8 个线粒体单倍型,分别属于 B、C、D、M*和 M10 单倍型类群(图 5-20)。该遗址某些个体间存在很近的

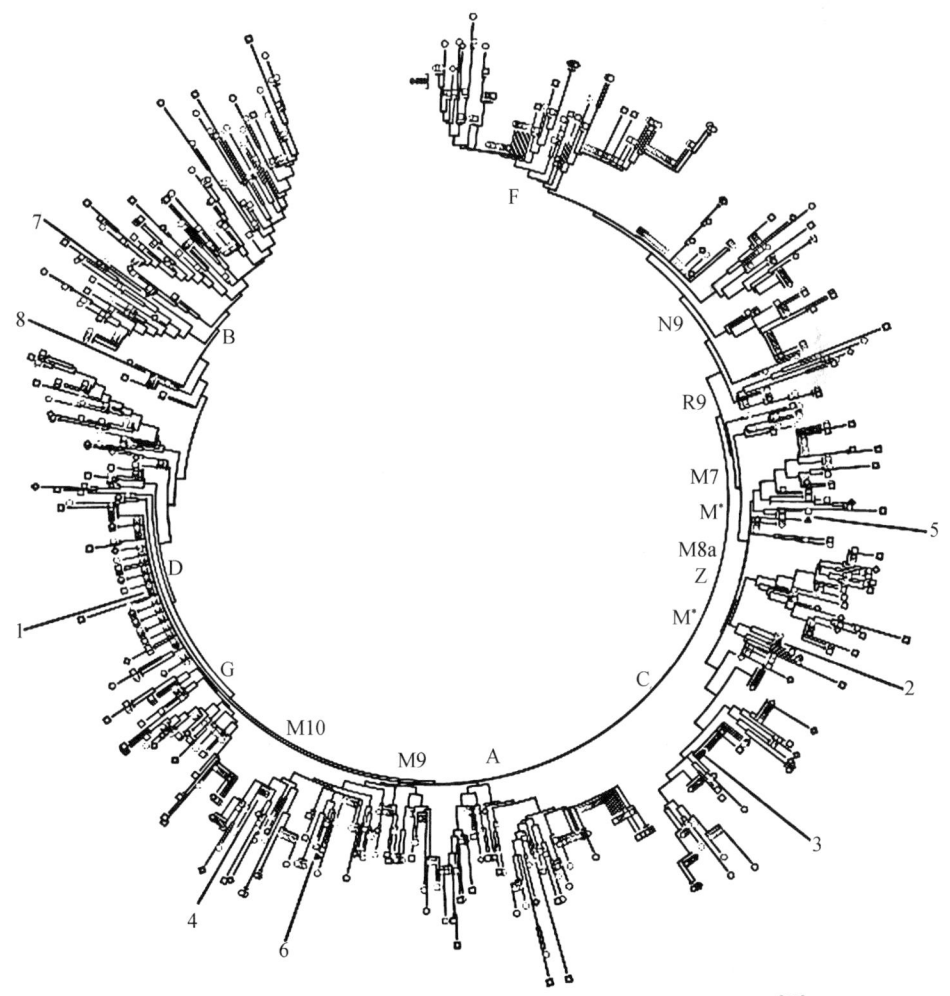

图 5-20　喇家遗址 16 例个体 8 个 mtDNA 单倍型的谱系分布图[68]

母系亲缘关系，但他们的母系亲缘关系与他们在房屋中聚集的分组情况没有直接关系，这对于探讨齐家文化时期当地的社会结构具有现实的意义。

5.5 古DNA在古病理学的应用

从人类诞生之日起，传染病一直伴随着人类的生活。鉴定古人遗骸中的病原微生物，为古代传染病及其传播方式、影响范围以及病原体与宿主之间相互作用的研究，开创了一条新途径。古代埃及木乃伊不但可以用来分析新石器时代以来的埃及人群的基因频率多态性，也可以用来研究同时代的DNA病毒的进化。

1994年，Salo等[72]首次从距今1000年的秘鲁木乃伊中成功地扩增出了引起肺结核的病原微生物——结核分枝杆菌。随后，1998年，Braun等[73]从多伦多附近公元1400年易洛魁族人的藏尸罐中两块融合在一起的椎骨和公元1020年中密西西比人公墓中的脊椎骨中也扩增出结核分枝杆菌。他们的结论具有重要的意义，从与其他人群接触之前美洲本土居民中扩增出的结核分枝杆菌表明肺结核不是欧洲探险者或殖民者带到美洲大陆的，它们可能很早就存在于美洲大陆。1998年，Donoghue等[74]在一个距今1400年的拜占庭人钙化的肺组织碎片中鉴定到了肺结核，进一步确证了肺结核出现在欧洲人接触前的旧大陆。2003年，Zink等[75]在85个埃及木乃伊的骨骼与组织样本中检测到了结核分枝杆菌IS6110的123bp序列，通过与一个国际数据库中数据比较，正如前人研究结果一样，作者也得出了人型结核分枝杆菌可能起源于*M. africanum*而不是起源于*M. bovis*的结论。

2000年，Taylor等[76]利用古DNA研究确证了奥克尼郡的挪威人墓葬人类遗骸中有麻风病个体。对两个个体遗骸进行了研究，一个骨骼病理学显示具有明显的麻风病特征，另一个没有可辨别的麻风病病理学特征。在具有明显的麻风病特征的个体骨骼中扩增出了引起麻风病的麻风分枝杆菌，而另一个没有明显麻风病特征的个体骨骼却没有扩增出麻风分枝杆菌。用结核分枝杆菌特异性引物也没有扩增出序列，显示出利用古DNA扩增古病原微生物的可行性。

1918年的西班牙流感是一个全球性的灾难，它使2000万~5000万人丧生，其中不少是健康状态良好的成年人。现在研究人员部分地重建了西班牙流感病毒，探寻是什么使其如此致命，也为流感药物和疫苗的研究提供了关键信息。他们的研究表明，西班牙流感病毒比其他人类流感病毒与禽流感病毒的关系更密切。许多专家认为，禽流感在人类大范围暴发只是一个时间问题，这会导致千百万人的死亡。为了确定抗病毒药物或疫苗应该针对流感病毒的哪个部分，Terrence Tumpey和同事将注意力集中在1918年的西班牙流感病毒。这个研究小组在过去10年的时间里，用在阿拉斯加冰冻墓中发现的死者生前用的手绢上的

DNA，重建了流感病毒的基因组，并测序了病毒的 8 个基因，其中最后的 3 个发表在 Science 杂志上[77]。Tumpey 的小组用西班牙流感病毒的所有 8 个基因以及来自另一个流感病毒的非编码 DNA 制造了活病毒。这个活病毒的毒性很强，能在 3～5d 内使受感染的小鼠死亡，而且能感染鸡胚胎细胞。看来这个病毒不需要获得其他人类流感病毒基因就能感染人，这也许解释了为什么近年来出现的禽流感病毒已经能感染人，并导致了多人的死亡。

参 考 文 献

[1] 周慧，朱泓. 现代人起源问题与 DNA——"线粒体夏娃理论"述评. 考古，2002，3：76~80

[2] Cann R L, Stoneking M, Wilson A C. Mitochondrial DNA and human evolution. Nature, 1987, 325 (6099): 31~36

[3] Vigilant L, Stoneking M, Harpending H, et al. African populations and the evolution of human mitochondrial DNA. Science, 1991, 253: 1503~1507

[4] Sherry S T, Rogers A R, Harpending H, et al. Mismatch distributions of mtDNA reveal recent human population expansions. Human Biology, 1994, 66: 761~775

[5] Rogers A R, Harpending H. Population growth makes waves in the distribution of pairwise genetic differences. Mol Biol Evol, 1994, 9: 552~569

[6] Jorde L B, Bamshad M J, Watkins W S, et al. Origins and affinities of modern humans: A comparison of mitochondrial and nuclear genetic data. Am J Hum Genet, 1995, 57: 523~538

[7] Ke Y, Su B, Song X, et al. African origin of modern humans in East Asia : A tale of 12 000 Y chromosome. Science, 2001, 292: 1151~1153

[8] Gonder M K, Mortensen H M, Reed F A, et al. Whole-mtDNA genome sequence analysis of ancient African lineages. Mol Biol Evol, 2007, 24 (3): 757~768

[9] Gibbons A Y. Y chromosome shows that Adam was African. Science, 1997, 278 (5399): 804~805

[10] 魏明. 尼安德特人灭绝新解. 发现，2003，10：60~65

[11] Krings M, Stone A C, Schmitz R W, et al. Neandertal DNA sequences and the origin of modern humans. Cell, 1997, 90: 19~30

[12] Pusch C M, Bachmann L. Spiking of contemporary human template DNA with ancient DNA extracts induces mutations under PCR and generates non-authentic mitochondrial sequences. Mol Biol Evol, 2004, 21: 957~964

[13] Hebsgaard M B, Wiuf C, Gilbert M T, et al. Evaluating Neanderthal Genetics and Phylogeny. J Mol Evol, 2007, 64: 50~60

[14] Krings M, Geisert H, Schmitz R W, et al. DNA sequence of the mitochondrial hypervariable region II from the Neanderthal type specimen. Proc Natl Acad Sci USA, 1999, 96: 5581~5585

[15] Ovchinnikov I V, Gotherstrom A, Romanova G P, et al. Molecular analysis of Neanderthal DNA from the northern Caucasus. Nature, 2000, 404: 490~493

[16] Krings M, Capelli C, Tschentscher F, et al. A view of Neanderthal genetic diversity. Nature Genet, 2000, 26: 144~146

[17] Schmitz R W, Serre D, Bonani G, et al. The Neandertal type site revisited: interdisciplinary investigations of skeletal remains from the Neander Valley, Germany. Proc Natl Acad Sci USA, 2002, 99 (20): 13342~13347

[18] Caramelli D, Lalueza-Fox C, Vernesi C, et al. Evidence for a genetic discontinuity between Neandertals and 24 000-year-old anatomically modern Europeans. Proc Natl Acad Sci USA, 2003, 100: 6593~6597

[19] Serre D, Langaney A, Chech M, et al. No evidence of Neandertal mtDNA contribution to early modern humans. PLOS Biol, 2004, 2: 313~317

[20] Cooper A, Drummond A J, Willerslev E. Ancient DNA: Would the real neandertal please stand up? Curr Biol, 2004, 14: 431~433

[21] Lalueza-Fox C, Sampietro M L, Caramelli D, et al. Neandertal evolutionary genetics: mitochondrial DNA data from the iberian peninsula. Mol Biol Evol, 2005, 22 (4): 1077~1081

[22] Beauval C, Maureille B, Lacrampe-Cuyaubere F, et al. A late Neandertal femur from Les Rochers-de-Villeneuve, France. Proc Natl Acad Sci USA, 2005, 102 (20): 7085~7090

[23] Orlando L, Darlu P, Toussaint M, et al. Revisiting Neandertal diversity with a 100 000 year old mtDNA sequence. Curr Biol, 2006, 16 (11): 400~402

[24] Lalueza-Fox C, Krause J, Caramelli D, et al. Mitochondrial DNA of an Iberian Neandertal suggests a population affinity with other European Neandertals. Curr Biol, 2006, 16 (16): 629~630

[25] Caramelli D, Lalueza-Fox C, Condemi S, et al. A highly divergent mtDNA sequence in a Neandertal individual from Italy. Curr Biol, 2006, 16 (16): 630~632

[26] Excoffier L. Neandertal genetic diversity: a fresh look from old samples. Curr Biol, 2006, 16 (16): 650~652

[27] Noonan J P, Coop G, Kudaravalli S, et al. Sequencing and analysis of Neanderthal genomic DNA. Science, 2006, 314 (5802): 1113~1118

[28] Green R E, Krause J, Ptak S E, et al. Analysis of one million base pairs of Neanderthal DNA. Nature, 2006, 444 (7117): 330~336

[29] Wall J D, Kim S K. Inconsistencies in Neanderthal genomic DNA sequences. PLoS Genet, 2007, 3 (10): 1862~1866

[30] Krause J, Orlando L, Serre D, et al. Neanderthals in central Asia and Siberia. Nature, 2007, 449 (7164): 902~904

[31] Haak W, Forster P, Bramanti B, et al. Ancient DNA from the first European farmers in 7500-year-old Neolithic sites. Science, 2005, 310 (5750): 1016~1018

[32] Evolution B M. Ancient DNA yields clues to the puzzle of European origins. Science, 2005, 310 (5750): 964~965

[33] Ammerman A J, Pinhasi R, Bánffy E. Comment on "Ancient DNA from the first European farmers in 7500-year-old Neolithic sites". Science, 2006, 312 (5782): 1875

[34] Francalacci P. DNA analysis on ancient desiccated corpses from Xinjiang (China). Journal of Indo-European Studies, 1995, 23: 385~398

[35] Ovchinnikov I, Buzhilova A, Mednikova A, et al. Ethnic affinities of the ancient human Jety-Asar population by mitochondrial DNA analysis. Electrophoresis, 1999, 20: 1729~1732

[36] Lalueza-Fox C, Sampietro M L, Gilbert M T, et al. Unravelling migrations in the steppe: mitochondrial DNA sequences from ancient central Asians. Proc Biol Sci, 2004, 271 (1542): 941~947

[37] 崔银秋, 许月, 杨亦代等. 新疆罗布诺尔地区铜器时代古代居民mtDNA多态性分析. 吉林大学学报医学版, 2004, 30 (4): 650~653

[38] 崔银秋, 张全超, 段然慧等. 吐鲁番盆地青铜至铁器时代居民遗传结构研究. 考古, 2005, 7: 563~568

[39] 谢承志, 刘树柏, 崔银秋等. 新疆察吾呼沟古代居民线粒体DNA序列多态性分析. 吉林大学学报（理学版）, 2005, 43 (4): 538~540

[40] 谢承志, 李春香, 崔银秋等. 新疆山普拉古代居民线粒体DNA研究. 自然科学进展, 2007, 17 (7): 871~877

[41] 高诗珠, 崔银秋, 杨亦代等. 新疆克里雅河下游圆沙古城古代居民线粒体DNA多态性研究. 中国科学C辑: 生命科学, 2008, 38 (2): 136~146

[42] 于长春, 谢力, 张小雷等. 拓跋鲜卑和匈奴之间亲缘关系的遗传学分析. 遗传, 2007, 29 (10): 1223~1229

[43] Yu C C, Xie L, Zhang X L, et al. Genetic analysis on Tuoba Xianbei remains excavated from Qilang mountain cemetery in Qahar Right Wing Middle Banner of Inner Mongolia. FEBS Letters, 2006, 580: 6242~6246

[44] 王海晶, 常娥, 葛斌文等. 饮牛沟墓地古人骨线粒体DNA研究. 吉林大学学报（理学版）, 2005, 43 (6): 847~852

[45] 王海晶, 常娥, 蔡大伟等. 内蒙古朱开沟遗址古人骨分子遗传学研究. 吉林大学学报（医学版）, 2007, 33 (1): 5~8

[46] Wang H J, Ge B W, Victor H Mair, et al. Molecular genetic analysis of remains from Lamadong Cemetery, Liaoning, China. Am J Phys Anthropol, 2007, 134: 404~411

[47] 付玉芹, 赵晗, 许雪莲等. 内蒙古和林格尔东周时期古代人群的分子遗传学分析. 吉林大学学报（理学版）, 2006, 44 (5): 824~828

[48] Fu Y Q, Zhao H, Cui Y Q, et al. Molecular genetic analysis of Wanggu Remains, Inner Mongolia, China. Am J Phys Anthropol, 2007, 132: 285~291

[49] Fu Y Q, Xu X L, Zhang X L, et al. Phylogenetic analysis of mtDNA from the ancient human of the Yuan dynasty in Inner Mongolia in China. Chem Res Chinese U, 2006, 22 (2): 177~180

[50] 付玉芹, 许雪莲, 王海晶等. 内蒙古砧子山墓地古人的线粒体DNA多态性分析. 东北师大学报（自然科学版）, 2006, 38 (2): 122~125

[51] 许月, 张小雷, 张全超等. 古代契丹与现代达斡尔遗传关系分析. 吉林大学学报（理学版）, 2006, 44, 6, 997~1000

[52] Stone A C, Stoneking M. Analysis of ancient DNA from a prehistoric Amerindian cemetery. Philos Trans R Soc Lond B Biol Sci, 1999, 354 (1379): 153~159

[53] Kurosaki K, Matsushita T, Ueda S. Individual DNA identification from ancient human remains. Am J Hum Genet, 1993, 53 (3): 638~643

[54] Shinoda K, Satoru K. Intracemetery genetic analysis at the Nakazuma Jomon site in Japan by mitochondrial DNA sequencing. Anthropological Science, 1999, 107 (2): 129~140

[55] Keyser-Tracqui C, Crubezy E, Ludes B. Nuclear and mitochondrial DNA analysis of a 2000-year-old necropolis in the Egyin Gol valley of Mongolia. Am J Hum Genet, 2003, 73: 247~260

[56] 吉林大学考古 DNA 实验室. 河北阳原县姜家梁遗址新石器时代人骨 DNA 的研究. 考古, 2001, 7: 654~661

[57] Xu Y, Zhang X L, Cui Y Q, et al. Genetic structure analysis of human remains from Khitan Noble Necropolis. Chem Res Chinese U, 2006, 22 (2): 123~128

[58] 许月, 张小雷, 张全超等. 吐尔基山辽代贵族墓葬人骨遗骸线粒体 DNA 多态性研究. 吉林大学学报（医学版）, 2006, 32 (2): 248~250

[59] Schutkowski H. Sex determination of infant and juvenileskeletons: I. Morphognostic features. Am J Phys Anthropo, 1993. 190: 199~205

[60] Faerman M, Bar-Gal GK, Filon D, et al. Determining the sex of infanticide victims from the late Roman era through ancient DNA analysis. J Archaeol Sci, 1998, 25: 861~865

[61] Lassen C, Hummel S, Herrmann B. Molecular sex identification of stillborn and neonate individuals ("Traufkinder") from the burial site Aegerten. Anthropol Anz, 2000, 58: 1~8

[62] 张晔. 利用 DNA 来建构古埃及 18 王朝的王室家谱. 内蒙古民族大学学报（社会科学版）, 2001, 27 (1): 13~15

[63] Gill P, Ivanov P L, Kimpton C, et al. Identification of the remains of the Romanov family by DNA analysis. Nat Genet, 1994, 6 (2): 113~114

[64] Ivanov P L, Wadhams M J, Roby R K, et al. Mitochondrial DNA sequence heteroplasmy in the Grand Duke of Russia Georgij Romanov establishes the authenticity of the remains of Tsar Nicholas II. Nat Genet, 1996, 12 (4): 417~420

[65] Jehaes E, Decorte R, Peneau A, et al. Mitochondrial DNA analysis on remains of a putative son of Louis XVI, King of France and Marie-Antoinette. Eur J Hum Genet, 1998, 6: 383~395

[66] Jehaes E, Pfeiffer H, Toprak K, et al. Mitochondrial DNA analysis of the putative heart of Louis XVII, son of Louis XVI and Marie-Antoinette. Eur J Hum Genet, 2001, 9 (3): 185~190

[67] 朱泓, 周慧, 林雪川. 老山汉墓女性墓主人种族类型、DNA 分析和颅像复原. 吉林大学社会科学学报, 2004, 2: 21~27

[68] Xie C Z, Li C X, Cui Y Q, et al. Evidence of ancient DNA reveals the first European line-

age in Iron Age Central China. Proceedings of the Royal Society. B: Biological Sciences, 2007, 274: 1597~1601

[69] 山西太原考古研究所,太原市文物考古研究所,太原市晋源区文物旅游局.太原隋虞弘墓.北京:文物出版社.2005

[70] 谢承志,李春香,崔银秋等.尼雅遗址古代居民线粒体 DNA 研究.西域研究,2007, 4 月,第二期

[71] Gao S Z, Yang Y D, Xu Y, et al. Tracing the genetic history of the Chinese people: Mitochondrial DNA analysis of a Neolithic population from the Lajia Site. Am J Phys Anthropol, 2007, 133: 1128~1136

[72] Salo W L, Aufderheide A C, Buikstra J, et al. Identification of *Mycobacterium tuberculosis* DNA in a pre-Columbian mummy. Proc Natl Acad Sci USA, 1994, 91: 2091~2094

[73] Braun M, Cook D C, Pfeiffer S. DNA from *Mycobacterium tuberculosis* complex identified in North American, pre-Columbian human skeletal remains. J Archaeol Sci, 1998, 25: 271~277

[74] Donoghue H D, Spigelman M, Zias J, et al. *Mycobacterium tuberculosis* complex in calcified pleura from remains 1400-years-old. Lett Appl Microbiol, 1998, 27: 265~269

[75] Zink A R, Sola C, Reischl U, et al. Characterization of *Mycobacterium tuberculosis* complex DNAs from Egyptian mummies by spoligotyping. J Clin Microbiol, 2003, 41 (1): 359~367

[76] Taylor G M, Widdison S, Brown I N, et al. A mediaeval case of lepromatous leprosy from 13~14th century Orkney, Scotland. J Archaeol Sci, 2000. 27: 1133~1138

[77] Tumpey T M, Basler C F, Aguilar P V, et al. Characterization of the reconstructed 1918 Spanish influenza pandemic virus. Science, 2005, 310 (5745): 77~80

第6章 古DNA与家养动物起源研究

家养动物的起源与进化研究一直以来都是考古学家和遗传学家们共同关注的热点问题,其研究核心是野生祖先来源、起源地(即驯化发生的地点)及其驯化时间。澄清家养物种的野生祖先来源,是理解家养状况下家养物种丰富的形态变异来源,进而探讨其遗传基础的前提;确定家养动物的起源地及驯化时间是理解家养动物在时空上进化改变的重要基础[1]。

虽然家养动物的起源研究已经开展了多年,但是人们对于家养动物的起源、进化与遗传多样性却知之甚少。近年来,现代分子生物学技术与分子系统学理论的迅猛发展,极大地推动了家养动物的起源研究,尤其是古DNA分析技术的逐渐成熟,人们可以摆脱"时间陷阱"直接在分子水平上追踪家养动物起源与进化的轨迹。

6.1 家养动物起源研究的研究方法

6.1.1 考古调查

在过去的70年间,家养动物的起源研究一直是考古学界长期探讨和争论的问题。进行家养动物起源研究最直接的方法就是开展考古学调查,考古学家主要是通过食谱和 ^{14}C 分析、骨骼形态鉴定、测量尺寸、性别比例和年龄结构分析、可鉴定标本数和最小个体数分析以及结合考古学文化现象推测等方法来判断动物骨骼是否属于家畜,从而探讨家养动物的起源问题。经过多年的研究,考古学家获得了大量的第一手资料。考古学证据显示大多数的家养动物驯化事件都发生在8000~10 000年前,西南亚、东亚以及美洲可能是三个主要的家养动物驯化中心,这可能是一个相互联系的事件,而不是偶然发生的事件(图6-1)[2]。西南亚(Southwest Asia)的驯化地点主要指近东地区(Near East)的新月沃地(the Fertile Crescent)及其东部地区,直到印度河河谷地区(the Indus Valley);东亚(East Asia)主要是指中国以及中国南部的国家;美洲主要指南美的安第斯山脉地区(the Andean Chain)。原始畜牧业是随着农业的发展而出现的,这三个家养动物驯化中心无一例外都是早期农业的发源地,印度和中国是亚洲栽培稻的起源中心,西南亚地区是大麦和小麦的主要发源地,而美洲是玉米的发源地。表6-1列出了主要家养动物的驯化情况。

第 6 章　古 DNA 与家养动物起源研究

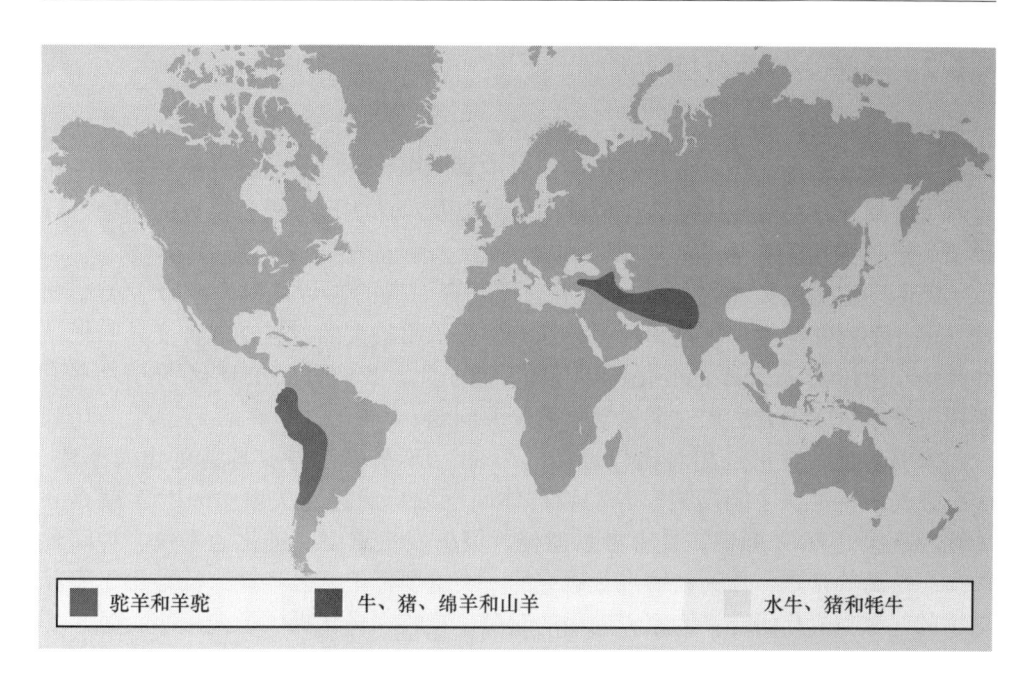

图 6-1　三个主要家养动物驯化中心——安第斯山脉北部地区、西南亚、东亚[2]

表 6-1　主要家养动物可能的野生祖先、驯化时间和地点

物种	野生祖先	年代（距今）	可能的驯化地点
狗	Canis lupus	约 12 000	西南亚
绵羊	O. musimon/O. orientalis, O. ammon 和 O. vignei	约 10 000	近东
山羊	C. aegagrus, C. falconeri	约 10 000	近东
猪	S. scrofa, S. indicus	约 9000	近东、中国
牛	B. primigeniusprimigenius（taurus） B. primigenius namadicus（zebu）	约 11 000	西南亚
水牛	B. b. bubalis；B. b. carabanesis	约 6000	南亚、中国
牦牛	Bos mutus	约 10 000	中国
驼羊/羊驼	Lama guanicoe guanicoe, L. guanicoe cacsiliensis, Vicugna vicugna vicugna, V. vicugna mensalis	约 6000	南美
马	Equus gmeltni, Equus ferus	约 6000	乌克兰
驴	Equus africanus	约 6000	埃及

6.1.2 分子生物学分析

考古学的研究有时也会面临一些问题。例如，在早期驯化阶段，动物骨骼的形态变化极其微小；经过漫长的年代，属于早期驯化阶段的动物骨骼非常稀少而且严重破损，这些对开展形态比较学的研究以及对那些形态极为接近的动物进行种属鉴定（如山羊和绵羊）非常不利。

家养动物是人类经过长期的人工选择繁育而成的，与其祖先或野生类型相比，驯化动物在结构、生理和行为特征方面显示出较大的变异，这种变异归根结底是由于遗传物质 DNA 的变化所引起的。基于此，我们可以在 DNA 分子水平上利用分子系统学的方法探讨家养动物的起源问题。

家养动物的驯化是相对比较近期的事件，DNA 标记需要具备进化速率快、多态性高的特性，才能反映家养动物群体间近期历史进化关系。mtDNA 就是一个比较理想的 DNA 标记，具有母系遗传、极少发生重组、进化速率快、种间种内多态性高等特点，作为动物进化研究的一类重要标记，已经被广泛地用于家养动物的起源与进化研究，为家养动物的起源、迁移和进化提供了大量的证据。

现代家养种类与其野生祖先物种或外来引进品种之间存在杂交和基因交流，造成现代群体遗传结构不同于历史群体遗传结构[1]。通过对现代家养动物mtDNA研究来推测家养动物的起源，所得到的数据不足以反映远古的景象。

古 DNA 研究方法的出现，可以有效地弥补上述不足。我们可以分析家养动物的古 DNA，观察其遗传结构在不同历史时期、不同地点的动态变化规律，追踪其进化的轨迹，揭示其起源与驯化的历史。

利用古 DNA 方法研究家养动物的起源，不是一个孤立的过程，它离不开考古学的研究资料，同时还要结合现代家养动物的遗传结构进行对比分析。所以，要综合考虑所有可能的因素，才能准确地揭示家养动物的起源。本章以猪、狗、牛、绵羊、山羊和马为例，介绍古 DNA 在家养动物起源中的应用。

6.2 家猪的起源研究

考古资料表明，猪（*Sus scrofa*）由野猪（wild boar）驯化而来的，近东和东亚可能是两个主要的驯化中心。在近东，驯化猪最早的遗骸曾发掘于安纳托利亚东南部的 Cayonu 遗址，大约在 9000 年前[3]；在东亚，目前所知最早的家猪出自中国河北省武安县磁山遗址，距今 8000 年左右[4]。当然，也有观点认为，家猪存在第三个潜在的驯化中心——东南欧[3]。

然而，对古代和现代猪的 mtDNA 分析表明，家猪可能有多个驯化中心。2005 年，Larson 等[5]分析了 223 个个体，其中绝大部分是来自博物馆的标本，结合463个收集自GenBank数据库中的序列，一共是686条序列（362个野猪、代表80个品种的324个现代家猪）进行mtDNA分析，并构建了系统发育树，发现了6个主要由来自同一地区的家猪和野猪序列组成的独立进化支（D1～D6），对应的地区分别是中欧、东亚、印度、意大利、缅甸和泰国一带以及东南亚岛屿（图6-2），此结果表明，在野猪广泛分布的欧亚地区至少发生了6次独立的驯化事件。这6个分支可以划分为4个簇，其中东南亚岛屿的野猪（*Sus celebensis. sb*，*Sus barbatus*；*sv*，*Sus verrucosus*）位于系统树根部的第一簇，暗示野猪起源于东南亚岛屿，并扩散到欧亚大陆。

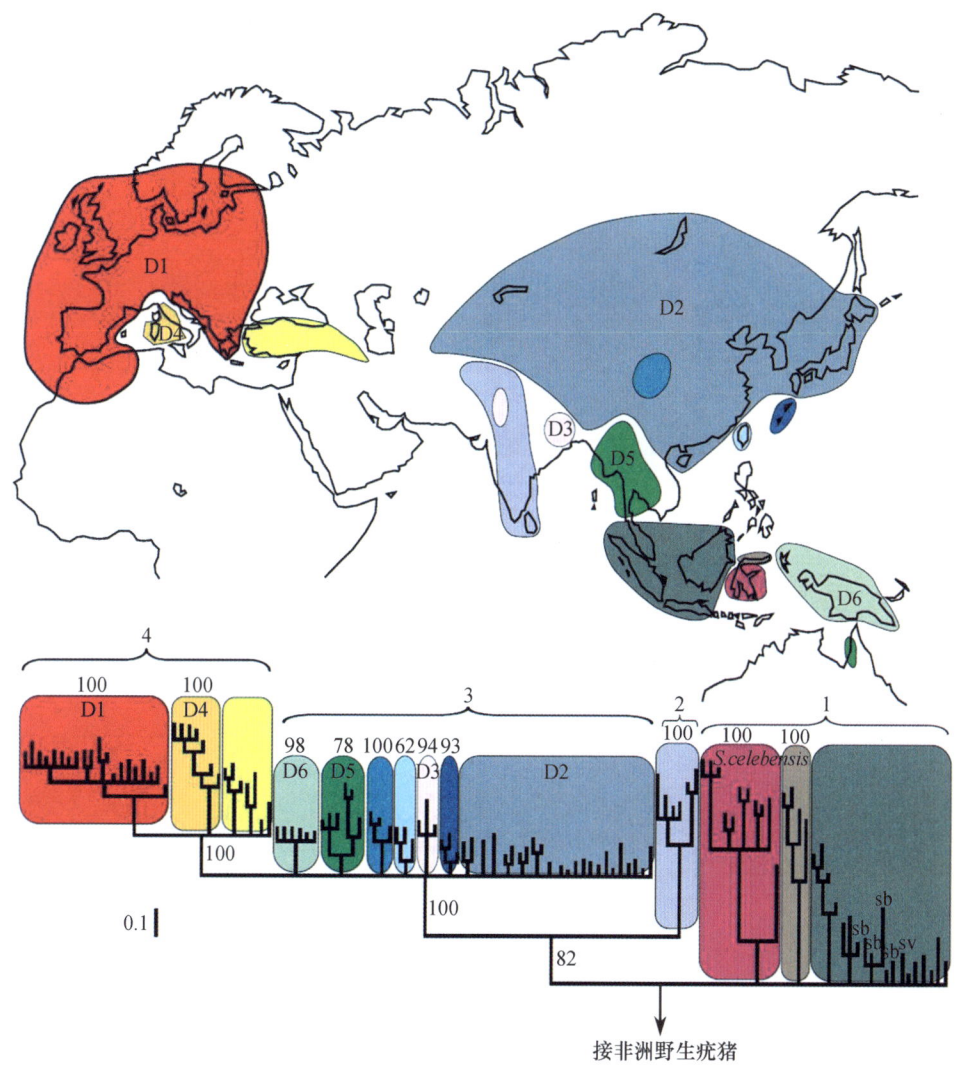

图6-2 6个系统发育分支及其地理分布图[5]

2007年，Larsona等[6]进一步分析了781个现代和古代猪样本，发现太平洋岛屿的猪起源于东亚，尤其是东南亚半岛可能是其最初被驯化的地方。随着两次独立的人类活动过程，驯化的家猪穿越东南亚半岛扩散到太平洋岛屿。毫无疑问，新石器时代拉皮塔文化和后来的波利尼西亚人迁徙与其扩散密切相关（图6-3）。

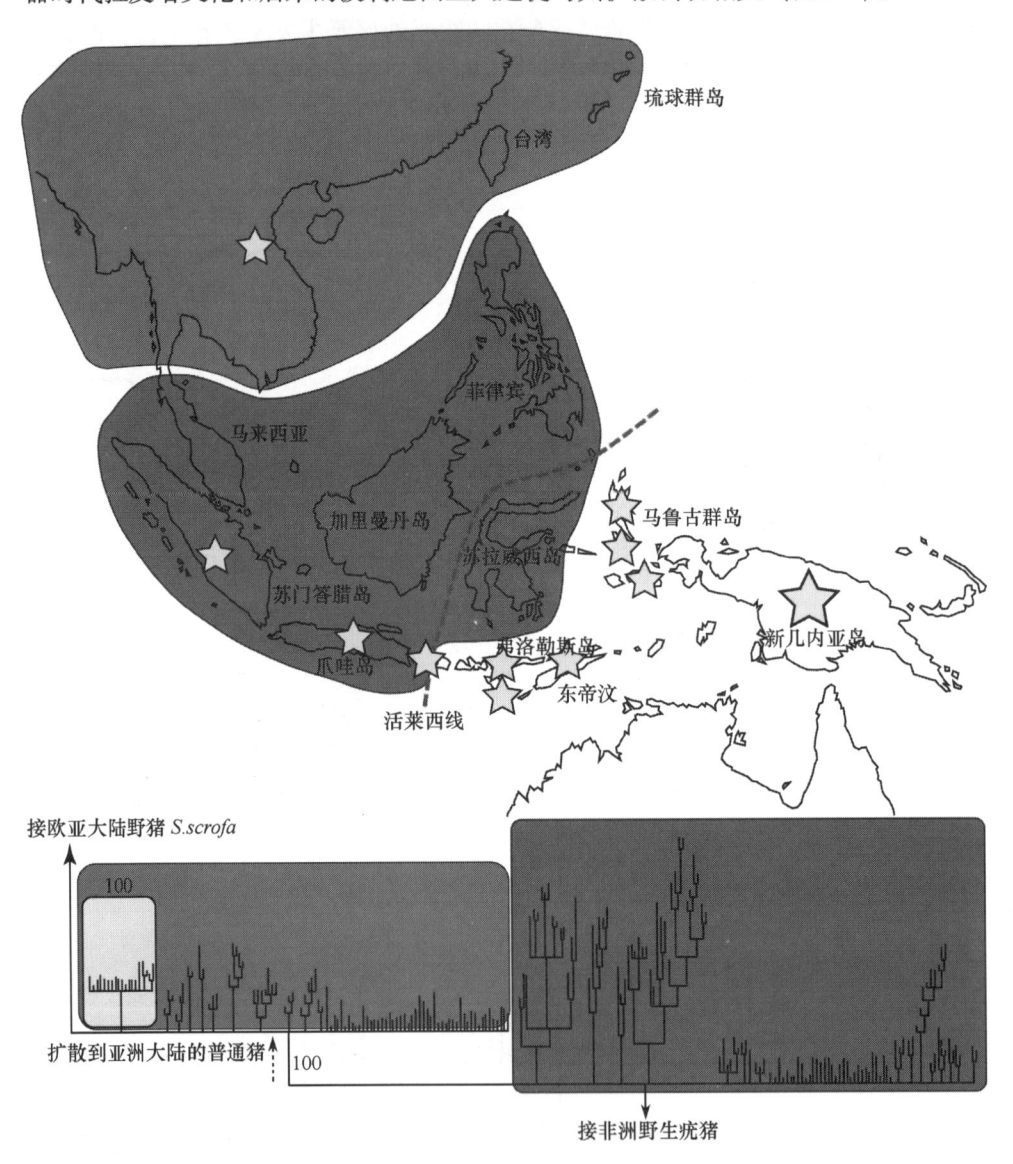

图6-3　东南亚猪的系统发育树和地理分布图

浅灰色代表太平洋簇，深灰色代表东南亚簇，灰色代表东亚大陆簇，浅灰色的星代表岛屿上至少有一个标本拥有太平洋猪的单倍型。灰色虚线是沃莱西线，是印度、马来西亚和大洋洲这两个生物地理界的中间过渡地带[6]

2006年，Fang等[7]分析了45个欧洲和21个中国品种的1536只猪，发现欧洲和中国猪的mtDNA多样性与猪驯化前的群体扩散事件相一致。

2007年，Larsona等[8]分析了西部欧亚大陆的323个现代和221个古代猪样本的mtDNA序列，发现近东地区的家猪祖先在新石器时代通过两个潜在的路线被引入到欧洲，至少在公元前4000年到达了巴黎盆地。在同一时期，当地的野猪开始被驯化，可能是近东家猪引入的结果。一旦驯化完成，欧洲猪迅速取代了所引入的近东猪，这是一个非常复杂的过程，这一结果有助于解释早期农夫扩散进入到欧洲的过程。

6.3 狗的起源研究

狗（Canis familiaris）是人类最早驯化的动物，历史可以追溯到12 000~15 000年前。一般认为，狗是由狼驯化而成的，从狗的作用上来看，最初的驯化目的可能是帮助人类狩猎、交通和看家。欧洲、东亚以及西南亚被认为是可能的驯化中心[9~11]。

Savolainen等[12]系统研究了来自欧洲、亚洲、非洲和北美地区的654只狗和38只欧亚大陆狼的遗传变异。他们对mtDNA单倍型的系统发育分析发现，存在6个狗的单倍型类群（支系A~F）（图6-4）。

他们发现，71.3%的狗的单倍型属于支系A，95.9%的狗的单倍型属于支系A、B和C。有趣的是，支系A、B和C在所有地理区域内出现的频率都十分相近，且狗的主要形态类型即大型犬和小型犬之间，在三个主要支系的构成上没有明显的差异，不是由于在不同地理区域内驯化造成的。他们又深入分析了主流支系A、B和C，并构建了中介网络图（图6-5）。在世系A的网络图中，东亚群体所具有的单倍型分布于网络图的

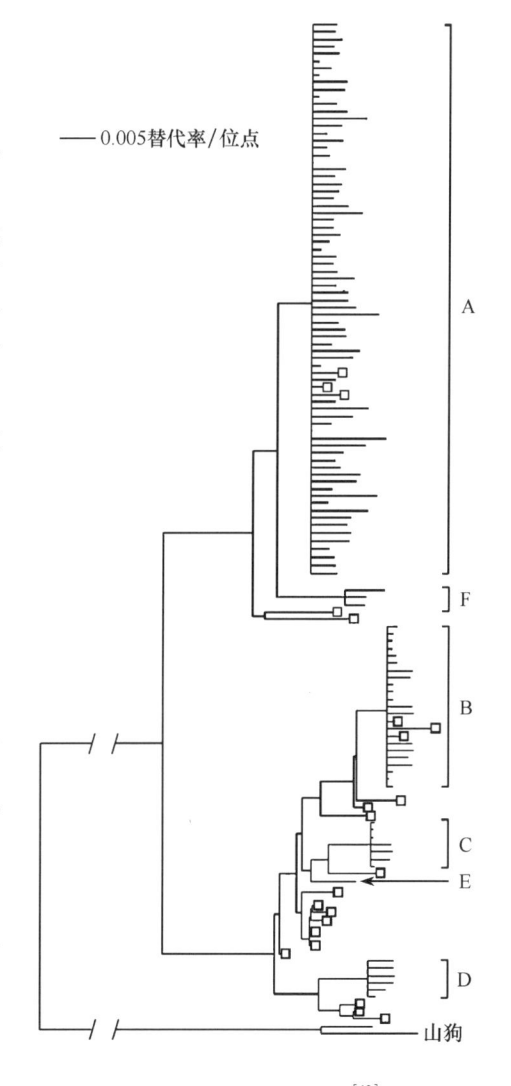

图6-4 狗的系统发育树[12]

各区域，而欧洲和西南亚所具有的单倍型仅分布于网络图的部分区域。而且，在世系 A 中，东亚群体的单倍型多样性以及核苷酸多样度都显著高于其他区域。此外，东亚具有一些变异较大的特有单倍型，而其他区域特有单倍型的变异较小。同时，B 和 C 也表现出类似的情况，这说明主流的三个 mtDNA 世系都是源自东亚地区。B 和 C 世系都呈现"星状"系统发育关系，表明 B 和 C 世系是由一个单倍型发展起来的。A 世系较复杂，是由几个"星状"系统构成的，这表明 A 是由几个单倍型发展起来的。根据遗传距离，计算出 A、B 和 C 形成的时间应在 15 000 年前，这些结果表明狗起源于东亚，之后逐渐扩散到世界各地。

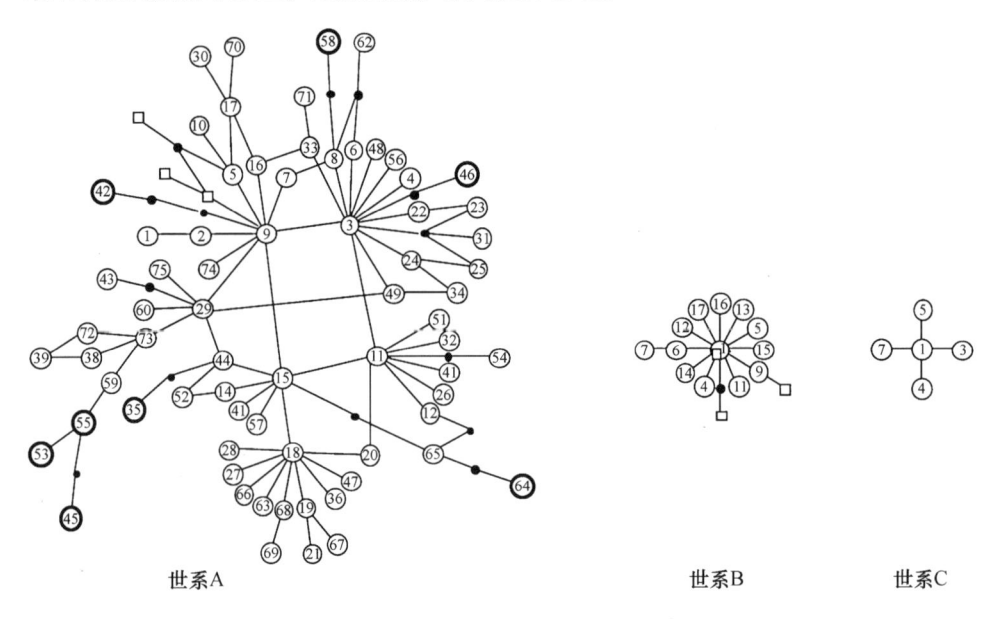

图 6-5　三个世系的中介网络图[12]

Leonard 等[13]分析了来自拉丁美洲和阿拉斯加古代狗的 mtDNA，他们发现美洲本地狗起源于旧世界（old world）的多个世系，是在晚更新世时期伴随着人类穿越白令海峡到达美洲的。他们还发现一个狗的进化支是新世界（new world）所独有的，显示出明显的地理隔离，在现代狗中缺乏这个进化支，这表明美洲的殖民者系统地阻止了美洲本地狗的饲养。

6.4　黄牛的起源研究

在中国，黄牛是指除水牛和牦牛以外的所有家牛，分为普通牛（*Bos taurus*）和瘤牛（*Bos indicus*）两个种。黄牛的驯化发生在大约 11 000 年前，起源于野生原牛（*Bos primigenius*）。普通牛被认为最可能是在新月沃地被驯化的，也有人认为其可能是在非洲被驯化的[14~16]；而瘤牛被认为是在印度河河谷地区被驯化的[17]。

在古代，黄牛是非常重要的经济动物，其驯化是新石器时代的一个重大事件。黄牛的出现对农业社会的起源与发展演变具有非同小可的影响和作用，丰富了当时人们的肉食资源，推动了饲养技术和家畜饲养业的发展，进一步促进了经济形态的复杂化。同时，牛在历史时期祭祀活动中也扮演了重要角色，对祭祀中等级制度的形成也起到了重要作用[18]。因此，揭示其起源与驯化对我们认识古代畜牧业的发展及其与人类文明演进的密切关系具有重要意义。

中国北方地区黄牛的起源与驯化一直是国内外考古学家研究的热点问题。考古发掘表明，黄牛骨骼在中国北方地区从公元前 7500 年的新石器时代中期开始出现，并且一直延续下来[18]。早期的黄牛明显是野生的，袁靖等认为其真正被驯化的时间至少在公元前 2500 年，与近东地区普通牛和印度河流域瘤牛的驯化历史相比，中国黄牛的驯化时间较短，很可能源自上述两个地区。

1994 年，Loftus 对欧洲、印度和非洲的 13 个品种进行 mtDNA D-loop 分析，发现可以把它们分为普通牛和瘤牛两类[19]。

1996 年，Bailey 等[20]通过对欧洲普通牛和非洲普通牛 mtDNA 的对比分析发现，两者从其祖先型分离的时间为 20 000 年前，此外他们还从古 DNA 角度论证了现代欧洲牛是从不同的野生祖先演化而来的。

1998 年，Turner 等[21]利用现代和古代 DNA 讨论了牛的驯化过程。

2001 年，Troy 等[22]对来自欧洲、非洲、近东的普通牛进行了 mtDNA D-loop 分析，结果显示 4 个清晰不同的 mtDNA 世系（图 6-6）——T、T1、T2 和 T3，其中 T、T2 和 T3 由近东和西欧的牛组成，而 T1 则由非洲牛组成，并没有其他地区的牛，暗示非洲普通牛可能经历了独立的驯化，欧洲牛起源于近东而不是非洲。

2004 年，Mannen 等[23]在东北亚地区的普通牛中发现了一个新的世系 T4，在这个世系中并没有欧洲和近东的牛，这暗示 T4 在东亚地区经历了独立的驯化（图 6-7）。

2005 年，Götherström 等[24]研究了北欧普通牛的 Y 染色体遗传结构，表明近东地区驯化的牛进入欧洲后，与当地的野牛进行了杂交，欧洲当地的野牛对欧洲普通牛有贡献。随后，2006 年，Beja-Pereira 等[25]分析 5 个距今 7000~17 000 年的意大利野牛和 51 个品种的 1000 多头现代牛的 mtDNA，结果表明，在欧洲可能存在地方局部的驯化事件，或者说至少欧洲本地野牛（*Bos primigenius*）对现代欧洲普通牛也有遗传贡献（图 6-8）。此外，现代牛 mtDNA 世系的分布表明南欧牛品种受到北非牛的影响，这些结果表明欧洲牛的起源较为复杂，并不是简单地

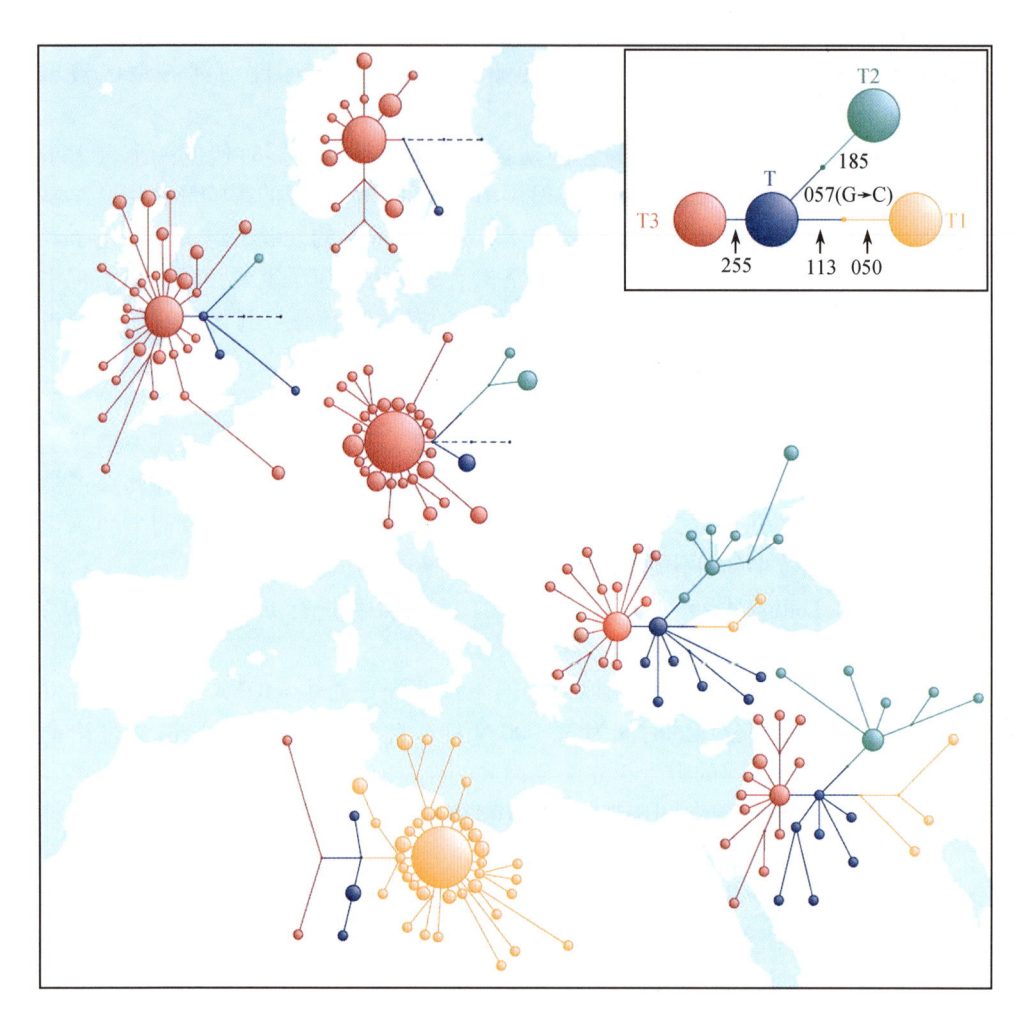

图 6-6　6 个地区普通牛的简约中介网络图[22]

从近东地区引入而已，要重新考虑欧洲普通牛的起源过程。

2006 年，Bollongino 等[26]分析了新石器时代扩散路线（从土耳其到欧洲中北部和英国）上多个考古地点的普通牛遗骸，他们发现最早驯化的普通牛与现代牛存在基因连续性。占统治地位的 T3 型起源于新石器时代，在这个簇里面，古老样本较少的遗传多态性与它们驯化后积累变异的短期历史相一致。

有趣的是，与上面 Beja-Pereira 等[25]的分析不同，2007 年，Edwards 等[27]分析了 59 个牛的考古遗骸，发现欧洲的普通牛源自近东，没有证据表明欧洲野牛对其驯化有贡献。

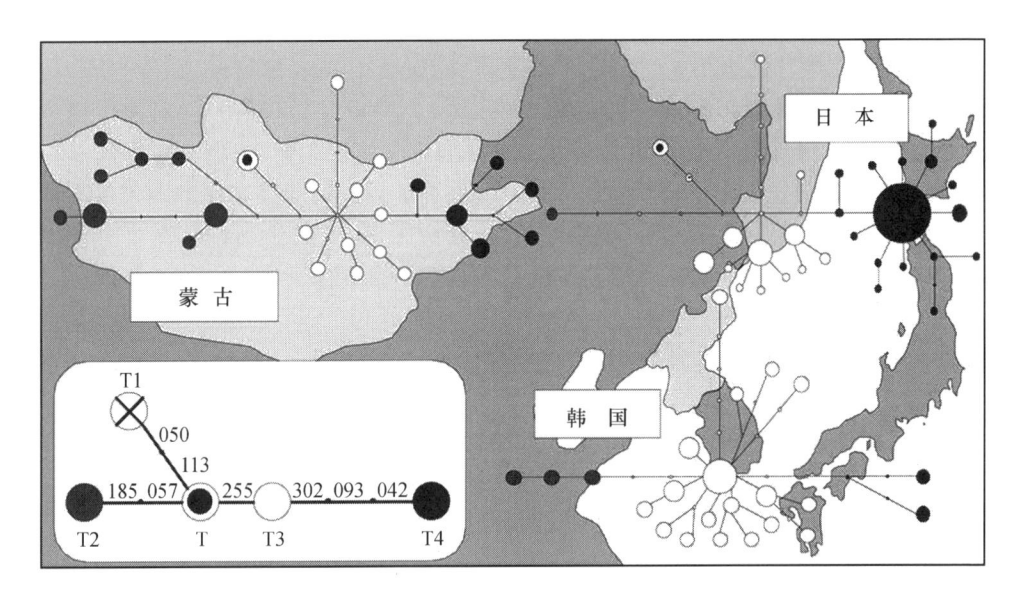

图 6-7　东北亚地区牛的简约中介网络图[19]

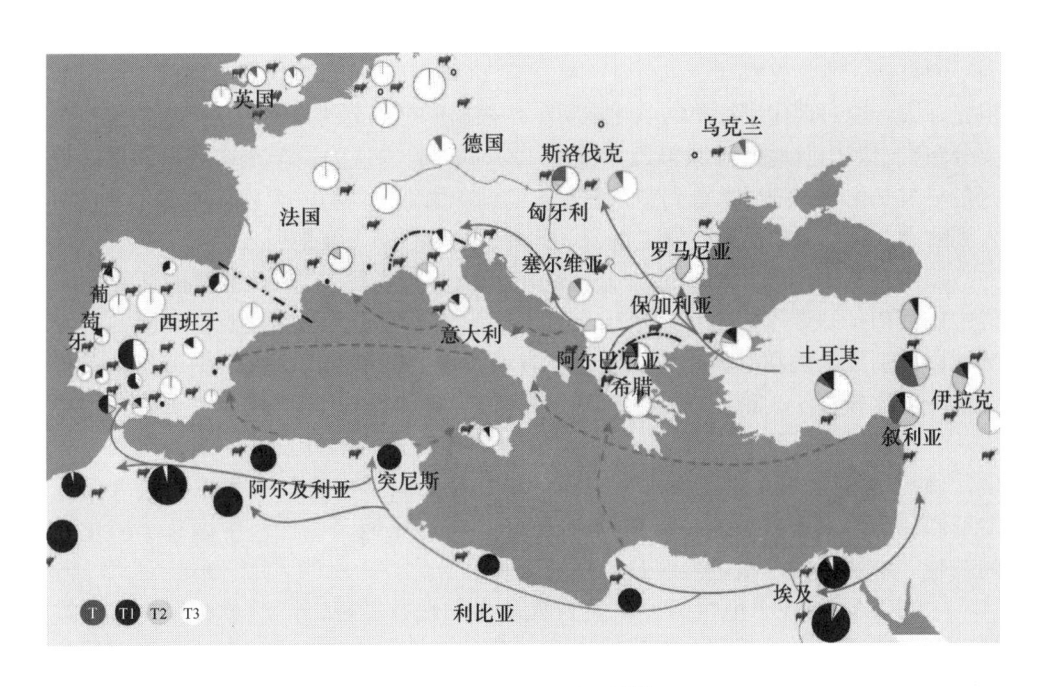

图 6-8　欧洲牛的扩散[25]

从 2002 年开始，人们先后对部分中国黄牛品种或品系，如秦川牛、蒙古牛、南阳牛、雷琼牛、延边牛、贵州牛等进行了 mtDNA D-loop 序列多态性分析，研究一致表明中国黄牛起源于普通牛和瘤牛[28,29]。2006 年，Lai 等[30]对中国南方和西南地区的 14 个黄牛群体进行研究，在普通牛中发现 3 个 mtDNA 世系 T2、T3 和 T4，在瘤牛中发现 I1 和 I2 两个世系。2006 年，Lei 等[31]首次在中国黄牛群体中发现非洲世系 T1。2007 年，贾善刚等[32]分析了 13 个黄牛品种 125 个个体的 mtDNA D-loop，再次证明中国黄牛起源于普通牛和瘤牛。

6.5 绵羊的起源研究

考古学证据表明绵羊是最早被驯化的动物之一，为人类社会提供了大量的产品（如肉、奶、羊毛纤维等），在人类的早期文明中扮演着农业、经济、文化甚至是宗教的角色。绵羊被认为是 10 000 年前在新月沃地被驯化的。在土耳其东南的塔鲁斯山和中部的安纳托利亚、塞浦路斯、叙利亚的幼发拉底河河谷和大马士盆地、约旦西部和以色列的南黎凡特地区、伊朗的西扎格罗斯、巴勒斯坦等地相继发现了很多距今 8500~7000 年的绵羊骨骸，这些证据表明近东地区可能是一个绵羊驯化起源的中心。欧亚大陆的三种野生绵羊：原羊（urial, *Ovis vignei*）、摩弗伦羊（mouflon, *Ovis musimon* 或 *Ovis orientalis*）和盘羊（*Ovis ammon*）被认为是现代家绵羊的祖先，或者说对现代家绵羊的驯化有贡献。根据形态学上的观察，现代家绵羊与主要分布在中亚山脉地区的原羊最为接近，Zeuner 等[33]认为原羊是在咸海和里海地区最早被驯化的，随后扩散到中东并进入欧洲，家绵羊的另一个祖先摩弗伦羊被引入到欧洲并且与原羊的后代发生混合，此外，盘羊也被重复地引入。

家羊是从野羊驯化而来的，分为绵羊和山羊，在距今 7000 多年的新石器时代中期河南新郑裴李岗遗址曾经出土过陶羊头和羊骨，河北武安磁山和陕西西安半坡以及浙江余姚河姆渡也曾出土过羊骨或陶羊，到了龙山文化时期，出土羊骨的遗址就比较多了，说明养羊业有一定发展。商周时期，羊已成为主要肉食用畜之一，也经常用于祭祀和殉葬[34]。虽然中国有较早的羊骨发掘记录，但袁靖先生[35]基于考古学的文化现象认为中国最早驯化的家羊出自甘肃省永靖县大何庄遗址和相邻的秦魏家遗址，距今约 4000 年。与近东地区相比，中国家羊驯化时间较晚，中国的家羊很可能源自近东地区。

中国绵羊有 15 个原生品种以及为数众多的地方品种，广泛分布在从高海拔的青藏高原到地势较低的东部陆地地区。根据地理分布和遗传关系，中国家绵羊被划分为三大谱系：藏系绵羊（Tibetan group）、蒙古系绵羊（Mongolia group）、哈萨克系绵羊（Kazak group）。传统上认为与中国现有绵羊品种最有血缘关系的应为原羊（urial）和盘羊（argali，又称源羊）及其若干亚种，如蒙古亚种

(*O. a. darwini*) 和西藏亚种 (*O. a. hodgsoni*)。薄吾成[36]认为中国西北甘肃、新疆、青海、西藏等地广泛分布的盘羊是中国古老绵羊品种藏系家绵羊的祖先,古羌人驯化了盘羊,将其培育成短瘦尾的古羌羊即藏系绵羊之后,随着民族的迁徙和融合扩散到四方;邹介正[37]认为蒙古系绵羊是由中亚山脉地区的野生原羊衍化而来的,同羊、寒羊、湖羊、滩羊等为其著名亚种,我国新石器时代仰韶、龙山文化遗址中发现的羊骨在形态上和现代的蒙古羊较为相似。

mtDNA 已经被广泛地应用到家绵羊的起源研究中。1996 年,Wood 和 Phua[38]分析了新西兰 50 只家绵羊的 mtDNA D-loop 全序列,发现了两类主要的单倍型(定义为 A 和 B),从而证明新西兰家绵羊有两个不同的母系来源。1998 年,Hiendleder 等[39]对 4 个亚洲、5 个欧洲和 1 个非洲绵羊品种以及三种野生绵羊(原羊、摩弗伦羊和盘羊)的 243 个个体用 14 种内切核酸酶进行了 mtDNA 的 RFLP 分析,发现了 20 个 mtDNA 单倍型,基于这 20 个序列构建了系统发育树,显示了 3 个不同的系统发育进化支:原羊/盘羊、摩弗伦羊/家绵羊、家绵羊。家绵羊被分成两个主要的世系:摩弗伦羊/家绵羊世系中来自欧洲的家绵羊占主要地位,称为欧洲世系 B;另一个家绵羊世系中包含了大多数的亚洲绵羊,被定义为亚洲世系 A。他们认为摩弗伦羊可能是欧洲世系绵羊的祖先,亚洲世系绵羊有着另外的野生祖先,而不是先前所认为的原羊和盘羊。这两个世系的分歧时间远远大于绵羊驯化的时间,暗示家绵羊可能有东西方两个独立的驯化地点。此后的一些研究进一步证实家绵羊群体中广泛存在这两个世系(A 和 B)[40,41]。

2005 年,Guo 等[42]首先在中国的绵羊群体中检测到一个新的世系 C,他们采集了 6 个中国的地方品种 231 只绵羊、2 个中国引进的欧洲品种 50 只绵羊进行 PCR 单链构象多态电泳(single-strand conformational polymorphism,SSCP),检测到 *ND2* 和 *ND4* 基因新的多态性位点,通过测序和构建系统发育树发现一个不同于世系 A 和 B 的新世系 C。Fu's Fs 中性检验和错配分布分析表明世系 C 没有经历过扩张,他们认为世系 C 是起源于中国的一个新的世系。中国的罗玉柱等[43]在对蒙古和中国绵羊群体的 mtDNA 研究中,也发现了新的世系 C。Pedrosa 等[44]也在近东的家绵羊群体中发现了世系 C,并且发现 A、B、C 三个世系的分歧时间远远大于绵羊驯化的时间,暗示家绵羊至少发生了 3 次独立的驯化事件。结合近东地区大量的考古学证据以及该地区存在大量的野生绵羊群体,他们认为近东地区是家绵羊的驯化中心之一。

2006 年,Chen 等[45]对中国的家绵羊群体进行了大规模的分析,他们从中国的 13 个地区采集了 19 个本地原生品种共计 449 只绵羊,结合先前公布的 44 个国家绵羊数据[42]进行 mtDNA 分析,在世系 A 中发现了一个新的分支,结合两个分支的分歧时间,他们认为世系 A 经历了两次独立的驯化事件,家绵羊的驯化并不仅局限于近东地区,中国也是一个家绵羊的驯化中心。同年,Tapio 等[46]对来自欧洲、中亚和高加索地区 48 个品种 406 只绵羊进行 mtDNA 分析，揭示了一个新的世系 D，尽管数量很少，但反映出家绵羊的驯化比以前想象的更复杂（图 6-9）。

2007 年，蔡大伟等[47]对河南二里头遗址出土的 9 个距今约 4000 年的古绵羊进行了古 DNA 研究。他们利用两对套叠引物从 9 个古绵羊样本中成功地扩增出 8 个样本的 271bp 线粒体 DNA 控制区序列。通过分析古绵羊的特征变异位点，发现 8 个古绵羊属于亚洲世系 A。先前的研究表明在绵羊线粒体 DNA 的 *COI* 基因编码区存在多态性 *Hin*fI 酶切位点，可以区分绵羊线粒体世系（世系 A：-5562 *Hin*fI，世系 B：+5562 *Hin*fI）。为了更准确地确定古绵羊的世系，他们对古绵羊进行了 *Hin*fI -RFLP 分析，8 个古绵羊都显示了阴性的结果（-5562 *Hin*fI），进一步表明这些古绵羊都属于世系 A。为了研究二里头古绵羊与现代世界各地不同品种的家绵羊以及野生绵羊之间的关系，推断古绵羊的系统发育位置，他们选择了世界各地的家绵羊和野生品种 143 个序列，结合古绵羊的序列，分别构建了系统发育树和中介网络图，结果一致显示二里头古绵羊聚集在世系 A，与中国特有的地方品种，如小尾寒羊、湖羊、蒙古羊、同羊等有着共同的母系祖先，在遗传上有一定的继承关系；野生盘羊和原羊并不是中国藏系和蒙古系绵羊的母系祖先。

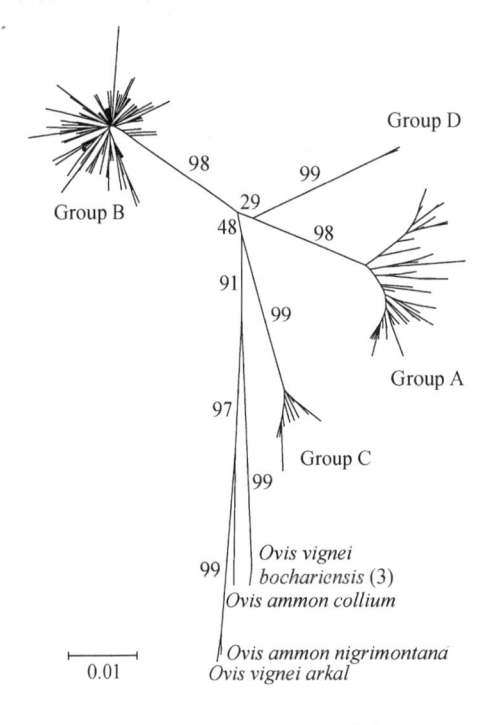

图 6-9　4 个绵羊世系[46]

6.6　山羊的起源研究

山羊在动物分类学上属于偶蹄目（Artiodactyla）洞角科（Bovidae）绵羊山羊亚科（Caprovinae）山羊属（*Capra*）。山羊大约是在距今 10 000 年的近东地区被驯化的，镰刀状角羱羊（*Capra aegagrus*）和螺旋状角羱羊（*Capra falconeri*）被认为是其两种野生祖先[48]。此外，也有人认为北山羊（*C. ibex*）也是其野生祖先。

传统上认为，山羊是从西亚的最早驯化地带通过游牧和半游牧的牧人传播到世界各地。山羊从西亚驯化中心向欧洲传播有两条主要路径（图 6-10）：一是多瑙河

第6章 古DNA与家养动物起源研究

路线：穿越爱琴海和海峡延伸到多瑙河和 Vardar 山谷，直到匈牙利盆地，中欧已在公元前 5000 年接受到这种文化的冲击波。另一条是地中海路线：沿近东海岸线通过塞浦路斯和克里特岛，到南欧的地中海海岸，然后沿此海岸到达中、西欧及意大利半岛和沿亚德里亚海岸的平原地带[49]。向亚洲其他地区的传播途径也有两条：一是从波斯、阿富汗通过中亚地区到达蒙古高原和华北；另一条是通过卡帕山口（Khyber pass，位于巴基斯坦境内）到达印巴次大陆，后来从这些地方传到东南亚和东亚的广大地区[50]。

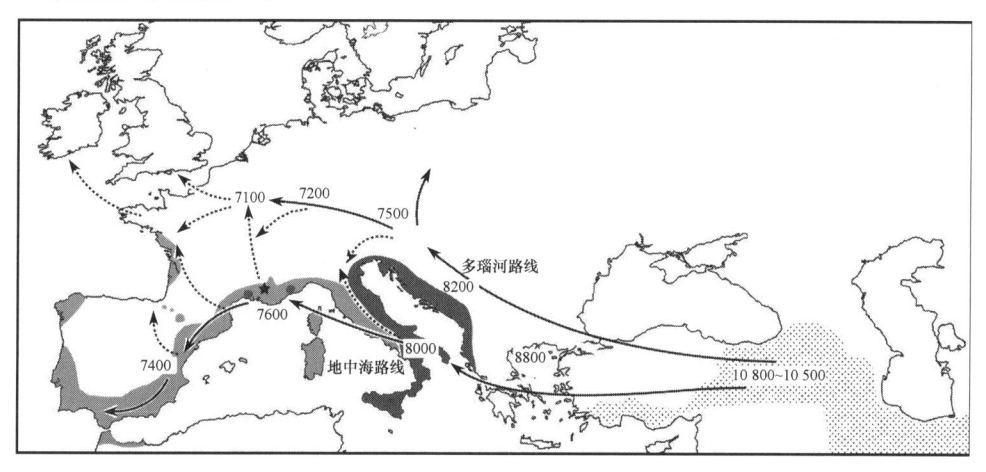

图 6-10 山羊从近东到欧洲的两条扩散路线[51]

但是，分子生物学的研究表明山羊可能存在多个驯化地点。2001 年，Luikart 等[52]分析了覆盖旧世界的 88 个品种 406 只山羊的 mtDNA，系统发育分析显示，3 个不同的线粒体世系中，世系 A 几乎在所有的山羊群体中都存在，世系 B 仅发生在亚洲的东部和南部，世系 C 仅在少数蒙古、瑞士和斯洛文尼亚的山羊中发现。此外，研究表明这 3 个世系分歧时间超过 20 万年，且都经历了种群扩张，表明山羊可能经历了 3 个独立驯化事件，有多个驯化地点。

2004 年，Sultana 等[53]分析了 30 只巴基斯坦家山羊的 mtDNA 控制区全序列，发现了一个新的世系 D，而且线粒体世系 A 可以被进一步划分为亚聚簇 A1 和 A2。此项研究表明，巴基斯坦 Mehrgarh 地区是古代家山羊饲养中心之一。2004 年，Joshi 等[54]分析了 10 个群体的 363 只印度山羊的 mtDNA，发现了一个新的世系 E。2006 年，Sardina 等[55]在西西里岛山羊群体中发现了一个新的世系 F。2006 年，Chen 等[56]对中国的山羊群体进行了大规模的分析，他们从中国的 10 个地区采集了 18 个本地原生品种共计 368 只山羊进行 mtDNA 分析，在中国山羊群体中发现了 4 个世系 A、B、C 和 D，并且进一步在世系 B 中发现了两个亚世系，其中一个亚世系起源于东亚，另一个被东亚和南亚的群体共享。

2006年10月，Fernandez 等[51]分析了一个西南欧最早（7300~6900年前）的新石器时代遗址中的19个山羊遗骸，系统发育分析表明，在这个考古遗址的两个层位中山羊都存在两个高度变异的世系 A 和 C，这些结果表明，欧洲山羊 mtDNA 世系的变异在7000年前就已经发生，远离它们最初的驯化中心——近东。他们认为两个世系是同时独立地起源于近东的2个或3个地区，如塔鲁斯山、扎格罗斯山或者约旦河谷等，其他的世系，如 B、D 和 E 可能起源于更远地点或更晚的时期，印度和中亚都是值得重视的地区。

最令人吃惊的是在2007年，Naderi 等[57]分析了旧世界的2430只山羊的 mtDNA，又发现了一个新的世系 G，他们还发现先前发现的世系 E 实际上应该归属于世系 A，这样结合他们新发现的世系 G，山羊群体中一共存在6个世系：A、B、C、D、F 和 G（图6-11）。

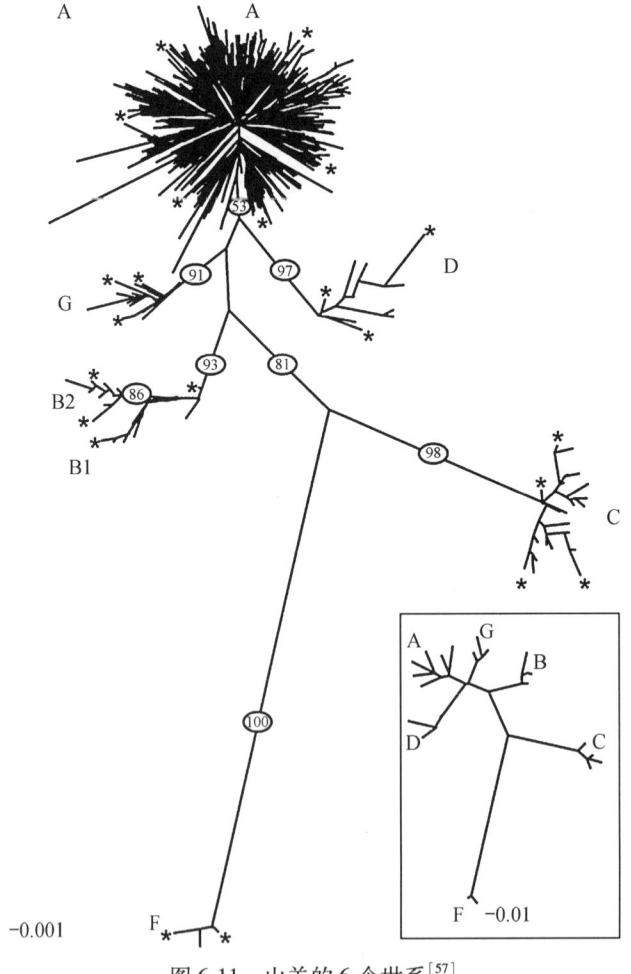

图6-11 山羊的6个世系[57]

6.7 家马的起源研究

马的驯化是草原文明开发的核心，同时也深深地影响着人类文明的进程。马不仅为人类提供肉、奶等蛋白质性食物，而且极大地提高了人类运输和战争能力，同时，骑马民族的扩张活动导致人类的迁徙、种族的融合、语言和文化的传播以及古老社会的崩溃。多年来，马的遗骸在公元前4000年以来的欧亚大陆、西伯利亚草原地带的考古遗址中出土得越来越多，这些发现暗示了马首次驯化的时间和地点。从考古材料上看，两个铜石并用时代遗址——乌克兰草原的德雷夫卡遗址（Dereivka，公元前3900~4300年）和哈萨克斯坦草原的波太遗址（Botai，公元前3000~3500年）最为重要。在这两个遗址中都发现了大量的马骨遗骸，被认为与马的驯养起始有关，但对于这些马是否被驯化至今仍有争议。Anthony[58]认为这两个遗址出土的古代马经历了驯化，马的驯养和骑马术最迟在公元前3000~3500年已出现在欧亚草原。Levine[59]仔细地研究了两个遗址出土的马骨，认为都是人们为了获取肉食而猎获的野马，因为较高比例的马都是在它们最具生产力的年龄死去，而由牙齿得知的死亡率分布，正是属于被猎捕动物的特征。Benecke等[60]通过动物考古研究认为，尽管波太遗址出土的马属于野马，但并不排除当时有骑马术出现的可能，波太人有可能是骑马的猎马者。这些争论从一个侧面反映出现有的材料和研究还不足以说明最早的家马驯化始于何时，传统的研究方法（人口结构、骨骼测量分析、马牙磨损微痕、马古病理学等）还不能得出令人信服的结论。

在中国，家马和马车是在距今约3500年前的商代晚期突然大量出现的，在河南安阳殷墟、陕西西安老牛坡、山东滕州前掌大等商代晚期的遗址中，发现了很多用于殉葬和祭祀的马坑和车马坑，在墓室中也出现了马骨。虽然在连接中国北部、西部和中亚草原的考古发现上存在许多缺环，但是就目前的考古材料看，晚商之前有关马的考古材料非常少，在上千处新石器时代和早期青铜时代的遗址中，仅有西安半坡、河南汤阴白营、山东章丘城子崖遗址、华县南沙村等少数几个地点有出土马骨的记载，而且都是零星的牙齿和碎骨[61]。早期驯化阶段的缺失和商代晚期家马的"突然"出现，使中国家马的起源引起了广泛的争论。目前关于中国家马的起源有两种不同的观点：一种观点认为，马和马车是从黑海和里海之间的中亚草原地带传入中国的，中国西北的甘青地区有可能是中亚家马进入中原地区的一个驿站；另一个观点认为，尽管中亚和西亚地区考古发现的家马较早，但中国内地的家马不一定是从西方或北方传来的，言外之意，中国是一个独立的家马起源中心。

马的驯化是来自一个野生种群还是多个野生种群，这一问题对于史前的考古学很重要，因为马的驯化是欧亚草原文明开发的核心，同时也是印欧语系扩散传播的关键。解决这个问题的一个有效途径是重建野生种群过去的 mtDNA 变异。如果现代家马显示出的全部变异大于预期的单一野生种群，那么马一定是从多个群体进化而来的。但是，困难在于如何估计野生马群的 mtDNA 多态性。

1998 年，Lister 等[62]对古代和现代家马的 mtDNA 多样性进行了研究，认为现代家马的 mtDNA 多样性程度反映了不同地区野生群体的输入，而且野生群体的独立驯化在世界上相隔较远的不同地域可能有较为紧密的联系。

2001 年，Vilà 等[63]从阿拉斯加永久冻土中保存的 12 000 ~ 28 000 年前的野马残骸中提取出 mtDNA。与现代家马相比，阿拉斯加的样本相对是同源的：在 8 个样本中有 6 个聚集在一起。他们认为：假定野马种群的基因遗传程度是均一的，那么在现代家马中观察到的母系遗传的高度多样性暗示野马的驯化是来自多个野生种群。

Lister 和 Vilà 的研究成果发布后引起了人们的广泛关注，然而，这两个观点仍然存在一些问题，虽然 Vilà 对远古阿拉斯加马的 mtDNA 分析很重要，但是这些古代马是否是单一的马种群，它们距离可能的驯化中心有数千公里之遥，年代又比驯化的时间早 1 万年，在相关的时间和地点是一些典型的野马遗传基因结构，考虑到最后的冰期结束于 11 400 年前，可能已经隔离了野马种群而且减少了它们的 mtDNA 多样性。另一个问题是针对 Lister 等的观点，地理上广泛分布的马，应该可能看到一个对应品种或地理分布区的 mtDNA 聚类，然而，Vilà 和 Lister 等都没有观察到如此的聚类。

为了提供一个比较肯定的答案，2002 年，Jansen 等[64]对现今生活在全球不同地区的 25 个品种 318 匹马（包括文献记载的马品种和产马地区的原生马）进行 mtDNA 测序并且结合已公开的 334 个序列，共计 652 个序列，构建了一个中介网络。中介网络图显示了 17 个不同的现代家马 mtDNA 聚簇（cluster），这些聚簇可以被进一步纳入 7 个 mtDNA 世系中（A ~ G，图 6-12）。其中一些聚簇对应品种或地理分布区，特别是聚簇 A2 只对应于普氏野马，聚簇 C1 和 E 对应于北欧小型马，聚簇 D1 则对应于伊比利亚和西北非的家马品种。考虑到 mtDNA 突变速率和考古学上驯化的时间范围至少需要成功地饲养 77 个不同品种的野生母马，才能形成现代马种群所拥有的基因多样性。因此他们得出结论：一些特殊的野马种群参与了马的驯化，野马的驯养可能发生在不同地点。

第6章 古DNA与家养动物起源研究

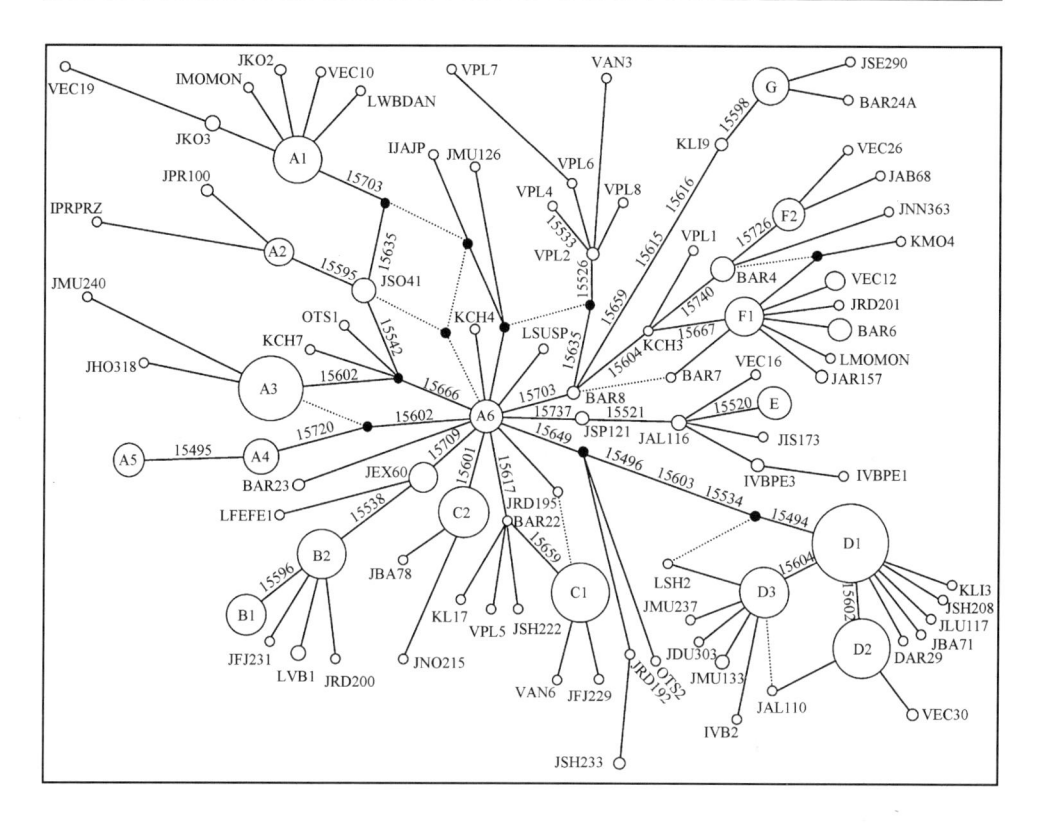

图6-12 7个家马mtDNA世系和17个亚簇[64]

2006年，McGahern等[65]的研究揭示世系F是欧亚大陆东部家马群体的主要生物地理模式（biogeographic pattern）。他们选择了欧亚大陆中部、东北部以及中国7个以前没有取过样的马群118匹马进行mtDNA测序，并结合GenBank上公开的序列，共962个序列进行分析，这些序列代表了来自欧洲（Europe, EUR）、中东和非洲（Middle East and Africa, MEA）、远东（Far East, FE）三个广大地区的72个家马群体。首先进行中介网络分析，识别了两个先前没有发现的聚簇A7和F3；随后调查了7个世系在现代家马群体中的分布情况，发现世系D在欧洲马群中的分布频率最高达35%，在FE和MEA中的频率分别为15.5%和26.9%。与此相反的是，世系F在欧亚大陆东部马群中分布频率最高（FE16.8%；MEA16.5%），而世系D仅为9.7%。将mtDNA序列按照东西方的地理分布分成两组（东方包括FE和MEA地区，西方指欧洲）进行了AMOVA分析，发现尽管两者之间的遗传差异仅为2.71%，但是显著性水平很高（$P = 0.00782$），暗示东部和西部的群体具有一定的地理分布。为了测试世系F与东部群体的一致性，应用2×2列联表，利用世系F与非世系F序列在FE/MEA地区的数量进行独立性 Fisher 精确检验（Fisher's exact test），结果显示世系 F 与 MEA/FE 群体起源一致，有很高的显著性水平 $P=0.00000$。

2007 年，蔡大伟等对内蒙古、河南、宁夏、山东等地 9 个考古遗址的 46 个古代马进行了古 DNA 研究（待刊），从 46 个样本中获得了 35 个真实可靠的古 DNA 序列。中介网络分析显示 35 个在现代家马全部 7 个线粒体 DNA 世系（A ~ G）中都有分布，其中一些还分享世系亚簇建立者的单倍型，表明中国古代马的母系遗传呈现高度多样性，对现代家马 mtDNA 基因池的形成具有重要的贡献。考虑到世系 F 和 D 的起源地点，中国古代马中存在广泛的 mtDNA 世系以及历史上经历的群体扩张。我们发现中国家马的起源并不像以前想象的那么简单，外来输入假说和本地驯化假说都不能解释中国古代马存在如此广泛的母系来源。中国家马的起源既有本地驯化的因素，也受到外来家马 mtDNA 基因流的影响。

参 考 文 献

[1] 陈善元，张亚平. 家养动物起源研究的遗传学方法及其应用. 科学通报，2006，51（21）：2469~2475

[2] Bruford M W, Bradley D G, Luikart G. DNA markers reveal the complexity of livestock domestication. Nature Rev Genet, 2003, 4 (11): 900~910

[3] 李相运. 家猪的起源和驯化. 畜牧兽医杂志，1998，17 (3): 16~18

[4] Jing Y, Flad R K. Pig domestication in ancient China. Antiquity, 2002, 76: 724~732

[5] Larson G, Dobney K, Albarella U, et al. Worldwide phylogeography of wild boar reveals multiple centers of pig domestication. Science, 2005, 307: 1168~1621

[6] Larson G, Cucchi T, Fujita F, et al. Phylogeny and ancient DNA of Sus provides insights into neolithic expansion in Island Southeast Asia and Oceania. Proc Natl Acad Sci USA, 2007, 104: 4834~4839

[7] Fang M, Andersson L. Mitochondrial diversity in European and Chinese pigs is consistent with population expansions that occurred prior to domestication. R Soc Lond B Biol Sci, 2006, 273: 1803~1810

[8] Larson G, Albarella U, Dobney K, et al. Ancient DNA, pig domestication, and the spread of the Neolithic into Europe. Proc Natl Acad Sci USA, 2007, 104: 15 276~15 281

[9] Davis S J M, Valla F R. Evidence for the domestication of the dog 12 000 years ago in the Natufian of Israel. Nature, 1978, 276: 608~610

[10] Tcherncov E, Valla F R. Two new dogs, and other Natufian dogs, from the southern Levant. J Archaeol Sci, 1997, 24: 65~95

[11] Olsen S J, Olsen J W. The Chinese wolf, ancestor of new world dog. Science, 1977, 197: 533~535

[12] Savolainen P, Zhang Y P, Luo J, et al. Genetic evidence for an east Asian origin of domestic dogs. Science, 2002, 298: 1610~1613

[13] Leonard J A, Wayne R K, Wheeler J, et al. Ancient DNA evidence for Old World origin of New World dogs. Science, 2002, 298: 1613~1616

[14] Loftus R T, MacHugh D E, Bradley D G, et al. Evidence for two independent domestications of cattle. Proc Natl Acad Sci USA, 1994, 91 (7): 2757~2761

[15] Marshall F, Hildebrand E. Cattle before crops: the beginnings of food production in Africa. J World Prehist, 2002, 16 (2): 99~102

[16] Wendorf F, Schild R, Close E. In the Palaeoecology of Africa and the Surrounding Islands. Balkema, Rotterdam, The Netherlands, 1987

[17] Meadow R H. Animal domestication in the Middle East: a revised view from the eastern margin, in Harappan Civilization, second edition. New Delhi: Oxford Univ Press and India Book House, 1993: 295~320

[18] 袁靖, 黄蕴平, 杨梦菲等. 公元前2500年~公元前1500年中原地区动物考古学研究——以陶寺、王城岗、新砦和二里头遗址为例. 见: 科技考古 (第二辑). 北京: 科学出版社. 12~34

[19] Loftus R T, MacHugh D E, Bradly D G, et al. Evidence for two independent domestication in cattle. Proc Natl Acad Sci USA, 1994, 91: 2757~2761

[20] Bailey J F, Richard M B, Macaulay V A, et al. Ancient DNA suggests a recent expansion of European cattle from a diverse wild progenitor species. Proc R Soc Lond B Biol Sci, 1996, 263: 1467~1473

[21] Turner C L, Grant A, Bailey J F, et al. Patterns of genetic diversity in extant and extinct cattle populations: Evidence from sequence analysis of mitochondrial coding regions. Anc Biomol, 1998, 2: 235~249

[22] Troy C S, MacHugh D E, Bailey J F, et al. Genetic evidence for Near-Eastern origins of European cattle. Nature, 2001, 410: 1088~1091

[23] Mannen H, Kohno M, Nagata Y, et al. Independent mitochondrial origin and historical genetic differentiation in North Eastern Asian cattle. Mol Phylogenet Evol, 2004, 32: 539~544

[24] Götherström A, Anderung C, Hellborg L, et al. Cattle domestication in the Near East was followed by hybridization with aurochs bulls in Europe. Proc R Soc Lond B Biol Sci, 2005, 272: 2345~2350

[25] Beja-Pereira A, Caramelli D, Lalueza-Fox C, et al. The origin of European cattle: Evidence from modern and ancient DNA. Proc Natl Acad Sci USA, 2006, 103: 8113~8118

[26] Bollongino R, Edwards C J, Alt K W, et al. Early history of European domestic cattle as revealed by ancient DNA. Biol Lett, 2006, 2: 155~159

[27] Edwards C J, Bollongino R, Scheu A, et al. Mitochondrial DNA analysis shows a Near Eastern Neolithic origin for domestic cattle and no indication of domestication of European aurochs. Proc R Soc Lond B Biol Sci, 2007, 274: 1377~1385

[28] 雷初朝, 陈宏, 杨公社等. 中国部分黄牛品种mtDNA遗传多态性研究. 遗传学报, 2004, 31 (1): 57~62

[29] 刘若余, 夏先林, 雷初朝等. 贵州黄牛 mtDNA D-loop 遗传多样性研究. 遗传, 2006, 28 (3): 279~284

[30] Lai S J, Liu Y P, Liu Y X, et al. Genetic diversity and origin of Chinese cattle revealed by mtDNA D-loop sequence variation. Mol Phylogenet Evol, 2006, 38 (1): 146~154

[31] Lei C Z, Chen H, Zhang H C, et al. Origin and phylogeographical structure of Chinese cattle. Animal Genetics, 2006, 37 (6): 579~582

[32] 贾善刚, 陈宏, 张桂香等. 中国部分地方黄牛品种线粒体 D-loop 区的遗传变异与进化分析. 遗传学报, 2007, 34 (6): 510~518

[33] Zeuner F E. A history of domesticated animals. London: Hutchinson, 1963

[34] 陈文华. 中国农业考古图录. 江西: 江西科学技术出版社, 1994

[35] 袁靖. 中国新石器时代家畜起源的几个问题. 农业考古, 2001, 3: 26~28

[36] 薄吾成. 试论藏羊渊源. 西北农业大学学报, 1986, 2: 79~82

[37] 邹介正. 我国养羊技术成就史略. 农业考古, 1998, 2

[38] Wood N J, Phua S H. Variation in the control region sequence of the sheep mitochondrial genome. Anim Genet, 1996, 27: 25~33

[39] Hiendleder S, Mainz K, Plante Y, et al. Analysis of mitochondrial DNA indicates that domestic sheep are derived from two different ancestral maternal sources: no evidence for contributions from urial and argali sheep. J Hered, 1998, 89: 113~120

[40] Hiendleder S, Lewalski H, Wassmuth R, et al. The complete mitochondrial DNA sequence of the domestic sheep (Ovis aries) and comparison with the other major ovine haplotype. J Mol Evol, 1998, 47: 441~448

[41] Hiendleder S, Kaupe B, Wassmuth R, et al. Molecular analysis of wild and domestic sheep questions current nomenclature and provides evidence for domestication from two different subspecies. Proc R Soc Lond B Biol Sci, 2002, 269: 893~904

[42] Guo J, Du L X, Ma Y H, et al. A novel maternal lineage revealed in sheep (Ovis aries). Anim Genet, 2005, 36: 331~336

[43] 罗玉柱, 成述儒, Lkhagv B 等. 用 mtDNA D-环序列探讨蒙古和中国绵羊的起源及遗传多样性. 遗传学报, 2005, 32: 1256~1265

[44] Pedrosa S, Uzun M, Arraz J J, et al. Evidence of three maternal lineages in near eastern sheep supporting multiple domestication events. Proc R Soc Lond B Biol Sci, 2005, 272: 2211~2217

[45] Chen S Y, Duan Z Y, Sha T, et al. Origin, genetic diversity, and population structure of Chinese domestic sheep. Gene, 2006, 376: 216~223

[46] Tapio M, Marzanov N, Ozerov M, et al. Sheep mitochondrial DNA variation in European, Caucasian, and Central Asian areas. Mol Biol Evol, 2006, 23 (9): 1776~1783

[47] Cai D W, Han L, Zhang X L, et al. DNA analysis of archaeological sheep remains from China. Journal of Archaeological Science, 2007, 34: 1347~1355

[48] 中国家畜家禽品种志编委会, 中国羊品种志编写组. 中国羊品种志. 上海: 上海科学技术出版社, 1989. 3~4

[49] 孙金梅. 山羊的起源和进化. 中国养羊, 1997, 1: 6~19
[50] 贾青, 常洪, 马章全. 山羊的起源驯化和品种形成. 河北农业大学学报, 1997, 20 (2): 68~71
[51] Fernandez H, Hughes S, Vigne J D, et al. Divergent mtDNA lineages of goats in an Early Neolithic site, far from the initial domestication areas. Proc Natl Acad Sci USA, 2006, 103: 15375~15379
[52] Luikart G, Giellly L, Excoffier L, et al. Multiple maternal origins and weak phylogeographic structure in domestic goats. Proc Natl Acad Sci USA, 2001, 98: 5927~5932
[53] Sultana S, Mannen H, Tsuji S. Mitochondrial DNA diversity of Pakistani goats. Anim Genet 2003, 34 (6): 417~421
[54] Joshi M B, Rout P K, Mandal A K, et al. Phylogeography and origin of Indian domestic goats. Mol Biol Evol, 2004, 21 (3): 454~462
[55] Sardina M T, Ballester M, Marmi J, et al. Phylogenetic analysis of Sicilian goats reveals a new mtDNA lineage. Anim Genet, 2006, 37 (4): 376~378
[56] Chen S Y, Su Y H, Wu S F, et al. Mitochondrial diversity and phylogeographic structure of Chinese domestic goats. Mol Phylogenet Evol, 2005, 37 (3): 804~814
[57] Naderi S, Hamid-Reza Rezaei H R, Taberlet P, et al. Large-scale mitochondrial DNA analysis of the Domestic goat reveals six haplogroups with high diversity. PLoS One, 2 (10): e1012
[58] Anthony D W, Brown D R. The origins of horseback riding. Antiquity, 1991, 246: 22~38
[59] Levine M A. Domestication, breed diversification and early history of the horse. Dorothy Russell Havemeyer Foundation Workshop: Horse Behavior and Welfare. Holar, Iceland, 2002
[60] 李水城, 梅建军. 古代的交互作用: 欧亚大陆的东部与西部述评. 华夏考古, 2004, 3: 109~112
[61] 陈星灿. 也谈家马的起源及其他. 中国文物报, 1999-6-23.
[62] Lister A M, Kadwell M, Kaagan L M, et al. Ancient and modern DNA in a study of horse domestication. Anc Biomol, 1998, 2: 267~280
[63] Vila C, Leonard J A, Gotherstrom A, et al. Widespread Origins of Domestic Horse Lineages. Science, 2001, 291 (5503): 474~477
[64] Jansen T, Forster P, Levine M A, et al. Mitochondrial DNA and the origins of the domestic horse. Proc Natl Acad Sci USA, 2002, 99 (16): 10905~10910
[65] McGahern A, Bower M A M, Edwards C J, et al. Evidence for biogeographic patterning of mitochondrial DNA sequences in Eastern horse populations. Anim Genet, 2006, 494 (37): 494~497

第7章 植物古DNA研究应用

自20世纪80年代以来，古DNA的研究已经取得了长足的发展，但迄今为止，大部分研究工作都集中于人类和动物，而对植物古DNA的研究相对较少。

植物古DNA的研究始于1985年，Rogers等[1]对考古材料中干瘪植物残余古DNA进行了研究，他们从500~44 600年前的干种子中获得了一定数量的DNA(0.3~200ng/mg)，此项研究工作为植物古DNA的研究奠定了方法学上的基础。

1990年，美国科学家Golenberg等[2]又从美国爱达荷州克拉克遗址（Clarkia）1700万~2000万年前的雷它木兰（*Magnolia latahensis*）化石中提取出古DNA，扩增并测序了820bp的叶绿体DNA *rbc*L基因（编码1,5-二磷酸核酮糖羧化/加氧酶大亚基的基因）片段，将其与木兰科一些现生种的相同序列进行对比，从分子角度重塑了木兰科植物的系统树，引起了科学界的强烈反响。这是人类历史上从化石材料中提取DNA成功的首例，大大丰富了古DNA的来源，从此在世界上掀起了古DNA研究的热潮。然而，Pääbo等[3]依据Lindahl等[4,5]的DNA体外降解实验，测算出DNA会在400万年后全部降解，从而对Golenberg等[2]所获得的1700万~2000万年前的古DNA序列提出质疑。

尽管如此，植物古DNA研究仍然取得了诸多令人信服的成果，很多植物化石或古代植物种子、遗骸中的古DNA被提取并扩增，经过一系列的分析比较，能够获得大量古代植物的信息，这对于植物起源、植物演化、农作物驯化、植物考古、植物地理等领域来说，具有无可替代的研究价值。下面就通过一些植物古DNA研究应用实例，介绍一下该领域的研究进展情况。

7.1 小麦古DNA研究应用

小麦（*Triticum aestivum*）是世界上主要的粮食作物之一，近十年来年产量均超过6亿吨。它的起源和进化是许多遗传学家和育种学家一直研究的课题，针对考古地点小麦进行古DNA研究，可以反映出早期小麦的遗传特征，这将会为小麦的起源和进化研究提供直接的证据。

英国曼彻斯特大学的Brown等[6]就一直从事小麦的古DNA研究，他们在1994年的文章中指出：小麦的驯化过程涉及3个不同的倍性以及众多的经济种；在其栽培历史的前8000年中表现出很高的遗传多样性，但在最近1500年中小麦的遗传多样性逐渐减少，逐步形成一个种，大约在100多年前这个种的基因库基本稳定下来。通过对小麦驯化过程的分析，他们希望能够了解早期农业社会的发展以及人类利用植物的历程。

同年，Brown 等[7]还对英国和约旦共 3 个考古遗址采集的小麦种子进行了古 DNA 分析，他们对这些样本的一段 246bp 的 HMW 谷蛋白前导区序列进行了 PCR 扩增，其中，只有采集自英国 Danebury 铁器时代考古遗址的斯卑尔脱小麦（T. spelta）样本获得了 PCR 产物。这些 Danebury 碳化小麦的外观不同，一些麦粒保持原有形状，而另一些麦粒已经变形；种子的颜色也有一个变化范围，并不是所有的都显现碳化种子的灰黑色。他们认为，只有那些原有形态保持不变的种子才保存了足够的古 DNA。Brown 等在该项研究中还建立了一套用于鉴定四倍体和六倍体小麦的方法体系。小麦有带皮小麦和裸粒小麦之分，对于各种带皮小麦，可以试图通过形态学特征进行区分，而对于那些裸粒小麦，就很难进行鉴定，甚至连四倍体、六倍体都区分不开；此外，野生环境中不存在六倍体小麦，它的起源和传播是个很重要的问题，只有建立了可靠的小麦倍性分析系统，才能解决这一问题。因此，他们设计了基于 PCR 技术的分析方法，即对小麦 rDNA 的非转录间隔区的部分核苷酸序列进行扩增测序，由于四倍体小麦（具有 4 个染色体组 AABB）较六倍体小麦（具有 6 个染色体组 AABBDD）缺少 D 染色体组，而 D 染色体组又比 B 染色体组的 rDNA 非转录间隔区多一段 71bp 的插入序列，因此通过序列分析，就能够鉴别出 D-（四倍体小麦）和 D+（六倍体小麦）。他们将这一方法体系成功地运用于现代小麦的鉴定，还打算将其应用于古代小麦遗骸的倍性鉴定。

1998 年，Schlumbaum 等[8]也成功地鉴定了六倍体小麦。他们在瑞士苏黎世湖旁一个距今约 6000 年的新石器遗址中发现了大量小麦，从其麦穗轴中成功地扩增出 HMW 谷蛋白前导区序列，经比较与现代六倍体小麦的相应序列吻合，然而，对同一考古遗址的小麦麦穗轴进行形态学鉴定，又显示其为四倍体裸粒小麦，因此，他们认为这些小麦遗存应为四倍体和六倍体共存。

此后，小麦古 DNA 的研究又取得了一系列的成果。1999 年，Allaby 等[9]声称从 3000 年前希腊 Assiros 考古遗址的小麦中提取到古 DNA，这些小麦遗存可能是栽培二粒小麦（T. dicoccum）和斯卑尔脱小麦（T. spelta）的混合，可以对其进行鉴别。2002 年，Blatter 等[10]研究了来自于瑞士的 300 年前的斯卑尔脱小麦（T. spelta）和 250 年前的普通小麦（T. aestivum），扩增测序了 HMW 谷蛋白的部分前导区序列。2002 年，Bilgiç 等[11]对安纳托利亚的古代样本——8000 年前的 Çatalhöyük 和 4000 年前的 İmamoğlu Höyük 的古 DNA 进行了提取、扩增和测序，发现 Çatalhöyük 中一个类似斯卑尔脱小麦的序列，先前其被认为是单粒和二粒小麦，现在被重新鉴定为六倍体小麦。以上关于小麦的研究几乎都用到了 HMW 谷蛋白前导区序列，这一序列存在于六倍体小麦的每一染色体组上（A、B 和 D），拷贝数相对较多,这对于古 DNA 研究十分有利。除了 Bilgiç 等[11]在 8000 年前的样本中仅仅获得 107bp 和 156bp 的序列片段以外,其他研究均获得了 200bp 或更长的 DNA 序列,因此,HMW 谷蛋白前导区序列可以作为小麦古 DNA 研究的一个重要的分子标记。

7.2 玉米古 DNA 研究应用

玉米(*Zea mays* ssp. *mays*)是由一种野生草本植物——墨西哥类蜀黍驯化而来的,目前最早的驯化玉米的考古学证据是 6250 年前,然而 Matsuoka 等[12]的研究表明:玉米的驯化可能早在 9000 年前就在墨西哥南部的巴尔萨斯河流域开始了。

1991 年,Rollo 等[13]采用多种方法研究了前哥伦比亚时期考古遗址玉米的古 DNA,发现古 DNA 的含量较少且高度片段化(片段长度都不超过 140bp),尽管如此,他们仍然发现了玉米 *Mu* 因子中的 *Mu*1、*Mu*4、*Mu*8 及 *Mu*5 的部分片段,对这些因子与其他遗传组分的相对比例进行评估,将为古代玉米的种群研究提供新的线索。

1993 年,Goloubinoff 等[14]提取了智利和秘鲁 400~4700 年前考古遗址中玉米的古 DNA,扩增并测序了编码乙醇脱氢酶 2 的核基因 *Adh*2 片段,经与美国、秘鲁、墨西哥等地现代玉米的相同基因的对比研究表明:古代玉米的序列多态性与现代玉米相同,一些古代玉米的 *Adh*2 等位基因与现代玉米相同或相似,玉米基因库已有上百万年的历史,现代栽培玉米种是由几种野生玉米种演化而来的。

近年来又有许多新的与玉米表型有关的基因用于玉米古 DNA 的研究。2003 年,Jaenicke-Després 等[15]分析了古代玉米的 3 个基因,这 3 个基因分别是:控制叶腋分裂组织生长的 *tb*1(*teosinte branched* 1)基因、控制种子贮藏蛋白表达的 *pbf*(*prolamin box binding factor*)基因和编码淀粉去分支酶的 *su*1(*sugary* 1)基因。他们分别将玉米和墨西哥类蜀黍的这 3 个基因进行比较,发现玉米的基因多态性较墨西哥类蜀黍的有所减少,推测可能与早期农民的选择驯化有关。该研究所选择的材料为:来自于 4300 年前、2300~2800 年前的墨西哥玉米样本和来自于 1900 年前、650~900 年前的美国新墨西哥州玉米样本以及现代的玉米和墨西哥类蜀黍样本。研究结果表明:现代玉米的 *tb*1、*pbf* 和 *su*1 等位基因在 4400 年前的墨西哥玉米中就已经存在,说明在玉米还没有传播到美国西南部之前,它的形态和有关蛋白质、淀粉的生物化学特征就已经开始被选择驯化了。他们的研究还表明:使玉米更容易收割的基因比增加玉米产量的基因更早地被选择保存下来;玉米棒的大小是驯化早期阶段的选择目标;而影响玉米淀粉的黏性的 *su*1 基因可能是玉米驯化后期的选择目标。

我们已经知道玉米起源于中美洲,此后到达南美并继续传播,但是玉米是何时到达南美,又是以什么模式进行传播的呢？此前利用考古学、分子生物学及化石证据等多种研究手段所得出的结论往往相互矛盾。2002 年,Matsuoka 等[12]对现代玉米的微卫星多态性分析表明：玉米最初进入南美的低地,然后才到达安第斯山脉。2003 年,Freitas 等[16]通过分析东部巴西、秘鲁和北部智利的考古学样本的 Adh2 基因,发现栽培玉米扩张到南美是两次独立的事件,一条途径是从中美洲传播进入安第斯山脉地区,另一条途径是顺着大陆东北沿岸的低地传播。2007 年,Verónica 等[17]选取了南美南部安第斯考古遗址的 400～1400 年前的玉米样本,对其古 DNA 进行检测,并研究了其 3 个微卫星位点,结果表明：栽培玉米最初传播到南美是通过高地这个路线,而不是通过低地传播。

7.3 稻古 DNA 研究应用

栽培稻（Oryza sativa）具有两种类型：亚洲栽培稻和非洲栽培稻。非洲栽培稻的分布仅限于西非一个很小的地方,而亚洲栽培稻是世界上稻米的主要类型。亚洲栽培稻虽然起源于亚洲,却已分布于全世界,除亚洲的东部和南部以外,欧洲、非洲、美洲和大洋洲也都有少量的分布。那么,栽培稻到底起源于亚洲何地？这一问题成为半个世纪以来一直争论的焦点,学术界对此众说纷纭,主要有云贵高原说、华南说、长江下游说、长江中下游说、黄河下游说、多元说等,而近年来栽培稻古 DNA 研究的成果将为这一问题的最终解决提供大量的实验依据。

亚洲栽培稻可分为籼、粳两大亚种。1996 年,Kanno 等[18]发现籼稻叶绿体 DNA 比粳稻叶绿体 DNA 缺失 69 个碱基对,因此,利用碳化米叶绿体 DNA 的差异就可以鉴别出其属于哪一亚种。1998 年,佐藤洋一郎等[19]对距今 7000 年的浙江余姚河姆渡遗址、江苏高邮龙虬遗址出土的碳化米古 DNA 进行分析,发现遗址中的栽培稻为粳稻类型。1999 年,汤陵华和佐藤洋一郎等[20]又利用此法分析了中国草鞋山遗址各文化时期的稻种类型的古 DNA,结果认定该地区古代各时期种植的稻种类型均为粳稻。

早在 1990 年,佐藤洋一郎等[21]就根据各地水稻品种的 Hwc2 和 hwc2 这两个基因的地理分布,发现温带粳稻集中分布于长江下游经朝鲜半岛南部至日本列岛这一区域,至于热带型粳稻则分布于整个亚洲。此后,佐藤洋一郎等[22]还研究了日本绳纹文化时期（9000～2500 年前）遗址中出土的碳化米和稻叶的古 DNA,结果表明：当时的栽培稻中有热带粳稻的存在,分析可能是从南洋向北、逐个岛屿传入的,而以往一直认为日本的栽培稻是从中国大陆传入的,这一结果对认识日本稻作农耕文化起源和发展具有一定的影响。

7.4 高粱古 DNA 研究应用

1998 年，英国 Durham 大学的 Deakin 等[23]对重要的谷类作物高粱（*Sorghum bicolor*）进行了研究，他们采集了埃及公元前 800～1800 年间的双色高粱种子的系列样本，这些样本保存在极端的沙漠环境中，他们从这些古代高粱样本中提取了一系列不同时代的古 DNA。如果将其与现代人工栽培的高粱以及生长在不同地理范围内的野生高粱进行对比研究，会为揭示高粱的演化过程提供丰富的分子资料。

7.5 其他植物遗存古 DNA 研究应用

除了上述这些主要农作物遗存以外，在一些考古遗址中还发现一些其他植物的遗存，对它们的古 DNA 研究也取得了一些进展。

1999 年，Dumolin-Lapègue 等[24]对现代和古代（约 600 年前）美国红橡（*Quercus rubra*）和欧洲白橡（*Quercus robur*）叶绿体 DNA 的 *trn*D-*trn*T 基因间序列进行了分析，发现这一序列在不同品种间存在差异，可用于鉴定橡木品种和地理起源研究。2006 年，Deguilloux 等[25]又对欧洲不同考古遗址的 51 个橡木样本进行了古 DNA 分析，他们选择了 5 个叶绿体 DNA 多态性片段，获得了 4 个单倍型。发现这些古代橡木的单倍型类型与同一地点的现代橡木的单倍型类型是一致的，说明欧洲古代和现代的橡木具有遗传连续性，此法可以用来研究木材的运输，为古代木材的研究提供了一个新的视角。

葫芦（*Lagenaria siceraria*）是世界上最古老的农作物之一，在非洲、欧亚大陆及美洲的许多考古遗址中均发现葫芦的遗存。图 7-1 即为一个约 1000 年前的葫芦种子遗存。2005 年，Erickson 等[26]分析了秘鲁、墨西哥和美国佛罗里达一些考古遗址中的葫芦外壳碎片的古 DNA，他们利用叶绿体 DNA 中的 3 个多态性序列成功地区分出葫芦的非洲类型和亚洲类型，从而对美洲葫芦来自于非洲还是亚洲这一悬而未决的问题进行了探讨。结果表明，葫芦最初是由亚洲而不是非洲传入美洲的，早在 10 000 年前葫芦就作为栽培种在美洲种植。

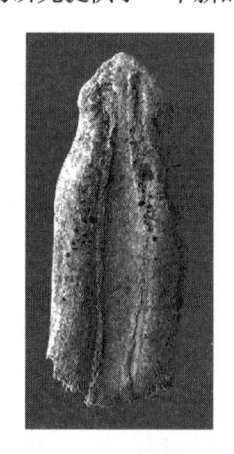

图 7-1 约 1000 年前的葫芦种子遗存[26]

橄榄树（*Olea europaea*）的早期驯化手段是利用营养繁殖来筛选具有更好果实的野生个体，此后的驯化则是反复地引入野生和中间类型的优良性状，现代的许多栽培橄榄树既具有古代栽培橄榄树的遗传特性，又具有现代本地野生橄榄树的遗传特性，因此古 DNA 的研究能够展现橄榄树驯化过程的复杂性。然而，橄榄树的驯化过程发生在地中海地区，那里的气候条件并不适于古 DNA 的保存，这给橄榄树古 DNA 研究带来了困难。2006 年，Elbaum 等[27]利用红外光谱技术检测了这一地区一些墓坑的木质素含量，并将其与古 DNA 的模板长度和模板数量联系起来，从而选出了古 DNA 保存较好的墓坑。事实上，经这一检测而找到的墓坑中确实含有保存质量较高的古 DNA，他们获得了最古老的橄榄树古 DNA 序列，并将其与现代野生和栽培品系进行了比较研究。

此外，2006 年，Rogers 等[28]还对古代黎巴嫩雪松（*Cedrus libani* A. Rich）进行了古 DNA 研究，这些黎巴嫩雪松的古代样本分别来自于土耳其 Gordion 遗址的米达斯国王墓（2700 年前），及以色列耶路撒冷的阿克萨清真寺（1500~1900 年前）。他们选取了核糖体 DNA 的 ITS1 和 ITS2 区进行 PCR 扩增和测序，共获得 56 个序列；继而对这些序列进行 BLAST 相似序列搜索，发现它们中的绝大多数均与人和真菌相似，只有一个 Gordion 遗址样本的 ITS1 区序列和一个阿克萨清真寺样本的 ITS2 区序列与松科植物的 ITS 序列具有相似性；最后又将这两个样本的 ITS 序列与现代松科（Pinaceae）、柏科（Cupressaceae）、红豆杉科（Taxaceae）和杉科（Taxodiaceae）植物的 ITS 序列进行比较，构建系统发育树（图 7-2），结果表明，这两个序列与土耳其的 3 个现代黎巴嫩雪松（ZK IK 31704 12、ZK IK 31704 4、ZK AS 31704 4）的 ITS 序列最接近，但是它们之间也存在一些差异。

7.6 植物化石古 DNA 研究应用

以上是一些考古遗址中植物遗存的古 DNA 研究情况，科学家们能够从这些几百、几千甚至近万年前的植物遗存中提取古 DNA，并从中获得系统发育、地理分布、人工栽培和驯化等方面的信息。然而不仅如此，科学家们也同样从一些几十万年甚至上千万年前的植物化石中获得了古 DNA，并对其种属鉴定方法、系统发育关系、进化地位等进行深入的研究。

继 1990 年 Golenberg 等[2]从美国爱达荷州 Clarkia 遗址 1700 万~2000 万年前的木兰化石中提取出古 DNA 后，1992 年，Soltis 等[29]又从同一地点同一时期的落羽松（*Taxodium distichum*）化石标本中得到了长为 1320bp 的叶绿体 *rbc*L 基因片段，这一片段比 Golenberg 等所得到的木兰化石古 DNA 片段还长 500bp，说明从 1700 万~2000 万年前的植物化石中获得古 DNA 是可能的，从而验证了 Golenberg 的研究结果。他还将所得到的化石落羽松的 *rbc*L 基因片段序列与现存落羽松进行比较，发现化石落羽松与现存落羽松存在 11 个碱基的差异，虽然它们之间的序列分化时间无法确认，但可以肯定它们至少与 Clarkia 遗址的时代（1700 万~2000 万年前）相同或更早。如果它们在 1700 万~2000 万年前拥有同一个祖

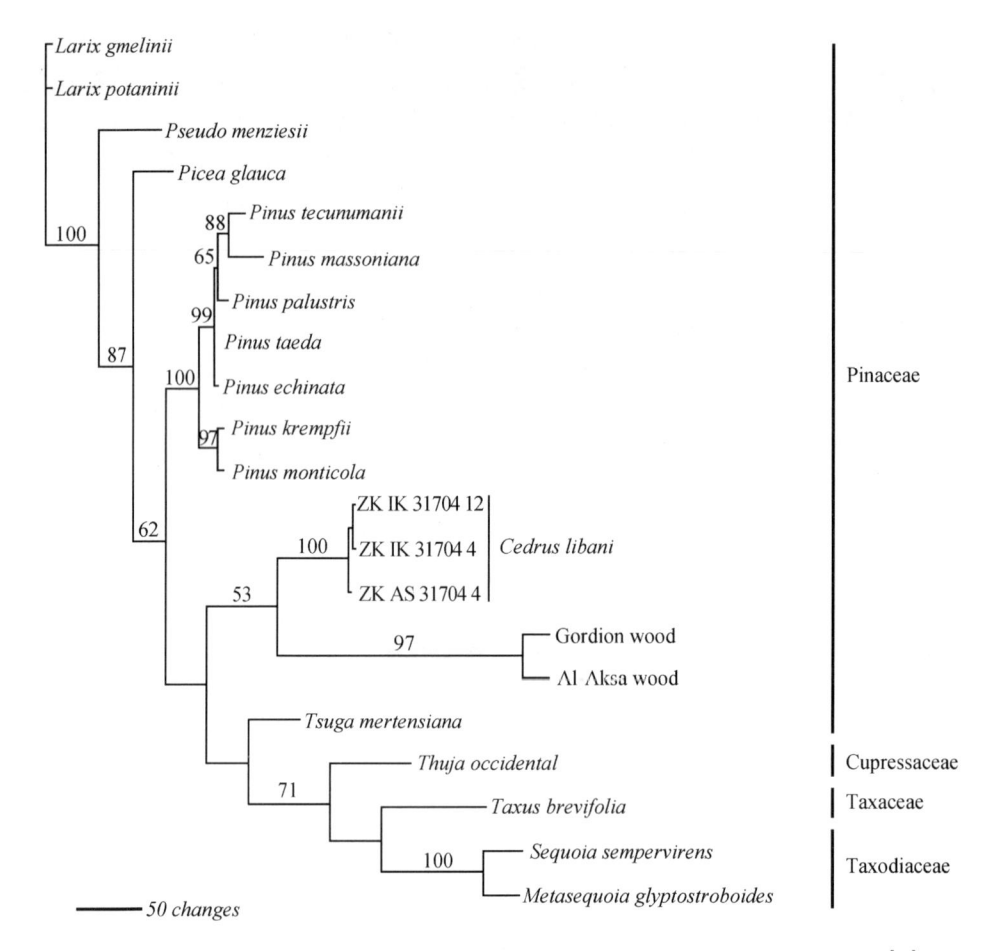

图 7-2　古代黎巴嫩雪松与现代松科、柏科、杉科和红豆杉科植物的系统发育树[28]

先，那么这个 rbcL 基因片段的进化速率为每百万年 0.55~0.65 个碱基替代或者平均每个位点每百万年发生 4.2×10^{-4} ~4.9×10^{-4} 次替代。根据这一结果，生物学家可以推测落羽松科内其他各个种的分化时间。这一结果又进一步证明了古 DNA 研究在分子进化和系统发育研究中的重要作用。

1993 年，Poinar 等[30]从多美尼加共和国 350 万~400 万年前的琥珀中提取出了 *Hymenaea protera*（可简写为 *H. protera*）的 DNA。*H. protera* 为李叶豆属（*Hymenaea*）植物，现已灭绝多年。早在 1975 年，Lee 等[31]根据形态特征将李叶豆属分为 4 个种：*H. verrucosa*、*H. oblongifolia*、*H. courbail* 和 *H. protera*，并推断 *H. protera* 是 *H. verrucosa* 和 *H. oblongifolia* 的祖先，*H. courbail* 的出现晚于 *H. verrucosa* 和 *H. oblongifolia*。然而，Poinar 等[30]对 *H. protera* 和同属其他种的 rbcL 基因进行分析后发现，*H. protera* 与 *H. courbail* 的亲缘关系比与 *H. oblongifolia*

更近,从分子生物学的角度对该属 4 个种的植物的系统发育关系进行了重建。根据这个结果,分类学家认为 H. courbail 可能和 H. verrucosa 及 H. oblongifolia 出现得一样早,只是 H. courbail 的一些性状因为某种原因发生变化,而 H. oblongifolia 的各种性状保持稳定。这种对灭绝植物的 DNA 分析,为分类学家解决一些分类与进化的问题提供了有力的直接来自古生物本身的证据。

1996 年,Suyama 等[32]从至少 15 万年前的更新世泥炭层的冷杉属(Pinaceae)植物孢粉化石中扩增出 DNA,图 7-3 为其孢粉的表面荧光显微照片。为了鉴定这些孢粉属于冷杉属的哪一种植物,他们先研究了现存冷杉属植物 DNA 序列中的具有种特异性的区域,并对 4 粒孢粉化石中的叶绿体 DNA rrn5-trnR 间隔区进行了测序。其中 3 粒孢粉化石的该段序列都与现代的冷杉一致,另外 1 粒孢粉化石的该段序列与现存的冷杉有一个碱基的差异。这项研究不仅成功地对单粒孢粉

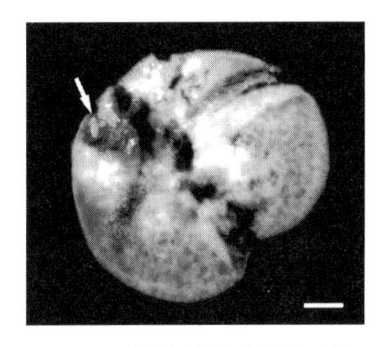

图 7-3 冷杉属植物孢粉化石的表面荧光显微照片[32]

化石进行了 DNA 分析,而且在孢粉研究领域建立了一个鉴定孢粉化石种属的新方法。

2004 年,Kim 等[33]又从美国爱达荷州 Clarkia 遗址(1700 万～2000 万年前)的木兰属植物 Magnolia latahensis(简写为 M. latahensis)化石(图 7-4A)和鳄梨属植物 Persea pseudocarolinensis(简写为 P. pseudocarolinensis)化石(图 7-4B)中分别获得了部分 ndhF 序列(1528bp)和部分 rbcL 序列(699bp)。

图 7-4 植物化石照片[33]
A. M. latahensis 化石;B. P. pseudocarolinensis 化石

M. latahensis 的 *ndh*F 序列与现存的木兰属植物 *M. grandiflora*、*M. schiediana*、*M. guatemalensis* 和 *M. tamaulipana* 一致。简约法分析显示 *M. latahensis* 应归于木兰属荷花玉兰组，这一结果与形态学、分子系统学研究结果相吻合。*P. pseudocarolinensis* 的 *rbc*L 序列与现存的鳄梨属其他种有 3~6 个碱基的差异，而与现在檫木属的黄樟 (*Sassafras albidum*) 有两个碱基的差异。最大简约法和最大似然法分析均表明 *P. pseudocarolinensis* 应归属于樟科，并与檫木属的黄樟而不是鳄梨属的其他植物最接近，因此不排除它不是鳄梨属植物，而是某种未曾报道过的檫木属植物的可能性。他们的研究进一步验证了从 Clarkia 遗址的中新世植物化石中能够获得古 DNA，这与先前一些科学家的质疑[3~5]是相反的，说明 Clarkia 遗址的化石具有巨大的系统发育、生物地理和分子进化研究的潜力。

7.7 冰芯中植物古 DNA 研究应用

虽然化石能够很好地再现过去植物的形态、结构，甚至提供有价值的古 DNA 序列，但是对于地球上终年被冰层覆盖的近 10% 的陆地来说，获得这样有意义的化石是十分困难的，因此科学家们尝试从冰层最深处的冰芯中获得植物古 DNA，运用这一手段可以获得这些地区古植物和古气候环境的大量信息。

2007 年，Willerslev 等[34]在格陵兰岛的不同位置钻了 3 口井，采集从冰层表面到底部的完整的冰芯来进行古 DNA 分析。如图 7-5 所示，这 3 口井分别为：① DYE-3，位于格陵兰岛的南部地区；② GRIP，位于格陵兰岛冰盖的中间部位；③ JEG，位于加拿大的约翰·埃文斯冰川。

其中加拿大冰川的历史最短，只有几千年，因此他们用在 JEG 钻井中采集的样本进行了方法的测试。JEG 钻井中获得的古 DNA 包括三种植物，且均为当地几千年来最常见的物种，由此证明从冰芯底层发现的东西可以

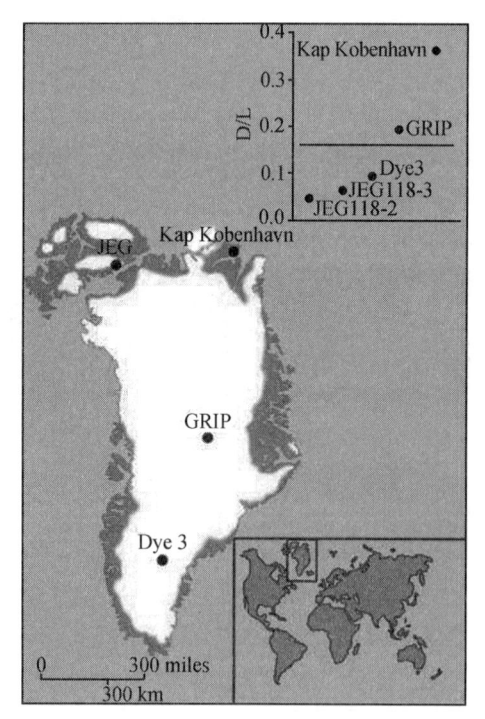

图 7-5 三口钻井位置图[34]

代表当时当地的环境。

他们从超过 3km 深的 GRIP 钻井中未获得任何 DNA 信息，而从 2km 深的 DYE-3 钻井中提取出了古 DNA，并获得 *rbc*L 和 *trn*L 基因间区的 59~120bp 序列，从而再现了这一地区近百万年间某一时候的生命景象。那时候格陵兰岛为森林所覆盖，到处分布着赤杨属（*Alnus*）、云杉属（*Picea*）、松属（*Pinus*）、红豆杉科（Taxaceae）等木本植物和菊科（Asteraceae）、豆科（Fabaceae）、禾本科（Poaceae）等草本植物。这与今天加拿大东部及瑞典北方森林生态系统相似，而与现在格陵兰岛的极地环境完全不同。每一个物种都有它适宜生长的温度条件，因而这些树木可以提供一个当时的气候背景。例如，红豆杉的存在表明当时冬天的温度不会低于零下 17℃，而其他树种的存在则告诉我们，当时夏天的温度至少在 10℃以上。

Willerslev 等的研究为冰层覆盖地区远古环境、气候、生态系统的研究提供了新的方法，地球的两极有占陆地面积 10% 的地区存在着冰芯，因此这一研究方法有着广阔的应用前景，在更深的冰芯中或许存在着更加古老的植物的遗传信息，这将为古植物、古环境的研究带来新的革命。

参 考 文 献

[1] Rogers S O, Benish A J. Extraction of DNA from milligram amounts of fresh herbarium and mummified plant tissues. Plant Mol Biol, 1985, 5: 69~76

[2] Golenberg E M, Giannsi D E, Clegg M T, et al. Chloroplast-DNA sequence from a Miocene Magnolis species. Nature, 1990, 334: 656~658

[3] Pääbo S, Wilson A C. Miocene DNA sequences-a dream come true? Current Biology, 1991, 1: 45~46

[4] Lindahl T, Andersson A. Rate of chain breakage at apurinic sites in double-stranded deoxyribonucleic acid. Biochemistry, 1972, 11: 3618~3622

[5] Lindahl T, Nyberg B. Rate of depurination of native deoxyribonucleic acid. Biochemistry, 1972, 11: 3610~3618

[6] Brown T, Allaby R, Brown K, et al. Biomolecular archaeology of wheat past, present and future. World Archaeology, 1994, 25: 64~73

[7] Brown T A, Allaby R G, Brown K A, et al. DNA in wheat seeds from European archaeological sites. Experientia, 1994, 50: 571~575

[8] Schlumbaum A, Jacomet S, Neuhaus J M. Coexistence of tetraploid and hexaploid naked wheat in a neolithic lake dwelling of central Europe: Evidence from morphology and ancient DNA. Journal of Archaeological Science, 1998, 25: 1111~1118

[9] Allaby R G, Banerjee M, Brown T A. Evolution of the high molecular weight glutenin loci of the A, B, D and G genomes of wheat. Genome, 1999, 42: 296~307

[10] Blatter R H E, Jacomet S, Schlumbaum A. Spelt-specific alleles in HMW glutenin genes

from modern and historical European spelt (*Triticum spelta* L.). Theor Appl Genet, 2002, 104: 329~337

[11] Bilgiç H. Genetic relationship of wild and primitive wheat species from turkey based on microsatellite markers and ancient DNA analysis. PhD Thesis, Middle East Technical University, Ankara, Turkey, 2002

[12] Matusuoka Y, Vigouroux Y, Goodman M M, et al. A single domestication for maize shown by multilocus microsatellite genotyping. Proc Nat Acad Sci USA, 2002, 99: 6080~6084

[13] Rollo F, Venanzi F M, Amici A. Nucleic acids in mummified plant seeds: biochemistry and molecular genetics of pre-Columbian maize. Gent Res, 1991, 58: 193~201

[14] Goloubinoff P, Pääbo S, Wilson A C. Evolution of maize inferred from sequence diversity of an *adh*2 gene segment from archaeological specimens. Proc Natl Acad Sci USA, 1993, 90: 1997~2001

[15] Jaenicke-Després V, Buckler E S, Smith B D, et al. Early allelic selection in maize as revealed by ancient DNA. Science, 2003, 302: 1206~1208

[16] Freitas F O, Bendel G, Allaby R G, et al. DNA from primitive maize landraces and archaeological remains: implications for the domestication of maize and its expansion into South America. J Archaeol Sci, 2003, 30: 901~908

[17] Verónica V Lia, Viviana A Confalonieri, Norma Ratto, et al. Microsatellite typing of ancient maize: insights into the history of agriculture in southern South America. Proc R Soc B, 2007, 274: 545~554

[18] Kanno A, Watanabe N, Nakamura I, et al. Variations in chloroplast DNA from rice (*Oryza sativa*): differences between deletions mediated by short direct-repeat sequences within a single species. Theor Appl Genet, 1996, 86: 579~584

[19] 佐藤洋一郎. DNA 分析法. 见：平尾良光・山岸良二. 文化財探科学の眼. 东京: 国土社, 1998: 38~44

[20] 汤陵华, 佐藤洋一郎, 宇田津彻朗等. 中国草鞋山遗址古代稻种类型. 江苏农业学报, 1999, 4: 193~197

[21] 佐藤洋一郎. 日本におけるイネの起源と伝播に関する-考察-遺伝の立場から—. 考古学と自然科学, 1990, 22: 1~11

[22] 佐藤洋一郎. 遺跡青森県三内丸山, 遺跡および熱出土の帯 japonica 種遺品の碳化米および藁状物. 財日本文化科学会第 15 発回大会研究表要旨集, 1998: 60~61

[23] Deakin W J, Row ley-Conwy P, Shaw C H. The sorghum of Qasr Ibrim: Reconstructing DNA templaes from ancient seeds. Ancient Biomolecules, 1998, 2: 117~124

[24] Dumolin-Lapègue S, Pemonge M H, Gielly L. Amplification of oak DNA from ancient and modern wood. Molecular Ecology, 1999, 8: 2137~2140

[25] Deguilloux M F, Bertel L, Celant A, et al. Genetic analysis of archaeological wood remains: first results and prospects. Journal of Archaeological Science, 2006, 33: 1216~1227

[26] Erickson D L, Smith B D, Clarke A C, et al. An Asian origin for a 10 000-year-old domesticated plant in the Americas. Proc Natl Acad Sci USA, 2005, 102: 18 315~18 320

[27] Elbaum R C, Melamed-Bessudo E, Boaretto E, et al. Ancient olive DNA in pits: preservation, amplification and sequence analysis. Journal of Archaeological Sciences, 2006, 33: 77~88

[28] Rogers S O, Kaya Z. DNA from ancient cedar wood from King Midas Tomb, Turkey, and Al-Aksa Mosque, Israel. Silvae Genetica, 2006, 55 (2): 54~62

[29] Soltis P S, Soltis D E, Smiley C J. An rbcL sequence from Miocene Taxodium (bald cypress). Preceedings of the National Academy of Science USA, 1992, 89: 449~451

[30] Poinar H N, Cane R J, Poinar G O. DNA from an extinct plant. Nature, 1993, 363: 677

[31] Lee Y T, Langenheim J H. Systematics genus *Hymenaea* (Leg. Caesalpinoidea, Ditarie-ae). Univesity of California Publication in Botany, 1975, 69: 1~109

[32] Suyama Y, Kawamuro K, Kinoshita I, et al. DNA sequence from a fossil pollen of *Abies* spp. from pleistocene peat. Genes Genet Res, 1996, 71: 145~149

[33] Kim S, Soltis D E, Soltis P S, et al. DNA sequences from Miocene fossils: an *ndhF* sequence of *Magnolia latahensis* (Magnoliaceae) and an *rbcL* sequence of *Persea pseudocarolinensis* (Lauraceae). Am J Bot, 2004, 91: 615~620

[34] Willerslev E, Cappellini E, Boomsma W, et al. Ancient biomolecules from deep ice cores reveal a forested southern Greenland. Science, 2007, 317: 111~114

第三篇　古DNA的研究方法

第8章 古 DNA 研究流程

8.1 古 DNA 实验技术流程

古 DNA 在长期保存的过程中受到内源物质（酶）与外界环境（物理、化学、微生物等）的共同作用，一般具有含量极低、高度降解、广泛损伤的特点。因此，古 DNA 研究有其特有的实验室技术流程，概括起来主要有以下 8 个步骤（图 8-1），以 PCR 扩增过程为界限，上述 8 个步骤可划分为两个阶段：前 PCR（pre-PCR）和后 PCR（post-PCR）。

8.1.1 考古发掘人员样本采集

考古发掘人员在分子考古研究中扮演了一个重要的角色，在研究初期需要他们现场采集样本，为了避免初期的污染，在采集样本过程中务必要小心谨慎。

最常见的考古样本有以下几种：骨骼、牙齿、毛发，适合古 DNA 研究的程度：牙齿 > 骨骼 > 毛发，最好优先选择牙齿样本。在采集过程中要注意选取质量较好的样本，对于骨骼样本一般要选取没有破损、裂缝的肢骨；牙齿要选择表面没有裂纹、光滑洁白、质地坚硬的臼齿；对于毛发标本，根部一定要带有毛囊，对于动物来说，我们可以选择毛皮样本。

在采集过程中，与样本直接接触的人员越少越好，样本采集人员必须戴上一次性头套、口罩、乳胶手套，每采集一个个体，更换一副手套，尽量减少与样本的接触面积。用毛刷除去样本表面的浮土，立即放入洁净的塑料袋中密封保存，写上考古编号，注意一定不要用水清洗样本，尽管用水清洗是田野考古发掘的常规程序。主要原因是水可破坏古 DNA 分子并使外源污染的 DNA 分子随着水流进入骨骼或牙齿的缝隙中。样本采集完毕后，如有条件，最好立即运送到专门

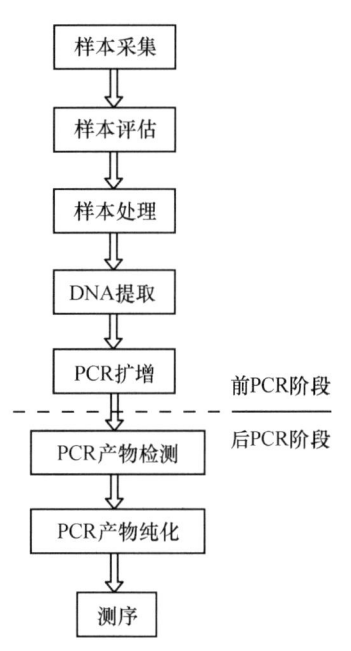

图 8-1 古 DNA 实验技术流程图

的古 DNA 实验室。在运送过程中，要用结实的箱子保存样本，同时避免不同样本间相互接触，每个标本用小盒子分别保存，盒子间要填充轻质的缓冲物，如纸、棉花等，防止样本在运输途中颠簸损坏。

8.1.2　样本评估

评价一个古代样本是否具有研究价值，是古 DNA 研究中必须注意的问题。一般说来，一个古代样本能否作为古 DNA 研究的材料，有经验的研究者根据样本的保存年代、保存条件、样本的外观就可以初步确定。但是我们还要对样本的保存质量进行定量的鉴定，获得科学准确的数据，做到有的放矢。由于古 DNA 的含量极少，因此目前尚无有效的方法直接测其含量。通常使用实时定量 PCR（real-time quantitative PCR）能够间接地估计古 DNA 模板的含量。但这种方法使用了 PCR 扩增技术，其 DNA 的估计量也可能包括污染的 DNA，因此只有在排除污染的可能性后，才能接受其测量结果。除了实时定量 PCR 以外，目前最常用的评估方法就是用氨基酸外消旋方法以及形态学和组织学相结合的扫描方法等对样本的质量进行评估。有机体死亡后，L-氨基酸外消旋变为 D-氨基酸，直到体内的 L-氨基酸和 D-氨基酸达到平衡为止，理论上能够通过对氨基酸外消旋程度（D/L）的检测来评估 DNA 的降解程度，消旋率越高意味着 DNA 降解的程度越高，DNA 存在的可能性也就越小。不同的氨基酸，其消旋发生的速率是不同的，天冬氨酸（Asp）是外消旋速度最快的氨基酸，可以用来评估 DNA 的降解程度。Poinar 等[1]研究表明，Asp D/L < 0.08 时的古代样本保存较好，而 Asp D/L > 0.08 的古代样本是不能扩增出古 DNA 的。此外，还可以通过对外观的观察以及对骨样切片进行显微观察来判断样本的保存情况。Haynes 等[2]采用形态学和组织学相结合的扫描方法建立了一个样本评估体系（图 8-2），对发掘自英国 Flixborough 的 Anglo-Saxon 遗址的 323 个鹅肱骨进行检测发现，骨的尺寸并不能很好地推测古 DNA 的含量，但两者之间有相关性，横截面直径小于 12mm 的骨头不能提取出古 DNA。另外，即便是被认为评估标准最低的骨头，也可能提取出古 DNA。

此外，Poinar 等[3]认为气相色谱/质谱法（gas chromatography and mass spectrometry，GC/MS）分析古代遗存中蛋白质的保存状态也可以间接证明古 DNA 的存在与否，但目前还没有得到更为广泛的认可。最近，激光显微切割技术（laser based microdissection）也被用于古 DNA 保存状态的评估。所谓激光显微切割技术就是将在显微镜下观察到的目标细胞直接用激光取出，从而与旁邻的其他细胞分开，并且可以将目标细胞放入试管中进行分子生物学的分析研究。Thalhamme 等[4]利用此项技术结合高解析原子力显微镜提取了一具木乃伊（公元前 1650 ~ 公元前 2050）的骨微粒，可以清晰地看到古 DNA 的保存状态（图 8-3）。

质量等级	描述	图 例
1	除表面片层以外，其他骨组织结构不可见	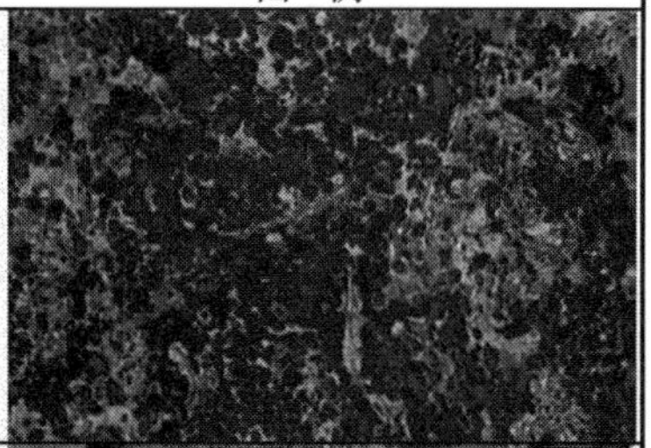
2	25%的骨组织结构可见，其余部分大面积破损	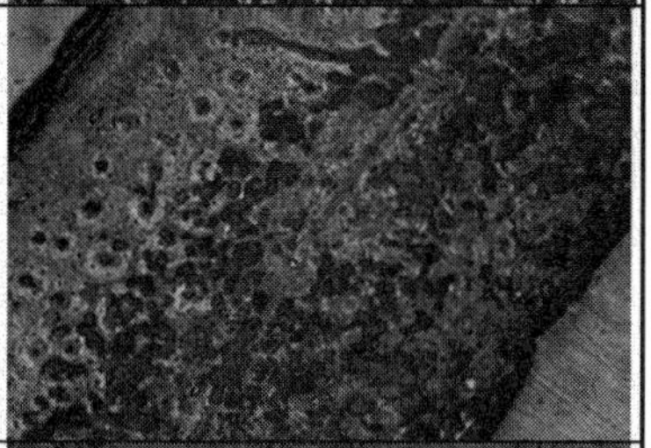
3	存在瘢痕，损伤区域留有不规则的洞，至少50%的骨组织结构可见	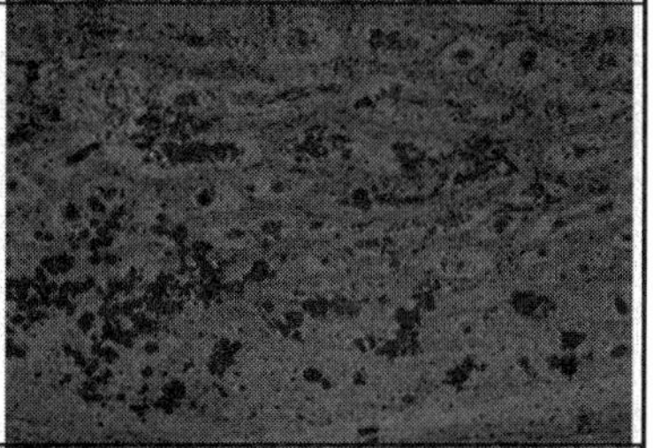
4	80%的骨组织结构清晰可见	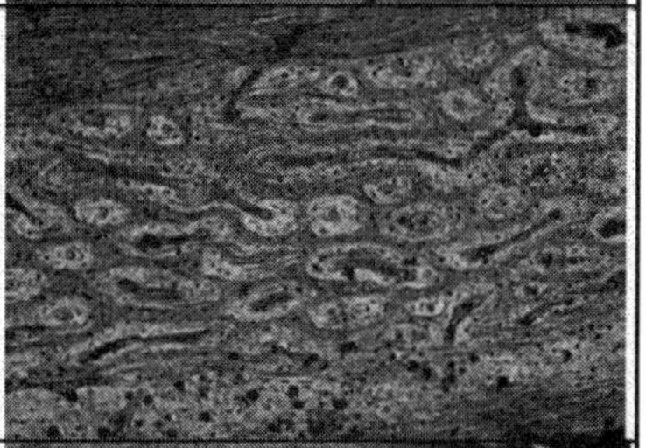
5	与现代人的骨骼组织结构没区别，至少95%保存完好	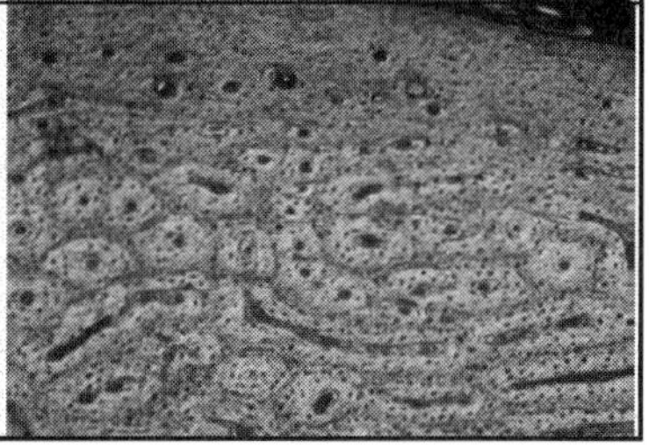

图 8-2　骨样切片的照片。根据其保存程度划分为 5 个质量等级[2]

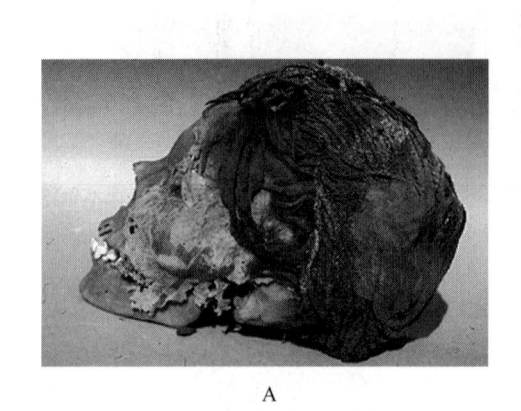

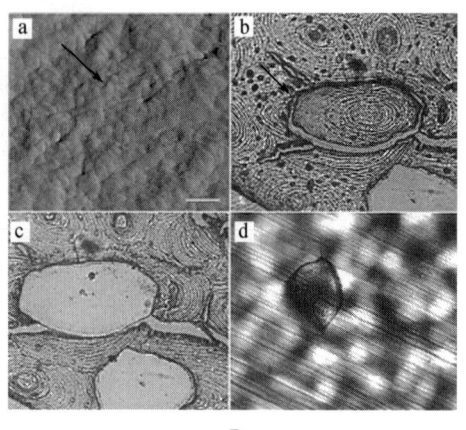

图 8-3　木乃伊头部图片（A）和高解析原子压力显微镜照片（B）
a. 胶原蛋白的三维图；b. 准备分离的骨微粒；c. 取出分离片段；d. 骨微粒被放入收集装置[4]

随着科学技术的发展，我们希望有越来越多的技术能够用于古代样本保存状态的评估，这对于古 DNA 研究具有重要的指导意义。

8.1.3　样本处理

用来提取古 DNA 的样本来源多种多样，有古生物遗骸（骨骼、牙齿），还有博物馆制作的干标本（皮张、粪便、毛发等）和浸液标本以及石蜡包埋组织等，针对不同的样品要采取不同的方法进行处理。

古生物遗骸是最常见的古 DNA 研究材料，长期埋藏在地下，表面会受到腐蚀以及在考古发掘中外源 DNA 的污染，因此首先要除去样品表面损坏和受污染的表层，经常采用的方法是用手术刀片或电动打磨工具去除表层 2～3mm，也可用紫外光照射或者用漂白粉溶液浸泡古代材料，随后用液氮冷冻粉碎机将样品粉碎和研磨处理成骨粉备用。

毛皮或毛发标本也是很好的古 DNA 材料，由于有防水角蛋白的保护可长期保存和长途运输，此外，角蛋白还可以防止现代的 DNA 序列通过汗液等途径对古 DNA 造成污染。毛发中的 DNA 主要集中在毛根部，所以毛样的采集一定要带有毛根，如有条件最好采用毛皮样块，这可以提高 DNA 的提取量。一般用手术刀将毛皮剪成细小的微粒，用 75% 的乙醇溶液清洗 1 或 2 次，再用蒸馏水冲洗 2 次即可。

浸液标本一般都保存在浸泡液（如乙醇、福尔马林）中，根据浸泡液的不同，其处理过程也大不相同。保存于 75% 乙醇中的标本不需经过前处理过程，可直接用于 DNA 提取；而用浓度大于 75% 的乙醇溶液保存的标本，一般用蒸馏水浸泡

30min，让其水化后才能提取DNA。大部分浸液标本保存于福尔马林中，由于福尔马林对DNA提取所用的蛋白酶有抑制作用，所以其前处理要尽量去除标本中残存的福尔马林。最常见的方法是用70%乙醇颠倒混合2天，每隔数小时更换乙醇一次，至无福尔马林气味为止。然后，加入灭菌蒸馏水冲洗数遍，用滤纸吸水备用。

对于石蜡包埋组织首先用机械的方法切成厚度为5~10μm的薄片，然后用二甲苯溶解石蜡，最后用一系列不同浓度（由高到低）的乙醇溶液使样品水化即可用于DNA的提取。

8.1.4 DNA提取

古DNA的提取是一个关键步骤，由于古DNA样品保存时间长，经过漫长的地质年代，其中残留的DNA量非常少，而且含有大量的PCR抑制物，同时伴有高度降解、广泛损伤，因此，古DNA的PCR成功率非常低。必须根据标本保存状态和不同的实验目的选用具有针对性的方法进行提取，才能保证研究的顺利进行。古DNA提取过程首先需要破裂细胞使核酸释放出来，然后除去蛋白质和其他可能会干扰接下来的PCR扩增的化合物。提取技术成功与否在于提取的DNA的质量和数量，以及PCR抑制物是否被完全去除。因为古代DNA的抽提液通常呈黄色至深棕色，含有大量的色素物质，其成分相当复杂，有糖的降解产物、卟啉残基及土壤成分（离子、单宁或腐殖酸等），这些色素物质是PCR反应中的关键酶——热稳定性DNA聚合酶的强力抑制剂，严重影响到PCR的扩增效率[5]。但另一个不容忽视的标准是提取方法涉及的操作步骤的多寡，很显然，较少的步骤尤其是较少开启试管的次数更有利于污染的控制。

目前，古DNA提取的实验方法主要参考现代核酸的提取技术，只是在提取缓冲液上做些修改以适应古DNA材料的特点和防止污染。虽然目前已经发表了很多提取古DNA的方法，但是迄今为止还没有一种通用的提取方法适用于所有的古DNA提取。根据文献报道，目前普遍用于古DNA提取的方法有两大类：苯酚提取法[6]和硅质提取法[7]。苯酚提取法首先用蛋白酶K消化标本，在消化过程中加入还原剂［巯基乙醇或二硫苏糖醇（DDT）］可以提高DNA的得率，随后用酚、氯仿去除蛋白质，最后用乙醇沉淀DNA或用透析法浓缩DNA。然而，有学者认为用这种方法提取DNA，PCR抑制剂会与DNA一起被抽提出来，影响后面的PCR反应。与苯酚提取法相比，硅质提取法是目前使用最多的方法，其优点是可以很好地去除已知或未知PCR抑制物，但是DNA收率较低。最初Boom等[7]根据在有高浓度的异硫氰酸胍（GuSCN）条件下核酸能与二氧化硅颗粒特异性结合并在较高温度下被水洗脱释放的特性，建立起一种简便、快速、可靠的核酸分离纯化方法。Höss和Pääbo[8]首次将此方法应用到古DNA的抽提当中并获得了成功，随后出现了许多改进的方法[9,10]，并出现了商业化的试剂盒。1998

年，Yang 等[11]设计了一个基于硅离心柱（silica-based spin column）的抽提方法（the rapid QIAquick method），在硅离心柱中有一层硅膜（silica-membrane），硅粒在膜中以矩阵的方式排列，能够有效地回收 100bp～10kb 的 DNA 片段，该方法效果良好，目前被广泛使用。此外还有一些其他方法，如利用螯合树脂 Chelex 100 沉淀去除蛋白质及其他杂质，或者十六烷基三乙基溴化铵（CTAB）法提取 DNA 以及玻璃珠法等。

对现代 DNA 而言，提取物得到后，一般可以使用电泳或者紫外检验法评估 DNA 质量。但对古 DNA 而言，用这种方法是不行的，其主要原因是：①提取的古 DNA 量太低，无法直接定量；②与古 DNA 一起提取出来的真菌、细菌等外源性 DNA 会干扰结果；③提取物中的褐菌素等化合物也有紫外吸收，会干扰结果。因此，对于抽提液的质量我们可以通过实时定量 PCR 检测，PCR 起始拷贝数应≥1000 才适合进行古 DNA 研究[12]。当然，也有一些研究者在提取后跳过定量步骤，直接进行 PCR 扩增。

8.1.5 PCR 扩增

聚合酶链反应（polymerase chain reaction，PCR）是由美国 Cetus 公司人类遗传实验室的科学家 Kary Mullis 和他的同事于 1986 年发明的一种在体外快速扩增特定基因或 DNA 序列的方法（Mullis 因此项贡献获得了 1993 年诺贝尔化学奖）。这种技术可以在 DNA 聚合酶作用下，使用特异性引物对指定区域的 DNA 片段的数目进行指数倍的扩增。PCR 的技术特点使之成为古 DNA 研究工作的理想工具。首先，PCR 的高敏感性使我们在即使只有一个模板的情况下也能够得到足够的拷贝，使古 DNA 的极少数量和极差质量不再是不可逾越的障碍。其次，PCR 技术的高选择性使得 PCR 能够在多种 DNA 分子混杂的背景下选择性扩增靶基因序列。这使研究者能够选择一段具有合适的变异率适于进化分析的基因进

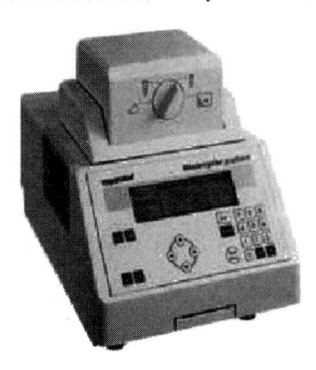

图 8-4 PCR 仪

行研究。第三，PCR 的优势还反映在它的速度上，目前一台 PCR 仪上（图 8-4），一个 40 个循环的 PCR 反应程序在一个小时内就可以完成。

8.1.5.1 PCR 技术的基本原理

PCR 技术快速灵敏、简单易行，但其原理并不复杂，类似于在细胞内发生的 DNA 复制过程，其特异性依赖于与靶序列两端互补的寡核苷酸引物。PCR 由变性-退火-延伸三个基本反应步骤构成（图 8-5）。

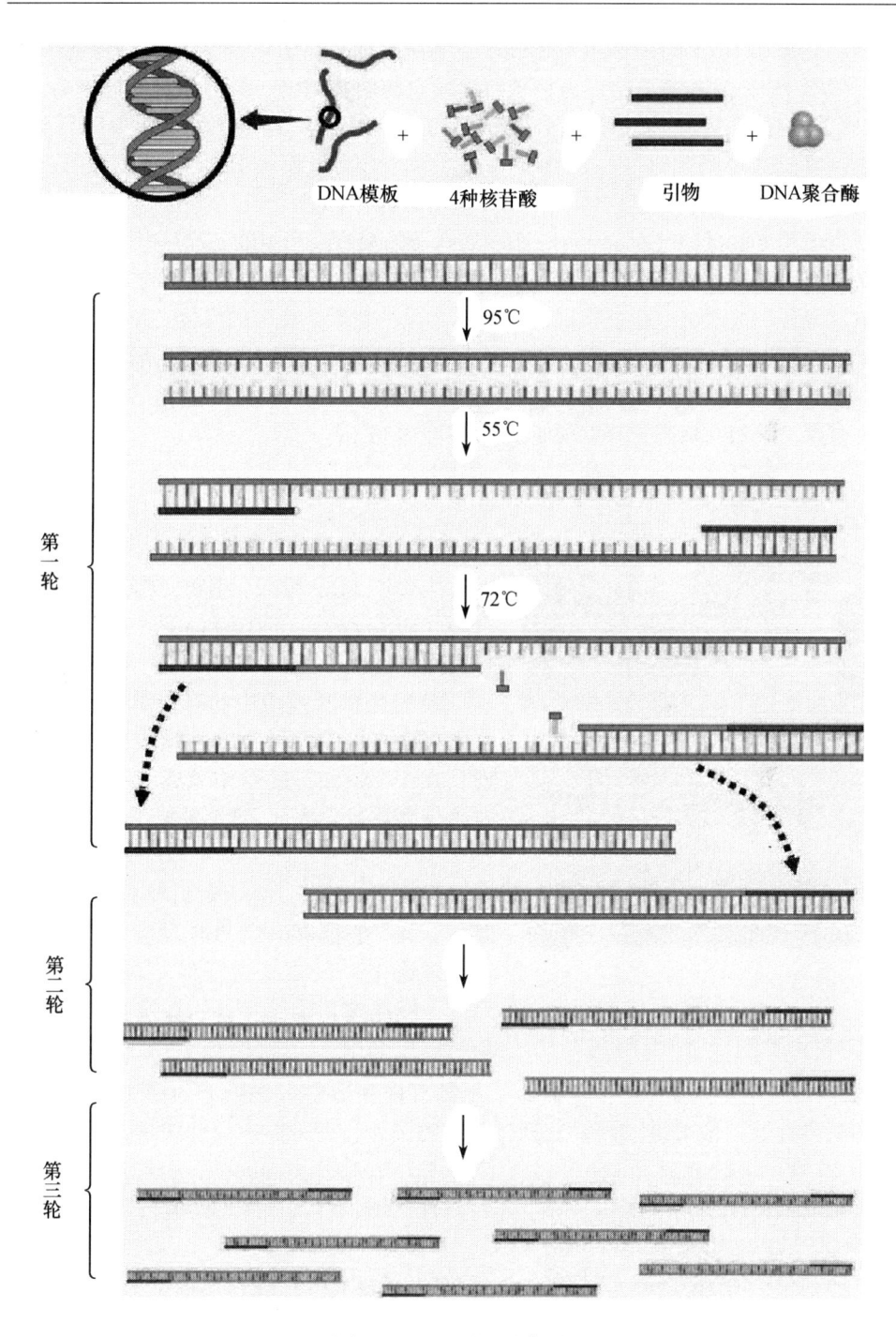

图 8-5 PCR 原理示意图
(引自 http://www.kepu.net.cn/gb/lives/gene/gene_dna/017b.html)

(1) 模板 DNA 的变性 (denature)：模板 DNA 经加热至 95℃ 左右一定时间后，模板 DNA 双链解离，成为单链，以便它与引物结合，为下轮反应做准备。

(2) 模板 DNA 与引物的退火 (anneal)：模板 DNA 经加热变性成单链后，当温度下降到适当温度时（一般在 55℃ 左右），引物与模板 DNA 单链的互补序列配对结合。

(3) 引物的延伸 (extension)：*Taq* DNA 聚合酶在适当温度（72℃）下催化 dNTP 按从 5'→3' 方向将引物延伸，以单链的目的 DNA 为模板，自动合成新的 DNA 链，使 DNA 重新复制成双链。新合成的 DNA 链作为下一轮聚合反应的模板又开始第二次循环扩增。如此反复地进行上述"变性-退火-延伸"循环过程，每次循环后延伸的模板又增加 1 倍，即扩增 DNA 产物 1 倍。经过反复循环，靶 DNA 得到大量的扩增。从理论上来讲，经 25~35 轮循环就可使 DNA 扩增达 10^6 倍。

8.1.5.2 PCR 反应 5 要素

PCR 反应中的 5 要素是指反应体系中加入的 5 种基本成分：模板、引物、热稳定 DNA 聚合酶（如 *Taq* 酶）、dNTP 和 Mg^{2+}（图 8-6）。

1. 模板

模板是 PCR 反应中的第一要素，模板质量的好坏直接关系到 PCR 扩增成功与否，因此，在 DNA 抽提过程中就需要格外注意，要确保高质量地完成 DNA 提取工作。

2. 引物

引物 (primer) 是一对引导 DNA 合成的寡核苷酸，它能够决定 PCR 反应产物的特异性。理论上，只要知道任何一段模板 DNA 序列，就能按其设计互补的寡核苷酸链作引物，利用 PCR 就可将模板 DNA 在体外大量

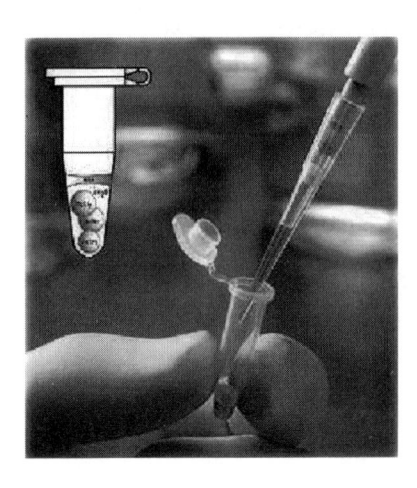

图 8-6 PCR 加样示意图
（引自 www.wretch.cc/blog/amino0116/21811487）

扩增，反应中引物结合在扩增区域。尽管有许多因素可影响 PCR 扩增反应的效率和特异性，但最关键的因素是寡核苷酸的设计，有关引物设计的细节请参考本书第 10 章。一般 PCR 反应中的引物终浓度为 $0.2~1.0\mu mol/L$，引物过多会产生错误配对或产生引物二聚体，导致非特异性扩增，过低则降低产量。

3. 热稳定 DNA 聚合酶

热稳定 DNA 聚合酶是催化 DNA 合成的必要成分。现在热稳定 DNA 聚合酶的种类有很多，分类的主要依据是其合成大片段 DNA 的保真度、效率及合成能力。目前实验室最常用的是 *Taq* DNA 聚合酶和 *Pfu* DNA 聚合酶。

Taq DNA 聚合酶最初是从栖热水生菌（*Thermus aquaticus*）中分离纯化出来的。1988 年，R. K. Saiki 等成功地将 *Taq* DNA 聚合酶应用于 PCR 扩增，是 PCR 技术走向实用化的一次突破性的进展。*Taq* DNA 聚合酶在合成 DNA 时的最适温度为 75～80℃，其热稳定性较高，活性半衰期为 92.5℃、130min，95℃、40min，97℃、5min。由于 *Taq* DNA 聚合酶不具有 $3'\rightarrow 5'$ 外切核酸酶校正活性，导致了一个致命弱点：在一般 PCR 反应中 *Taq* DNA 聚合酶造成的核苷酸错误地掺入概率大约是每 2×10^4 个核苷酸中有一个，但这种错配对古 DNA 研究来说影响不大，主要是因为古 DNA 模板都非常短，一般在 200～300bp。

4. dNTP

dNTP 是 4 种三磷酸脱氧核苷酸 dATP、dTTP、dCTP 和 dGTP 的总称，在 pH 7.0 的碱性溶液中保存，原液浓度一般为 2mmol/L，需在 -20℃ 贮存。典型的 PCR 反应中每种 dNTP 的终浓度为 20～200μmol/L。应该注意，dNTP 可与 Mg^{2+} 螯合，当 dNTP 终浓度大于 50mmol/L 时，会对 *Taq* DNA 聚合酶的活性产生抑制。另外，4 种 dNTP 的浓度应该相等，以减少合成中由于某种 dNTP 的不足出现的错误掺入。

5. Mg^{2+}

所有的热稳定 DNA 聚合酶都要求有游离的二价阳离子，通常使用的是 Mg^{2+}。Mg^{2+} 浓度对 *Taq* DNA 聚合酶影响很大，它可影响酶的活性和真实性，影响引物退火和解链温度，影响产物的特异性以及引物二聚体的形成等。Mg^{2+} 浓度太低会无 PCR 产物，太高会导致非特异的产物产生，一般来说，在 PCR 反应中 Mg^{2+} 浓度范围为 0.5～2.5mmol/L。因此，在 PCR 反应中确定最适合的 Mg^{2+} 浓度是必要的，尤其对于古 DNA 研究来说，样品的保存情况不同，抽提所获得的 DNA 模板的浓度各异，需要进行大量的预实验来确定最佳的 Mg^{2+} 浓度，保证 DNA 聚合酶发挥最好的活性。

8.1.5.3 PCR 系统中的其他成分

PCR 反应体系应该维持一定的 pH。因此除了上述 5 个基本要素以外，PCR 反应体系还需要缓冲液（buffer）和水。反应缓冲液通常用含 10mmol/L Tris-HCl（20℃ 下 pH8.3～8.8）、50mmol/L KCl 和适当浓度的 Mg^{2+}。Tris-HCl 在 20℃ 时 pH 为 8.3～8.8，但在实际 PCR 反应中，pH 为 6.8～7.8。50mmol/L 的 KCl 有利于引物的退火。各种 *Taq* DNA 聚合酶商品都有自己特定的一些缓冲液，浓度为 10× 体系，在使用时稀释为 1×。下面列出典型的 PCR 反应体系，供参考。

10×PCR 缓冲液	10μl
dNTP 混合物	各 200μmol/L
引物 1 和 2	各 1μmol/L

DNA 模板　　　　　　　　　　　　50ng～1μg
Taq DNA 酶　　　　　　　　　　2U
加双蒸水至总体积为 100μl

8.1.5.4　PCR 反应参数

　　PCR 是一种反复循环的 DNA 反应合成过程，每个循环周期都涉及三个基本的步骤：变性-退火-延伸。因此，变性、退火、延伸的温度与时间以及循环次数这些反应参数，会直接影响 PCR 产物的数量和真实性（图 8-7）。

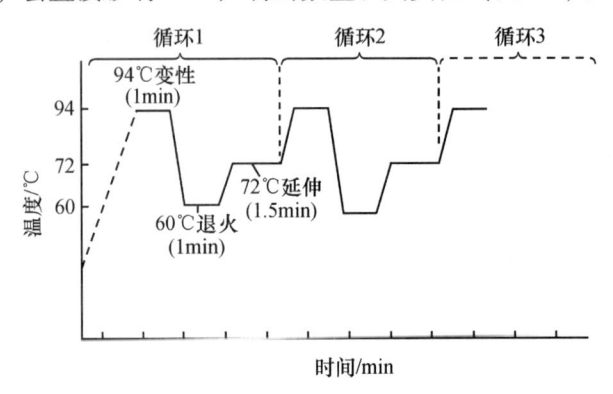

图 8-7　PCR 反应循环图
（引自 http://www.bioboss.com/bio/molecularbiology/bio_9123.html）

1. 变性温度与时间

　　在 *Taq* DNA 聚合酶催化的 PCR 反应中，变性温度通常选定在 94℃ 或 95℃，这是 *Taq* DNA 聚合酶进行常规的 30 个循环而活力不受太多损失所能耐受的最高温度。在第一轮循环前，需要在 94℃ 下进行预变性 5min，使模板 DNA 完全解链。变性不完全，往往使 PCR 失败，因为未变性完全的 DNA 双链会很快复性，减少 DNA 产量。一般变性温度与时间分别为 94℃ 和 1min。

2. 退火温度与时间

　　退火的过程即为复性过程，退火温度的选择至关重要。如果退火温度过高，寡核苷酸引物不能与模板很好地结合复性，会降低扩增效率。如果复性温度太低，引物将产生非特异性复性，会影响 PCR 产物的真实性。引物退火的温度和所需时间的长短取决于引物的碱基组成、引物的长度、引物与模板的配对程度以及引物的浓度，可按下式粗略估计引物的解链温度 $T_m=4℃（G+C）+2℃（A+T）$。实际使用的退火温度比扩增引物的 T_m 值低 3～5℃，通常在 37～55℃，退火的时间为 1～2min。

3. 延伸温度与时间

　　Taq DNA 聚合酶催化 DNA 合成的最适温度为 72℃。在一般反应体系中，*Taq*

DNA 聚合酶每分钟约可合成 2kb 长的 DNA，因此，对于小片段的 DNA 通常延伸时间被设定为 1min，延伸时间过长会导致产物非特异性增加。一般在扩增反应完成后，都需要一步较长时间（10~30min）的延伸反应，以获得尽可能完整的产物，这对以后进行克隆或测序反应尤为重要。

4. 循环次数

PCR 扩增所需的循环数目取决于反应体系中起始的模板拷贝数、引物延伸和扩增的效率。当其他参数确定之后，循环次数主要取决于 DNA 浓度。循环次数太少，得不到一定的产物量；循环次数过多，会使 PCR 产物中非特异性产物大量增加。一般而言，25~30 轮循环已经足够。在扩增后期，由于产物积累，原来呈指数扩增的反应变成平坦的曲线，产物不再随循环数而明显上升，称为平台效应。

8.1.6 PCR 产物检测

PCR 扩增成功与否需要进行检测，目前最常采用的方法是将少量的 PCR 扩增产物用琼脂糖凝胶电泳进行检测，电泳缓冲液 1×TAE，电场强度 10V/cm。使用凝胶成像仪进行观察、分析、记录（图 8-8）。

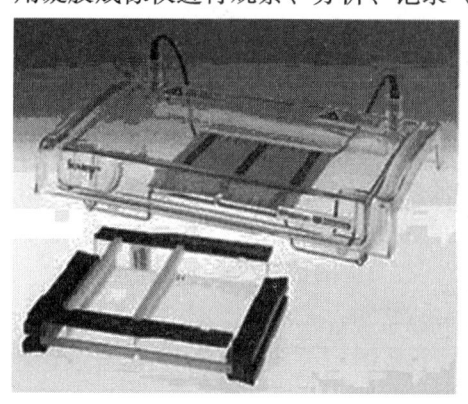

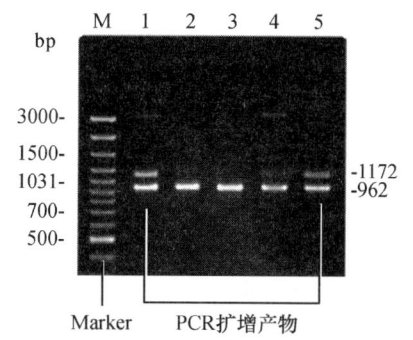

图 8-8 电泳仪、凝胶成像仪和电泳图
（引自互联网）

琼脂糖是从琼脂中提纯出来的，主要是由 D-半乳糖和 3，6 脱水 L-半乳糖连接而成的一种线性多糖。琼脂糖凝胶的制作是将干的琼脂糖悬浮于缓冲液中，加热煮沸至溶液变为澄清，注入模板后室温下冷却凝聚即成琼脂糖凝胶。需要注意的是在制作琼脂糖胶板时，一般要加入一定浓度的溴化乙锭（ethidium bromide，EB）染色，这是一种荧光嵌入染料，可以嵌入到 DNA 的双螺旋中，在紫外光下至少可以检出 1~10ng 的 DNA 条带，从而确定 DNA 片段在凝胶中的位置。此外，还可以从电泳后的凝胶中回收特定的 DNA 条带，用于各种操作。

琼脂糖凝胶通常用水平装置在强度和方向恒定的电场下电泳，当进行电泳时，由于 DNA 带负电荷，在电场作用下由负极向正极方向移动，其移动的速度与 DNA 片段的大小、分子构型、琼脂糖凝胶浓度、电场强度、嵌入染料 EB 以及电泳缓冲液的离子强度有关。

（1）DNA 分子大小：在一定浓度的琼脂糖凝胶介质中，DNA 分子的电泳迁移率与其分子质量的常用对数呈反比，分子越大则所受阻力越大，也越难于在凝胶孔隙中蠕行，因而迁移得越慢。因此，通过已知大小的标准物移动的距离与未知片段的移动距离进行比较，便可测出未知片段的大小。

（2）DNA 分子构型：DNA 分子的分子构型也对迁移率有影响，相同分子质量的线状、开环和超螺旋 DNA 在琼脂糖凝胶中移动速度是不一样的，超螺旋 DNA > 线形 DNA > 开环双链 DNA。

（3）琼脂糖浓度：琼脂糖之间以分子内和分子间氢键形成较为稳定的交联结构，琼脂糖凝胶的浓度决定其孔径的大小，低浓度的琼脂糖形成较大的孔径，而高浓度的琼脂糖形成较小的孔径。因此，在实验过程中要根据 DNA 分子的大小选择凝胶浓度（表 8-1），对于古 DNA 研究来说，2% 的琼脂糖凝胶是最合适的。

表 8-1　琼脂糖浓度与 DNA 分离范围

琼脂糖浓度/%	0.3	0.6	0.7	0.9	1.2	1.5	2
线 DNA 大小/kb	60~5	20~1	10~0.8	7~0.5	6~0.4	4~0.2	3~0.1

（4）电场强度：电场强度与 DNA 迁移率呈正比，但是电压过高会导致电泳温度升高，因此为了保证电泳在低温条件下进行，一般电压控制在 5~15V/cm。对大分子的分离可用电压为 5V/cm。

在低电压时，线状 DNA 片段的迁移速率与所加电压呈正比。但是随着电场强度的增加，不同分子质量的 DNA 片段的迁移率将以不同的幅度增长，片段越大，因场强升高引起的迁移率升高幅度也越大，因此，电压增加，琼脂糖凝胶的有效分离范围将缩小。要使大于 2kb 的 DNA 片段的分辨率达到最大，所加电压不得超过 5V/cm。

（5）嵌入染料：荧光染料溴化乙锭用于检测琼脂糖凝胶中的 DNA，染料会嵌入到堆积的碱基对之间并拉长线状和带缺口的环状 DNA，使其刚性更强，还会使线状 DNA 迁移率降低 15%。

（6）离子强度：电泳缓冲液的组成及其离子强度影响 DNA 的电泳迁移率。在没有离子存在时（如误用蒸馏水配制凝胶），电导率最小，DNA 几乎不移动，在高离子强度的缓冲液中（如误加 10×电泳缓冲液），则电导很高并明显产热，严重时会引起凝胶熔化或 DNA 变性。

常用的几种电泳缓冲液有 TAE［含 EDTA（pH8.0）和 Tris-乙酸］、TBE（Tris-硼酸和 EDTA）、TPE（Tris-磷酸和 EDTA），一般配制成浓缩母液储于室温。TAE 缓冲能力较低，后两者有足够高的缓冲能力，因此更常用。电泳缓冲液的配方见表 8-2。

表 8-2　常用电泳缓冲液配方

缓冲液	使用液	浓储存液/L
Tris-乙酸（TAE）	1×： 0.04mol/L Tris-乙酸 0.001mol/L EDTA	50×： 242g Tris 碱 57.1ml 冰乙酸 100ml 0.5mol/L EDTA（pH8.0）
Tris-磷酸（TPE）	1×： 0.09mol/L Tris-磷酸 0.002mol/L EDTA	10×： 108g Tris 碱 15.5ml 85% 磷酸（1.679g/ml） 40ml 0.5mol/L EDTA（pH8.0）
Tris-硼酸（TBE）	0.5×： 0.045mol/L Tris-硼酸 0.001mol/L EDTA	5×： 54g Tris 碱 27.5g 硼酸 200ml 0.5mol/L EDTA（pH8.0）

8.1.7　PCR 产物纯化

当检测到 PCR 扩增成功后，需要将 PCR 产物纯化，除去 PCR 反应中的杂质，如未完全反应的引物、二聚体、金属离子等，可以采用 3% 琼脂糖凝胶电泳分离 PCR 扩增产物，电泳结束后在紫外灯下观察样品的分离情况，用手术刀片切取含目标核酸区带的凝胶以备回收。从琼脂糖凝胶中回收 DNA 的方法有很多，如透析袋电洗脱凝胶块法、DEAE-纤维素膜转移法、低熔点琼脂糖凝胶回收法、乙酸铵溶液浸出法、冷冻挤压法等，此外，大量的生物科技公司开发出了多种回收试剂盒，常用的有树脂纯化系统、硅玻璃奶（glass milk）纯化系统，具有快捷、较简单的特点，但价格较贵。在古 DNA 研究过程中，DNA 片段的含量极其有限，回收的 DNA 片段非常小（通常 <300bp），经常发生 DNA 片段丢失的现

象,而导致研究的失败。因此要选择适合的方法来回收纯化 DNA 片段。目前,大多数古 DNA 实验室都采用 Qiagen 公司生产的 QIAEXII 琼脂糖凝胶回收试剂盒,该试剂盒采用硅粒吸附 DNA 片段,可有效地去除各种杂质,操作简单、快速而且回收质量和效率高,非常适合于微量、小片段的古 DNA 回收。

8.1.8 测序

当获得 PCR 纯化产物后,我们就可以进行 DNA 测序工作。古 DNA 和现代 DNA 所基于的测序原理和方法是没有区别的,但是古 DNA 的模板含量特别少,因此在测序过程中要格外注意。DNA 测序的方法主要有两种:化学法(根据发明者也称为 Gilbert 法)和链终止法(根据发明者也称为 Sanger 法)。Sanger 法因其迅速简便而成为目前最常用的方法,其基本原理如下:在测序时分别进行 4 个 PCR 反应,每个反应分别包含单链 DNA 模板、引物、DNA 聚合酶以及 4 种脱氧核苷三磷酸(dATP、dCTP、dGTP、dTTP)和一种 2′,3′-双脱氧核苷三磷酸(ddATP、ddCTP、ddGTP、ddTTP),然后进行聚合反应。2′,3′-ddNTP 与普通 dNTP 不同之处在于脱氧核糖的 3′ 位置缺少一个羟基。它们可以在 DNA 聚合酶作用下通过其 5′-三磷酸基团掺入到正在增长的 DNA 链中,但由于没有 3′ 羟基,它们不能同后续的 dNTP 形成 3′,5′-磷酸二酯链,因此,正在增长的 DNA 链不可能继续延伸。在第一个反应物中,ddATP 会随机地代替 dATP 参加反应,一旦 ddATP 加入了新合成的 DNA 链,由于其 3′ 位的羟基变成了氢,所以不能继续延伸。所以第一个反应中所产生的 DNA 链都是到 A 就终止了。同理,第二个反应产生的都以 C 结尾的,第三个反应都以 G 结尾,第四个反应都以 T 结尾,4 种反应混合物在聚丙烯酰胺凝胶的 4 个平行泳道上进行电泳,然后进行放射线自显影,在自显影图上从胶的底部向上,根据条带的位置能迅速读出 DNA 序列,如图 8-9 所示,获得的测序结果是单链 DNA 模板的互补序列 ATCGTTGA。

为适应大规模测序的需要,高速 DNA 测序技术在不断发展。美国应用生物系统公司(Applied Biosystems)于 1987 年,继化学法和 Sanger 法问世整整十年以后,推出了自动 DNA 序列测定仪(图 8-10),完成了 DNA 序列测定的又一次重大突破。自动测序仪的原理仍沿用 Sanger 等建立的双脱氧链终止法,DNA 聚合酶催化延伸反应产生的 DNA 片段仍需通过序列胶电泳分离,但都采用了无放射性伤害的荧光标记物。ABI 公司的研究人员经长期实践摸索,最终确定了 4 种不同颜色的荧光基团分别作为 DNA 聚合酶延伸反应中 4 种 ddNTP 终止的 DNA 片段的标记物,从而用单泳道电泳便可以将不同长度的标记产物分离并鉴定。在目前主流的技术中,产物是装入毛细管电泳系统的单管里,然后产物在管中通过荧光探测器识别出每条带发出的荧光信号,并将得到的数据传送给电脑分析处理并转换成适当的 DNA 序列,图 8-11 显示在 ABI 测序仪上测出的碱基排序。

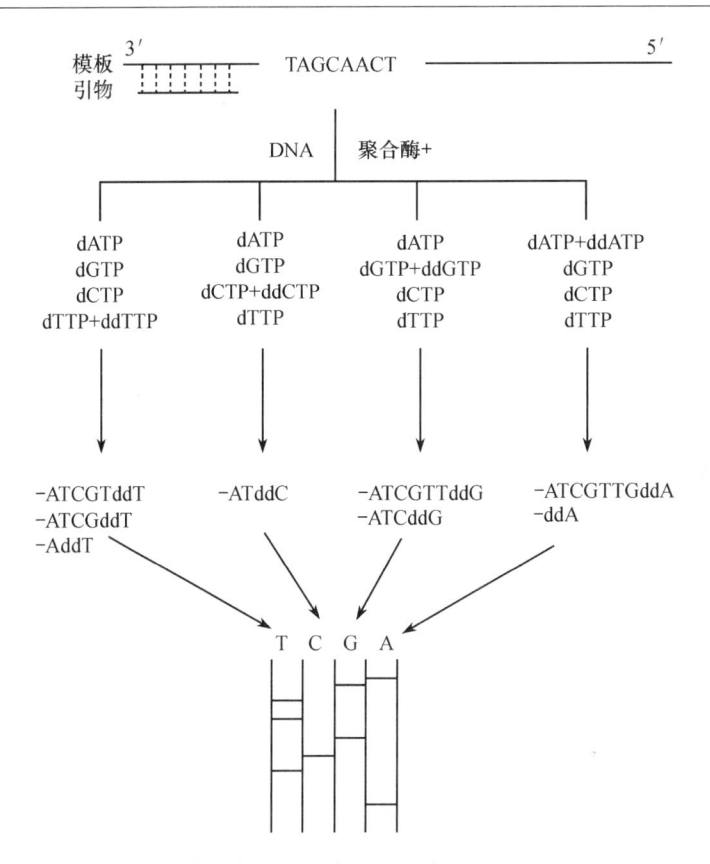

图 8-9 双脱氧链终止法测序基本原理示意图（引自 http://a1.att.hudong.com/42/11/01000000000000119081134872042.jpg）

在 4 种 ddNTP 之一存在的情况下，每一个泳道都含有链合成反应所得的片段，按照条带的位置从凝胶图的最底部依次向上识别泳道中的每一个片段，我们能读出序列为 ATCGTTGA

古 DNA 片段在 PCR 扩增后可以将 PCR 产物回收纯化直接测序，也可将其克隆进质粒载体（plasmid vector）中再进行测序。质粒是在细菌细胞中独立的能够自我复制的环状双链 DNA 分子，当质粒在宿主细胞中复制时，克隆进去的 DNA 片段也同时复制。Taq 酶在 PCR 扩增时，通常在产物末端多加一个腺苷酸 A，这就意味着 PCR 产物的双链 3' 端都悬挂着一个 A 核苷酸，在进行 PCR 产物克隆时通常使用 T 载体，该载体是一个

图 8-10 ABI 310 测序仪

```
        60                    70                    80
AGT A C A T G A C C T  C T A T A  G C  A G T A C A T A A T A C  A T A T
```

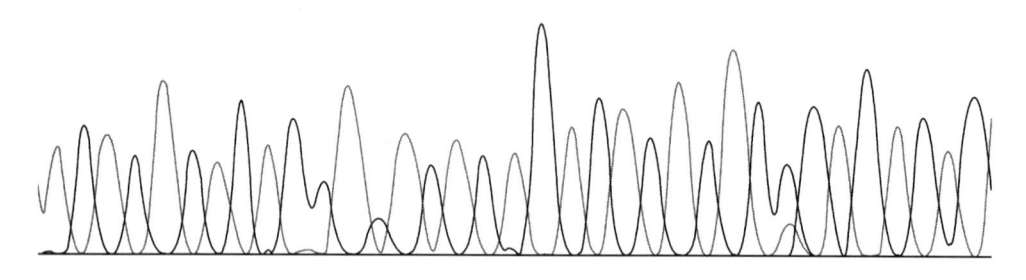

图 8-11　DNA 测序图谱

开环的双链环状 DNA，在每条链上多出一个 T 尾巴，正好与 PCR 产物的 A 尾巴互补，在 DNA 连接酶的作用下很容易克隆进载体形成重组质粒。将重组质粒 DNA 转化进入细菌宿主细胞中并在琼脂培养基上进行培养，当培养完成后通过蓝白斑筛选程序，挑取白色的菌斑进行测序，研究表明要获得准确的序列至少要挑取 20 个克隆进行测序。

　　PCR 产物克隆测序，可以检查 DNA 的损伤以及识别外源 DNA 的污染。当测序结果显示多个明显不同的序列时表明古代材料受到了外源污染，如果多个序列仅在个别位点上存在不同表明古代材料受到了碱基损伤。此外，克隆测序还可以排除核内插入 mtDNA（numt）的可能性。研究表明，mtDNA 和叶绿体 DNA 可以插入核基因组，一般很难与损伤或者真实序列相区别，可能得出错误的古 DNA 结论。例如，最初发现的所谓恐龙 DNA，后来证明是人的核插入 mtDNA[13]。更严重的是在人的核基因组各部分都发现了 mtDNA 的核插入现象，最长插入序列长达 14 654bp[14]。线粒体核插入 DNA 在猛犸象、恐鸟和犀牛中都发现了，因此当扩增 mtDNA 和叶绿体 DNA 时应该考虑核插入问题。在使用套叠序列或克隆 PCR 产物时会把扩增 numt 的概率最大化。

　　尽管克隆测序有上述优点，但载体细胞的自身复制过程可能会改变插入序列，影响序列的准确性，而且克隆测序的成本高昂、实验步骤也比较繁琐，得到结果较慢。因此，目前古 DNA 测序的策略主要采用正反双向直接测序，同时随机选取若干序列进行克隆测序，检测直接测序的准确性。

8.2　古 DNA 序列的真实性

　　古 DNA 序列的真实性是古 DNA 研究中不可避免的一个核心问题，任何一项古 DNA 研究都要在保证真实性的条件下进行。古 DNA 广泛损伤，含量低，不容易获得。PCR 扩增技术的问世,给古代 DNA 研究带来了极大的方便。但也正是 PCR 的高度敏感性和古 DNA 含量的极其微量性,使古 DNA 研究极易受到现代外源 DNA 分子的竞争而被完全污染。此外,现代污染 DNA 分子也可能由于"跳跃 PCR"(jumping PCR)而被卷入到古 DNA 序列中,使序列所反映出的古生物的遗传信息不准确甚至完全错误。在 PCR 扩增时,古 DNA 分子中广泛存在的损伤有时会抑制 *Taq* 酶进行碱基聚合,使引物延伸受阻于模板的某一位点,使 DNA 模板分子在一次 PCR 扩增循环过程中不能被完全复制,在下一轮循环中,那些不完全扩增的产物便本身充当引物参与 PCR 扩增,在没有污染的情况下,会形成古 DNA 嵌合片段或扩增产物长于目的片段,使序列所反映出的古生物的遗传信息不准确甚至完全错误;当存在污染 DNA 分子时,会形成古代和现代 DNA 的嵌合分子。在古 DNA 研究的早期阶段缺乏对污染的足够重视,有很多发表在著名学术期刊(如 *Nature* 和 *Science*)上的研究后来证明多是现代 DNA 污染的结果,如对六七千万年前的恐龙以及上亿年前的琥珀中昆虫的 DNA 研究[15,16]。

8.2.1 污染来源

越来越多的研究者开始认识到污染事实上已经成为古代 DNA 研究中的最大问题,因为它直接关系到古代 DNA 研究结果的可信性。污染可能发生在不同时期,包括埋葬、发掘中和发掘后,也就是在实验室中。

1. 埋藏污染

在个体埋葬过程中,如果在处理过程中使遗骸沾染了其他个体的血液、尿液等,污染就有可能发生,特别是在多人合葬或者二次重葬的情况下,极易发生个体间的相互污染。此外,这个阶段的另一个污染源来自土壤微生物,但这不是一个大问题,对真实性的影响不大。

2. 发掘污染

发掘中的污染是古 DNA 样本所面临的主要污染之一,主要指来自考古学家、发掘者、博物馆工作人员脱落的表皮细胞、头屑、汗液、毛发以及唾液气溶胶所包含的 DNA 污染源[5],常常发生在从古代样品的发掘到实验室分析之间的时期。这些污染在采取严格控制污染措施的情况下一般可以避免。

3. 实验室污染

来自实验室水平的污染主要是现代 DNA 污染,可以分为两种不同情况:一种是来自不洁的实验用具和试剂,以及实验者的现代 DNA;另一种是来自 PCR 扩增产物气溶胶造成的交叉污染。研究表明,PCR 扩增产物含有数以亿万计的 DNA 拷贝,而一个气溶胶颗粒可含 48 000 个拷贝,足以进行 PCR 反应。在实验过程中比较剧烈地摇动微量离心管、开盖、反复吸样等都可形成气溶胶而导致 PCR 产物偶然转移到含有 DNA 样品、正准备进行扩增的微量离心管中。实验室中进行的 PCR 扩增反应次数越多，交叉污染的可能性就越大，因而由其造成的污染是一个特别值得重视的问题。

8.2.2 污染的控制

当我们清晰地了解到污染的来源时，就应该根据污染源的特点对污染进行控制（contamination control），要通过各种各样的方法排除和减少这些外源 DNA 的污染。Brown 曾经说过，对埋藏污染目前并无好的解决方案，我们只能通过分析在埋藏时发生了什么，从而推测最终得到的 DNA 的可信性[17]，不过幸好这种污染现象极少发生。对于发掘污染和实验室污染，如果防护恰当是完全可以避免的。

1. 样品采集

在野外进行考古发掘时，研究人员在采样时要带上一次性乳胶手套、口罩、帽子和防护服，尽量减少与样品的接触，尽量采集保存完整、没有任何裂痕的肢骨和牙齿。在样品采集后千万注意不要用清水洗涤，要迅速装入塑料密封袋，进一步放入冰柜在 -20℃下保存。Sampietro 等[18]研究发现，随着古人遗骸发掘年限的增加，污染的可能性也增加，而且污染的外源 DNA 分子随着样本保存时间的延长表现出与古 DNA 一致的分子特性，非常难以鉴定，因此最好在发掘后尽快进行古 DNA 实验。Pruvost 等[19]的研究显示了传统考古标准的收藏条件和方法会破坏 DNA。她分析了 5 万年前的 60 多个发掘点中的 247 个化石骨骼，发现新发掘而未清洗过的骨骼所含的 DNA 量是标准清洗过的骨骼的 6 倍，其中可信 DNA 至少是 2 倍。在一个新石器时期遗址中，只有新发掘的骨骼得到结果。最后还比较了一个动物化石的 DNA 含量，大约 3200 年前的原牛，相隔 57 年，分两次发掘。清洗过的博物馆馆藏化石骨骼不能扩增 DNA，而所有最近发掘的骨骼都成功地得到原牛序列。

2. 实验室

首先要建立专门的古 DNA 实验室，一定要与现代分子生物学实验室分离，因为现代实验室中存在大量的现代 DNA，是古 DNA 的主要污染源。古代 DNA 研究中的前 PCR 阶段和后 PCR 阶段的实验必须在空间上分开进行，最好分别设置在相距较远的两个建筑物里，即使在同一建筑物里也要保证建在不同的楼层里。这是因为前 PCR 阶段只是提取"处理"屈指可数的上百或上千个拷贝的极少量 DNA，而后 PCR 阶段则分析"处理"有着亿万个拷贝的大量 DNA，后 PCR 阶段的仪器设备以及实验台上不可避免地会"积累"有很多这类污染的 DNA 分子。有条件的最好根据古 DNA 的实验流程把实验室进一步分隔成不同的房间，并保证人员和样品流动的方向是单向的。每个房间都应配备有独立的紫外光消毒、正压空气过滤系统以及配有紫外灯的正压气流的超净台。

3. 试验仪器和试剂

在实验过程中，每一个实验阶段都要使用专门的仪器设备，不同阶段的仪器设备不能混用，每次使用完设备后一定要清洗干净以备下次使用。在试验中应使用一次性的高温高压灭菌的实验耗材，如带滤芯的移液枪头、试管；对必须多次使用的实验用品，应选择那些容易去污染的种类。实验试剂一定要保证不含外源DNA（DNA-free）。

4. 样品处理

通常保存在博物馆和研究所里的绝大多数古代材料都已受到了不同程度的污染，去污染是一个必不可少的步骤。骨骼和牙齿是古DNA研究最常见的材料，近年来发现头发中古DNA保存污染的可能性比牙齿和骨骼小一些，Gilbert[20]建议在古DNA研究中头发是更好的选择。

古代样本去污染的方法主要有以下3种：①一次性干净砂纸、手术刀片或电动打磨工具去除已被污染的材料表面；②用紫外光破坏污染DNA分子；③用能破坏DNA分子的化学试剂（如10%的漂白粉溶液）处理古代材料。漂白粉的主要成分是次氯酸钠（sodium hypochlorite，NaOCl），研究表明，骨骼样本在3.0%（m/V）的次氯酸中浸泡15min就可以有效地去除外源污染，且不损坏内源DNA。上述3种方法去污染的机制有所不同，对某一具体的古代材料，很难确定哪一种方法最有效。为了保证去污染的彻底性，可以多种方法一起使用，如先除去骨骼表面，再用10%的漂白粉溶液处理，最后用紫外光照射。

5. 防护措施

在实验过程中要采取严格的防污染措施（图8-12），要穿戴一次性的面罩、头发罩、鞋套和双层实验服，要随时更换一次性乳胶手套，要注意随时用10%的漂白粉溶液擦洗（不能以乙醇代替，乙醇可杀菌但不能"杀"DNA）和用紫外灯照射实验台。

图8-12 研究人员正在进行古DNA实验

8.2.3 污染的识别

污染的识别（contamination detection）就是通过多种方法和手段监测实验过程中是否发生了污染以及污染的程度。在古 DNA 提取和扩增过程中，必须同时平行设置空白对照（negative control）来监测 DNA 提取和 PCR 加样过程及所用试剂是否受到了污染。当在实验的任何环节上显示阳性时，应该立即停止实验并查出污染源。

在实验过程中设立空白对照是识别污染的必要措施，但是并不能保证样品没有被污染，因为可能存在单管污染和容器效应。单管污染是指在 PCR 加样过程中含有样品的离心管受到污染，这种污染是最难以识别的，因为空白对照显示阴性。容器效应（carrier effect）是指在 PCR 体系中，提取物中含有极低或没有靶 DNA 时，PCR 反应试剂中的痕量污染 DNA 被扩增的现象。这种现象一般在 PCR 空白对照组中无扩增带，从而产生错误的阴性对照。Handt 等[21]分析了这种现象产生的原因，认为极其少量扩增试剂内的污染分子可能不会产生扩增产物，它们有可能被管壁吸附而不能成为模板分子，然而，当提取液加入后，其中含有的 DNA 分子（靶分子或是外源性的污染物）取代吸附在管壁上的污染分子，使污染分子变成可扩增分子。这种污染很难观察到，对任何极低拷贝数量的序列都会造成威胁，不过容器效应极少发生，因为容器效应要求污染的 DNA 必须被管壁吸附，而且量要极低，可以被提取 DNA 所取代。

单管污染和容器效应表明，单纯依靠抽提和 PCR 空白对照，可能会错过污染的辨认，如古代材料本身受到的污染。对任何实验获得的古 DNA 序列还要进行重复性验证以确保序列的真实性和准确性。古 DNA 序列的可重复性（reproducibility）是检验古 DNA 真实性的首要证据。可重复性包含以下两层含义：①从同一个体不同部位、组织中获得的序列应当相同；②不同人员在不同时间、地点采用相同或不同的方法对同一样品提取、扩增及测序所获得的序列应该一致。

8.2.4 甄别古 DNA 的标准

在过去 20 多年的古 DNA 研究中，逐渐建立并完善了污染检测与数据真实性的判别标准[22,23]，主要包括空白 DNA 提取、阴性 PCR 控制、数据的独立重复实验、模板的定量分析等，现将污染检测和数据真实性标准总结如下。

1. 建立专门的古 DNA 实验室

前后 PCR 阶段应分别设立在不同的建筑物中。而且前 PCR 阶段与后 PCR 阶段的工作区也应该是物理上隔离的。操作者工作路线应该是前 PCR 工作区→后 PCR 工作区。

2. DNA 提取和 PCR 扩增过程中设置空白对照

在抽提过程中平行设置的不加样本的 DNA 抽提空白对照和不加 DNA 模板的

空白 PCR 反应空白对照是监视古 DNA 实验过程的必要步骤。

3. 检测分子行为

扩增 DNA 片段长度与扩增效率呈反比，PCR 产物不能超过 1000bp。

4. 模板 DNA 分子的定量

应用实时定量 PCR 检测初始模板的数量，当模板数小于 1000 时，不能忽视污染的可能性以及 PCR 扩增中的碱基错配现象。

5. 多次抽提和 PCR 扩增

同一样本必须进行多次抽提和 PCR 扩增，且均获得相同的古 DNA 序列。

6. 克隆测序

运用克隆测序评价古 DNA 的损伤、检测污染与核插入。

7. 独立重复性

所获得的古 DNA 序列在不同的实验室中得到重复性验证。

8. 生化保存状态

应用各种不同的方法（如氨基酸外消旋法、组织切片、显微观察等）判别样品保存状态的好坏。

9. 相关遗骸 DNA 分析

在研究人类遗骸时，污染是最大的问题，此时与人类遗骸一同出土的动物遗骸可以提供有关 DNA 幸存的证据，提供样品保存环境方面的支持，而且可以作为人类 PCR 反应的阴性空白对照。

10. 系统发育分析

生物（包括现生生物和古生物）的谱系关系可以直接反映在根据 DNA 序列所建立的系统发育树上。在古 DNA 研究中，所获得的古 DNA 序列应与其关系亲密的现代生物的同源 DNA 序列相似但又不完全相同。所测试的古 DNA 序列应当在重建的系统树上具有系统学意义，并具有较高的再抽样自检值。如果古 DNA 序列在系统树上出现在"意外"的位置上，与公认的系统发育关系相差很大，那么研究者就要特别小心，避免过早下结论[24]。此外，DNA 序列中核苷酸突变的规律能够区别序列上的点突变是来源于序列本身还是其他。例如，核苷酸序列发生转换和颠换的比率是有一定的规律的[25]，也可以利用这一规律来判别突变的可靠性，甄别古 DNA 序列的真伪。

8.3 古 DNA 研究中的新进展

经过近 20 年的高速发展，古 DNA 的研究领域不断扩展和深化，许多新技术的出现加快了古 DNA 研究的速度，提高了真实性和准确性。下面简要介绍几种新技术在古 DNA 研究领域中的应用。

8.3.1 荧光实时定量 PCR

利用实时定量 PCR（real-time quantitative PCR）来检测 PCR 起始阶段的古 DNA 模板数是鉴定古 DNA 保存状况以及真实性的有效方法之一。受保存环境和年代的影响，古 DNA 的降解损伤非常严重，如果扩增是从非常少的模板甚至是单拷贝模板开始，最初几个循环中由损伤引起的错配（damage-induced misincorporation）就会对最后的结果产生很大的影响，模板的损伤越严重，这种错配的影响就越大[26]。Handt 等[12]证明如果 PCR 起始模板量少于 1000 个拷贝，结果很难被重复，得到的序列也需要多次抽提扩增来验证；如果 PCR 的起始模板数超过 1000 个拷贝，即使有损伤引起的错配也不会影响扩增序列的真实性。Handt 等[12]的研究成果得到了古 DNA 研究者的广泛认同，同时，PCR 起始模板的定量也成为古 DNA 研究的必要手段之一。

古 DNA 分子存在着扩增序列长度与扩增效率的负相关性，即扩增长度越长，成功率越低。相反，对于现代 DNA 来说，扩增几千碱基以内的片段的效率与 100bp 几乎相同。因此，这一特性常用于观察和区分现代的污染[27,28]。Alonso 等[29]对不同片段长度的模板数进行定量，观察古 DNA 抽提液中长短片段含量的差异，结果表明，113bp 长度片段的定量结果要远高于 287bp 的结果。

目前在定量 PCR 研究中应用比较广泛的主要有 TaqMan 探针法、分子信标法和 SYBR green I 法。前两种方法都需要设计特殊的核酸探针，定量的特异性很高，但是设计探针的难度较大，合成成本也较高。SYBR green I 是一种双链 DNA 结合染料，能与 DNA 双链的小沟特异性地结合。游离的 SYBR green I 几乎没有荧光信号，但结合 DNA 后，它的荧光信号可增加数百倍。SYBR green I 对 DNA 双链的结合没有序列特异性，定量时不需要针对不同的片段设计不同的探针，成本相对较低，使用更方便，检测灵敏度也高于其他方法，更适合于古 DNA 研究[30,31]。

但由于 SYBR green I 与 DNA 的结合没有序列特异性，定量会受到非特异性扩增产物的影响，所以 SYBR green I 法对定量 PCR 的引物特异性要求更高。谢承志等[32]采用 SYBR green I 法对距今 3800 年左右的新疆小河墓地出土的 5 例样本 mtDNA 的 3 个不同长度片段（138bp、209bp、363bp）及核 DNA AMG 基因进行定量。结果显示，古 DNA 扩增效率与扩增序列长度呈负相关性，只有 138bp 的结果高于每微升 150 拷贝。

8.3.2 扩增产物长度多态性

扩增产物长度多态性（amplified product-lengthy polymorphism, APLP）是利

用引物 3' 端的"开关"特性来控制引物的延伸，引物 3' 端正好位于单核苷酸多态性（single-nucleotide polymorphism，SNP）位点，设计两条引物分别使其 3' 端与 SNP 的两种碱基互补，根据延伸反应的"有无"信号来判断 SNP 的类型（图 8-13）。APLP 法不需要设计特异的荧光探针，扩增可以使用多重 PCR 技术，可以在一个 PCR 反应中对多个 SNP 位点进行检测，结果只需要普通的聚丙烯酰胺电泳就可以检测，具有快速、准确、灵敏和低成本等特点。APLP 法的缺点在于引物的非特异性延伸，所以该方法对于引物的特异性、浓度以及退火温度都有很高的要求，一旦这些影响因素得到了优化，APLP 法得到的结果都能被很好地重复。

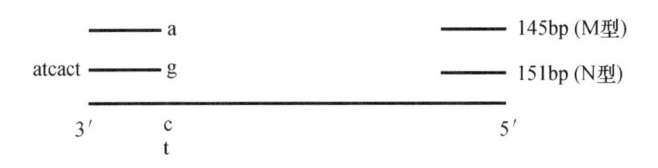

```
                ———— a                    ———— 145bp (M型)
    atcact  ————— g                       ———— 151bp (N型)
            3'    c                    5'
                  t
```

图 8-13　APLP 扩增原理示意图

Kazuo 等[33]最早把 APLP 方法引入了现代人群的 mtDNA 单核苷酸多态性（mitochondrial single-nucleotide polymorphism，mtSNP）分析。对来自 20 个人群的 2471 例个体的 6 个 mtSNP 位点进行了 APLP 分析，并成功划分出 18 个线粒体单倍型类群，证明了 APLP 法是一种高效的 mtSNP 分型方法。

2005 年，Kazuo 等[34]又对该方法进行了改进，用 4 个多重 PCR 完成了 36 个 mtSNP 位点的分析，成功划分了来自 8 个不同人群的 1715 例个体的线粒体单倍型类群。随后，2006 年，Shinoda 等[35]首次将 APLP 方法引入古 DNA 研究，并成功完成了 35 例古代印加人（秘鲁）个体的 mtDNA 分型工作，首次证明了该方法在古 DNA 研究中的有效性。

8.3.3　嘧啶 N 糖基化酶

在漫长的埋藏时间里，古 DNA 受到了广泛的死后损伤，这种损伤主要表现在胞嘧啶（C）水解脱氨基变成尿嘧啶（U）。在 PCR 过程中，尿嘧啶会被 *Taq* 酶错误地识别成胸腺嘧啶，这样就会检测到一个错误的 G≡C→A=T 的碱基颠换突变，UNG 可以把尿嘧啶还原成胞嘧啶，从而消除这种死后损伤对古 DNA 分析造成的影响[36]。每 10μL DNA 抽提液中加入 1μL UNG，在 37℃水浴中放置 30min 即可消除这种死后损伤[37,38]。Gilbert 等[36]通过比对未经过 UNG 处理的抽提液与经过 UNG 处理的抽提液得到的序列，来鉴别 mtDNA 基因组的损伤情况，结果表明，mtDNA HVR I 区域中的损伤情况要比编码区的损伤严重得多，HVR I 的损伤频率在 0.82%~5.01%，而编码区在 0~1.59%。该试验不但对古 DNA 的损伤情况进行了鉴定，同时也证明了 UNG 在处理古代样本损伤问题上的有效性。

8.3.4 焦磷酸测序技术

焦磷酸测序（pyrosequencing）技术是由 Nyren 等于 1987 年发展起来的一种新型的 DNA 测序技术[39]，其核心是由 4 种酶催化的同一反应体系中的酶级联反应，4 种酶分别为 DNA 聚合酶（DNA poly-merase）、ATP 硫酸化酶（ATP sulfurylase）、萤光素酶（luciferase）和三磷酸腺苷双磷酸酶（apyrase），反应底物为 5'-磷酰硫酸（adenosine 5'-phosphosulfate, APS）、萤光素（luciferin）。具体原理：引物与模板 DNA 退火后，在上述 4 种酶的协同作用下，每一个 dNTP 的聚合与一次荧光信号的释放偶联起来，以荧光信号的形式实时记录模板 DNA 的核苷酸序列（图 8-14）。

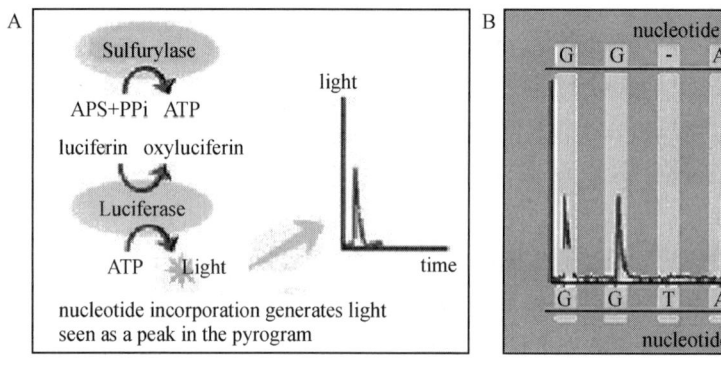

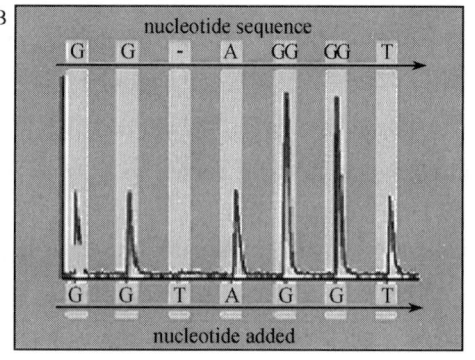

图 8-14 焦磷酸测序技术原理示意图（引自互联网）
A. 荧光释放原理；B. 序列图谱

焦磷酸测序技术受到磷酸酶活性的限制，最初主要应用在 SNP 检测和 20~30bp 的短片段测序中。2005 年，Margulies 等在国际著名刊物 *Nature* 上发表了对该技术进行改进的文章，他们结合了一种乳胶材料和皮升级反应孔的焦磷酸盐测序法。它的一个典型反应可以在 4h 内测出 2500 万个碱基，其准确率高达 99.6%[40]。而利用 Sanger 毛细管电泳法测序平均每小时可读 67 000 个碱基，平均准确率为 99.4%。这种方法如此之快，主要是由于其自动化的原因。整个过程，从最初的 DNA 片段复制到测序，全部都是采用微流技术（micorfluidic technology），而且可以同时分析数以千计的 DNA 分子。

2006 年，Poinar 等[41]将该技术引入到古 DNA 研究中，他们从猛犸象的化石中得到了 2800 万的核 DNA 序列，并证实了其中 1300 万属于猛犸象的序列。同年，Green 等[42]也利用此技术完成对尼安德特人约 100 万碱基对的测序工作。该技术的应用使古 DNA 研究取得了革命性的进展，用传统的 PCR 技术和测序技术，保存最好的样本往往也只能得到几百碱基对的序列，即使在常年冻土条件下保存的最理想的样本得到的最长序列也不超过 1000bp，而焦磷酸测序技术却能获得上千万的可靠序列，虽然 Poinar 等分析的样本比较特殊，是在常年冻土的特殊环境下保存的猛犸象骨头，但这种技术的应用给古 DNA 研究方法指明了新的方向。

8.3.5 多重 PCR

多重 PCR（multiplex PCR）是在普通 PCR 的基础上加以改进，于一个 PCR 反应体系中加入多对特异性引物，针对多个 DNA 模板或同一模板的不同区域扩增多个目的片段的 PCR 技术，其反应原理、反应试剂和操作过程与一般 PCR 相同。这一概念由 Chamberian 等率先于 1988 年提出，由于多重 PCR 同时扩增多个目的基因，具有节省时间、降低成本、提高效率的优点，特别是节省珍贵的实验样品[43]。

由于多重 PCR 要求在同一反应体系中进行多个位点的特异性扩增，因而技术难度较大，尤其引物的设计是多重 PCR 反应成败的关键。多重 PCR 包含多对引物，各个引物必须高度特异，避免非特异性扩增；不同引物对之间互补的碱基不能太多，否则引物之间相互缠绕，严重影响反应结果。多重 PCR 应选择较高的复性温度以减少引物和模板间的非特异性结合，确保 PCR 反应的特异性；复性时间略微延长，以使引物与模板之间完全结合；延伸时间不宜过长，否则会导致非特异性扩增带的出现[44]。

2005 年，Krause 等[45]将该技术引入到对猛犸象（*Mammuthus primigenius*）的 mtDNA 研究中，他们从 747mg 猛犸象骨头中，通过 46 对引物扩增得到了 46 段 291~580bp 序列，并得到了猛犸象的 mtDNA 全基因组序列。在多重 PCR 扩增中，为了避免非特异性扩增出现，这 46 对引物被分为两组，每组 23 对，相互之间不搭接（图 8-15）。扩增过程中，第一套 23 对引物同时加到一个反应体系中扩增 27 个循环后，将扩增产物稀释 40 倍后作第二套引物扩增的模板，第二套 23 对引物分别加到 23 个反应体系中，经过 33 个循环后得到了 23 段 mtDNA 序列。古 DNA 的样本非常珍贵、稀少，Krause 等的这种多重 PCR 技术可以大大减少古 DNA 样本取样量，同时也首次得到了古 DNA 的线粒体全基因组序列，可以不受片段长度的限制，实现与现代物种的 mtDNA 的广泛比较，更真实地反映古代生物的演化以及人类的进化和迁徙事件。

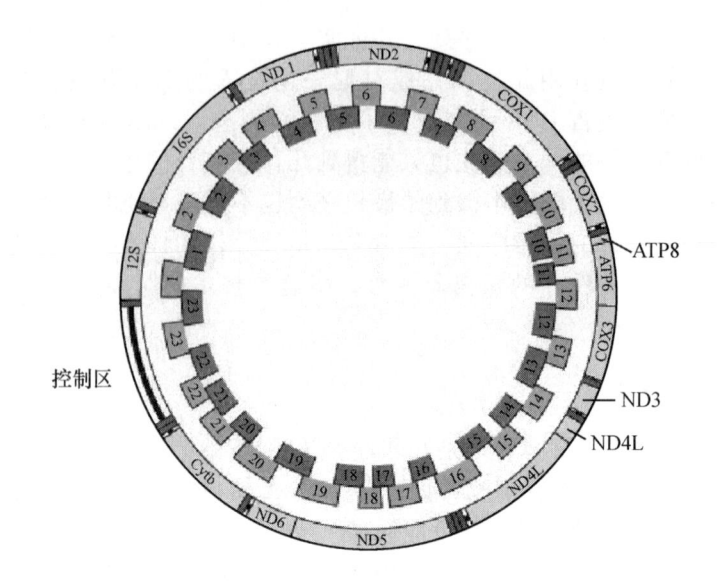

图 8-15　猛犸象线粒体基因组及引物设计策略

图中显示了46个扩增片段的位置和长度，其中外圈是第一套引物，内圈是第二套引物[45]

参 考 文 献

[1]　Poinar H N, Hoss M, Bada J L, et al. Amino acid racemization and the preservation of ancient DNA. Science, 1996, 272: 864~866

[2]　Haynes S, Searle J B, Bretman A, et al. Bone preservation and ancient DNA: The application of screening methods for predicting DNA survival. J Archaeol Sci, 2002, 29: 585~592

[3]　Poinar H N, Stankiewicz B A. Protein preservation and DNA retrieval from ancient tissues. Proc Natl Acad Sci USA, 1999, 96 (15): 8426~8431

[4]　Thalhammer S, Nerlich A G, Heckl W M, et al. Nanoendoscopic analysis of ancient DNA. J Forensic Sci, *in press*

[5]　蔡胜和, 杨焕明. 方兴未艾的古代 DNA 的研究. 遗传, 2000, 22 (1): 41~46

[6]　Hagelberg E, Bell L S, Allen T, et al. Analysis of ancient bone DNA: Techniques and applications. Philosophical Transactions: Biol Sci, 1991, 333 (1268): 399~407

[7]　Boom R, Sol C J, Salimans M M, et al. Rapid and simple method for purification of nucleic acids. J Clin Microbiol, 1990, 28 (3): 495~503

[8]　Höss M, Pääbo S. DNA extraction from Pleistocene bones by a silica-based purification method. Nucleic Acids Res, 1993, 21 (16): 3913~3914

[9]　Richards M B, Hedges R E M, Sykes B C. Authenticating DNA extracted from ancient skeletal remains. J Archaeol Sci, 1995, 22 (2): 291~299

[10]　Bouwman A S, Brown T A. Comparison between silica-based method for the extraction of

DNA from human bones from 18th to Mid-19th century London. Anc Biomol, 2002, 4 (4): 173~178

[11] Yang D Y, ENG B, WAYE J, et al. Technical Note: impoved DNA extraction from Ancient Bones using silica-based spin columns. Am J Phys Anthropol, 1998, 105: 539~543

[12] Handt O, Krings M, Ward R H, et al. The retrieval of ancient human DNA sequences. Am J Hum Genet, 1996, 59: (p): 368~376

[13] Zischler H, Hoss M, Handt O, et al. Detecting dinosaur DNA. Science. 1995, 268: 1192~1193

[14] Mourier T, Hansen A J, Willerslev E, et al. The Human Genome Project reveals a continuous transfer of large mitochondrial fragments to the nucleus. Mol Biol Evol, 2001, 18: 1833~1837

[15] Cano R J, Poinar H N, Pieniazek J, et al. Amplification and sequencing of DNA from a 120~1352 million year-old Weevil. Nature, 1993, 363: 536~538

[16] Woodward S R, Weyand N J, Burnell M. DNA sequence from Cretaceous. Period Science, 1994, 266: 1229

[17] Brown T, Brown K. Ancient DNA and the archaeologist. Antiquity, 1992, 66: 10~23

[18] Sampietro M L, Gilbert M T, Lao O, et al. Tracking down human contamination in ancient human teeth. Mol Biol Evol, 2006, 23: 1801~1807

[19] Pruvost M, Schwarz R, Correia V B, et al. Freshly excavated fossil bones are best for amplification of ancient DNA. Proc Natl Acad Sci USA, 2007, 104 (3): 739~744

[20] Gilbert M T, Wilson A S, Bunce M, et al. Ancient mitochondrial DNA from hair. Curr Biol, 2004, 14: 463~464

[21] Handt O, Höss M, Krings M, et al. Ancient DNA: methodological challenges. Experientia, 1994, 50 (6): 524~529

[22] Cooper A, Poinar H N. Ancient DNA: do it right or not at all. Science, 2000, 289: 1139

[23] Poinar H N. The top 10 list: criteria of authenticity for DNA from ancient and forensic samples. International Congress Series, 2003, 1239: 575~579

[24] Kaestle F A, Horsburgh K A. Ancient DNA in anthropology: methods, applications and ethics. Am J Phys Anthropol, 2002, 35: 92~130

[25] Kristina Strandberg A K, Salter L A. A comparison of methods for estimating the transition: transversion ratio from DNA sequences. Mol Phylogenet Evol, 2004, 32: 495~503

[26] Hofreiter M, Serre D, Poinar HN, et al. Ancient DNA. Nat Rev Genet, 2001, 2 (5): 353~359

[27] Pääbo S, Higuchi R, Wilson A. Ancient DNA and the polymerase chain reaction. J Biol Chem, 1989, 264: 9709~9712

[28] 杨东亚. 古代DNA研究中污染的控制和识别. 人类学学报, 2003, 22: 163~173

[29] Alonsoa A, Martl'na P, Albarrána C, et al. Real-time PCR designs to estimate nuclear and mitochondrial DNA copy number in forensic and ancient DNA studies. Forensic Sci Int, 2004, 139: 141~149

[30] 张驰宇, 成婧, 李全双等. 荧光实时定量PCR的研究进展. 江苏大学学报（医学版）, 2006, 16 (3): 268~271

[31] 陈苏红，张敏丽，黄坚等. SARS 冠状病毒实对荧光 RT-PCR 定量检测. 生物化学与生物物理进展, 2004, 31 (3): 249~254

[32] 谢承志，崔银秋，李春香等. 定量聚合酶链式反应研究新疆小河古代样本的 DNA. 分析化学, 2007, 35: 658~662

[33] Kazuo U, Masashi T, Isao Y, et al. Multiplex amplified product-length polymorphism analysis for rapid detection of human mitochondrial DNA variations. Electrophoresis, 2001, 22: 3533~3538

[34] Kazuo U, Masashi T, Isao Y, et al. Multiplex amplified product-length polymorphism analysis of 36 mitochondrial single-nucleotide polymorphisms for haplogrouping of East Asian populations. Electrophoresis, 2005, 26: (p): 91~98

[35] Shinoda K I, Adachi N, Guillen S, et al. Mitochondrial DNA analysis of ancient peruvian highlanders. Am J Phys Anthropol, 2006, 131 (1): 98~107

[36] Gilbert M T P, Willerslev E, Hansen A J, et al. Distribution patterns of post-mortem damage in human mitochondrial DNA. Am J Hum Genet, 2003 (a), 72: 32~47

[37] Hofreiter M, Jaenicke V, Serre D, et al. DNA sequences from multiple amplifications reveal artifacts induced by cytosine deamination in ancient DNA. Nucleic Acids Res, 2001, 29: 4693~4799

[38] Sampietro M L, Caramelli D, Lao O, et al. The genetics of the pre-roman iberian peninsula: A mtDNA study of ancient iberians. Ann of Hum Genet, 2005, 69: 535~548

[39] Nyren P. Enzymatic method for continuous monitoring of DNA polymerase activity. Anal Biochem, 1987, 167 (2): 235~238

[40] Margulies M, Egholm M, Altman W E, et al. Genome sequencing in microfabricated high-density picolitre reactors. Nature, 2005, 437 (7057): 376~380

[41] Poinar H N, Schwarz C, Qi J, et al. Metagenomics to paleogenomics: large-scale sequencing of mammoth DNA. Science, 2005, 311: 392~394

[42] Green R E, Krause J, Ptak S E, et al. Analysis of one million base pairs of Neanderthal DNA. Nature, 2006, 444 (7117): 330~336

[43] Chamberian J S, Gibbs R A, Ranier J E, et al. Detection screening of the duchenne muscular dystrophy locus via multiplex DNA amplification. Nucl Acids Res, 1988, 16: 1141~1156

[44] 陈明洁，方俑，柯涛等. 多重 PCR——一种高效快速的分子生物学技术. 武汉理工大学学报, 2005, 10: 33~36

[45] Krause J, Dear P H, Pollack J L, et al. Multiplex amplification of the mammoth mitochondrial genome and the evolution of Elephantidae. Nature, 2005, 439: 724~727

第9章 古DNA数据分析

从古代材料中提取遗传信息,只是古DNA研究的最初步骤;如何对这些信息进行分析、挖掘则是一个关键问题[1]。系统发育分析、多维尺度分析、主成分分析和群体遗传学分析是古DNA研究中重要的数据分析手段。

系统发育分析可以从分子水平上探讨群体进化的规律,并可将这些规律以直观、形象的系统发育树形式呈现出来。对古DNA序列进行系统发育分析可以用来检测过去根据生物形态学和免疫学资料所建立的谱系假说。如果将古代人群数据和丰富的现代人群数据相结合,可以校正仅有现代DNA序列所建立的生物谱系的拓扑结构等。多维尺度分析以图形表示对象在多维空间中的关系,从而直观形象地推断出群体间遗传关系的远近。主成分分析通过降维技术把多个变量化为少数几个主成分(即综合变量),对主成分作散点图,能从直觉上反映出样品的绝大部分信息,在探索性数据分析中非常有用。群体遗传学分析通过分析过去群体的遗传结构,推断群体的扩张模式、历史动态、推算群体起源、分歧的大致时间以及群体的进化速率、基因混合程度、甄别古DNA序列等,并可以给出统计学上的量化结果。

9.1 系统发育分析

系统发育(phylogeny)是指一群有机体发生或进化的历史,系统发育树(phylogenetic tree,也称为谱系发育树、谱系树、系统发生树、系统树)就是描述这一群有机体发生或进化顺序的拓扑结构[2]。系统发育分析(phylogenetic analysis)就是指利用现有生物的形态或分子生物学数据重建(reconstruction)系统发育树推断系统发生的过程。进行系统发育分析之前首先要进行序列比对,任何两条或多条核苷酸序列之间的对比,从真正的意义上来讲,代表着有关这些序列进化历史的明确假设[3]。通过序列比对建立起所检测序列与其他序列的同源关系,提取系统发育分析数据集,随后我们就可以进行系统发育树的构建和进行结果的检验。

9.1.1 系统发育树

系统发育树(图9-1)是表达分类单元(operational taxonomic unit,OTU)之间系统发育关系的一种树状图,由一系列节点(node)和分支(branch)组成,而 OTU 可以是物种、群体、个体、基因和蛋白质。树的节点又分为外部节点（terminal node）和内部节点（internal node）。在一般情况下，外部节点代表实际观察到的 OTU，而内部节点又称为分支点，它代表了进化事件发生的位置，或代表分类单元进化历程中的祖先。

系统发育树有许多形式：①有根树（rooted tree）和无根树（unrooted tree），如图 9-2 所示；②标度树（scaled tree）和非标度树（unscaled tree）；③基因树（gene tree）和物种树（species tree）。

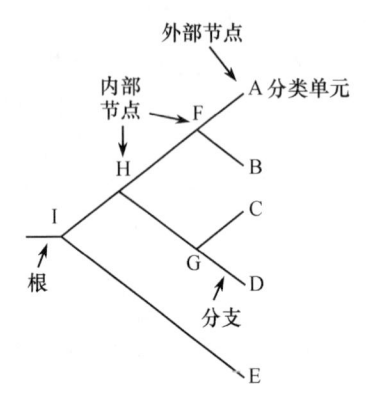

图 9-1 系统发育树
A~E 是分类单元（外部节点）；
F~I 是内部节点，其中 I 是系统发育树的根

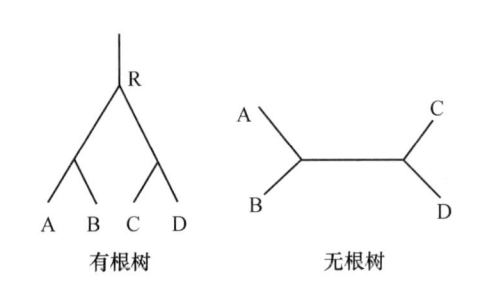

图 9-2 有根树和无根树

以外类群作为根的系统发育树称为有根树，在一棵有根树中，有一个唯一的根节点（R），代表所有其他节点的共同祖先，这样的树能够反映进化层次，从根节点历经进化到任何其他节点只有唯一的路径。无根树没有层次结构，无根树只说明了节点之间的关系，没有关于进化发生方向的信息。但是，通过使用外部参考物种（那些明确地最早从被研究物种中分化出来的物种），可以在无根树中指派根节点。

在系统发育分析过程中，随着 OTU 数目的增加，可能的进化树的数目多得令人难以置信，n 个 OTU 可能的有根树的数目（N_R）和无根树的数目（N_U）的计算公式为：

$$N_R = (2n-3)! / [2^{n-2}(n-2)!]$$
$$N_U = (2n-5)! / [2^{n-3}(n-3)!]$$

当 $n=10$ 时，有根树的数目是 34 459 425、无根树是 2 027 025。尽管少量数据集获得的有根树和无根树的数目大得惊人，但事实上只有一棵树代表了基因或物种之间的系统发育关系，通过计算机模拟，才能得到真实的树，所以由分子数据获得的树也称为推断树（inferred tree）。

标度树中树枝的长度代表了性状状态变异的量，而非标度树树枝的长度并不代表性状状态变异的量，但中间节点的位置仍可与分歧时间相对应（图9-3）。

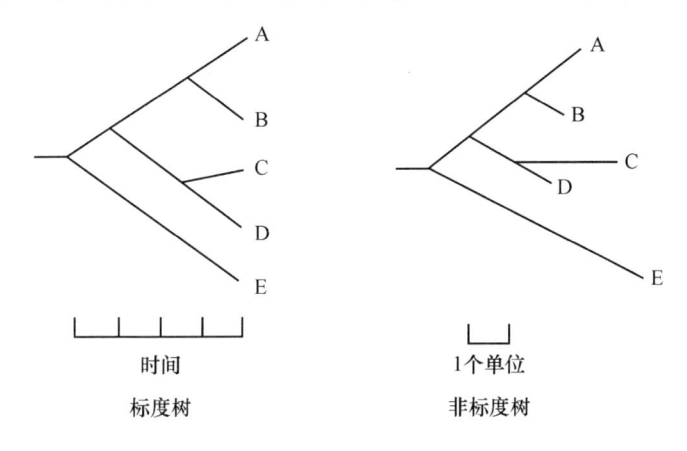

图9-3 标度树和非标度树

基因树是根据单个同源基因序列差异构建的谱系树，代表着单个基因的进化历史，而物种数则是表达生物类群进化路径（evolutionary pathway）的谱系树，代表着物种的进化，物种树一般是从多个基因数据的分析中得到的。基因树和物种树可能是不同的，两者的区别在于：①两个物种间基因的分化时间可能要早于物种分化的时间；②基因树的拓扑结构有可能不同于物种树（图9-4）。

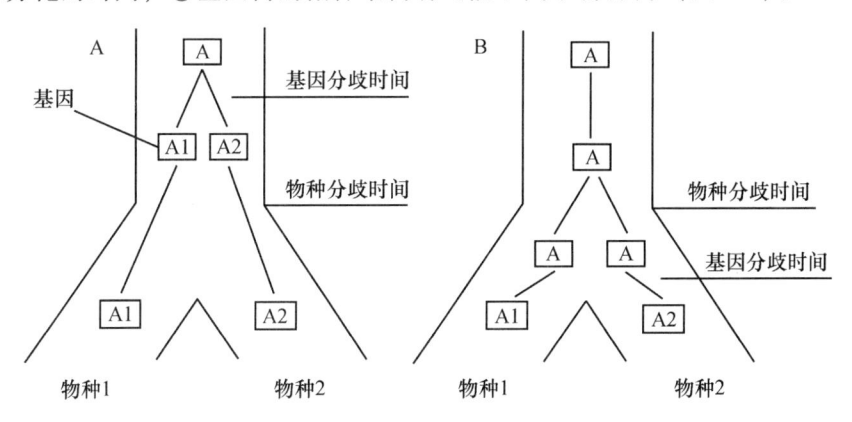

图9-4 基因树与物种树的不同
A. 基因的分歧时间早于物种的分歧时间；B. 基因的分歧时间晚于物种的分歧时间

系统发生树的构建主要分成 3 个步骤：①序列比对与排序；②系统发育树的重建；③结果的检验。

9.1.2　序列比对与排序

序列比对与排序是构建系统发育树，进行系统发育分析的前提和必要条件。在古 DNA 研究中，序列比对的目的就是建立起所检测序列与其他序列的同源关系，提取系统发育分析数据集。如果序列排序不当，将严重影响后续的系统发育分析。至于如何提取有效数据，取决于所选择的建树程序如何处理容易引起歧义的比对区域或插入/删除序列，这一过程可能需要应用一些非统计数学优化。通过序列比对，可以筛选出变异位点，对实验数据进行初步的估计。

序列比对有各种不同的方法，这些方法都是将同源序列位点上相同或相似残基（称匹配位点）与不相似残基（称不匹配位点）按一定的记分规则转化成序列之间相似性或差异性（距离）数值进行比较，并且都是建立在下述基本原则上：最佳的对准是具有最多匹配位点的对准，这一对准中序列之间的相似值最大或距离最小。为此，在对准过程中对每一位点比较的记分标准是奖励具匹配残基的位点（记高分），惩罚非匹配残基及具有空位的位点（记低分）。空位（gap）是为了求得最佳对准而引入的，是对序列进化的另一种假设，空位的罚分应比非匹配位点更严厉，因为任何两序列在自由引入空位后最终可使所具有相同残基的位点都对准。在序列比对过程中，长度不等的插入和缺失突变是相互发生的，即一个序列中发生的插入或缺失就意味着另一个序列同样长度的缺失或插入，故这两类在对准时作为一类看待，统称为序列的增减。序列比对按要求比对序列的长度可区分为全序列比对和局部序列比对；按要求比对序列的数目可区分为双重序列对准和多重序列对准。目前，Needleman 的算法是公认的最有效的序列比对方法，它以相似性指数为标准度量出最好的排列。

随着所比较的序列数目和序列长度的增加，序列比对的难度越来越大，因而计算机程序已成为序列比对必不可少的工具。ClustalX（ClustalW）是进行此项工作的经典程序，图 9-5 是利用 ClustalX 程序完成的多个序列比对示意图，我们将在第 10 章详细介绍其使用方法。

9.1.3　系统发育树的重建

系统发育树可以推测生物类群系统发育的分支样式，给出分支层次或拓扑图形，并能估算类群之间遗传关系的远近。系统发育树的分支样式称为拓扑结构（topology）。它是产生新的基因复制或享有共同祖先的生物体的歧义点的一种反映。分支的长度反映了事件发生时与现有的基因、蛋白质或物种间的进化距离。随着分类单元数目的增加，可能的拓扑结构数目迅猛增加。在这些拓扑结构中只

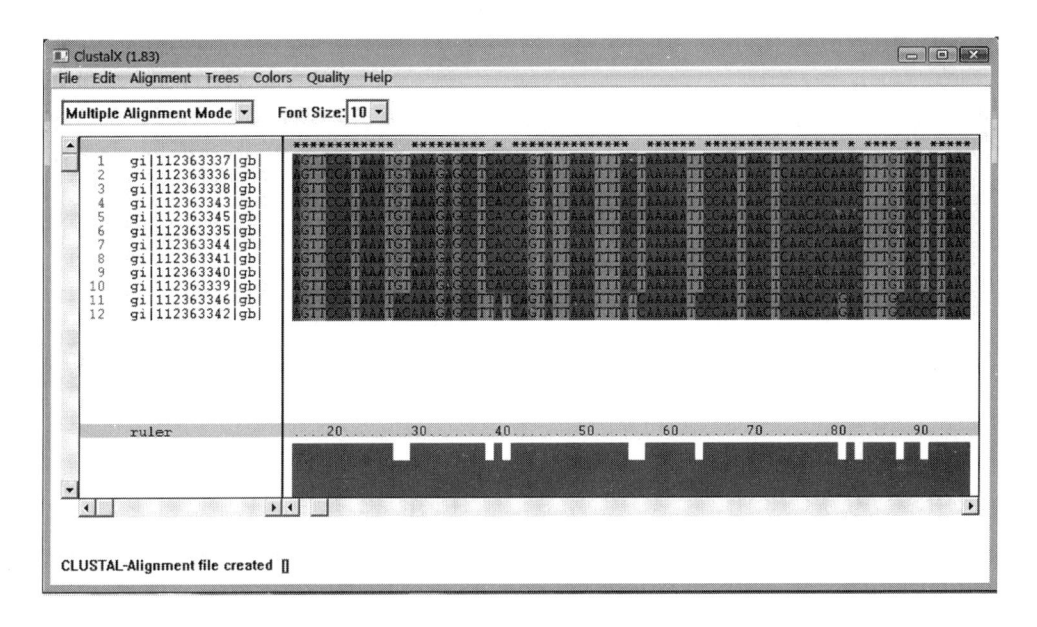

图 9-5 多个序列比对示意图

有一个是正确的树,称为真实的树。找出真实系统树的过程,称为系统树的重构,现在已经发展了许多基于统计学的方法。在古 DNA 研究中,通过构建系统发育树,可以推断个体之间以及群体之间亲缘关系,以及研究对象在系统树中所处的进化地位等。在古 DNA 研究中,主要的系统发育树重建方法有 3 类:距离法、简约法和似然法,我们将简要介绍这些方法的基本原理,它们的细节可以参考《分子进化与系统发育》[4]一书。

9.1.3.1 距离法

距离法(distance method)首先根据距离模型估算出分类群间的进化距离,然后根据不同的聚类算法,从进化距离最短的开始依次聚类,利用距离值矩阵计算出最优树,或将总的树枝长度最小化而优化出进化树[5]。

遗传距离的计算是判断个体间、群体间亲缘关系的基础,也是距离矩阵法构建系统发育树的重要手段。计算个体间遗传距离的替代模型有很多,最基本的核苷酸序列替代模型是 P 距离模型、Jukes-Cantor 单参数模型(JC69)、Kimura 双参数模型(K2P,也称为 K80),在此基础上衍生出其他一系列模型,如 Tajima-Nei 模型、Tamura 模型、Tamura-Nei 模型等。

由于核苷酸替代的实际过程较复杂,这些模型都存在一些假定。P 距离模式是最简单的距离模型,将两个序列间核苷酸差异率作为彼此间的遗传距离,其计

算公式为
$$P = n_d/n$$
式中，n_d 和 n 分别为所检测的两序列间的核苷酸差异数和配对总数。

Jukes-Cantor 模型假定任一位点的 4 种核苷酸 A、T、G 和 C 间的替代频率都是相同的，其遗传距离为
$$\hat{d} = -\frac{3}{4}\log\left(1 - \frac{4}{3}\hat{P}\right)$$
式中，P 为两个序列间核苷酸的差异率。事实上，在 DNA 序列中 4 种核苷酸的替代频率是不同的，通常核苷酸转换的比率要高于颠换，Kimura 双参数模型考虑了转换和颠换速率的不同，其遗传距离为
$$\hat{d} = \frac{1}{2}\log\left(1 - 2\hat{P} - \hat{Q}\right) - \frac{1}{4}\log\left(1 - 2\hat{Q}\right)$$
式中，P 和 Q 分别为序列中核苷酸转换和颠换的比率。用这种方法来估计遗传距离时，其假定的前提是核苷酸序列中 A、T、C 和 G 的比例相等，各占 1/4。若比例不相等，则选择其他方法来估计遗传距离。而 Tamura-Nei 法在考虑转换/颠换速率不同的基础上，还兼顾 G/C 含量偏倚的情况。后来，一些学者提出更复杂的距离测度，如对数行列式和准线性距离等。

对于群体之间的遗传距离，常用以下公式计算：
$$D = d_{ij} - [(d_i + d_j)/2]$$
式中，d_{ij} 是指种群 i 和 j 间的平均配对差异（raw mean nucleotide pairwise difference），而 d_i 和 d_j 则分别为种群 i 和 j 的平均配对差异。

当序列分歧比较大时，不同距离测度获得的结果差异比较大；但序列分歧比较小时，各种模型所得的数据十分相近。因此，当人们研究亲缘关系较近的样本时，没有必要使用复杂的距离测度，最好应用简单的方法，因为它的方差更小。目前古 DNA 研究的对象多为 10 万年内的人、动植物等，其序列分歧度都不是很大，因此无论选择哪种距离模型，对实验的分析结果影响都比较小。在古 DNA 研究中一般选用 Kimura 双参数距离模型，在实际应用中，此遗传距离模型和其他模型相差不大。

距离法常用的聚类算法可分为 4 类：算术平均不加权的组对法（unweighted pair group method with arithmetic mean，UPGMA）[6]、FM 法（Fitch-Margoliash）[7]、最小进化法（minimum evolution，ME）[8] 和邻接法（neighbor-joining，NJ）[9]。

（1）UPGMA 法是目前广泛应用的最简单的一种建树方法。它按照配对序列的最大相似性和连接配对的平均值的标准将进化树的树枝连接起来。它不是一种严格的利用进化距离建树的方法。只有当序列分歧是基于一个分子钟或者近似等于原始的序列差异性的时候，才能期望 UPGMA 会产生一个拥有真实树枝长度的

准确的拓扑结构。但是，在实际问题中这种情况的概率非常小。UPGMA 法既能构建有根树，也能构建无根树；既能构建拓扑结构，又能计算分支长度。但当分歧程度不大时，以及当基因替代率不稳定且所用基因或核苷酸数目较小时，UP-GMA 法经常会出现拓扑结构误差。

（2）FM 方法通过把所有可能观察到的距离相对于进化树中所有可能的路径长度的偏差的平方极小化，将进化树中观察到的双重距离的合适度极大化，由此构建系统发育树。该方法的一个优点是，当物种数为 3 时，所有种的分支长度均可被唯一确定。有一些变量，在怎样对错误进行加权的处理上有所差异，而且对变化的估值并非是完全独立的，因为所有进化树内部的树枝中存在的错误都至少被计算了两次。

（3）ME 法首先使用与 Fitch-Margoliash 法相同的方式计算出所有分支长度的总和，然后根据路径长度优化出最短的进化树；也就是说，它要求将观察到的距离相对于基于进化树的距离偏差的平方最小化。ME 方法并不使用所有可能的双重序列距离和所有可能的相关的进化树路径长度，而是先根据到外层节点的距离来固定进化树内部节点的位置，然后根据这些观察点之间的最小计算误差，对内部的树枝长度进行优化。最小进化法的理论基础是，当使用无偏的进化距离估计时，无论序列数目为多少，真实拓扑结构的预期值将会达到最小。这是一个很好的统计学特性，但是具有最小预期值的拓扑结构并不一定是真实拓扑结构的无偏估计。当系统树分支比较少的时候，ME 树和 NJ 树通常很相似甚至相同；因此，当序列比较多时，NJ 树可以作为起始树。

（4）NJ 法在系统发育树构建中应用最为广泛，其原理是逐步寻找新的近邻种类（序列），使最终生成的分子树的遗传距离总长度为最小。所谓"近邻"是指在谱系树上两个分类单元只通过一个内部节点相连，例如，图 9-1 中的 A 和 B 以及 C 和 D 都是近邻。该法虽并不检验所有可能的拓扑结构，但在每阶段诸物种（序列）聚合时都要应用最小进化原理，故而被认为是 ME 的一种简化方法。用 NJ 法构建分子系统树，不使用所谓的优化标准，首先要建立一个"星形树"，也就是假设不存在聚合群。完全解析出的进化树是通过对完全没有解析出的"星形"进化树进行"分解"得到的，分解的步骤是连续不断地在最接近的序列对中插入树枝，而保留进化树的终端。于是，最接近的序列对被巩固了，而"星形"进化树被改善了，这个过程将不断重复。这个方法相对而言很快，也就是说，对于一个有几十个序列的进化树，只需要若干秒甚至更少。

对于绝大多数数据集而言，对核苷酸数据应用一个更加理想的模型可能会更好。ME 法和 FM 法似乎是最好的程序，因为它们在模拟研究中所取得的成绩最好，而且几乎相同[10]。ME 在计算机程序中的应用越来越广泛，许多分子系统学软件都提供了此种算法。计算机模拟研究结果表明，对于一个大范围的进化树形状空间，UPGMA 的可操作性很差。之所以在这里会提及这个方法，是因为在现在很多相关的出版物上经常会出现 UPGMA 的应用。很显然，NJ 是最快的程序，并且所产生的进化树同 ME 进化树相比，虽不能说一样，但也已经非常相近了；而且 NJ 只产生一个进化树[11,12]。

9.1.3.2 简约法

简约法（parsimony method）中最有影响的是最大简约法（maximum parsimony，MP），该方法源于形态性状的研究，运用最相近的生物间性状变化量最少的演化原理确定最短的进化树，该树仅需要最少的进化步骤就能解释所有 DNA 序列之间的变异[13]。

应用最大简约法所产生的最简约树中，所有类群的性状状态的变化总数应为最小。对核苷酸序列而言，理论上每个位点均可构建 3 种可能的谱系树。然而，并非所有的位点都能用于重建系统发育关系。可用于构建最简约谱系树的位点被称为信息点（informative site）。当无论有多少条序列进行比对后，如果一个位点是信息位点，那么在这个位点上它至少要包含两种不同的核苷酸，而且每种核苷酸至少在两个序列中出现。随着序列数目和信息位点数目的增加，最简约谱系树的数目将迅速增加。在实际应用中，MP 进化树是最短的也是变化最少的进化树，根据定义，这个进化树的平行变化最少，或者说是同形性最低。MP 中有一些变量与特征符状态改变的可行方向不尽相符。

MP 方法的理论依据是建立在一个哲学理念之上的。理论上说，如果每个核苷酸位点没有回复突变或平行突变，而且被检验的核苷酸数（n）非常大，则 MP 方法能够获得正确的（真实）系统树。然而，实际上核苷酸序列通常会受回复突变或平行突变的影响，n 也非常小。此外，如果核苷酸替代速率在进化谱系中变化很大的话，即使所研究的序列无限长，MP 构树方法所产生的拓扑结构也会出现错误。

最大简约法应用于序列数据构建包括以下几个步骤：①确定所有的信息位点；②对所有可能的树形，计算每个信息位点上发生核苷酸替代的最低次数，并对所有信息位点的最低替代数求和；③选择核苷酸替代次数总和最小的树作为最简约谱系树。

MP 构树方法的优点在于：它不需要（如距离法或似然法）在处理核苷酸或氨基酸替代时所必需的假设。由于现行的诸多数学模型都是对核苷酸变异实际情况的粗略估计，因此，当序列分歧度比较低的时候，无需模型的 MP 法可以获得比其他方法更可靠的系统树。计算机模拟表明：当序列分歧度比较低、核苷酸替代速率相对稳定或序列长度比较大的情况下，MP 法比其他方法（如距离法）更能获得可靠的拓扑结构。

在简约法中产生多棵等价的简约树是很常见的,大量近源序列组成的数据集有时会产生成百上千棵树,无法得到准确的系统发育信息。此时最好的办法是将所有的谱系树合成为一棵谱系树,即一致树(consensus tree),一致树可分为严格一致树(strict consensus tree)和多数一致树(majority-rule consensus tree)。严格一致树是指严格按照各个树之间的共性构建的谱系树,即使只有一棵和其他几百棵不同,对所有不一致的分支点都进行相同的处理。而多数一致树是指按照多数树之间的共性构建的谱系树。在实际分析中,通常取多于50%的一致树,也称为过半裁定一致树(50% majority-rule consensus tree)。

9.1.3.3 似然法

似然法(likelihood method)中最常用的是最大似然法(maximum likelihood,ML),这类方法首先要确定一个序列进化模型,如Kimura双参数模型等。然后在该模型下寻找可能的系统树,最后通过比较系统树的似然函数值,将具有最大似然值的系统树视为最佳的系统树。与距离矩阵法不同,ML法试图充分有效地利用所有资料而不是将资料减缩为距离的集合。它与简约法的不同之处在于其进化概率模型采用了标准的统计方法。该方法期望能够搜寻出一种进化模型(包括对进化树本身进行搜索),使得这个模型所能产生的数据与观察到的数据最相似。

实际上,似然值是从比对的每一个碱基位点衍生出来的。如果以核苷酸替代模型为基础,最大似然法需要确定每个分支在一定时间间隔内核苷酸发生特定替代变化的概率。给定一个特定的进化树和观察到的全部的碱基频率,我们可以计算出似然值,具体方法是要计算一个位点遵循一个特定取代过程时所得到的变化模式的概率;似然值就是把在这个特定的取代过程中每一个可能的取代的再现的概率进行加和。所有位点的似然值相乘就得到了整个进化树的似然值(也就是说,数据集的概率给出了进化树和进化过程)。可以想象,对于一个特定的进化树,数据集的似然值在某些位点偏低,而在另外一些位点偏高。如果进化树比较好,那么大多数位点的似然值都会较高,因此,整个似然值较高;如果进化树不太好,似然值就会比较低。如果数据集中没有系统发育的信号,所有随机的进化树的似然值都会相差很小。

如果取代模型得以优化,就可以在一定程度上适应观察到的数据的需要。比方说,如果存在着转换的偏好(其明显表现为有大量的位点只包含嘌呤或者只包含嘧啶),那么,如果计算数据的似然值所采用的模型没有考虑偏好的话,其效果显然不如采用考虑了偏好的模型。同样地,如果有一部分位点确实只包含一种碱基,而另外一部分位点以相同的概率包含各种碱基,那么,如果计算数据的似然值所采用的模型假定所有位点的进化都平等的话,其效果显然不如采用考虑了位点内部的速率差异的模型。对于一个特定的进化树,改变取代参数就意味着将改变与之相关联的数据集的似然值；因此，在某一个取代模型下，进化树可以取得很高的似然值，但是在另一个取代模型下，进化树所取得的似然值就可能会很低。

因为 ML 法要耗费大量的计算机机时，所以对于一个给定的数据集，想要在优化取代模型和进化树的同时进行完全的搜索几乎是不可实现的。值得推荐的是一个很经济的探索式的程序 MOLPHY[14]。在这一点上，可能最好的节约时间的方法是对取代模型进行 ML 评估。这个程序可以反复进行，搜索到较好的 ML 进化树，然后重新对参数进行评估，最终搜索更好的进化树。

随着算法、计算机的运算能力和对系统发育认识的进步，ML 法在分子系统发育分析中也变得越来越流行。在模拟研究中，如果对由相同的模型产生的数据进行数据分析的话，ML 做得总是比 ME 和 MP 要好。在所有的方法中，ML 的计算强度最大，所以在某些情况下，它可能无法实现；而且，同样的模拟研究表明，在许多情况下，ME 和 MP 方法同 ML 方法的执行效果几乎一样。

9.1.3.4 进化树搜索

即使是对于一个只有几十个序列的系统来说，单一的系统发育进化树的数量也会随着分类群数目的增长而按照指数规律增长，从而变为一个天文数字。即使最快的计算机也不能完成所有系统树的穷举搜索（exhaustive search），一般情况下只允许对很小一部分可能的进化树进行搜索。目前有两种常用的快速搜索系统树的方法——分支约束法（branch and bound method）和启发式搜索（heuristic method）。分支约束法能保证获得最理想树（optimal tree），但当序列大于或等于 20 时仍然很耗时。启发式搜索在分析中只对少部分的可能树进行比较，但此法不能保证发现最理想树。这两种方法具体的算法可参见文献 [15]。许多不同的软件都可以执行进化树的搜索算法。要想改善搜索效率和进化树的优化，可以尝试大量不同的策略。影响对优化搜索策略（数据量、数据结构、时间量、硬件、分析目的）进行选择的因素太复杂，无法确定一个简单可行的处方。因此进行搜索时必须对数据非常熟悉，必须要有明确的目标，了解各种各样的搜索程序。

除上述当前应用最广的方法外，还有大量的建立和搜索进化树的其他方法。这些方法包括 Wagner 距离方法和亲近方法（距离转化方法）[16]、Lake 的不变式方法[17]（一个基于特征符的方法，它选择的拓扑结构包含一个意义重大的正数以支持颠换）、Hadamard 结合方法[18]（一个精细的代数方阵方法，对距离数据或者观察到的特征符进行修正）、裂解方法（这个方法决定在数据中应该支持哪一个基于距离的可选的拓扑结构）、四重奏迷惑（Quartet puzzling）方法可以为 ML 建树方法所应用，这个算法相对而言是个较快的进化树搜索算法。

9.1.3.5 系统树树根的确定

上述 3 种建树方法所产生的都是无根树（也就是说进化树没有进化的极性）。为了评估进化假说，通常必须要确定进化树的树根。对于序列数据，如果依据分子钟，那么树根总是出现在横跨整个进化树的最长跨距的中点[19]。分子进化是否有真正意义上的分子钟，仍然是个有争议的问题，但是不管树根在什么地方，绝大多数基因进化树都显示了非分子钟的行为。因此，通常都是使用外在的证据来确定树根究竟放在何处，也就是说，要决定这个进化树通过什么位置同外围的系统发育集团相连接；这些外围集团可能是那些与被分析的物种/序列没有最相近的共同祖先的任意的物种/序列。但是外围集团的树根确定问题将其推入一个两难的困境之中：同内部集团很相近的外部集团很可能只是内部集团的一部分，只是被错误地排除在外了；一个距离明显很远的外围集团（如分析古人类序列时用到的一个猩猩或猿猴的序列）很可能会拥有一个分歧非常大的序列，以至于把这个序列同内部集团放在一起将要受到长树枝效应的影响。

一个确定树根较好的办法就是分析时加入一个复制的基因[20]。如果来自于绝大多数物种或者所有物种的所有的平行基因在分析时都被包含进去，那么从逻辑上我们就可以把进化树的树根定位于平行基因进化树的交汇处，当然要假定在所有进化树中都没有长树枝效应问题。

9.1.3.6 其他构树方法

近年来，许多新的聚类算法出现，如贝叶斯方法（Bayesian method）是最近发展起来的一种方法，也受到了极高的评价[21]。它是最大似然法的一个自然衍生，使用了相似的演算过程，但添加了更多信息作为先验概率，同时估计了分支长度和拓扑结构。对于大数据集，贝叶斯法解决了 ML 法运算量巨大的问题，可以比 ML 法节省 80% 以上的时间。重要的是，贝叶斯法可以选择适当的模型来拟合数据。此外，Hadamard 结合法[18]以及神经网络方法[22]也被提出用于种系发育树的构建。但这些方法的实际效用还需要进一步检验。

mtDNA 控制区序列系统发育信息位点少，受频发突变影响而出现多系或网状结构，上述这些传统构树方法往往最后只使用一棵分子系统树，很难反映单倍型序列间的真实系统发育关系[23]。此外，这些方法在构建分子系统树时，不考虑单倍型的频率及其地理来源的信息。Bandelt 等[24,25]提出一种新的构树方法——中介网络法（median network），可以构建中介网络图。该图包含所有最简约的树，而且可显示序列的信息（如同质性位点的位置、突变热点以及分辨单倍型类群等），在聚类簇中节点之间的距离越近，它们的单倍型就越相近。

对于大样本，通过识别平行进化，可以减少网络图的复杂性。另外，通过考察核苷酸替换的模式，对于每一位点赋予 γ 形参数 α 值（gamma shape parameter α，突变速率变化系数的倒数）校正，可以较好地解决序列中各位点进化速率不同的问题[26]。

中介网络图可以通过 Network 软件构建，所采用的运算程序主要有 RM（reduced median network）法和 MJ（median-joining network）法。它根据各个群体在中介网络树的分组情况及其在各组中的分布频率，将这些群体的关系在一个二维图形上表示出来。在中介网络图中，可以让整个骨架以指定的序列为中心呈星形分布。根据这些星形的簇类分支，可以将所有序列分成若干组，从而明确其遗传、进化距离和系统发育关系等。

在群体遗传学的研究中，大批量的数据处理变得越来越平常，这导致很难在学术刊物的一幅图上展示相关的系统发育关系，即使在电脑屏幕上，这样的显示也变得十分困难，此时我们需要对数据进行前后期的处理来优化、简化所要分析的数据。Network 软件主要提供了星聚法（star contraction）算法对数据进行前期优化处理，它把一个聚类看作一个节点，从而使序列信息简化，能够展示更小系统树或中介网络图的骨架。此外，星聚法计算程序能够严格地判定预示着人口统计学扩张的密集的星形聚类。这些系统发育聚类分支的合并时间可以通过分子钟确定，而且能够与历史或史前的其他规律的记录进行比较。对于数据的后期处理，Network 软件主要提供了 MP 法（maximum parsimony calculation，即最大简约算法），来优化由 MJ 和 RM 计算过的结果，从而得到更准确、有效的信息。图 9-6 显示了中国二里头遗址出土的古代绵羊与世界各地其他品种绵羊的中介网络图[27]。图 9-6 中的每一个圆圈都代表一个 mtDNA 单倍型，圆圈的大小与单倍型的分布频率呈正比，不同的颜色代表不同地区的品种，单倍型之间的关系可以通过变异位点的数目来估计，可以清晰地看出古代绵羊与现代品种之间的关系。由此可见，中介网络法在处理利用 mtDNA 来解释动物起源、进化、迁移等事件时，非常有用，其分析结果可以和系统发育树分析的结果相互验证。

9.1.3.7 不同构树方法的评估和比较

在研究实际问题的过程中，不同谱系构树方法获得的结果不尽相同。目前还没有一种构树方法可以适合于所有的数据和条件。比较各种方法的优缺点，有助于更好地利用这些方法解决问题。

距离矩阵法构树的计算强度最小，而且可以使用序列进化的相同模型。此方法的缺点是屏蔽了真实的特征符数据。UPGMA 法假设所有支系上速率相等，然而实际情况并非如此，因此，当序列长度较短时，该方法所构建的谱系树易出

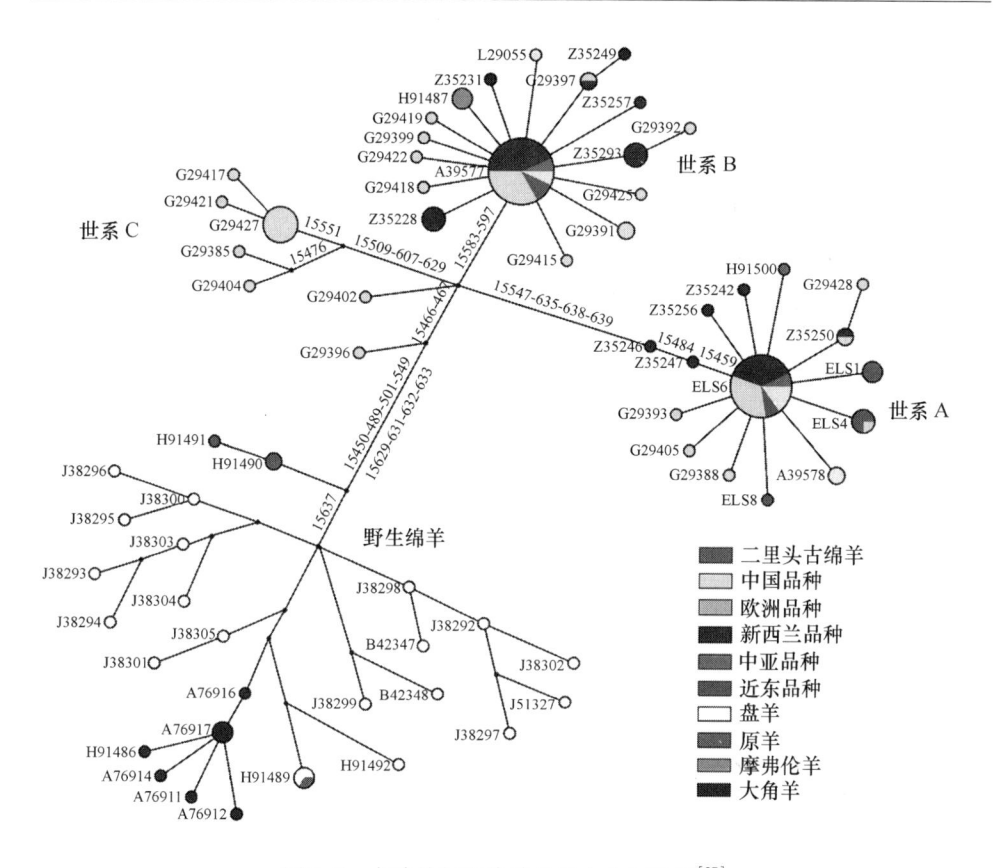

图 9-6　古绵羊与现代绵羊的中介网络图[27]

错。NJ 法采用"校正距离"矩阵来减少分支速率不同的影响；但序列较短时，对距离的计算仍可能有较大的统计误差。通常一个参数很多的模型能更好地解释数据，但是建立在很多参数模型上的统计预测易带来更多的误差。因此，当序列数很多而序列又较短时，简单的距离模型往往可以给出较好的结果，这正是目前古 DNA 研究中所得到的数据的特点，所以分析古 DNA 数据时应该采用简单的距离测度，比较常用的就是 Kimura 双参数模型。

最大简约法没有明确的假设，由计算机模拟分析可知，当序列分歧度很低、核苷酸替代速率较稳定、被检验核苷酸数目很大时，该方法通常比距离法更能获得真实的拓扑结构。这些特征与目前古 DNA 研究的数据特点十分吻合。进化简约法和加权简约法对比最大简约法有所改进，其适应性更广。就目前古 DNA 研究常用的分子标记（mtDNA D-loop 区）而言，由于存在一些突变热点，其进化速率要高于其他位点。如果赋予慢进化位点比快进化位点更多的权重，会比平权时得到更可靠的树。加权简约法就可以达到此要求，而且还可以在一个给定位点上对不同类型的替代赋以不同的权重。

最大似然法和贝叶斯方法具有比较高的可靠性。然而根据最大似然法、贝叶斯方法以及最大简约法的基本原理，需要穷尽式的搜索方法，当序列数不是很小的时候，其计算量是不可想象的。因此，许多寻找最优树的方法被不断提出。然而这些最优原则本身的理论研究尚不完备，其理论基础还未完全清楚。虽然已知的计算机模拟显示对于足够长的序列，这些最优原则非常有效，但对于序列较短而序列数目较大的情况，则常常会导致不正确的结果。

就运算时间而言，距离矩阵法最省时，最大似然法最耗时，进化简约法在计算时间上要少于最大似然法和最大简约法，但多于距离矩阵法。另外需要注意的一个问题是，上述的方法和模型虽被多个系统发育分析软件包引用，但运行时所使用的指定参数或进化树优化特征不一定相同。

综上所述，在构建系统发育树时，最好同时使用多种方法构建系统树，多种方法所获系统树的一致，将大大提高结果的可靠性。当然无论使用何种方法重建系统树，都必须对其分支格局的统计置信度进行检验。

9.1.3.8 系统发育树的检验

当一个系统树建成后，确定其可靠性十分重要。因此在构建系统发育树之后，应当对所建立的系统树的准确度加以评估。一个系统树一般会有两类误差——拓扑结构误差和分支长度误差。前者是在推断树和真实树的分支样式方面存在误差，后者则是估计分支长度与真实（或期望）分支长度间的偏差。如果真实的拓扑结构已知，可以利用计算机模拟来评估拓扑结构误差的程度。但是在一般研究中，真实的系统发育关系总是未知的；因此，通常需要计算重建的拓扑结构的统计置信度，以此来衡量谱系分析结果的可靠性。对于由距离法所构建的系统树，还可以使用内部分支检验（interior branch test）的方法来检验。

从直观的感觉来说，如果一个系统发育树的拓扑结构不正确，似乎对于分支长度的估计就显得毫无意义了。然而在通常的构树方法中，分支长度的估计和拓扑结构的推断有着非常密切的联系，并且分支长度估计的统计检验对于拓扑结构和分支长度本身的精确性都是非常重要的。因此，在检验分子系统树的精确性时，一般首先检验分支拓扑结构存在的误差，而分支长度估计的可靠性可以通过解析法或自展法来检验。

重复抽样法可以用于检验谱系树的相对稳定性。重复抽样法（resampling method）是目前应用十分广泛的一种统计检验方法，主要包括自展法（bootstrap method）和刀切法（Jackknife method）。自展法在实际研究中应用最为普遍，它根据从原始数据集中随机抽样产生的自展数据集构建多个系统发育树，然后检验这些谱系树对一致树各个支系的支持率。刀切法同前者的差别仅在于新建的数据集要比原始数据集小，而且不包含重复位点，它要随机去除原始比对序列中50%的位点，并且每个位点在重复抽样中至多出现一次。自展法可以对距离构树方法、最大简约建树方法、最大似然构树方法及衍生出的其他任何方法进行评估。典型的自展检验分析结果是一个数字，这个数字同一个系统发育进化树的一个特定分支相关，而这个系统发育进化树则给出了支持单源进化分支的自展的重复比例。自展程序被认为是计算了精确性；这个生物学相关的参数给出了得到真实的系统发生史的可能性。模拟研究表明，在合适的条件下（各种替换速率基本相等，系统树分支基本对称），如果自展值大于70%，那么所得到的系统发育进化树能够反映真实的系统发生史的可能性要大于95%[28]。同理，如果条件不是很合适，那么如果自展值大于50%，则精确性的评估就会过高[28]。在某些条件下，如果自展值较高，可能会使系统发生史看起来很好，但得到的结论可能是错误的。

近年来，随着大量的序列进化模型（假说）被提出，新的检验方法层出不穷，特别是似然比检验（likelihood ratio test）和贝叶斯推论（Bayesian inference）在假说检验中的应用，为很多过去难以处理的重要问题提供了强有力的解决方法。一般来说，似然比检验适用于 ML 分析，进一步提供了模型选择（假说检验）的有效方法。贝叶斯推论是建立在后验概率（posterior probability）基础上的，具有最高后验概率值的树的分支格局即可作为对于有关类群系统发育关系的最佳估计。

9.2 遗传多维尺度分析

对于亲缘关系较近的群体，用构建系统发育树的方法分析其遗传关系有一定的局限性。当亲缘关系很近时，不同方法所得到的系统发育树在分支上总是或多或少存在差别，而在理论上无法判定哪种谱系更为合理。然而多维尺度分析（multidimensional scaling，MDS）可以克服该方法的许多问题。

多维尺度分析基于对象间的相似性或不相似性，它从原始变量中得到一系列经过简化的新变量，并以新变量为基础，对对象进行缩放，用图形表示对象在多维空间（muti-dimensional space）中的关系。在多维空间中，越相似的对象，其两点间的距离越近；而相异的两对象，其两点间的距离较远。这些点所在的空间即为欧几里得（Euclidean）空间，它可以是二维、三维或 n 维的，这种模式称为欧几里得模式（Euclidean model）；另一种模式称为个别差异尺度模式（individual difference scaling model，INDSCAL）。

在遗传多维尺度分析过程中，它以两个群体间的遗传距离作为尺度，在多维图上遗传距离接近的群体会聚在一起，从而直观形象地推断出群体间遗传距离的远近。图 9-7 是中国古代契丹族与 7 个现代对比人群的多维尺度分析图[29]。

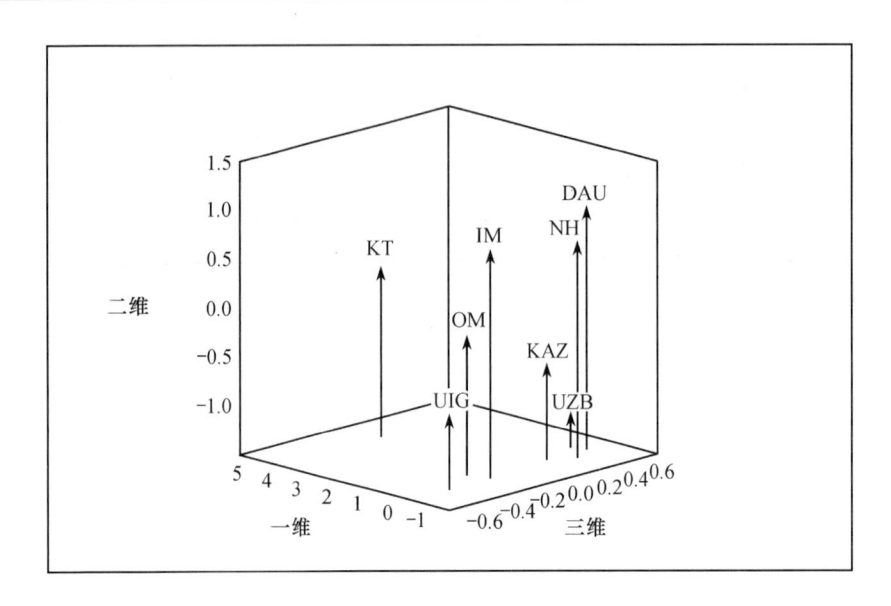

图 9-7　契丹与 7 个现代对比人群的多维尺度分析

KT = 古代契丹；OM = 外蒙古；IM = 内蒙古；DAU = 达斡尔；NH = 北方汉族；UIG = 维吾尔；KAZ = 哈萨克；UZB = 乌兹别克[29]

但是，MDS 法仅仅以两亚群体间的遗传距离作为尺度，缺乏对整个群体进化发育关系的宏观考虑，同时在数据转化为一个二维平面或三维空间的尺度问题上也存在一定的局限。因此，在分析古 DNA 数据时，宜将 MDS 法和构建系统发育树这两种方法结合起来考虑，这样可以得到更合理的结果。

9.3　主成分分析

主成分（principal component，PC）概念首先由 Karl Parson 在 1901 年引进，当时只对非随机变量来讨论。1933 年，Hotelling 将这个概念推广到随机变量。

在多数实际问题中，当我们对同一个体进行多项观察时，必定涉及多个随机变量。由于指标较多及指标间有一定的相关性，势必增加分析问题的复杂性。这时就需要借助主成分分析来概括诸多信息的主要方面，我们希望有一个或几个较好的综合指标（即主成分）来概括信息，而且希望综合指标互相独立地各代表某一方面的性质。任何一个度量指标的好坏除了可靠、真实之外，还必须能充分反映个体间的变异。如果有一项指标，不同个体的取值都大同小异，那么该指标不能用来区分不同的个体。由这一点来看，一项指标在个体间的变异越大越好。因此，我们把"变异大"作为"好"的标准来寻求综合指标。从上面分析看，主成分分析的实质是将样本的多个指标化为少数的几个指标的一种多元统计方法。

数据分析处理时，较多变量会带来分析问题的复杂性，使含在观测数据中的信息在一定程度上有所重叠。正是这种变量间信息的重叠使变量的降维成为可能，从而使问题的分析得以简化。主成分分析通过降维技术把多个变量化为少数几个主成分（即综合变量）的统计分析方法。这些主成分能够反映原始变量的绝大部分信息，它们通常表示为原始变量的某种线性组合。为了使这些主成分所含的信息互不重叠，应要求它们之间互不相关。对主成分作散点图，能从视觉上反映出样品的大量信息，甚至是绝大部分信息。主成分散点图在探索性数据分析中尤其有用，它可以有效地检测出异常值，从而加以分析，因而在古 DNA 研究中得到越来越广泛的应用。

在研究实际问题的过程中，不同的分析方法获得的结果不尽相同。目前还没有一种方法可以适合于所有的数据和条件。然而多种方法联合使用可以消除单一方法带来的误差，因此，对古代生物遗传信息分析时普遍采用几种方法同时分析。

9.4 群体遗传学分析

群体遗传学主要研究基因频率在群体中的变化规律以及如何保持遗传多样性。群体遗传结构动态分析主要包括遗传多样性指度分析、核苷酸不配对差异分析、中性检验和分子差异性分析以及基因混合度分析等。

9.4.1 群体遗传多样性指度分析

遗传多样性指度主要指基因多样性（gene diversity）、核苷酸多样性（nucleotide diversity）和平均配对差异数（mean number of pairwise difference）。这些统计学信息有时也能反映群体之间的关系。

当一个基因座上有两个或两个以上的等位基因存在时，我们就称该基因座具有基因多态性（genetic polymorphism）。在群体中一个基因座的基因多样性计算公式如下[4]：

$$\hat{H} = \frac{n}{n-1}(1 - \sum_{i=1}^{k} p_i^2)$$

式中，n 是基因拷贝在样本中的数目，对于单倍体来说 n 就是样本的数量，对于二倍体来说 n 是标本数的 2 倍；k 是等位基因的数目；p_i 是第 i 个等位基因的群体频率。

一个不依赖于样本大小的 DNA 多态性的测度是两个序列间每个位点上核苷酸差异的平均值或核苷酸多态性，DNA 序列间的核苷酸多态性是进行分子系统学分析的基础，通过核苷酸多态性可以构建分子谱系树，推断群体的扩张模式、历史动态，推算群体起源、分歧的大致时间以及群体的进化速率、基因混合程度等，并可以给出统计学上的量化结果。其计算公式为[4,30]

$$\hat{\pi}_n = \frac{\sum_{i=1}^{k}\sum_{j<i} p_i p_j \hat{d}_{ij}}{L}$$

式中，d_{ij}是第 i 个等位基因和第 j 个等位基因间的核苷酸差异数；L 是序列的长度；其他参数与上面相同。

平均配对差异数指所有序列比对差异数的平均数，计算公式如下[31]：

$$\hat{\pi} = \frac{n}{n-1}\sum_{i=1}^{k}\sum_{j=1}^{k} p_i p_j \hat{d}_{ij}$$

式中，n 是样本的数量；其他参数与上面相同。

9.4.2 核苷酸配对差异分析与中性检验

一般来说，群体是否经受扩张、瓶颈效应或保持群体大小恒定等会影响到群体间的遗传距离。因此，当我们分析群体间的亲缘关系时，也需考察群体的历史动态，核苷酸配对差异分布分析（mismatch distribution）和中性检验就是两个有力的检验工具。

核苷酸配对差异分布分析是将一个或多个群体的任意两个序列进行两两比较得出的各序列间配对差异的分布情况。而群体间的配对差异分析（intermatch distribution）是群体间的序列进行两两比较得出的配对差异情况。通过观察群体的核苷酸配对差异分布曲线，可以推测群体的历史动态。当分布曲线呈现单峰泊松分布时，表明群体在过去经受过扩张或持续增长。

通过中性检验也可以推断群体的历史动态。在古 DNA 研究中应用最为广泛的是 Tajima's 和 Fu's Fs 中性检验。当 Tajima's D 值和 Fu's Fs 值呈现较大的负值，显著偏离中性突变时，可以作为一个古代群体扩张的证明。蔡大伟对古代马群群体进行了配对差异分布分析和 Fu's Fs 中性检验，分布曲线呈钟形分布（图 9-8），Fu's Fs 负值（-14.21，$P=0.0000$），两者一致表明古代马群体在历史上经历了群体扩张[32]。

9.4.3 分子差异分析

分子差异性分析（analysis of molecular variance，AMOVA）[33]主要用来研究不同群体之间遗传结构的相似或歧异程度，即通过各差异成分的估计和 F 检验来反映序列信息中分子多样性在不同分层层次（区域间、群体间或个体间）上的遗传关系。人群的遗传结构可以通过观察结构的多样性来研究，这个方法首先由 Cocker-

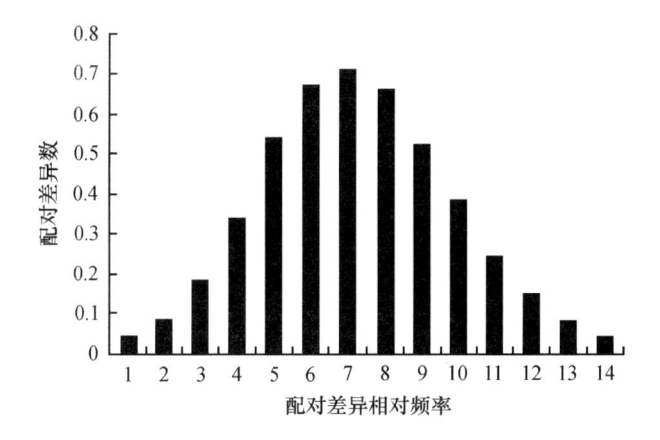

图 9-8 中国古代马群体核苷酸配对差异分布曲线

ham 于 1963 年提出，之后又经过其他学者的扩展。分子差异性分析主要以分子单倍型之间的突变数目为基础，通过对所研究群体进行不同层次的归类和划分，可界定不同的遗传结构并进行统计学检验，从而估计出群体间、群体内以及个体间不同层次所表现的差异占总变异的多少，可以讨论不同海拔高度、不同语系及地理群体间是否存在相应的遗传变异，尤其在比较不同群体之间遗传相关性大小时十分有用。张小雷利用分子差异分析，从时间、区域、社会阶层三个层次分析了古代契丹人群的内部遗传结构，发现契丹贵族与平民之间、契丹早期居民与中晚期居民之间的遗传差异相对较大，这可能与辽代的阶级内婚制以及契丹人群与外族的基因交流有关，而契丹东部居民和西部居民之间在遗传上没有明显差异[29]。段然慧等[34]对新疆克里雅、维吾尔、哈萨克人群及境外的维吾尔、哈萨克人群进行 AMOVA 分析，结果表明，讲同种语言的人群之间的差异要比语言不同的组群之间的差异还要大，由此可知，mtDNA 的差异并不能反映语言划分的范畴。崔银秋等[35]对罗布诺尔古代人群、吐鲁番古代人群与现代欧洲、中亚人群进行 AMOVA 分析，结果表明，罗布诺尔古代群体的 mtDNA 变异与现代欧洲人群最为接近。

9.4.4 基因混合度计算

一个生物类群或种群的来源往往是多元的，而祖先类群对新类群形成的贡献率很可能是不相等的，有些祖先类群的基因贡献率大一些，而另一些祖先类群要小一些，或者以一个祖先类群为主、其他类群为辅等。要定量地刻画每个祖先类群对新类群的基因贡献的大小，就须借助基因混合度的计算。基因混合度的算法首先由 Bertorell 等[36]提出，后来 Dupanloup 等[37]又把此种算法延伸到祖先数目是任意数的情况。另外，根据 Cavalli-Sforza 的三角法，也可以计算基因混合度。

在假设两个祖先人群 A、B 和混合人群 M 进化速率相同的情况下,由 A 人群贡献给 M 人群的基因的比例可表示为:$M = 1/2 + (f_{BM} - f_{AM})/2 \times f_{AB}$。其中 f_{AB} 为 A、B 两个祖先人群之间的统计频率距离,f_{AM} 和 f_{BM} 为每个祖先人群和混合人群之间的统计频率距离。段然慧等利用此方法分析了新疆克里雅河下游地区隔离人群的母系来源,发现亚洲序列在克里雅人群中的比例为 64%,欧洲序列为 36%[34]。张小雷用该方法分析了东亚和北亚人群对古代契丹人群的影响,发现东亚序列在契丹人群中的比例为 46.8%,北亚人群为 53.2%[29]。

参考文献

[1] 张小雷,崔银秋,吕慧英等. 系统发育分析在古 DNA 研究中的应用. 吉林大学学报(理学版),2005,43 (5): 696~701
[2] 常青,周开亚. 分子进化研究中系统发生树的重建. 生物多样性,1998,6 (1): 55~62
[3] Krane D E, Raymer M L. Fundamental Concepts of Bioinformatics. Benjamin/Cummings, 2003
[4] Nei M, Kumara S. Molecular Evolutionary and Phylogenetics. New York: Oxford University Press, 2000
[5] 李涛,赖旭龙,钟扬. 利用 DNA 序列构建系统树的方法. 遗传,2004,26 (2): 205~210
[6] Sokal R R, Sneath P H A. Principles of Numerical Taxonomy. San Francisco: W. H. Freeman, 1963
[7] Cavakki-Sforza L L, Edwards A W F. Phylogenetic analysis. Models and estimation procedures. Am J Hum Genet, 1967, 19: 233~257
[8] Edwards A W F, Cavakki-Sforza L L. The reconstruction of evolution. Heredity, 1963, 18: 553
[9] Saitou N, Nei M. The neighbor-joining method: a new method for reconstructing phylogenetic trees. Mol Biol Evol, 1987, 14: 406~425
[10] Hughey R, Krogh A, Grate L. SAM: sequence slinment and modelling software: University of california Baskin center for comptuer Engineering and Information. Science. 1996.
[11] Rzhetsky A, Nei M. A simple method for estimating and testing minimum evolution trees. Mol Biol Evol, 1992, 9: 945~967
[12] Li W H. Distribution of nucleotide differences between two randomly chosen cistrons in a finite population. Genetics, 1997, 85: 331~337
[13] 张亚平. 从 DNA 序列到物种数. 动物学研究,1996,17 (3): 247~252
[14] Adachi J, Hasegama M. MOLPHY Version2. 3. Programs for Molecular phylogenetics based on maximum likelihood Tokyo: Institute of Statistical Mathematics, 1996
[15] Swofford D L, Olsen G J, Waddell P J, et al. Phylogenetic inference. In: Hillis D M, Moritz C, Mableb B K. Eds. Molecular Systematics. Sunderland, MA: Sinauer Associates, 1996. 407~514
[16] Wagner R A, Fischer M J. The string-to-string correction problem. J ACM, 1974, 21 (1): 168~173
[17] Lake J A. A rate-independent technique for analysis of nucleic acid sequences: Evolutionary

[18] Hamming R W. Error detecting and error correcting codes. Bell System Technical Journal, 1950, 26 (2): 147~160

[19] Weston P H. Methods for rooting cladistic trees. In: Scotland R W, Siebert D J, Williams D M, Eds. Models in Phylogeny Reconstruction. Oxford: Systematics Association, 1994. 125~155

[20] Baldauf S L, Palmer J D, Doolittle W F. The root of the universal tree and the origin of eukaryotes based on elongation factor phylogeny. Proc Natl Acad Sci USA, 1996, 93: 7749~7754

[21] Huelsenbeck J P, Ronquist F, Nielsen R, et al. Evolution-Bayesian inference of phylogeny and its impact on evolutionary biology. Science, 2001, 294 (5550): 2310~2314

[22] Dopazo J, Carazo J M. Phylogenetic reconstruction using an unsupervised growing neutral network that adopts the topology of a phylogenetic tree. J Mol Evol, 1966, (44): 226~233

[23] 陈善元, 张亚平. 家养动物起源研究的遗传学方法及其应用. 科学通报, 2006, 51 (21): 2469~2475

[24] Bandelt H J, Forster P, Rohl A. Median joining networks for inferring intraspeciWc phylogenies. Mol Biol Evol, 1999, 16: 37~48

[25] Bandelt H J, Forster P, Sykes B C, et al. Mitochondrial portraits of human populations using median networks. Genetics, 1995, 141: 743~753

[26] 姚永刚, 张亚平. 线粒体 DNA 和人类进化. 动物学研究, 2000, 21 (5): 392~406

[27] Cai D W, Han L, Zhang X L, et al. DNA analysis of archaeological sheep remains from China. Journal of Archaeological Science, 2007, (34): 1347~1355

[28] Hillis D M, Huelsenbeck J P, Cunningham C W. Application and accuracy of molecular phylogenies. Science, 1994, 224 (5159): 671~677

[29] 张小雷. 契丹居民 DNA 多态性研究与生物统计学分析. 吉林大学硕士学位论文, 2003

[30] Tajiama F. Evolutionary relationship of DNA sequences in finite populations. Genetics, 1983, 105: 437~460

[31] Tajima F. Simple methods for testing molecular clock hypothesis. Genetics, 1993, 135: 599~607

[32] 蔡大伟. 古 DNA 与家养动物的起源研究——中国家绵羊和家马起源初探. 吉林大学博士学位论文, 2007

[33] Excoffier L, Smouse P E, Quattro J M. Analysis pf molecular variance inferred from metric distances among DNA haplotypes: application to human mitochondrial DNA restriction data. Genetics, 1992, 131: 479~491

[34] 段然慧, 崔银秋, 周慧. 塔克拉玛干沙漠腹地隔离人群线粒体 DNA 序列多态性分析. 遗传学报, 2003, 30 (5): 437~442

[35] 崔银秋, 许月, 杨亦代. 新疆罗布诺尔地区铜器时代古代居民 mtDNA 多态性分析. 吉林大学学报 (医学版), 2004, 30 (4): 650~652

[36] Bertorelle G, Excoffier L. Inferring admixture proportions from molecular data. Mol Biol Evol, 1998, 15 (10): 1298~1311

[37] Dupanloup I, Bertorelle G. Inferring admixture proportions from molecular data: Extension to any number of parental populations. Mol Biol Evol, 2000, 18 (4): 672~675

第10章 古DNA研究常用软件

10.1 引物设计

古DNA具有含量低、高度降解和高度损伤的特点，因此，通常不能够扩增出较长的片段。最常见的古DNA扩增策略是设计多对套叠引物，扩增出小片段，然后将小片段连接起来获得较长的片段。图10-1就是套叠引物示意图，其中，A1和A2、B1和B2是两对套叠引物，两对引物扩增的目标区有重叠，这样我们就可以扩增多个小片段，从而连接成长的序列。

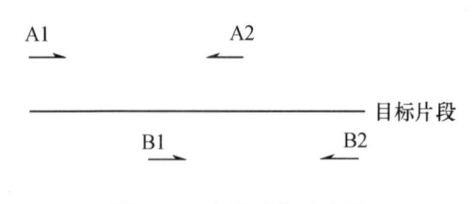

图10-1 套叠引物示意图

10.1.1 引物设计原则

首先，引物应该在DNA序列保守区内设计并具有特异性，引物要跟模板紧密结合；其次，引物与引物之间不能有稳定的二聚体或发夹结构存在；再次，引物不能在别的非目的位点引起DNA聚合反应（即错配）。围绕这几条基本原则，设计引物需要考虑诸多因素。

(1) 引物长度一般为15~30bp，常用的是20~27bp；引物要保证特异性，避免错配。

(2) 引物序列的G+C比例应尽量趋近50%，上下游引物的GC含量不能相差太大。

(3) 引物的T_m为55~65℃，引物和产物的T_m值不要相差太大，5℃范围内较好。

(4) 引物的碱基要随机分布，不存在聚嘌呤或嘧啶，尤其在3'端不应超过3个连续的G或C。

(5) 引物自身不存在连续4个碱基以上的互补序列，容易形成回文结构、发卡结构，引物之间避免在3'端互补形成二聚体。

(6) 3'端必须与模板互补，最好是T或GC，并避免使用碱基A，因为不同的末位碱基在错配位置导致不同的扩增效率，末位碱基为A的错配效率明显高于其他3个碱基。

(7) 5'端可以游离（与模板）。

值得一提的是，古 DNA 的引物设计难度很大。主要是其扩增区域小、保守区不好找。此外，有的模板本身条件比较困难，如 GC 含量偏高或偏低，导致找不到各种指标都十分合适的引物，在这种情况下只能退而求其次，尽量去满足上述条件。

10.1.2 Primer Premier 软件

目前有许多软件可以用于引物设计，其中最著名的是"Primer Premier"，它是由加拿大的 Premier 公司开发的专业用于 PCR 或测序引物以及杂交探针的设计、评估的软件。"Primer Premier"是一款收费软件，读者可以在下面网址下载其试用版：http://www.premierbiosoft.com/primerdesign/index.html。

本书以"Primer Premier"软件为例介绍如何进行引物设计。启动 Primer Premier 程序，打开"File"下拉菜单中的"New"中的"DNA sequences"导入序列模板，显示如下操作界面（图 10-2）。

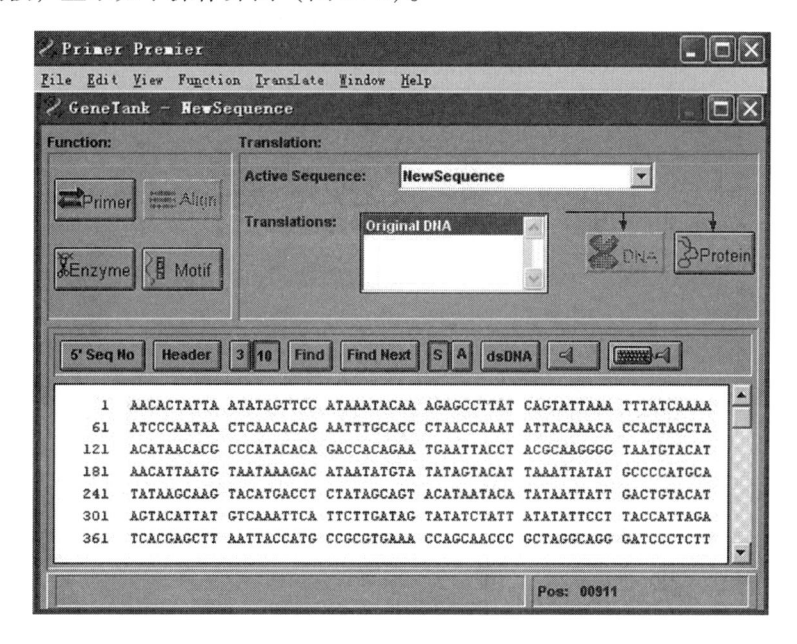

图 10-2

点击该界面的 Primer 按钮即可进入到程序的引物设计窗口（图 10-3）。

进一步点击 Search 按钮，出现"Search Criteria"窗口（图 10-4）。

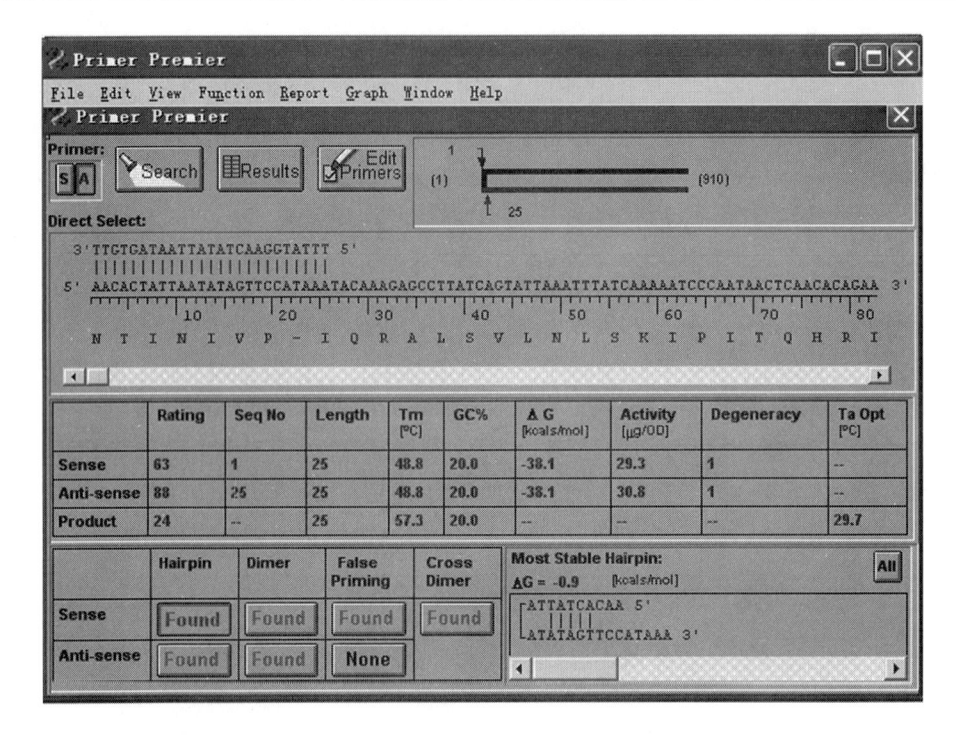

图 10-3

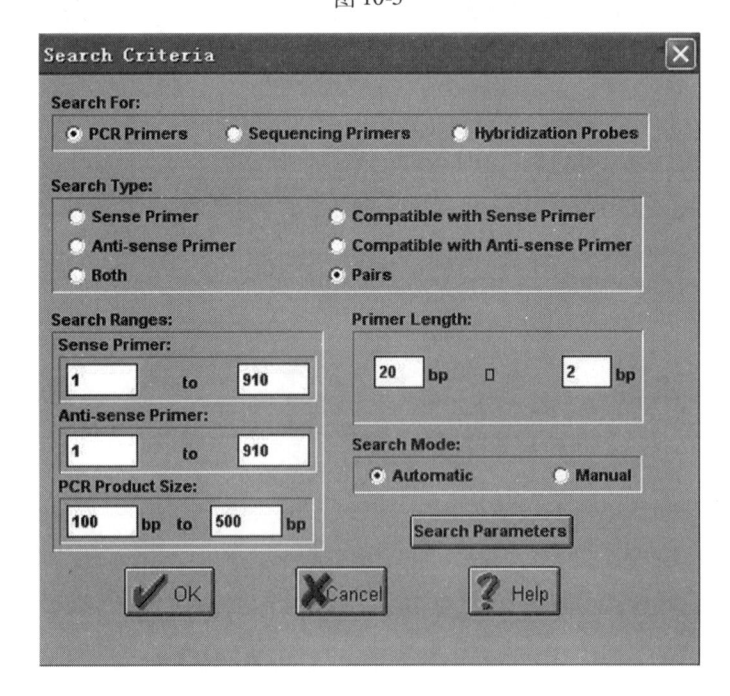

图 10-4

（1）Search For 可以选择搜索目标：PCR 引物（PCR Primers）、测序引物（Sequencing Primers）、杂交探针（Hybridization Probes）。

（2）Search Type 搜索类型：可选择分别或同时查找上、下游引物（Sense/Anti-sense Primer 或 Both），或者成对查找（Pairs），或者分别以适合上、下游引物为主（Compatible with Sense/Anti-sense Primer）。

（3）Search Ranges 搜索区域：可以设置根据自己的需要寻找搜索区域。

（4）Primer Length 引物长度：根据需要选择引物的长度。

（5）Search Mode 搜寻模式：可以选择自动（Automatic）或手动（Manual）。

（6）Search Parameters 参数选择：使用者可根据自己的需要设定各项参数。

点击 OK 按钮后，随之出现的 Search Progress 窗口中显示 Search Completed 时，再次点击 OK 按钮，这时出现搜索结果界面（Search Results），搜索结果以表格的形式出现，有 3 种显示方式——上游引物（Sense）、下游引物（Anti-sense）、成对显示（Pairs）。默认显示为成对方式，并按优劣次序（Rating）排列，满分为 100，即各指标基本都能达标（图 10-5）。

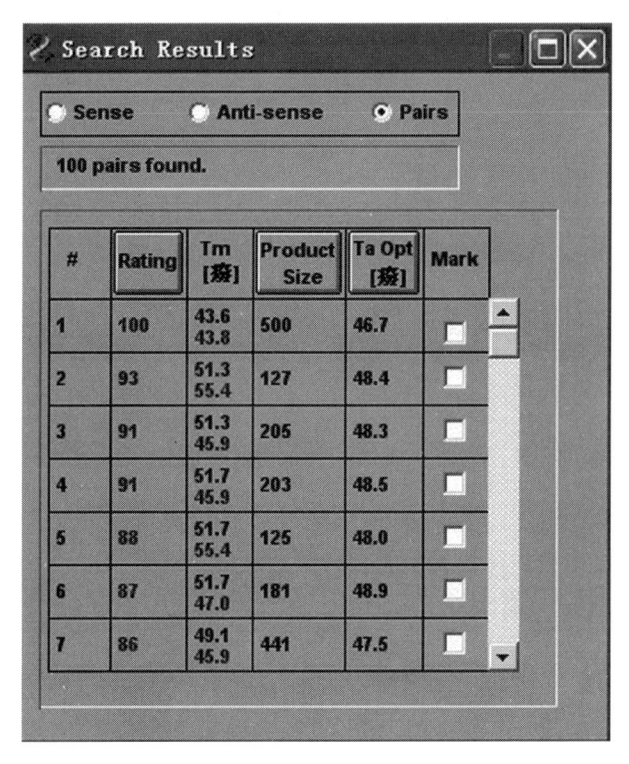

图 10-5

点击其中一对引物，如第 1#引物，并把上述窗口挪开或退出，显示"Primer Premier"主窗口（图 10-6）。

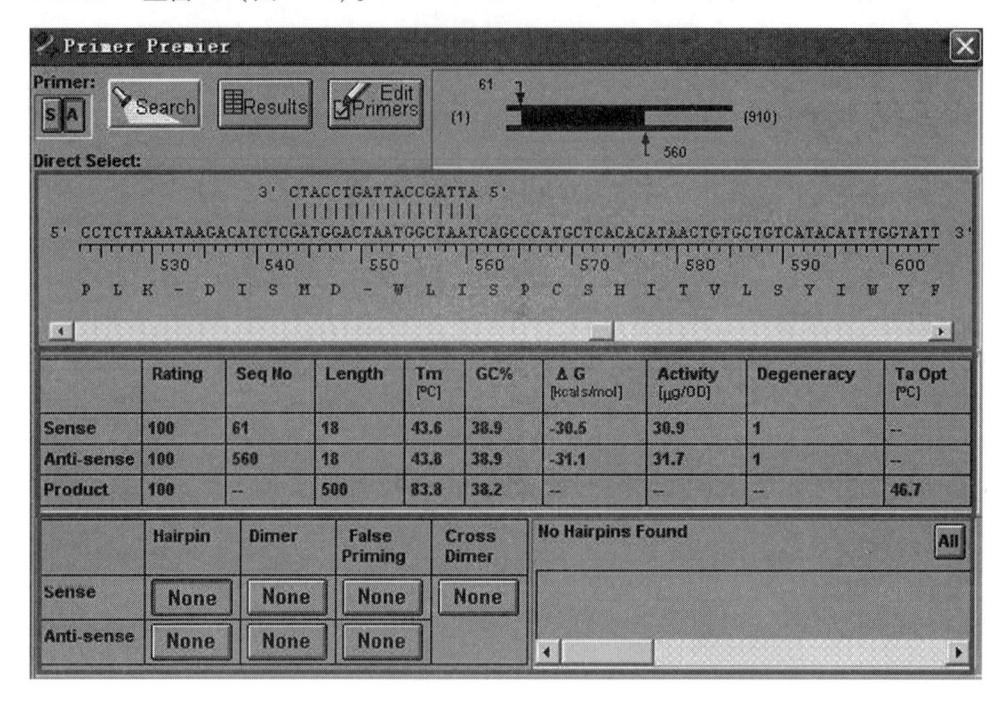

图 10-6

图 10-6 可分为三部分，最上面是图示 PCR 模板及产物位置。中间是所选的上下游引物的一些性质，其中引物的 T_m 值和最佳退火温度 T_a Opt 最为重要，可供参考，实际 PCR 参数设定在 T_a Opt 左右，上下幅度不超过 5℃。最下面是 4 种重要指标的分析，包括发夹结构（Hairpin）、二聚体（Dimer）、错误引发情况（False Priming）及上下游引物之间二聚体形成情况（Cross Dimer）。

当所分析的引物出现上述 4 种情况时，按钮由黑色的"None"变成红色的"Found"，点击该按钮，在右下角的窗口中就会出现该结构的形成情况。一对理想的引物应当不存在上述任何一种结构。

10.2 从测序图谱到 DNA 序列——Chromas 软件的应用

Chromas 软件可以用来查看和编辑从自动序列测定仪上得到的 DNA 测序图谱，还可以将这些图谱所表示的 DNA 序列输出为多种格式的文件。Chromas 软件支持的测序图谱文件格式为 SCF 格式（*.scf）或 ABI 格式（*.abi 或 *.ab1），一般测序公司给我们测得的序列都是此类格式。Chromas 软件的下载地址为 http://www.technelysium.com.au/chromas.html，非注册版本能免费使用 60 天。

10.2.1 文件输入及导出

启动程序后，点击软件操作界面中的"File"下拉菜单中的"Open"选项，可以打开一个以*.scf 或*.abi 为扩展名的测序图谱文件。窗口内显示的是测序结果的峰形图（图 10-7）。另外，MegaBace、FASTA、EMBL、GenBank、Swiss Prot、GenPept、GCG/RSF 等格式的文件或纯文本文档格式的文件也能被 Chromas 软件识别。

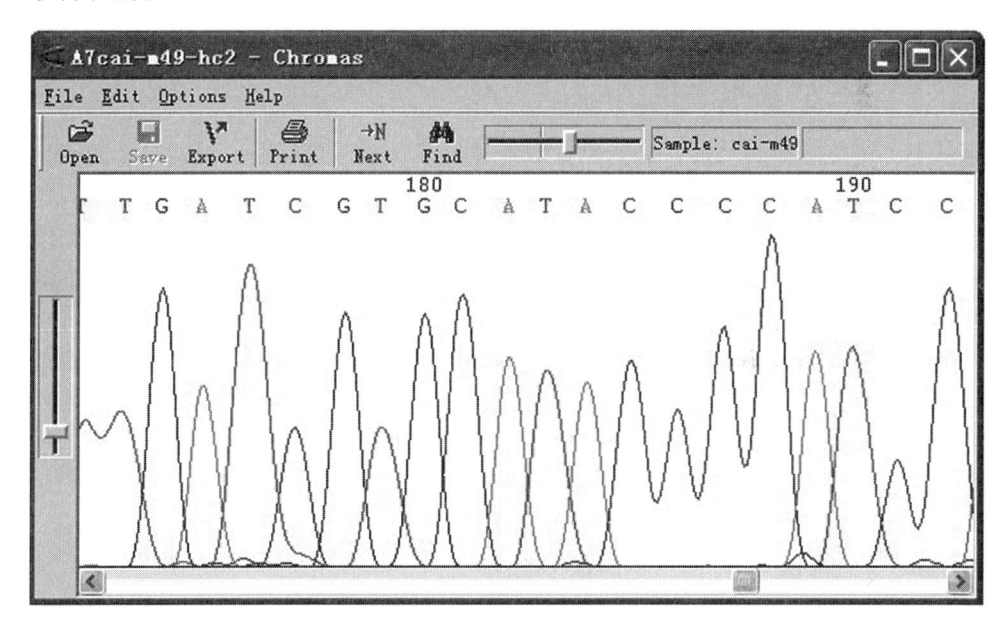

图 10-7

点击"File"下拉菜单中的"Export"选项，可以将测序结果以 3 种数据格式——"Line"、"Formatted Text"、"FASTA"导出。

10.2.2 图谱的编辑及序列查找

此部分为"Chromas"软件操作的关键部分，点击"Edit"下拉菜单，会弹出一个包括 12 个选项的子菜单。

点击"Edit"下拉菜单中的"Clear Left Cutoff"选项，可以选择测序图谱刚开始或结尾不太准确或不想要的序列。当一个碱基或 x 轴纵坐标被选中时，此选项被激活。选择此选项，那么碱基左边的序列则被选中，被选中的区域会呈现与原来不同的颜色。点击"Clear Right Cutoff"选项，可以实现与"Clear Left Cutoff"选项相仿的功能，只是点击此选项，碱基右边的序列则被选中。

点击"Edit"下拉菜单中的"Reverse Complement"选项，可以得到反向互补序列。

通过上述操作，我们可以选择所需要的区域，然后将序列导出。此外，我们还可以通过"Copy Sequence"选项将序列拷贝到剪贴板中。用"Copy Translation"选项将翻译后的序列拷贝出来。决定翻译和拷贝哪些序列，用"Copy Chromatogram"选项，可以将选中的序列片段的测序图谱拷贝到剪贴板中。

点击"Edit"下拉菜单中的"Next N"选项，可以寻找序列中存在的"N"（即未被测准的序列）。由于测序仪器或其他一些原因，测序结果会有一些误差。双脱氧终止法测序是从引物3'端之后第一个碱基开始测序，测序时，由于荧光染料的干扰，测序结果在引物3'端后面的10~30个，严重时可能达到70个以上碱基不一定能够准确判读，这些位置很容易出现N值，这时需要根据自己的已知序列信息及测序彩图做出判断。由于染料单体的干扰和迁移率的原因，这些问题较多地发生在序列的起始部分。这些机器造成的错误可以人为地把其校正修改过来。要提醒的是，校正碱基一定要根据峰形来做适当的校正，一个峰对应一个碱基，不可盲目修改。

点击"Edit"下拉菜单中的"Next Redundant"选项，可以在当前选中的碱基之后寻找下一个冗余核苷酸。一般来说，一个测序峰对应一个核苷酸，但实际情况可能与此不同，会出现冗余的核苷酸，此选项的操作可以解决这个问题。

点击"Edit"下拉菜单中的"Find"选项，可以寻找特定的核苷酸及其片段。

10.3 序列检索

当我们获得了古DNA序列后，我们对这些序列与现代序列的亲缘关系非常感兴趣。一方面，我们要找到哪些现代序列与古代序列的关系最近；另一方面，我们要搜集一些相关序列，准备进行后续的系统发育分析。此时，我们可以通过数据库检索，获得上述信息。

目前，国际上有三大生物学数据库：美国国立生物技术信息中心（NCBI）GenBank、欧洲分子生物学实验室EMBL和日本国家遗传学研究所DDBJ，这些数据库均包括核酸和蛋白质两大类数据。1988年，EMBL、GenBank与DDBJ共同成立了国际核酸序列联合数据库中心，建立了合作关系。根据协议，这三个数据中心各自搜集世界各国有关实验室和测序机构所发布的序列数据，并通过计算机网络每天都将新发现或更新过的数据进行交换，以保证这三个数据库序列信息的完整性。本书以GenBank为例介绍如何使用数据库查询相似序列和下载相关序列。GenBank 的网址：http：//www. ncbi. nlm. nih. gov/Genbank/index. html，网页截图如下（图 10-8）。

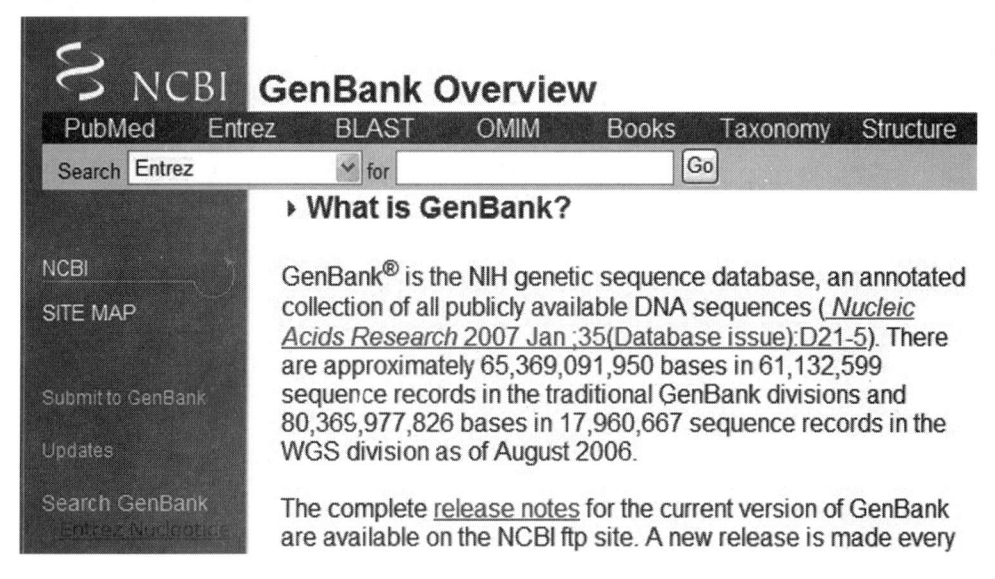

图 10-8

10.3.1 相似性检索

相似性检索的功能主要由 GenBank 中的 BLAST 程序实现，BLAST 的英文全称是 Basic Local Alignment Search Tool，意思是碱基局部对准检索工具，是一种序列类似性检索工具。点击图 10-8 中的 BLAST，显示如下网页（图 10-9）。

Basic BLAST

Choose a BLAST program to run.

nucleotide blast	Search a nucleotide database using a nucleotide query *Algorithms:*blastn,megablast,discontiguous megablast
protein blast	Search protein database using a protein query *Algorithms:*blastp,psi-blast,phi-blast
blastx	Search protein database using a translated nucleotide query
tblastn	Search translated nucleotide database using a protein query
tblastx	Search translated nucleotide database using a translated nucleotide query

图 10-9

点击 nucleotide blast 即可进入检索网页（图 10-10）。

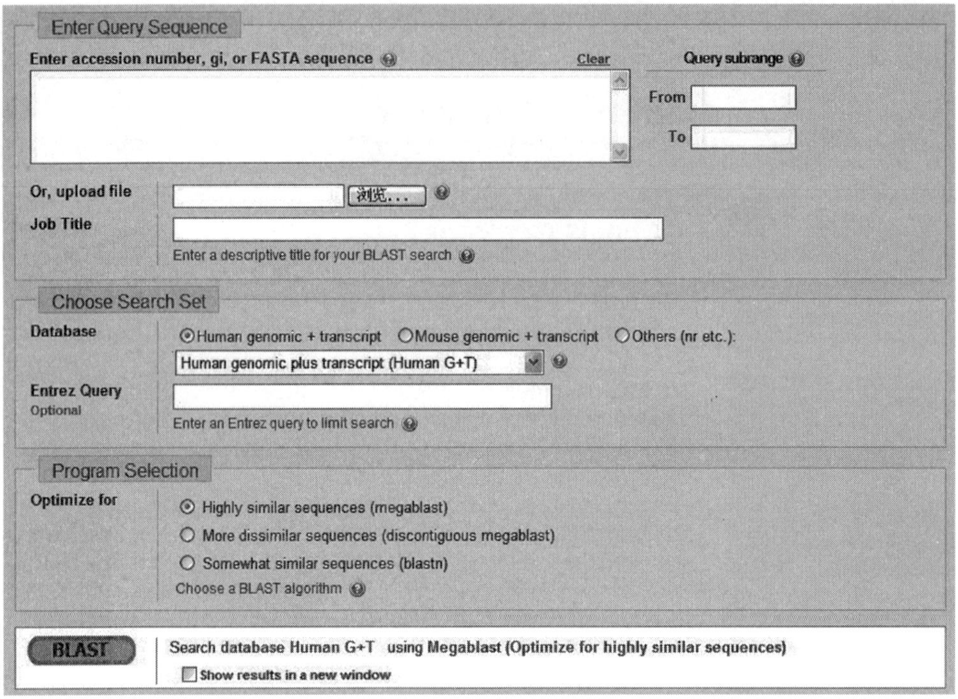

图 10-10

此操作界面主要由三部分组成。

（1）Enter Query Sequence：在此部分的白框中输入要查询的序列、数据格式。

（2）Choose Search Set：在此部分可以设置在何种数据库（如人类、鼠类或其他数据库）中搜索相似序列。

（3）Program Selection：程序选项，可以设置搜索高度相似的序列（high similar sequence）还是含有不同程度相似的序列（more dissimilar sequence）。

设置完毕后，点击 BLAST 按钮进行相似性序列搜索，结果如图 10-11 所示，列出了相似序列的数目、匹配得分以及匹配率。

10.3.2 相关序列的下载

点击图 10-8 Search 框的下拉菜单，选择 Nucleotide（核酸）或 CoreNucleotide，在 for 后面的白色框中输入自己想要找的相关序列。例如，我们想找希腊男人的线粒体 DNA 数据，我们可以输入 Greece human mtDNA，然后点击 Go 按钮开始搜索。搜索结果如图 10-12 所示，搜索结果一共是 182 个序列。

图 10-11

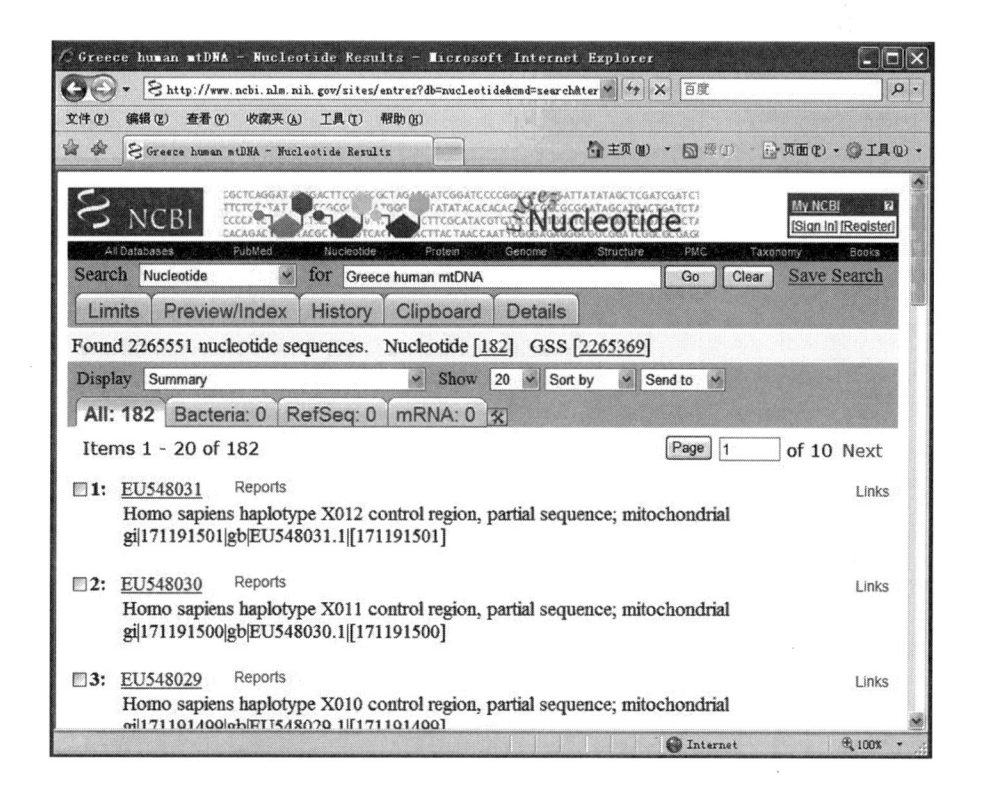

图 10-12

我们可以点击每一个序列进行查看，包括序列的名称、说明、种属来源、分布地域、采集地点等信息，示例如下。

1：EU548019

LOCUS   EU548019   905bp   DNA   linear   PRI 02-APR-2008
            【序列名称   长度   核酸   线性   建立日期】
DEFINITION Homo sapiens haplotype W001 control region, partial sequence;
            mitochondrial. 【序列的简单描述】
ACCESSION   EU548019【GenBank 接受号】
VERSION   EU548019.1 GI：171191489【版本】
KEYWORDS   【关键词】
SOURCE   mitochondrion Homo sapiens（human）【序列来源】
  ORGANISM Homo sapiens【物种】
            Eukaryota; Metazoa; Chordata; Craniata; Vertebrata; Euteleostomi;
            Mammalia; Eutheria; Euarchontoglires; Primates; Haplorrhini;
            Catarrhini; Hominidae; Homo.
REFERENCE   1（bases 1 to 905）【参考文献】
  AUTHORS   Martinez, L., Mirabal, S., Luis, J.R. and Herrera, R.J.【作者】
  TITLE   Middle Eastern and European mtDNA Lineages Characterize Populations
            from Eastern Crete   【题目】
  JOURNAL   Unpublished   【杂志，年卷期页】
REFERENCE   2（bases 1 to 905）
  AUTHORS   Martinez, L., Mirabal, S., Luis, J.R. and Herrera, R.J.
  TITLE   Direct Submission
  JOURNAL   Submitted（06-MAR-2008）Department of Biological Sciences, Florida
            International University, University Park Campus, OE Building, Room
            304, Miami, FL 33199, USA
FEATURES   Location/Qualifiers   【序列特征的描述】
  source   1..905   【来源】
                    /organism = "Homo sapiens"   【物种】
                    /organelle = "mitochondrion" 【细胞器官】
                    /mol_type = "genomic DNA"   【类型】
                    /db_xref = "taxon:9606"   【分类号】
                    /haplotype = "W001"   【序列单倍型编号】
                    /country = "Greece:Crete"   【国家或地区】
  misc feature   <1..>905   【序列区域特征】
                    /note = "control region; HVI and HVII" 【注释】
ORIGIN   【序列】

第10章 古DNA研究常用软件

```
  1 accacccaag tattgactca cccatcaaca accgctatgt atttcgtaca ttactgccag
 61 ccaccatgaa tattgtacgg taccataaat acttgaccac ctgtagtaca taaaaaccca
121 atccacatca aaaccccctc cccatgctta caagcaagta cagcaatcaa ccttcaacta
181 tcatacatca actgcaactc caaagccacc cctcacccac taggatacca acaaacctac
241 ctacccttaa cagtacatag tacataaagc catttaccgt acatagcaca ttacagtcaa
301 atcccttctc gtccccatgg atgaccccc tcagataggg gtcccttgac caccatcctc
361 cgtgaaatca atatcccgca caagagtgct actctcctcg ctccgggccc ataacacttg
421 ggggtagcta aagtgaactg tatccgacat ctggttccta cttcagggtc ataaagccta
481 aatagcccac acgttcccct taaataagac atcacgatgg atcacaggtc tatcacccta
541 ttaaccactc acgggagctc tccatgcatt tggtattttc gtctgggggg tgtgcacgcg
601 atagcattgc gagacgctgg agccggagca ccctatgtcg cagtatctgt ctttgattcc
661 tgcctcatcc tattatttat cgcacctacg ttcaatatta caggcgagca tatctactaa
721 agcgtattaa ttaattaatg cttgtaggac ataataataa caattgaatg tctgcacagc
781 cgctttccac acagacatca taacaaaaaa tttccaccaa accccccctc cccccgcttc
841 tggccacagc acttaaacac atctctgcca aaccccaaaa acaaagaacc ctaacaccag
901 cctaa
```

为了后续进行系统发育分析，我们可以把需要的序列数据下载下来，首先选中所需要的序列（点击序列前的小白框），在图 10-12 中，Display 选框中选中 FASTA 格式，然后在 Send to 选框中选中 TEXT，最后将数据拷贝、粘贴到记事本中即可。图 10-13 就是一个编辑好的 FASTA 格式数据文件。它非常简单，只是在每条序列的序列名前面加一个"＞"，文件的后缀是"*.txt"（图 10-13）。

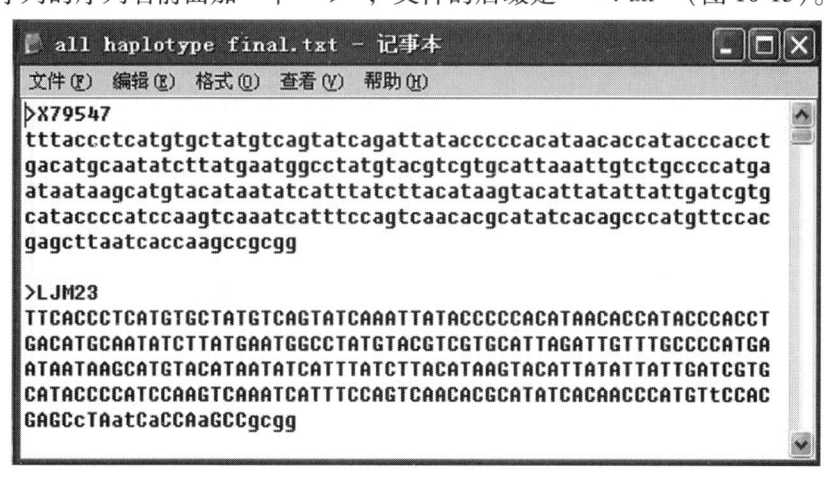

图 10-13

10.4 DNA 序列的比对及排序——Clustal 软件的应用

序列比对是构建系统发育树,进行系统发育分析的前提和必要条件。序列比对的目的就是建立起所检测序列与其他序列的同源关系,提取系统发育分析数据集。如果序列排序不当,将严重影响后续的系统发育分析。通过序列比对,可以筛选出变异位点,对实验数据进行初步的估计。Needleman 的算法是目前公认的最有效的序列比对方法,它以相似性指数为标准度量出最好的排列。Clustal 是用来对核酸与蛋白质序列进行多序列比对(multiple sequence alignment)的经典软件。多序列比对在分子生物学中是一个基本方法,用来发现特征序列,进行蛋白质分类,证明序列间的同源性,帮助预测新序列二级结构与三级结构,确定 PCR 引物,在分子进化分析方面也有很大帮助。在分子遗传学分析时,可以通过 Clustal X 软件进行初步的序列比对,统计出序列位点变异的大致情况,为后续的进一步分析打下基础。

Clustal X 使用 WINDOWS 平台窗口式用户界面程序,Clustal X 1.83 最为流行,免费下载网址为 http://bips.u-strasbg.fr/fr/Documentation/ClustalX/。

10.4.1 序列输入

Clustal X 软件能够自动识别的序列格式有 NBRF/PIR、EMBL/SWISSPROT、Pearson (FASTA)、Clustal (*.aln)、GCG/MSF (Pileup)、GCG9 RSF 和 GDE。所有非字母的字符(如空格、数字、标点符号等)都被忽略,除"-"外,此字符可以用来表示位点缺失,在 MSF 和 RSE 使用"."字符来表示。Clustal X 软件能够自动识别所分析的序列是核苷酸序列还是氨基酸序列。FASTA 格式文件是最简单的 Clustal 文件。打开 Clustal X 软件主操作界面,点击"File"下拉菜单下的"Load Sequences"选项或"Append Sequences"选项(此选项在程序中已经有比对序列存在时才被激活)都可载入需要分析比对的 FASTA 格式序列文件,图 10-14 显示文件打开后的界面。

10.4.2 编辑比对序列

Clustal X 程序允许通过剪切或粘贴序列名,来改变序列的比对次序,还可以对序列进行编辑、查询,还有消除空缺位点等功能。

点击"Edit"下拉菜单中的"Cut Sequences"选项,选中一条或几条序列可以将其剪切。

点击"Edit"下拉菜单中的"Paste Sequences"选项,选中一条序列可以将已经剪切的序列贴于其下方。

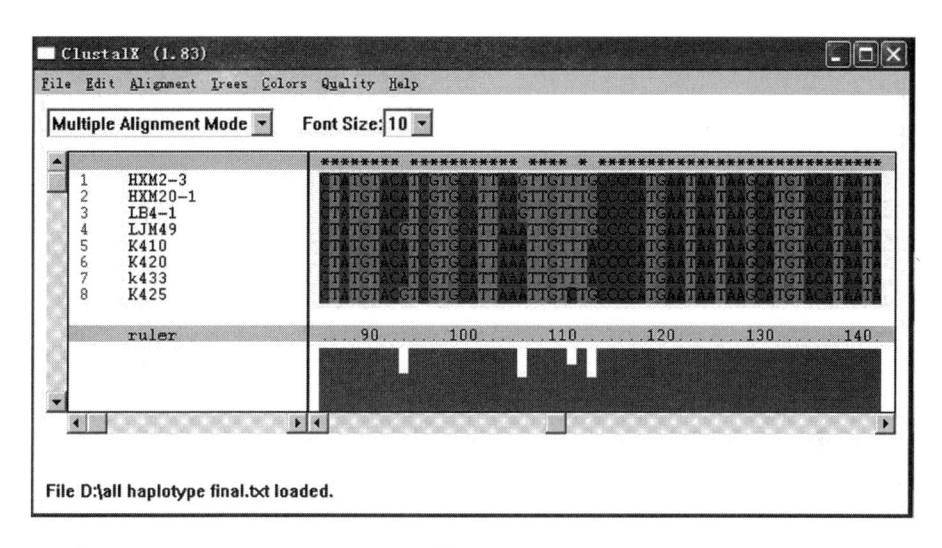

图 10-14

点击"Edit"下拉菜单中的"Search for String"选项,可以在选定的序列中查找特定的序列片段。

在"Search From Start"按钮上方的对话框中,可以填入想要查询的序列。

点击"Edit"下拉菜单中的"Remove All Gaps"选项,可以删除选定序列中所有的空缺位点。需要注意的是,这些空缺位点的删除不仅发生在 Clustal X 显示界面中,而且原文件中的空缺位点也会被删除,因此,须谨慎操作。点击"Edit"下拉菜单中的"Remove Gap-Only Columns"选项,仅删除那些在所有序列中都在这个位置空缺的位点。

10.4.3 多重序列比对

多重序列比对是 Clustal X 软件的核心功能之一,通过序列比对 Clustal X 程序能够导出一个系统树形式的文件。这个文件可以用 TreeView 程序来看。另外,使用者可以自由选择序列比对的参数设置。

点击 Clustal X 软件操作界面中的"Alignment"下拉菜单中的"Do Complete Alignment"选项,可以进行序列比对,输出"∗.dnd"和"∗.aln"文件。"∗.dnd"是一个指导树文件,可以用 Clustal X 自带的 njplotWIN95 程序打开,njplotWIN95 位于 Clustal X 程序的安装目录下(图 10-15)。"∗.aln"是序列比对的结果,可以用 Windows 的记事本程序打开。

除了上述"∗.dnd"和"∗.aln"文件以外,Clustal 也可以输出其他格式的比对文件,点击"Alignment"下拉菜单中的"Output Format Options"进行选择即可(图 10-16)。

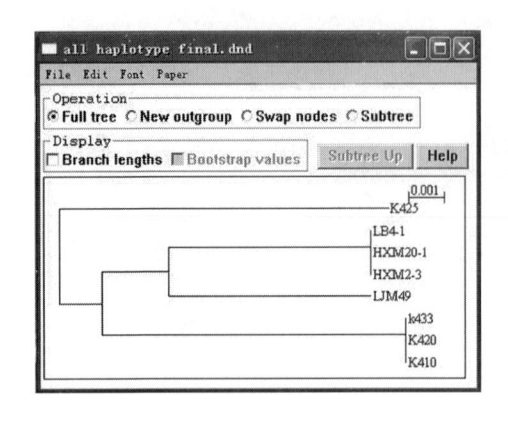

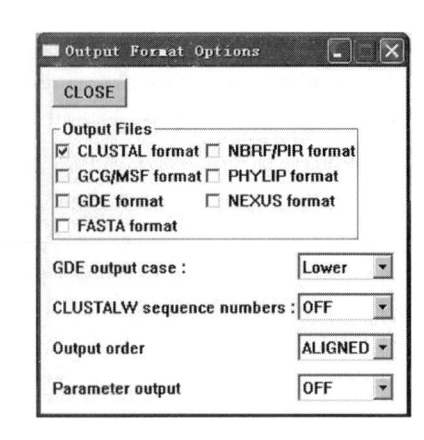

图 10-15　　　　　　　　　　　　　　　　图 10-16

10.4.4　构建系统树

　　Clustal X 软件不但能进行序列比对，而且可以构建系统发育树。Clustal X 软件提供了邻接法构建系统树。点击"Trees"下拉菜单中的"Draw N-J Trees"选项，可以直接构建邻接树，也可以设置自展值。系统默认输出为 Phylip 格式树"*.phy"，可以用 njplotWIN95 打开。此邻接树是一无根系统树，包括系统树所有分支的长度。

　　在构树之前，点击"Trees"下拉菜单中的"Exclude Positions with Gaps"选项，那么在构建系统树过程中，一个在任何序列有所空缺的位点将在计算中被排除。通过此选项，可以排除那些序列比对中不明确的部分，缺点是如果空缺位点比较多，就会丢失很多信息。

　　点击"Trees"下拉菜单中的"Correct for multiple Substiutions"选项，对于分歧度比较小（<10%）的序列意义不大，对于分歧度比较大的序列，通过此选项可以校正观察到 DNA 或氨基酸的差异低于实际发生的变化这一现象，这是因为从序列的一种状态到另一种状态，可能经历了几种中间状态，这些中间状态我们无法观测到。

10.5　分子系统树的构建及检验与 Phylip 软件包的使用

　　Phylip 是一个可用来构建进化树的免费软件包，它包含了 35 个程序，基本上囊括了系统发育的所有方面，是目前最广泛使用的系统发育程序。Phylip 功能极其强大，它的源代码是开放的，并提供了完整的帮助文档。Phylip 提供了一系列可对 DNA 或蛋白质序列做进化分析的算法，如 UPGMA、NJ、MP 和 ML 等聚类算法，它的结果输出到"outfile"和"outtree"两个特定的文件中。用记事本可以打开"outfile"文件查看构树的信息，输出的"outtree"文件符合 NEWICK 格式，与许多进化分析软件包的作者于 1986 年提出的正式标准相同，可以在 Mega 和 TreeView 等软件中打开。Phylip 可以在很多平台上运行（Mac、DOS、Windows、Unix、VAX/VMS 及其他），它可以进行进化树分析，还可以分析 DNA 与蛋白质序列、限制性位点、基因频度、距离矩阵和 0/1 离散字符等，并可绘制进化树。Phylip 软件包的程序含有许多选项，可以精确控制与分析。Phylip 软件包免费下载网址：http//evolution. genetics. washington. edu/phylip. html，由三个压缩包——phylipw. zip、phylipx. zip 和 phylipy. zip 组成。下载后双击则自动解压，解压后就会发现 Phylip 的功能极其强大，由 35 个应用程序组成（图 10-17）。

图 10-17

下面列出古 DNA 分析中几个常用程序的功能。

◆Dnadist：DNA 距离矩阵计算程序；

◆Fitch：Fitch-Margoliash 法构树画树程序（无分子钟）；

◆Kitsch：Kitsch Fitch-Margoliash 法构树程序（考虑分子钟）；

◆Neighbor：Neighbor-Joining 法和 UPGMA 法构树程序；
　　◆Dnapars：最大简约法构建系统树；
　　◆Dnaml：最大似然法构建系统树（不考虑分子钟）；
　　◆Dnamlk：最大似然法构建系统树（考虑分子钟）；
　　◆Dnapenny：采用"branch and bound"标准的最大简约法，这种算法保证可以搜索到分支长度最短的最优系统树，但是比 DnaPars 法耗时，尤其是所处理的样本数目大于 10 时；
　　◆DnaMove：称为交互式的 DNA 最大简约法构树程序，它可以构建出有根树，使用者可以赋予不同位点不同的进化速率，可以确定系统树如何构建，树根如何确定，还可以手动搜索最简约的树；
　　◆Seqboot：通过自展法和刀切法产生随机序列，对系统树进行检验；
　　◆Drawgram：画有根系统树；
　　◆Drawtree：画无根系统树；
　　◆Consense：由多个系统树构建出一致性系统树，利用一致性标准对已得系统树进行检验，或直接利用此标准从分子序列、限制性数据等得到系统树。

10.5.1　Phylip 软件包输入数据的格式

　　Phylip 软件包输入数据可以用 Windows 操作系统中的记事本编辑，扩展名为 *.txt 或 *.phy 都可。注意：不能用 Microsoft Word 或 WPS 等程序来编辑，这些文件会含有一些文件格式数据，这些数据是 Phylip 软件包所不能识别的。
　　对于输入数据文件，有以下几点要求。
　　（1）数据开头的信息应该包括所要分析的序列的数目和所比对序列的核苷酸或氨基酸的数目。
　　（2）序列名字必须是 10 个字符的长度，名字尾部的空格也包括在内。
　　（3）缺失位点可以用"–"表示，未知位点或未知信息可以用"？"表示。但是"–"在文件尾部容易引起软件运行错误。序列内部有空格是允许的，这些空格将被忽略。这个功能使得 GenBank 和 EMBL 数据库中的数据稍被编辑，即可用于分析。
　　（4）如 N、Y、R 等在核苷酸序列中是允许的，不会引起软件运行故障。N 代表此位点可能是 A/T/C/G 中的任何一种情况，Y 代表 C/T，R 代表 A/G。
　　由于 Phylip 的数据格式比较麻烦，因此可以用 Clustal X、Mega、Alequin 等软件来转换。图 10-18 是一个输入数据文件的例子，扩展名为 *.phy。用记事本打开如图 10-18 所示，图中 9 代表有 9 条序列，360 代表每条序列的长度。

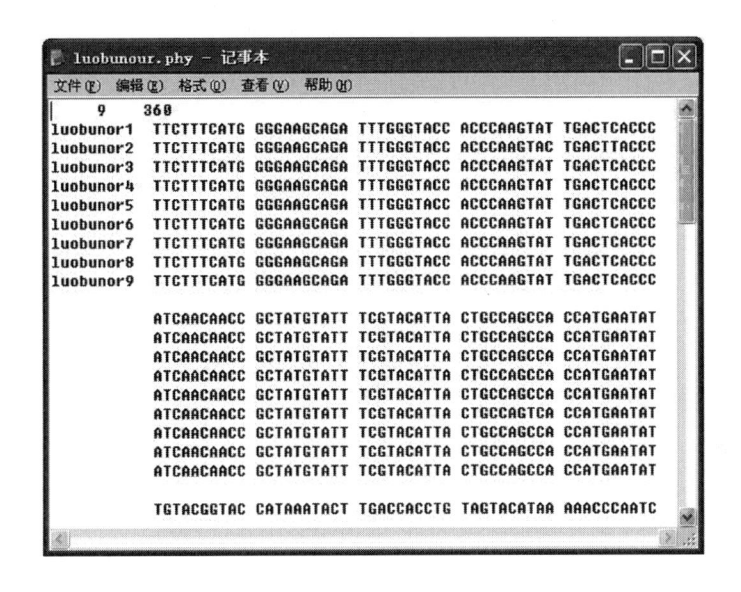

```
 luobunour.phy - 记事本
文件(F) 编辑(E) 格式(O) 查看(V) 帮助(H)
    9     360
luobunor1    TTCTTTCATG  GGGAAGCAGA  TTTGGGTACC  ACCCAAGTAT  TGACTCACCC
luobunor2    TTCTTTCATG  GGGAAGCAGA  TTTGGGTACC  ACCCAAGTAT  TGACTTACCC
luobunor3    TTCTTTCATG  GGGAAGCAGA  TTTGGGTACC  ACCCAAGTAT  TGACTCACCC
luobunor4    TTCTTTCATG  GGGAAGCAGA  TTTGGGTACC  ACCCAAGTAT  TGACTCACCC
luobunor5    TTCTTTCATG  GGGAAGCAGA  TTTGGGTACC  ACCCAAGTAT  TGACTCACCC
luobunor6    TTCTTTCATG  GGGAAGCAGA  TTTGGGTACC  ACCCAAGTAT  TGACTCACCC
luobunor7    TTCTTTCATG  GGGAAGCAGA  TTTGGGTACC  ACCCAAGTAT  TGACTCACCC
luobunor8    TTCTTTCATG  GGGAAGCAGA  TTTGGGTACC  ACCCAAGTAT  TGACTCACCC
luobunor9    TTCTTTCATG  GGGAAGCAGA  TTTGGGTACC  ACCCAAGTAT  TGACTCACCC

             ATCAACAACC  GCTATGTATT  TCGTACATTA  CTGCCAGCCA  CCATGAATAT
             ATCAACAACC  GCTATGTATT  TCGTACATTA  CTGCCAGCCA  CCATGAATAT
             ATCAACAACC  GCTATGTATT  TCGTACATTA  CTGCCAGCCA  CCATGAATAT
             ATCAACAACC  GCTATGTATT  TCGTACATTA  CTGCCAGCCA  CCATGAATAT
             ATCAACAACC  GCTATGTATT  TCGTACATTA  CTGCCAGCCA  CCATGAATAT
             ATCAACAACC  GCTATGTATT  TCGTACATTA  CTGCCAGCCA  CCATGAATAT
             ATCAACAACC  GCTATGTATT  TCGTACATTA  CTGCCAGCCA  CCATGAATAT
             ATCAACAACC  GCTATGTATT  TCGTACATTA  CTGCCAGCCA  CCATGAATAT
             ATCAACAACC  GCTATGTATT  TCGTACATTA  CTGCCAGCCA  CCATGAATAT

             TGTACGGTAC  CATAAATACT  TGACCACCTG  TAGTACATAA  AAACCCAATC
```

图 10-18

10.5.2 用 Phylip 软件包构建系统发育树

初次接触 Phylip 软件包的人可能会对如此多的程序感到无所适从,其实 Phylip 软件包的文档写得非常好,很容易理解,命令行界面也很简明,其构树流程图如下(图 10-19),图中的方块表示 Phylip 软件包中的子程序。

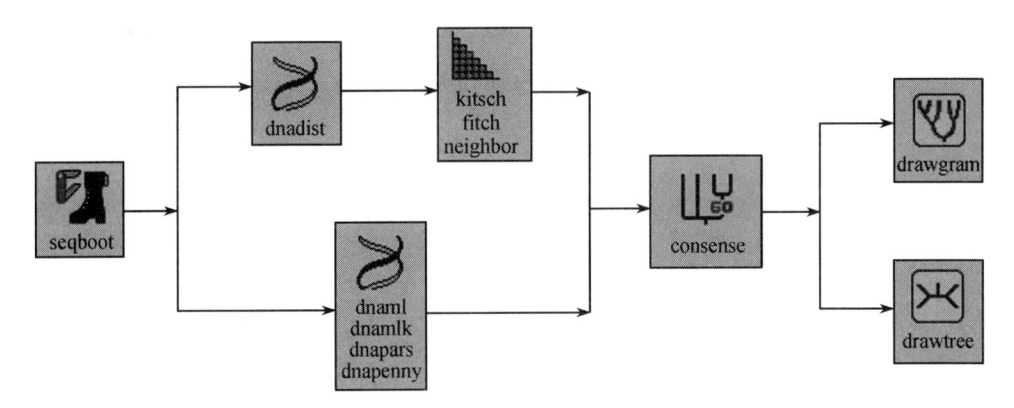

图 10-19 Phylip 软件包构建系统发育树的流程图

我们以 Phylip3.63 版本构建最大似然树为例,详细介绍构建系统树的过程。
(1) 利用 Clustal 程序进行多重序列比对,文件输出为"*.phy"格式,将文件命名为 infile(注意要删去 phy 后缀),然后拷贝到程序文件所在的目录下。

（2）双击 Seqboot 程序，显示如下操作界面（图 10-20），图中 D、J、%、B、R、W、C、S、I、0、1、2 代表可供选择的选项，键入这些字母或数字，程序的运行参数就会发生相应的改变。"D"选项确定输入数据的种类，有 4 种数据类型可供选择：分子序列（sequence）、限制性位点数据（rest.）、基因频率数据（gene freqs）或形态数据（morph）。"J"选项确定要采用的检验方法，有三种可供选择：自展法（bootstrap method）、刀切法（jackknife method）和序列置换法（permutation）。如果选择"Rewrite"选项，可以将 Phylip 格式的数据转化为其他格式（Nexus 和 XML）。"R"选项让使用者输入 republicate 的数目。所谓 republicate 就是用 Bootstrap 法生成的一个多序列组，通常选择 1000 次。"W"确定是否选用权重。当我们设置好条件后，键入 Y 按回车，会出现如下问题：Random number seed（must be odd）？输入 1 后，会得到一个 outfile 文件。如果在这个目录下已经有"outfile"文件存在，程序会提示你 4 种选项：Replace（覆盖原来文件）、Append to it（附加到原来文件上）、Write to a new File（产生一个新文件）和 Quit（退出），通常我们键入 R 后，敲击回车键。

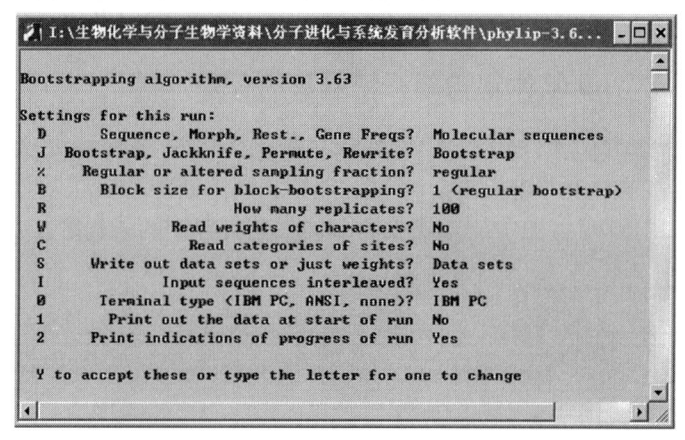

图 10-20

（3）将刚才生成的 outfile 文件更名为 infile 后，打开 DnaMl（最大似然法）程序，会显示如图 10-21 所示操作界面。图中 U、T、F、C、R、W、S、G、J、O、M、I、0、1、2、3、4、5 代表可供选择的选项，键入这些字母或数字，程序的条件就会发生相应的改变。"U"选项询问是否搜寻最佳树。"T"选项可以用来改变颠换/转换的比值，默认值是 2。"S"选项选择是否计算所有拓扑结构中各个分支的长度。如果选择"No, not rough"，会使程序的运行速度较慢，但是可以增大找到具有最高似然值的系统树的概率。如果选择"Yes, Speedier but rougher analysis"，则会提高程序的运行速度，但是分析得不是那么精细。"G"选项确定在最后一个样本被添到系统树上时，是否重新评估整个系统树的拓扑结构。选择这个选项会提高找到正确系统树的概率，但是会使程序的运行时间增长为原来的 3 倍。"5"选项可以用来推断位点的原始状态，即推断现有序列的祖先序列。当我们设置好条件后，键入 Y 按回车，DnaMl 程序运行结果会保存在"outfile"和"outtree"两个文件中。

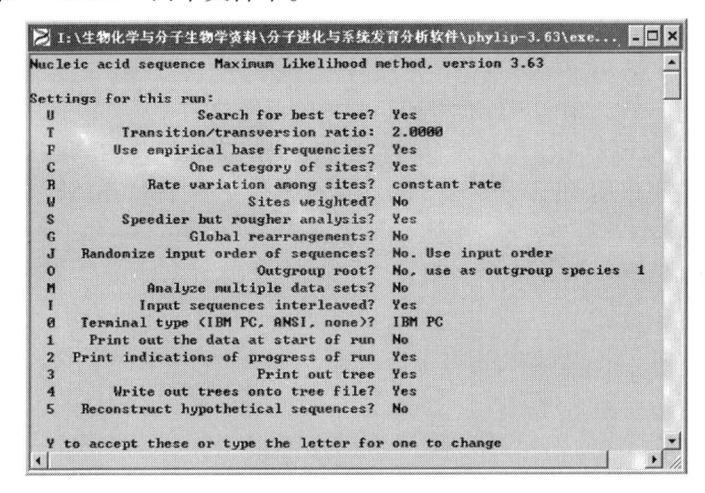

图 10-21

（4）将"outtree"文件更名为"intree"，打开 CONSENSE 程序，会显示如图 10-22 所示操作界面。图中 C、O、R、T、1、2、3 和 4 代表可供选择的选项，键入这些字母或数字，程序的条件就会发生相应的改变。"C"选项可选择一直树的类型，是严格一直树（strict）还是多数一直树（majority rule）。"O"选项可以选择外围组的根。"R"选项可选择是否构建有根树。当我们设置好条件后，键入 Y 按回车，CONSENSE 程序运行结果会保存在"outfile"和"outtree"两个文件中。

图 10-22

（5）Phylip 软件包提供了两个绘制系统树的程序：Drawgram 和 Drawtree。Drawgram：根据得到的树文件，绘制系统树（有根系统树）。Drawtree：根据得到的树文件，绘制系统树（无根系统树）。将上步获得的"outtree"更名为"intree"，双击"Drawtree"程序，会询问缺乏字体文件，此时键入 font1，得到如下图的操作界面（图 10-23）。图中 O、P、V、B、L、R、I、D、S、C、F、M、# 代表可供选择的选项，键入这些字母或符号，程序的运行参数就会发生相应的改变。通过这些参数，我们可以改变所绘制出的系统树的大小、线条的粗细等。键入 Y 按回车，即可显示出系统发育树。注意：Phylip 软件包的绘图及编辑功能比较薄弱，我们可以用 Mega 软件或 Treeview 打开树文件，进行编辑。

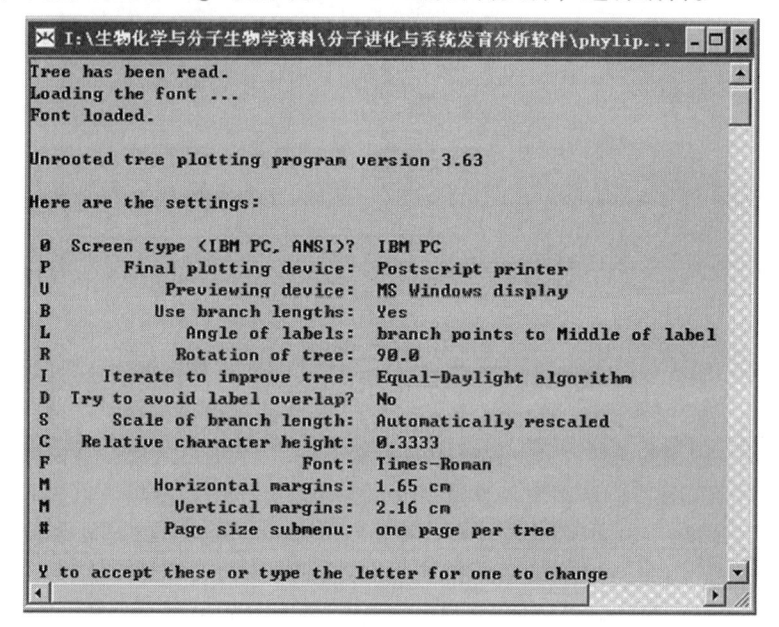

图 10-23

参考上述构树流程，我们可以构建其他树，如 NJ 树、MP 树等。总体上来说，Phylip 软件操作不太方便，使用起来比较复杂，可视化操作功能较弱，下面我们介绍一个功能强大的分子进化遗传分析软件 Mega，可以弥补 Phylip 的不足。

10.6 Mega 软件包在分子系统学中的应用

Mega（molecular evolutionary genetics analysis）是一个界面友好、操作简便、功能强大的分子进化遗传分析软件，也是文献中经常用到的分析软件。尤其是新版 Mega 对使用界面做了优化，并改进了许多统计学和遗传学算法，其支持的文件格式很多，而且可以直接从测序图谱中读取序列，还可以调用内置的 Clustal 程序进行多序列比对。此外，Mega 软件还内嵌了一个 Web 浏览器，能直接登录 NCBI 网站。Mega 软件包的下载网址为：http：//www.megasoftware.net，目前最新的版本是 4.01。

Mega 软件功能十分强大，尤其在计算遗传距离、构建分子系统树方面。Mega 软件提供多种计算距离的模型，包括 Jukes-Cantor、Kimura、Equal-input、Tamura、HEY、Tamura-Nei、General reversible、无限制距离模型等。Mega 软件可以计算个体之间的遗传距离，还可估算群体间的遗传差异、群体间的净遗传距离；而其还可以估算一个群体或整个样本的基因分歧度的大小。

Mega 还提供了多种构建分子系统树的方法，包括 UPGMA、NJ、MP 和 ME 等。在此基础上，Mega 软件还提供了对已构建系统树的检验，包括自展法检验和内部分支检验等。在对于自然选择方面，Mega 软件提供了 Codon-Based Z 检验、Codon-Based Fisher 原样检验 t 和 Tajima 中性检验三种方法。总之，Mega 软件提供了构建分子系统树、进行系统发育分析各个方面的计算和分析。

本节将以 DNA 数据分析为例，介绍 Mega 软件的基本原理和方法、使用和操作以及相关结果的分析。

10.6.1 Mega 数据的输入

Mega 软件能够接受多种数据格式，如 FASTA 格式、Phylip 格式、PAUP 数据格式等。而且 Mega 软件专门提供了把其他格式的数据转换为 Mega 数据格式的程序。Mega 软件输入数据的格式比较简单，在众多遗传学分析软件中是比较容易制作的一种，大家可以参考 Mega 安装目录下的示例文件。

打开 Mega 程序，显示如下的主操作界面（图 10-24），点击"File"下拉菜单中的"Conver To MEGA Format"可以将数据转化为 MEGA 格式。

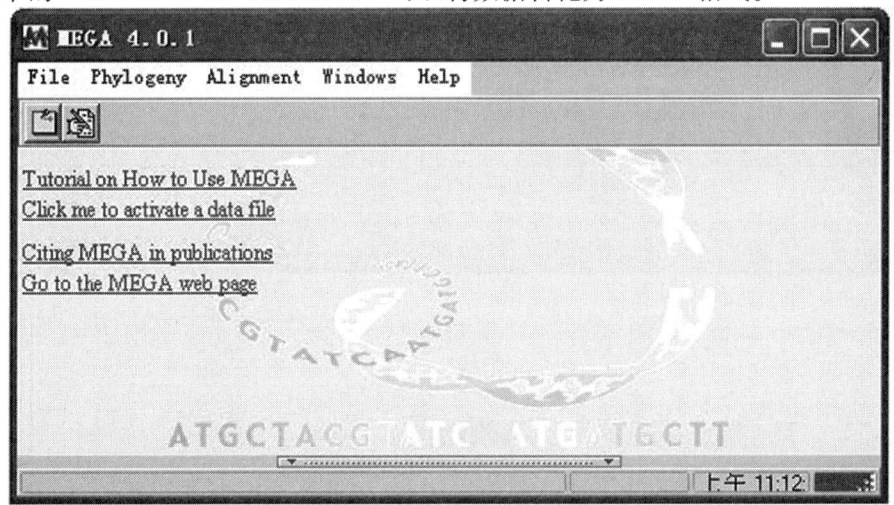

图 10-24

10.6.2 数据文件的导入

单击"File"下拉菜单中的"Open Data"选项选择要分析的数据，单击"打开"按钮，会弹出如下操作界面（图10-25）。

此程序操作界面提供了3种选择数据选择：Nucleotide Sequences（核苷酸序列）、Protein Sequences（蛋白质序列）、Pairwise Distance（遗传距离矩阵）。根据输入数据的类型，选择一种，点击"OK"即可。注意：如果是核苷酸数据，则读完之后，程序会让你选择输入序列是否是编码蛋白质的核苷酸序列；如果是遗传距离矩阵数据，会让你选择是上三角矩阵"Upper Right Matrix"还是下三角矩阵"Lower Left Matrix"。图10-26是非编码核苷酸序列输入后显示的"Sequence Data Explorer"操作界面。

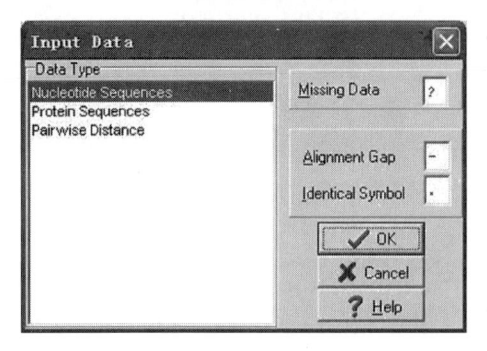

图 10-25

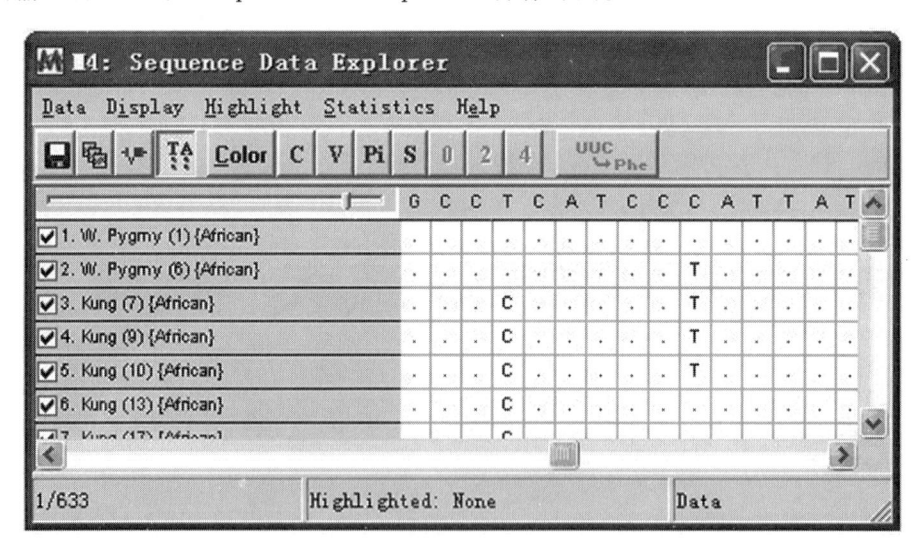

图 10-26

10.6.3 序列特殊信息的浏览和输出

图10-26操作界面的名称是"Sequence Data Explorer"，中文意思是序列数据

浏览器。在其最上方是工具栏"Data"、"Display"、"Highlight"等，然后是一些数据处理方式的快捷按钮，在操作界面的左下方是每个序列的名称。所显示的序列占了操作界面的绝大部分，与第一个序列相同的核苷酸用"."表示，发生变异的序列则直接显示。

在序列分析中，我们经常需要了解序列间的变异位点和保守位点等信息，通过浏览器可以很方便地观察序列的变异位点（点击 V 快捷按钮）、保守位点（点击 C 快捷按钮）、简约信息位点（即变异至少包括两种类型的核苷酸或氨基酸，点击 Pi 快捷按钮）、单独位点（即变异在所有样本中仅发生一次，点击 S 快捷按钮）、未简并位点（点击 0 快捷按钮）、2 倍简并位点（点击 2 快捷按钮）和 4 倍简并位点（点击 4 快捷按钮）；其中后三个选项，只有在输入的序列是编码序列时才被激活。

单击"Data"下拉菜单中"Write Data To File"选项可以将序列的信息导出到文件中，此时会弹出如下对话框（图 10-27）。

"Title"框显示的内容是数据文件中"TITLE"之后的内容。"Description"框显示的内容是数据文件中对整体数据描述的内容。

"Format"选项提供一个下拉菜单，通过此下拉菜单可以把数据转化为 Mega 格式、Nexus（PAUP4.0）格式、Phylip3.0 格式、Nexus（PAUP3.0/MacClade）格式。

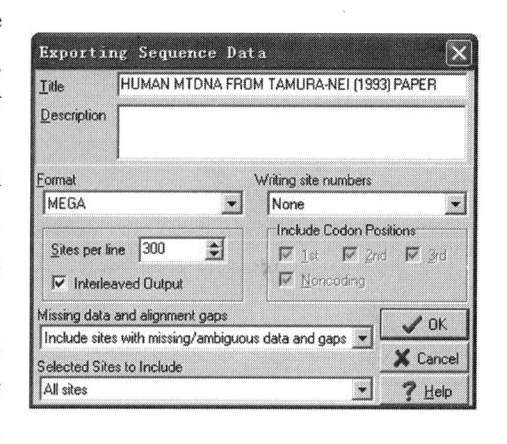

图 10-27

"Writing site numbers"选项也提供一个下拉菜单，通过此下拉菜单可以给每个核苷酸标序号，"None"为不显示序号，"For each site"为每个位点显示序号，"At the end of line"在每一行行末显示序号。

"Missing data and alignment gaps"选项也提供了一个下拉菜单，这个菜单包括"Include sites with miss/ambiguous data and gaps"（显示缺失位点及模糊位点以及空缺）、"Exclude sites with miss/ambiguous data and gaps"（不显示缺失位点及模糊位点以及空缺）、"Exclude sites with miss/ambiguous data only"（仅不显示缺失位点及模糊位点）、"Exclude sites with alignment gaps only"（仅不显示比对的空缺部分）。

注意："Selected Sites to Include"下拉菜单框只有在选择了特殊位点（如变异位点、保守位点和简约信息位点等）时才会出现，此框包含"All sites"（所有位点）、"Only highlighted sites"（只显示选择的位点）、"Only unhighlighted sites"

(只显示未选择的位点)三个选项。

选择好操作界面中的选项，点击"OK"按钮，就会将序列的信息，如变异位点、保守位点和简约信息位点等导出到文件中。

10.6.4 序列的分组

利用"Sequence Data Explorer"操作界面中"Data"下拉菜单中的"Setup/Select Taxa & Groups"选项，我们可以对序列文件轻松地进行分组（图10-28）。

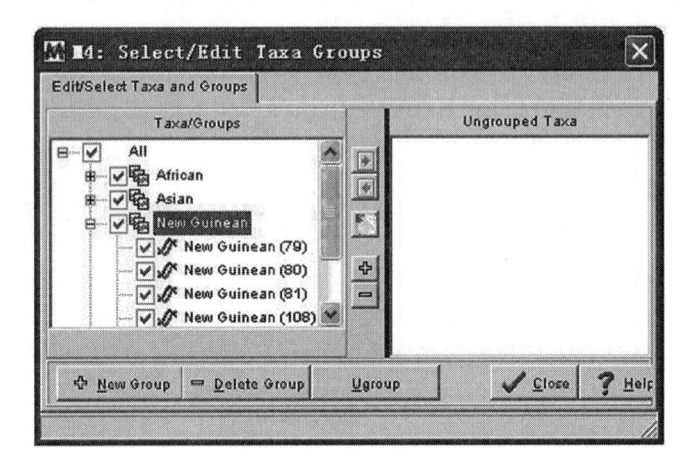

图 10-28

点击"+ New Group"按钮可以创建一个新的组，点击"- Delete Group"按钮可以删除一个已经存在的组。在操作界面的中间竖排有5个按钮，同最上端两个按钮可以把数据移入或移出一个选定的组，点击第三个按钮可以对选定的组进行重新命名。注意：组的名字不能与任何一个样本重名。点击"Close"按钮，可以返回"Sequence Data Explorer"操作界面。

10.6.5 序列的组成成分统计

点击"Sequence Data Explorer"操作界面的"Statistics"选项，可以统计序列的核苷酸组成（nucleotide composition）、核苷酸配对频率（nucleotide pair Frequencies）、密码子使用（codon usage）和氨基酸组成（amino acid composition）。

统计序列的核苷酸组成，可以计算得到每条序列中A、T、C、G及U的百分含量，以及总的核苷酸个数，还可以得到整个数据中A、T、C、G及U的百分含量。如果数据是编码蛋白质的DNA序列，那么还可以得到每种核苷酸在密码子各个位置的比例。

统计序列的核苷酸配对频率，可以计算 DNA 序列中核苷酸配对的频率、序列的转换位点和颠换位点的数目以及转换/颠换比等信息。

统计序列的密码子使用，能够统计出每种密码子的使用频率。

统计序列的氨基酸组成，能够统计出每条序列中各种氨基酸的组成百分含量，以及总的氨基酸个数，还可以计算出整个数据中每种氨基酸的组成百分含量。

10.6.6　遗传距离的计算

当我们浏览序列的信息后，关闭"Sequence Data Explorer"操作界面，就会显示出如下界面（图10-29），数据导入后的 Mega 操作界面与图10-24 主操作界面相比多了"Data、Distances、Pattern 和 Selection"下拉菜单。当点击此界面下的快捷工作栏 按钮时，可以返回"Sequence Data Explorer"操作界面。

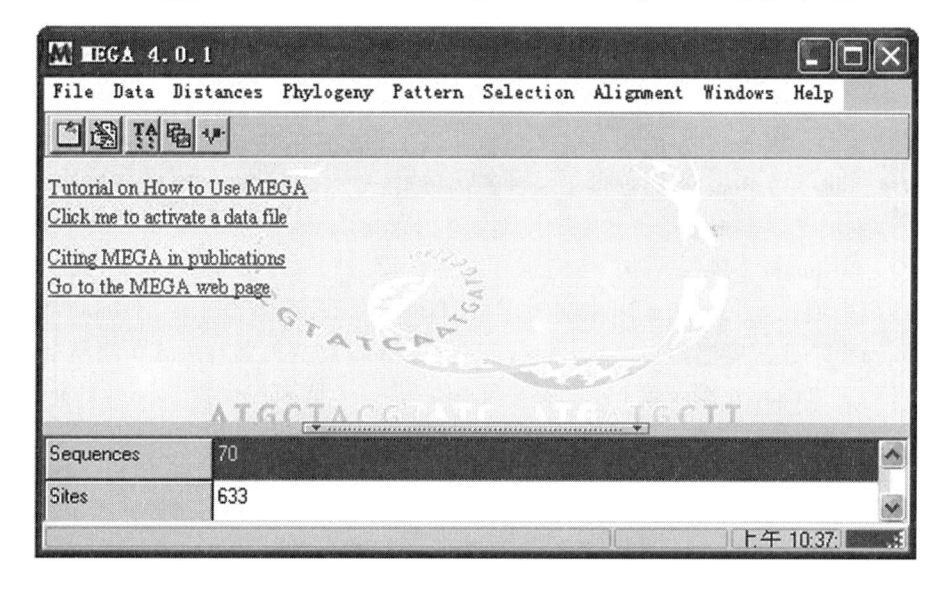

图 10-29

计算遗传距离首先要选择距离模型，点击"Distances"下拉菜单中的"Choose Model"（选择距离模型）选项，会弹出如下操作界面（图10-30）。

（1）"Data Type"显示数据的类型：Nucleotide（coding）（编码蛋白质的 DNA 序列）、Nucleotide（不编码蛋白质的 DNA 序列）、Amino Acid（氨基酸序列）。

（2）通过"Model"选项可以选择、计算遗传距离的距离模型。Mega 针对不同的序列（编码核苷酸、非编码核苷酸和氨基酸）提供了不同的距离模型。古

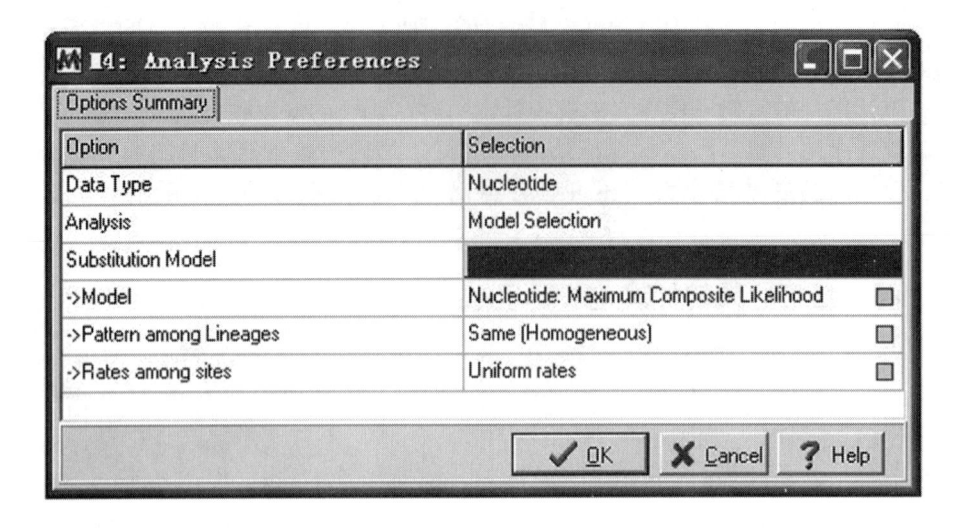

图 10-30

DNA 研究中，以 mtDNA 的高可变区为主，属于非编码的核苷酸序列。对于非编码的核苷酸序列 Mega 程序提供了 8 种距离模型："Number of Difference"（核苷酸差异数）、"P-distance"（P 距离模型）、"Jukes-Cantor"（Jukes 和 Cantor 距离模型）、"Kimura 2-Parameter"（Kimura 双参数模型）、"Tajima-Nei"（Tajima 和 Nei 距离模型）、"Tamura 3-parameter"（Tamura 三参数模型）、"Tamura-Nei"（Tamura 和 Nei 距离模型）、"LogDet（Tamura kumar）"（对数行列式距离模型）。

（3）"Pattern Among Lineages" 仅提供了一个选项——"Same（Homogenous）"，也就是说样本之间是有一定同源性的。

（4）"Rates among sites" 提供了两个选项——"Uniform Rates" 和 "Different（Gamma Distributed）"。"Uniform Rates" 意味着所有序列的所有位点的进化速率是相同的。选择 "Different（Gamma Distributed）"，意味着序列位点之间的进化速率是不相同的，可以利用 Gamma 参数来校正，系统提供了 4 个数值可供选择：2.0、1.0、0.5、0.25；软件使用者也可以自行决定 Gamma 参数的大小。

设置完毕后，在此界面中点击 "OK" 按钮，即可返回 Mega 操作主界面，接着就可以进行计算了，点击主操作界面 "Distance" 中的 "Compute Pairwise" 计算遗传配对差异、"Compute Overall Mean" 计算包括所有样本在内的平均遗传距离、"Compute With Group Means" 计算组内平均遗传距离、"Compute Between Groups Means" 计算组间平均遗传距离、"Compute Net Between Groups Means" 计算组间平均净遗传距离、"Compute Sequence Diversity" 计算序列分歧度。遗传距离计算后显示的界面如下（图 10-31）。

第 10 章　古 DNA 研究常用软件

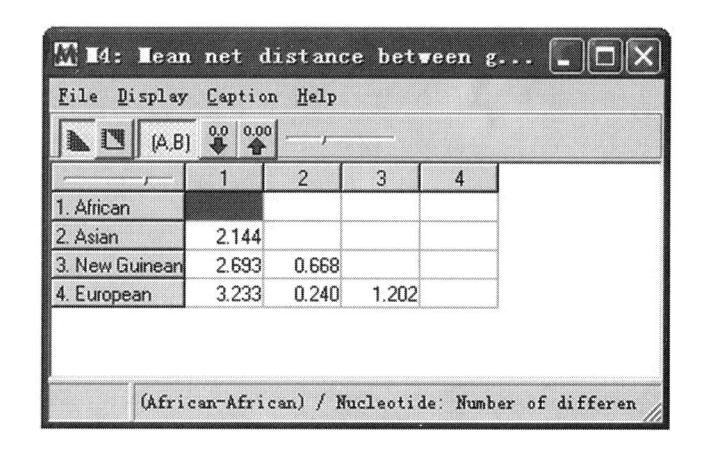

图 10-31

点击"File"下拉菜单中的"Export/Print Distance"选项，会弹出如下图所示的对话框（图 10-32）。

图 10-32

"Output Format"选项可以确定输出数据的格式："Publication"（一般格式）和"Mega"（Mega 格式，把此数据保存可直接由 Mega 程序打开，进行构建系统发育树等遗传分析）。Decimal Places（小数位的大小），"Max Entries per Line"（每一行最多能显示的数据的个数）。通过"Matrix"可以选择输出数据矩阵的方式："Lower-left"（下三角矩阵）和"Upper-right"（上三角矩阵）。点击"Print/Save Matrix"按钮，可以输出矩阵数据，将此距离矩阵保存，可以用 Mega 或其他系统发育分析软件来做系统树。

10.6.7 系统发育树的构建及检验

Mega 程序构建系统发育树的功能很强大。它提供了 4 种构建系统发育树（NJ、ME、MP 和 UPGMA）的方法，还包括一些检验程序。点击图 10-29 中的 Phylogeny 下拉菜单，选择相应的构树方法即可构建系统发育树（图 10-33），"Construct Phylogeny"选项中显示了上述 4 种构树方法，"Bootstrap Test of Phylogeny"是带自展法检验的上述 4 种构树方法，"Interior Branch Test of Phylogeny"是带内部分支检验的两种构树方法（NJ 和 ME）。本文以带自展检验的 NJ 树为例，介绍详细的构树过程。

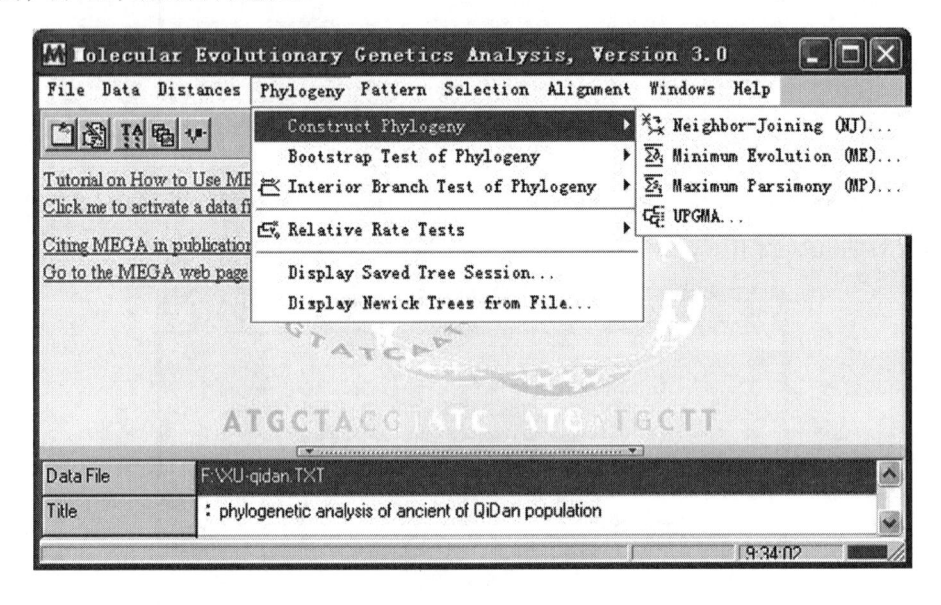

图 10-33

输入数据，点击 Mega 操作主界面"Phylogeny"中的"Bootstrap Test of Phylogeny"选项中的"Neighbor-Joining（NJ）"，会弹出如下操作界面（图 10-34）。

在此操作界面中，"Method"显示构树方法。"Model"显示的是距离模型，可以点击绿色的方框选择所需要的距离模型。"Gaps/Missing Data"代表空格或缺失位点的处理方式，有两种选择：①"Complete Deletion"完全删除；②"Pairwise Deletion"配对删除。"Substitutions to Include"显示核苷酸的状态，有三种选择：①"d：Transitions + Transversions"转换和颠换；②"s：Transitions only"仅有转换；③"v：Transversions only"仅有颠换。"Pattern among Lineages"、"Rates among sites"已在前文介绍，不再赘述。点击"Phylogeny Test and options"后边的按钮，可以设置检验的类型：None（不进行检验）、"Bootstrap"（自展法检验）、"Interior

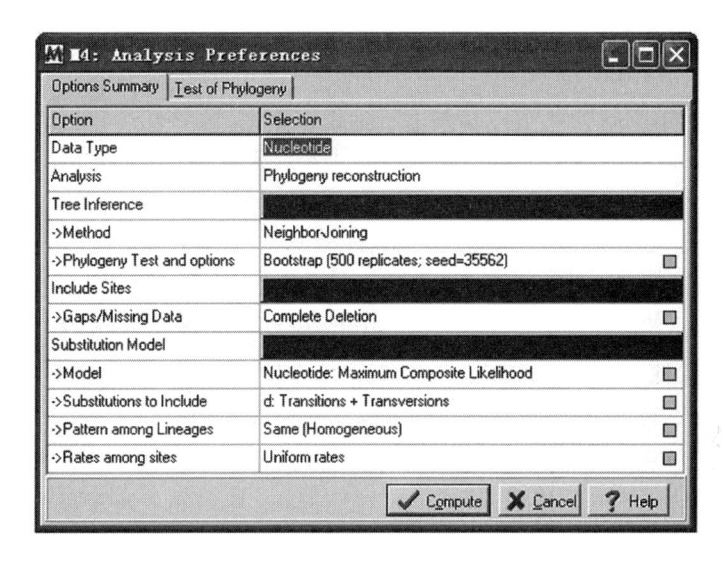

第 10 章 古 DNA 研究常用软件 ·231·

图 10-34

Branch Test"（内部分支检验）。选择后两种检验方法，可以设置自展的次数等。设置完毕后，点击"Compute"按钮，即可开始计算分析。系统发育树显示如图 10-35，此操作界面称为"TreeExplorer"（系统发育树浏览器）。

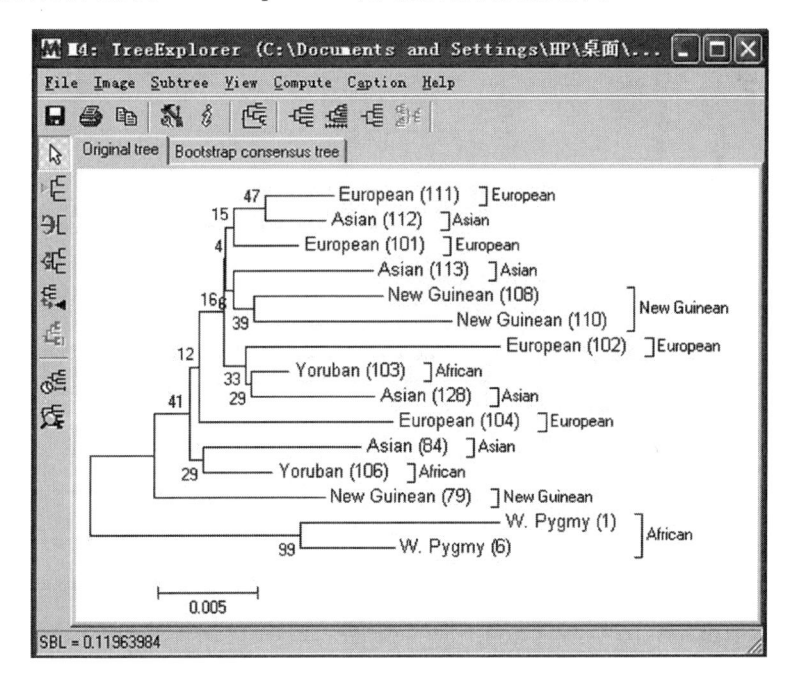

图 10-35

点击"View"下拉菜单中的"Tree/Branch Style"选项就可以选择不同的系统树样式，如圆形树、曲线树、辐射树等。

在"TreeExplorer"中可以对树进行编辑，点击 ![icon] 按钮，可以对系统树的分支长度、树的宽度、分支粗细和颜色标记等进行更改。

点击"Image"下拉菜单的"Copy to Clipboard"可以把当前系统树的形状拷贝到剪切贴板中，可以粘贴到 Microsoft Word 文档中，也可以粘贴到图形编辑软件中；"Save as Enhanced Metafile（EMF）"可以将系统树以增强的图元文件形式保存。

其他类型的系统树（如 ME、MP 和 UPGMA 系统树）的构树方法可以参见NJ 树的构建过程，在此不再详述。

10.6.8　多重序列比对

序列比对是 Mega 程序很有特色的一个功能，它集成了 ClustalW 程序，不过编辑序列比 Clustal 方便，而且还能直接读取测序图谱。点击 Mega 软件操作主界面（图10-29）中的"Alignment Explorer/CLUSTAL"，从文件中导入序列后显示"Alignment Explorer"操作界面（图10-36）。

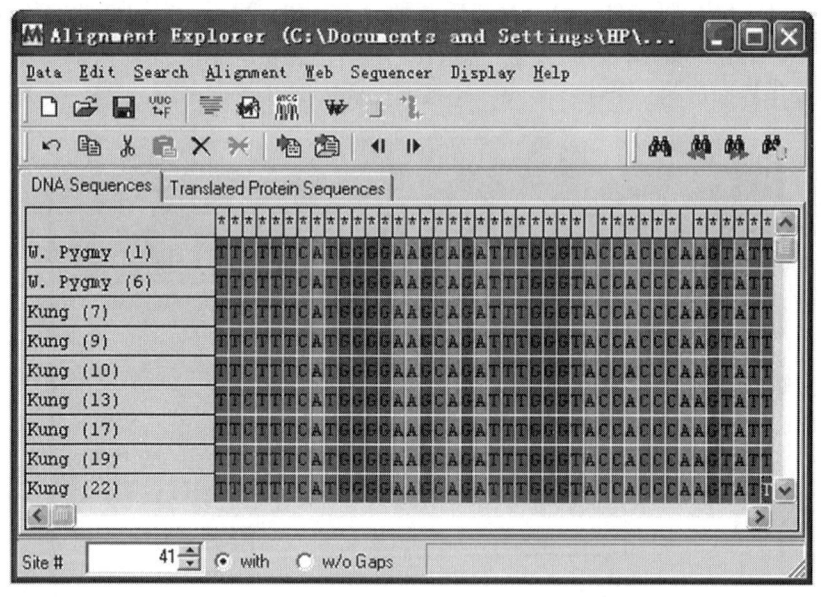

图 10-36

点击"Alignment"按钮中的"Align by Clustal W"选项可以完成序列比对。当序列比对完成后，可以对比对序列进行编辑，可以插入或删除序列或者单个的核苷酸或氨基酸，突出显示选定的核苷酸或氨基酸，进行复制、剪切、粘贴等操作，还可以删除或引入空缺位点、把 DNA 序列翻译为氨基酸序列等，而且能够改变显示字体的颜色、大小、风格等，或寻找、搜索特定的核苷酸或氨基酸序列或者结构域等。

在"Alignment Explorer"操作界面还能直接导入测序图谱进行编辑，点击 Mega 主操作界面中"Alignment"下拉菜单的"View Edit Sequence Files"选项，可以直接打开一个测序图谱的文件（一般以 *.abi、*.ab1、*.scf 为扩展名），在功能和操作上与"Chromas"软件很像。

点击 Mega 主操作界面中"Alignment"下拉菜单的"Do Blast Search"选项，可以直接连到 NCBI 网站进行 Blast 操作。此外，点击"Query databanks"或"Show Web Brower"选项也可以连接到 NCBI 网站进行序列查询和浏览。

10.7 Arlequin 软件包在分子系统学中的应用

核苷酸不配对差异分析、分子差异度分析（又称遗传相关性分析）及中性检验是研究分子进化和群体遗传学的重要参数。本书以 Arlequin 软件为例，阐述这些分析的具体操作步骤。

Arlequin 是一个优秀的人类遗传学数据分析软件，由 Stefan Schneider、David Roessil 和 Laurent Excoffier 三人完成。Arlequin 软件包下载和升级的网址为：http：//anthro.unige.ch/arlequin。下载后的 Arlequin 软件包基本由 Arlequin20_zip.exe 和 jre117-win32.exe 组成。需要先安装 jre117-win32.exe。Arlequin20_zip.exe 是个自解压的程序，点击此程序将文件释放到所选择的目录，就可以运行了。在上述网址还提供了一个升级包 arlpatch2001.zip，修正了原软件中的一些 bug，并提高了某些计算程序的精确性；下载后解压，直接运行即可。

10.7.1 Arlequin 软件包输入数据的格式

Arlequin 软件包大致能接受以下 5 种数据格式：DNA sequences、RFLP data、Microsatellite data、Standard data、Allele frequency data。Arlequin 软件包输入文件的扩展名为 *.arp，其数据格式十分复杂和严格，在序列录入时，稍有不慎，哪怕输错一个字母也容易导致程序不运行，因此要仔细研究其数据格式。在 Arlequin 文件目录下有这些数据格式的示例文件，可详细参考，本书不再详述其结构，Arlequin 软件包本身也带有一个文件格式转换器，支持 Phylip 和 Mega 等格式文件转换。

10.7.2 Arlequin 软件包操作界面简介及数据输入

Arlequin 软件的操作界面友好，操作简便。单击 ArlequinFolder 中的"arlequin.exe"文件，会弹出如下主操作界面（图10-37）。

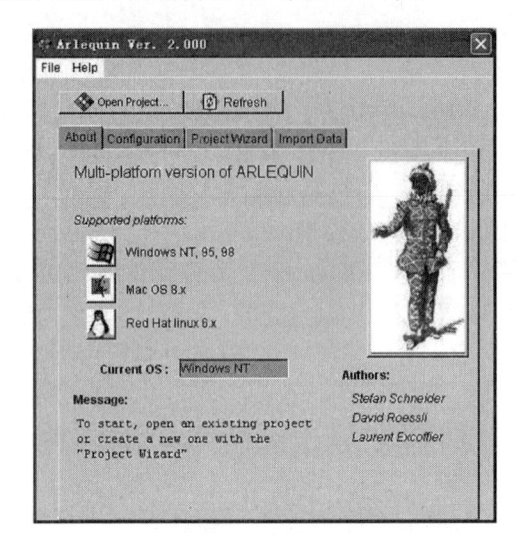

图 10-37

点击"Open Project"按钮，载入要分析的数据后，程序的操作界面发生相应的变化（图10-38）。

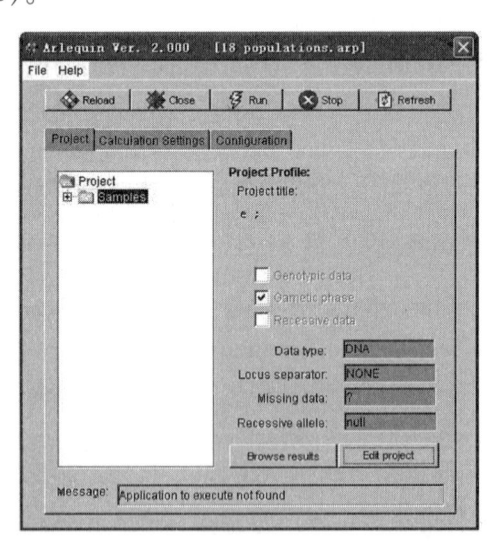

图 10-38

点击"Calculation Settings"，可进行具体的计算分析设置，其操作界面如下图所示（图 10-39）。

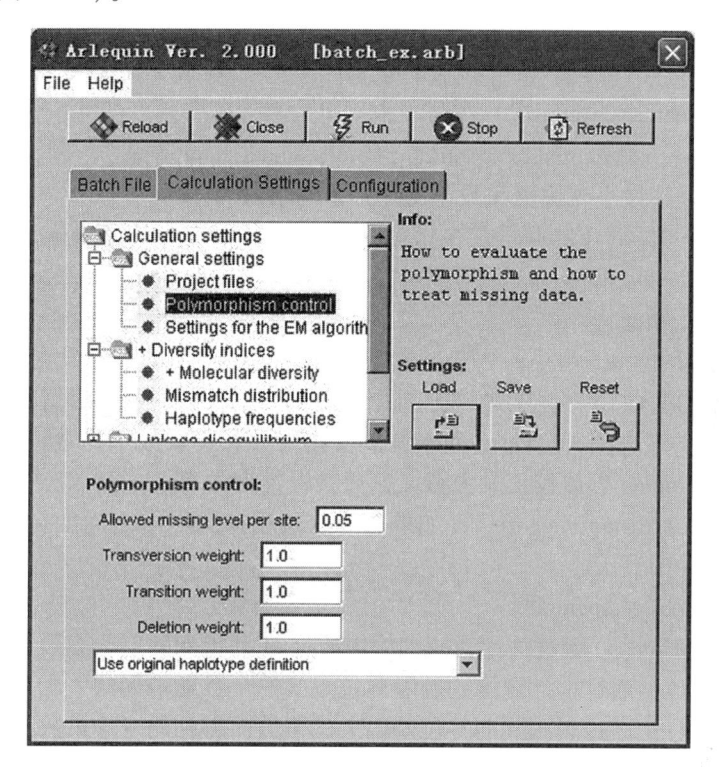

图 10-39

"Calculation Settings"对话框被分为三部分。在操作界面的左上方是一个树形的结构，通过此界面用户可以快速地选择进行何种运算。在操作界面的左下方是针对每项计算任务的具体参数的设置，各种运算参数可以显示在这个区域。在操作界面的右上方会显示被选中的计算任务的一些基本信息。"Calculation settings"菜单下面有 6 个主要子菜单。①"General Settings"：一般系统设置；②"Diversity indices"：遗传多样度指数；③"Linkage disequilibrium"：连锁不平衡；④"Neutrality tests"：中性检验；⑤"Genetic structure"：遗传结构；⑥"Mantel test"：孟德尔检验。当要计算的选项选择完毕后，点击 Run 按钮开始计算。本书仅介绍与古 DNA 研究相关的第②、④和⑤项菜单的内容。

10.7.3　遗传多样度指数菜单

"Diversity indices"下拉菜单下面有三大操作选项。

1. "Molecular diversity" 选项（分子多样性）

◆ "Standard diversity indices"：计算几种常见的分歧度参数，如等位基因的数目、分离位点的数目、杂合的水平等。

◆ "Molecular diversity"：在分子水平上计算遗传分歧度的几个参数的选框。

（1）"Compute minimum spanning network among haplotypes"：利用每个人群的单倍型数据计算最小支撑树和最小支撑扩张网络图。

（2）"Molecular distance"：在比较单倍型差异时，选择遗传距离的类型。

（3）"Pairwise difference" 为配对差异距离，"Proportion of difference" 为核苷酸差异数的百分比。

（4）"Gamma a value"：当选择位点之间进化速率不同时，设定 gamma 功能的图形校正的参数值。这个选项只对于计算某些 DNA 序列间的遗传距离有用。如果选择了"0"，则将会使 gamma 参数校正失去意义。如果此数值设置为无穷大，也将使 gamma 参数校正失去意义，通常设置为 0.26。

（5）"Print distance matrix"：如果选择此选项，则样本之间的分子分歧距离会在结果文件中显示。

（6）"Theta estimators"：

Theata（Hom）：通过估计观测到的纯质性 H 而得到的一个参数 θ；

Theta（S）：通过估计观测到的隔离位点 S 的个数而得到的一个参数；

Theta（k）：通过观测到的等位基因 k 的个数而得到的一个参数；

Theta（π）：通过平均配对差异数而得到的一个参数。

2. "Mismatch distribution" 选项（核苷酸不配对差异分布）

◆ "Mismatch distribution"：不配对分布或平均配对差异分析，是将一个或多个群体的任两个序列进行两两比较得出的各序列间的配对差异情况。在下面有两个参数选择框。

（1）"Molecular distance"：程序提供了两种分子距离模型。① "Pairwise difference" 为配对差异距离，仅仅是单倍型之间所观测到的不同的核苷酸的数目；② "Proportion of difference" 为核苷酸差异数的百分比。

（2）Number of bootstrap replicates：进行自展的次数，重抽样的序列用重置的样本位点产生，一般为 10 000 次。

3. "Haplotype frequencies" 选项（单倍型频率统计）

◆ "Gene frequency estimation"：从观测到的数据中估算最大似然的单倍型频率。"Estimate allele frequencies at all loci"：分别估算所有位点的等位基因频率。

◆ "Search for shared haplotypes between populations"：寻找在群体里共享的单倍型。

10.7.4 中性检验菜单

"Neutrality test"有两个操作选项。

◆ "Infinite-allele models"选项（无限等位模型）。

（1）"Ewens-Watterson neutrality test"：此理论基于一个处于平衡状态的人群的 Ewens 样本抽样理论。此检测通常限定基因的数目小于2000，等位基因的数目小于1000。"Number of random samples"：产生的随机样本的数目，一般把数值取在几千或更大。

（2）"Chakraborty's test of population amalgamation"：检验人群中性选择、同质性、连锁平衡的一种方法。当样本的异质性被怀疑时可采用此方法，它利用观测到的纯质性（纯合基因）来估算人群的突变参数 θ_{Hom}。此参数的估计值可以用来计算观测到的 k 等位基因的可能性，和从一个稳定群体抽出中性样本的可能性。这种方法对人群的融合和异质性不敏感。

◆ "Infinite-site models"选项（无限位点模型）。

（1）Tajima's test of selective neutrality：通过比较人群参数 θ 两个估计值的大小而得，一个估计值是基于样本中分离位点的数目，另一个估计值是基于不同单倍型之间平均配对差异的平均值。在无限位点模型中，如果是中性突变，则这两个参数应该相等。自然选择、人群的不稳定、位点之间突变速率的不同都会导致这两个值的差异。低的 Tajima's D 值（有时是负值）和配对差异的钟形分布，可以作为一个古代群体扩张的证明。

（2）Fu's Fs test of selective neutrality：基于一个给定数目的样本中所观察到的 k 值或更多等位基因的可能性，它以观测到的配对差异的平均数为条件。这个检验对由人群扩张所造成的群体不平衡比较敏感。

10.7.5 遗传结构分析菜单

"Genetic structure"菜单下面有4个主要选项。

1. "AMOVA/MSN"选项（分子差异性分析及最小支撑树的构建）

◆ "Locus by locus AMOVA"：每个基因座单独进行分子差异性的分析。

◆ "Number of permutations"：用来检测协方差组成和固定指数的置换数的值。

◆ "Compute minimum spanning network among haplotypes"：利用分子差异计算并绘制单倍型之间的系统树。

◆ "Choice of Euclidean distance"：

（1）"Use project distance matrix"：利用数据文件中的距离矩阵。

（2）"Compute distance matrix"：根据选定的距离模型计算距离矩阵。

（3）"Use conventional F-statistics"：如果激活了这个选项，我们将利用一个下三角矩阵（对角线处是0）来作为非下三角矩阵元素。这意味着所有不确定单倍型之间的距离将会被认作是确定的，这意味着此项将会影响等位基因频率的遗传结构。

◆ 遗传距离选项（有多种算法可以选择），"Gamma α value"阐释如前文所述。

2. "Population comparisons"选项[计算人群之间不相似指数（遗传距离）的大小]

◆ "Computation of F_{ST}"：计算所有配对人群的F_{ST}值。

（1）"Renyolds's distance"：计算 Renyolds's 等线性化的 F_{ST}，这适用于分歧时间较短的样本。

（2）"Slatkin's distance"：计算源于配对间的 F_{ST} 的 Slatkin's 遗传距离。

◆ "Pairwise difference"：计算 Nei's 人群内部和人群之间的平均配对差异数。

"Compute relative population sizes"：计算所有配对人群之间的相对人群大小，也可以计算人群之间的分歧时间。

◆ "Number of permutations"：检验推得的遗传距离达到一定置信水平，所需要的置换次数。Significance level 置信度显著性水平设为 0.05。

◆ 遗传距离选项和"Gamma α value"阐释如前文所述。

3. "Population differentiation"选项（群体的不同）

◆ "Exact test of population differentiation"：检验人群之间个体随机分布的假设。"Number of steps in Markov chain"：进行计算搜索的最大次数，这个值增大，会提高估算的 P 值及其标准误差的精确性。"Number of dememorisation step"：在开始比较观测到的可选择的数据同观测到的数据的可能性之前，进行运算的次数。几千次以上的运算对于达到与独立表格相一致的随机起点是必需的。

◆ "Generate histogram and table"：产生一个与给定人群显著不同的人群数目的柱状图和一个概括人群配对之间显著相关的 S×S 表格。但是，两个人群之间的相关性显著与否不依赖于下属的显著性水平的大小。

"Significance level" = 0.05。如果算得的 P 值比"Significance level"小，则两个人群被认为是显著不同的。

4. "Genotype assignment"选项（基因型分布）

计算每个样本中的每一个个体的对数似然值，就像它来源于一个与每个样本估算的等位基因频率相等的人群样本。多基因座基因型的似然值与每个基因座的似然值结果相同，这意味着每个基因座是相互独立的。

10.8 Network 软件与中介网络图的构建

通过 Network 软件包可以构建中介网络图（median network），这种网络图可包含所有最简约的树，而且可显示序列的信息（如同质性位点的位置、突变热点以及分辨单倍型类群等），在聚类簇中节点之间的距离越近，它们的单倍型就越相近。对于大样本，通过识别平行进化，可以减少网络图的复杂性。

Network 软件包所采用的运算程序主要有中介邻接法（MJ，Median-Joining network）和简约中介法（RM，Reduced Median network）。它根据各个人群在中介网络树的分组情况及其在各组中的分布频率，将这些人群的关系在一个二维图形上表示出来。在中介网络树上，可以让整个骨架以指定的序列为中心呈星形分布。根据这些星形的簇支，可以将所有序列分成若干组，从而明确其遗传、进化距离和系统发育关系等。

Network 软件包的免费下载网址为：http://www.fluxus-engineering.com，作者为剑桥大学的 Peter Forster 博士。

10.8.1 Network 软件输入数据及其格式

Network 所能接受的数据为非重组 DNA 单倍型数据、RNA 或氨基酸序列。DNA 数据文件格式为 *.rdf，主要输入内容是比对序列的变异位点。Network 的文件可以在 Windows 记事本中编辑完成，Network 数据格式十分复杂和严格，因此要仔细研究其数据格式。在 Network 文件目录下有这些数据格式的示例文件，可详细参考，本书不再详述其结构。此外，也可以在 Network 软件里按要求逐点输入，有条件的可以购买该公司设计的数据格式转换软件 DNA Alignment，进行格式转换。

点击 Network 软件的执行程序 Network.exe 文件，会弹出如下主操作界面（图 10-40）。点击"Data Entry"下拉菜单中的"Import rdf file"选项将序列文件导入，软件会询问你输入的是什么序列，如 DNA 序列还是氨基酸序列等，我们研究的都是 DNA 序列，所以选择"DNA Nucleotide data"即可，数据输入后首先显示 rdf 文件编辑器，可以对输入的数据进行编辑修改（可以删除或增加序列和变异位点），如果没有问题，点击 Exit 按钮退出即可。

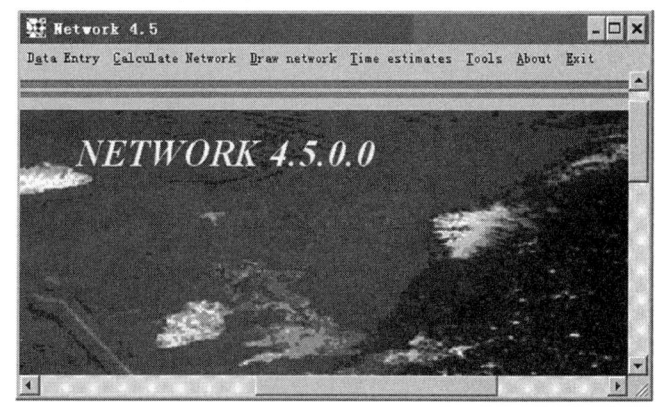

图 10-40

10.8.2 中介网络图的构建

点击图10-40中的"Calculate Network"按钮会弹出一个包括3个选项的子菜单。

（1）Optimal Pre-Processing：数据的前期优化处理，提供了"Star Contraction"（星聚法算法）；

（2）Network Calculations：中介网络的计算，提供了两种算法：MJ法和RM法；

（3）Optimal Post-Processing：数据的后期优化处理，提供了"MP Calculation"（最大简约算法）。

构树网络计算的策略如下：如果输入的序列很多，我们需要先对数据进行前期优化，然后进行中介网络计算，最后再进行后期优化；如果序列数量适中，我们可以直接用MJ或RM法进行中介网络计算。

数据前期优化后输出"*.sco"文件，此文件可以被中介网络程序识别，计算后输出"*.out"文件（MJ和RM法文件格式）；"*.out"文件可以被Network中绘图程序识别来构建中介网络树，也可以被数据后期优化程序识别，计算后最后输出"*.sto"文件，此文件也可以被Network中绘图程序识别来构建中介网络树。

本书以MJ法构建中介网络图为例，介绍一下详细的构建流程。

点击"Network Calculation"选项中的"Median Joining"，会弹出如图10-41所示操作界面。

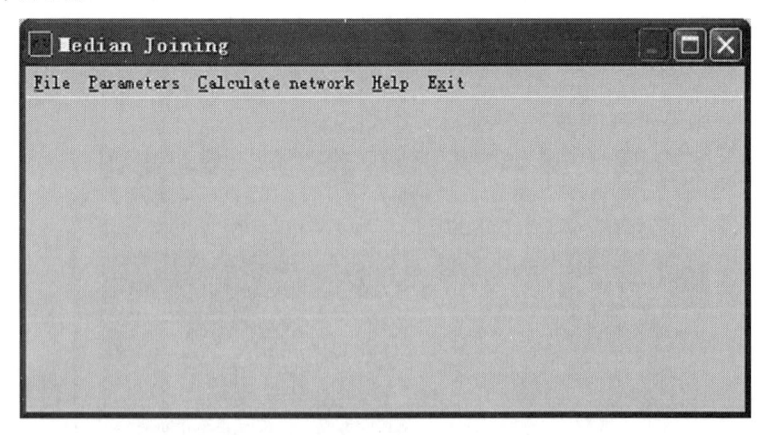

图10-41

点击上述操作界面的"File"下拉菜单中的"Open"选项，可以导入数据文件，点击"Calculate Network"按钮即可开始中介邻接网络的计算分析。最后得到一个扩展名为"*.out"的文件。注意，在进行计算前，"Parameters"按钮可以对计算参数进行调整。

10.8.3 绘制中介网络图

点击 Network 主操作界面（图 10-40）的"Draw Network"按钮，导入"*.out"（MJ 或 RM 运算程序结果输出文件）或"*.sto"（最大简约法结果输出文件），按照操作提示，可以绘制出中介网络图。图 10-42 就是一幅绘制完毕的网络图。

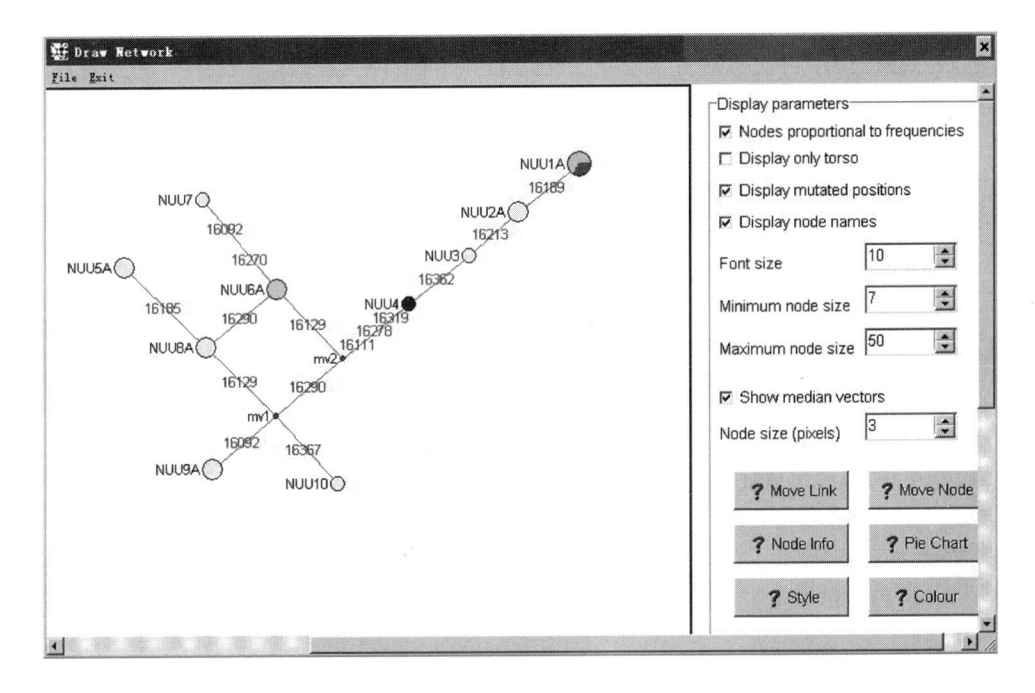

图 10-42

点击"Continue"按钮后，程序会绘制出比较完整的中介网络图，在此操作界面中，还可以对中介网络图进行编辑修改，如改变某个节点或全部节点显示的颜色、大小风格以及网络连线的颜色和粗细等。

如图 10-42 所示的操作界面，点击"File"下拉菜单中的 Save 选项可以将当前操作界面中的中介网络图保存，有 4 种格式可以选择："*.fdi"（具有一定格式的中介网络图表文件）、"*.bmp"（Windows 位图的格式）、"*.pdf"（Acrobat PDF 软件能识别的格式）、"*.dia"（不具一定格式的中介网络图表文件）。

10.8.4 Network 软件操作技巧

1. Network 的计算

如果你的数据是二元的而且你所期望的分支长度比较长，那么你就可以优先选用 RM 程序计算，否则可以选用 MJ 程序。

开始运算的时候，首要问题是检验你所设置的权重值和参数正确与否。软件建议首次运算时使用默认的参数，对于 RM 程序 r 设为 2，对于 MJ 程序 epsilon 设为 0。

如果算出的网络图比较混乱（高维柱型）或包含一个大于矩形的大空圆圈（仅在 MJ 程序中可能出现此类情况），这个可能意味着某个地方出错了。要克服这个问题，可以在运算前激活使 frequency >1。

如果网络图依然混乱，这可能是由于一些快速突变位点造成的。这些位点可以通过"statistics"选项统计出来。然后在下次分析时，可以对这些位点进行降权处理，降低其权重。一般来说，此种方法比较有效。

如果尝试以上方法之后，做出的网络依然混乱，那么可以先用 RM 程序产生一个 *.rmf 文件，再用 MJ 程序去处理。

2. 大批数据的处理

对于大批数据的处理，如果数据量比较大，包括几百条序列，所做出的网络树难以辨认，那么可以优先选用"Star Contraction"这个程序来处理。"Star Contraction"程序通过确定和压缩形状相似的系统聚类为一个祖先类型来把大批数据转换为小批量数据。

3. 软件的 bug

在处理 Multistate DNA 数据时，如果改变转换和颠换的权重，可能会导致软件运行陷入死循环。

10.9 SPSS 软件与遗传多维尺度分析及主成分分析

SPSS 是最受广大科研工作者欢迎的统计软件之一，其名称原来为"Statistical Package for the Social Sciences"，即"社会科学统计软件包"。但是，随着产品服务领域的扩大和服务深度的增加，现在英文全称已更改为"Statistical Product and Service Solutions"，意为"统计产品与服务解决方案"。由美国 SPSS 公司 20 世纪 70 年代推出，迄今已有 30 多年的历史，是国际著名三大社会科学统计软件包（SAS、SPSS、Statis）之一。SPSS 是商业软件，读者可以到 www.spss.com 下载试用版。

我们现在常使用的是 SPSS for Windows 10.0、11.0、12.0 版及刚推出的 13.0

版本。本文以 SPSS for Windows 11.0 为例讲解如何构建多维尺度分析图。

SPSS 11.0 版一共由 10 个模块组成，其中 SPSS Base 为基本模块，其余 9 个模块为 Advanced Models、Regression Models、Tables、Trends、Categories、Conjoint、Exact Tests、Missing Value Analysis 和 Maps，分别用于完成某一方面的统计分析功能，它们均需要挂接在 Base 上运行。除此之外，SPSS 11.0 完全版还包括 SPSS Smart Viewer 和 SPSS Report Writer 两个软件，它们并未整合进来，但功能上完全是 SPSS 的辅助软件。前者用于浏览 SPSS 的分析结果，后者则专门用于结果报告的撰写。

10.9.1 SPSS 数据输入

（1）外部录入：采用 DOS、WPS、CCED、EXCEL 等软件，按 ASCII 码方式录入成文本文件（*.dat、*.txt、*.xls）等。这种录入方式的特点是数据之间没有间隔，录完一个数码后自动后移，录入速度较快。缺点是容易错位，在录入时可以参考示例文件的格式。

（2）内部式录入：采用 SPSS 数据编辑器（SPSS Data Editor，图 10-43）录入。其优点是不容易错位，缺点是不能自动后移，录入速度慢，数据错误不容易修改。

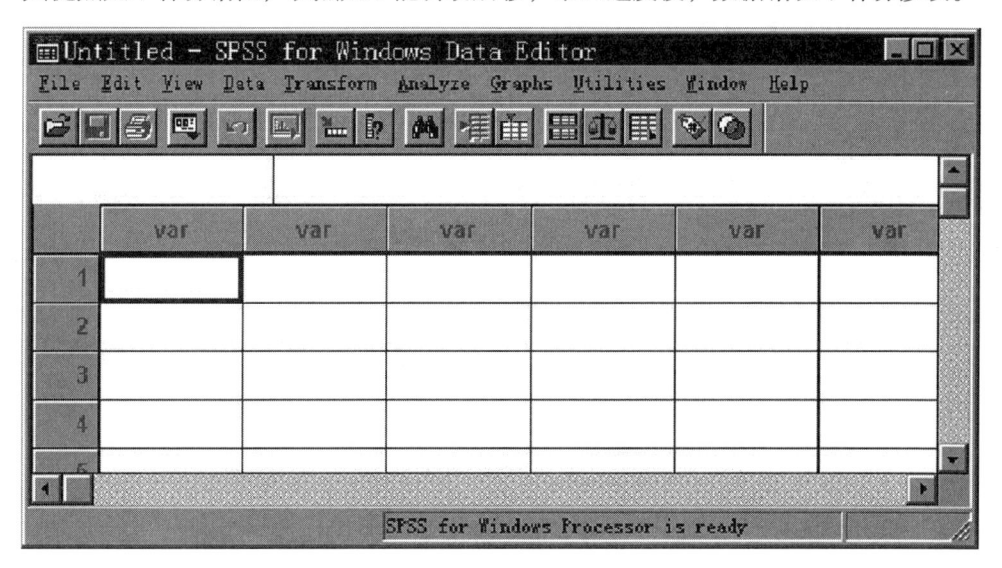

图 10-43　SPSS 数据编辑器

这是一个典型的 Windows 软件界面，有菜单栏、工具栏。特别地，工具栏下方的是数据栏，数据栏下方则是数据管理窗口的主界面。该界面和 EXCEL 极为相似，由若干行和列组成，每行对应了一条记录，每列则对应了一个变量。由于现在我们没有输入任何数据，所以行、列的标号都是灰色的。

SPSS 数据定义的命令共有 4 个，分别用来定义数据的变量名、变量名标签、变量值标签和缺失值。

变量名不能超过 8 个字符；变量名不能以数字开头；变量名中不能包含 +、-、×、/、?、= 等运算和逻辑符号。

标签定义命令：Variable labels，该命令是给变量的每一取值加一个说明，标注标签用中、西文均可，但长度不要超过 60 个字符，即 30 个汉字。

SPSS 运行步骤大致如图 10-44 所示。

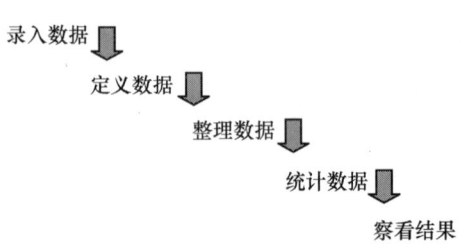

录入数据 ⇩
　定义数据 ⇩
　　整理数据 ⇩
　　　统计数据 ⇩
　　　　察看结果

图 10-44

10.9.2　SPSS 与遗传多维尺度分析

先建立数据文件，然后选择"Analyze"菜单中的"Scale"选项，并选择"Multidimensional Scaling"，如图 10-45 所示。

图 10-45

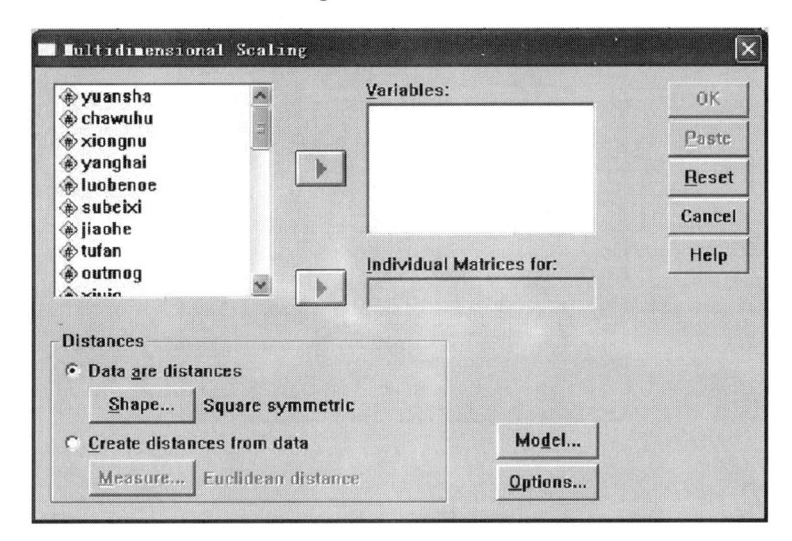

单击"Multidimensional Scaling"选项，会弹出如图10-46对话框。

图 10-46

选择要分析的变量，移入"Variable"栏。

◆"Individual Matrices for"：个别相异性矩阵。只有选用距离（Distances）中的"Create distance from data"（将原数据转化为相异矩阵）选项时，才能选择此项。如果数据本身就是距离矩阵，就不必选择此项。

◆Distances：可供选择的距离。

（1）Data are distances：数据是相异性矩阵，相异性矩阵中每一个元素是矩阵中行与列的相异程度。

（2）Shape：Square symmetric，用以确定矩阵数据的形状，缺省是正方形对称矩阵（Square symmetric）。还有正方形不对称矩阵（Square asymmetric）、矩形矩阵（Rectangular）；选择矩形矩阵，可以输入行数的数目。

◆Create distances from data：从数据中产生距离。当选中此项时，可以点击Measure（测度）选项，默认的是欧氏距离。

◆Model：选择计算模式。一般来说，系统默认参数可适合大多数分析。值得注意的是，我们可以调整 Dimensions（维数），程序提供的有 Minimum 和 Maximum，二者的取值范围都是 1~6。设置完毕点击"Continue"按钮，返回到"Multidimensional Scaling"对话框。

◆Options：弹出如图10-47对话框，可对显示结果进行选择。

图 10-47

将 Display 显示栏下的小白框全部选中后，点击"Continue"按钮，返回"Multidimensional Scaling"（图 10-46）对话框，选择"OK"按钮，即开始分析计算，显示结果。图 10-48 是利用遗传距离矩阵数据做出的二维遗传多维度分析的结果。在图上距离越近的群体，其相对应的遗传距离也就越近。另外，也可以通过前面介绍的调整维度做三维、四维图等。

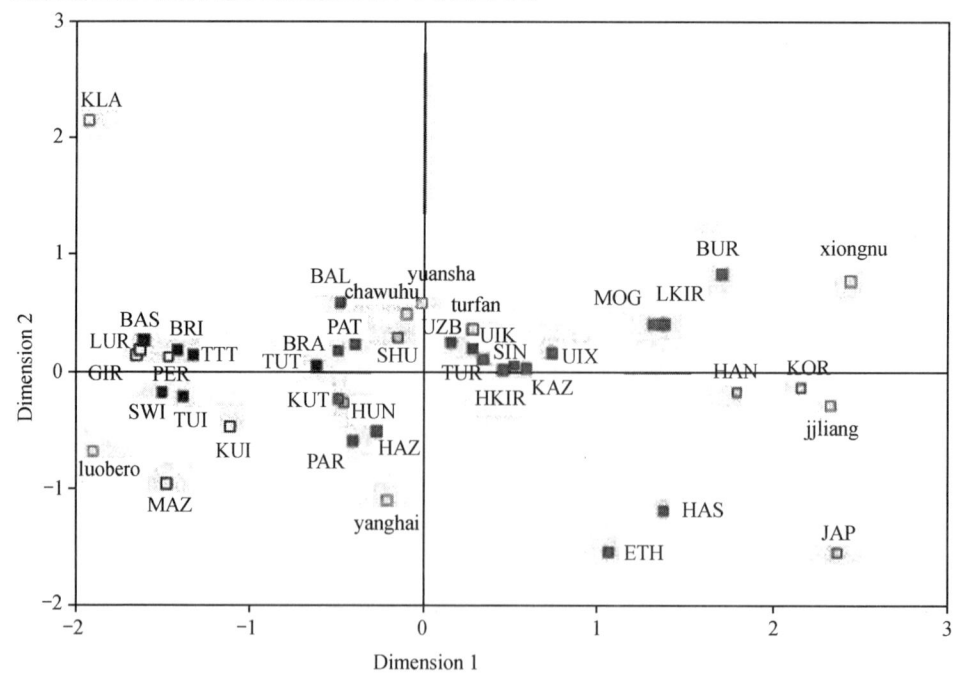

图 10-48

10.9.3 SPSS 与主成分分析

打开数据文件，选择"Analyse"选项中的"Data Reduction"，并选择"Factor"选项，即可进行主成分分析（图 10-49）。

图 10-49

选择"Factor"选项后，会弹出如下对话框图 10-50。

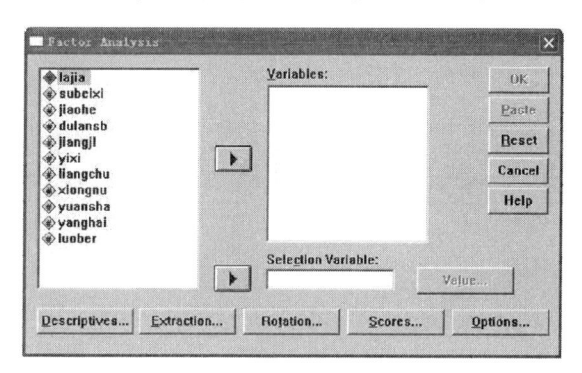

图 10-50

激活要分析的变量，显示 Factor Analysis 菜单，如图 10-51 所示。

◆Descriptives：可以调整 Statistics 和 Correlation Matrix（相关性矩阵）。

◆Rotation：选择因子旋转方法，目的是为了获得简单结构，以帮助我们解释因子。注意：要将 Rotation 对话框下 Display 选项选中。

◆Extraction：在此菜单的 Method 参数框下选择 Principal components，此为主成分法。

◆Options：在此菜单下选择输出的结果选项。

当所有选项都设置完毕后，点击图 10-51 中的"OK"按钮即开始分析。图 10-52 分别是由主成分分析做出的二维和三维图形。

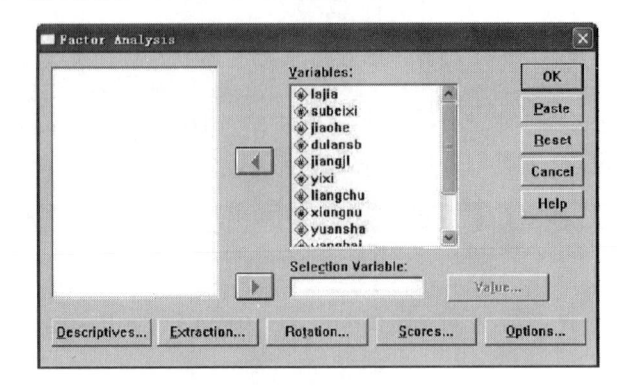

图 10-51

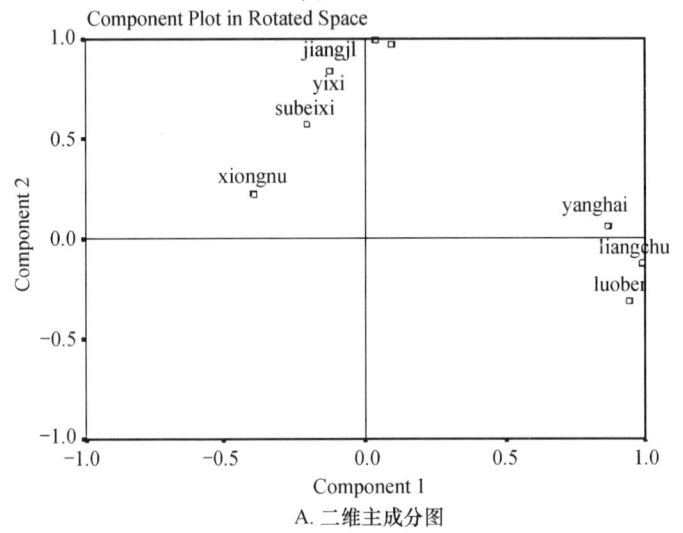

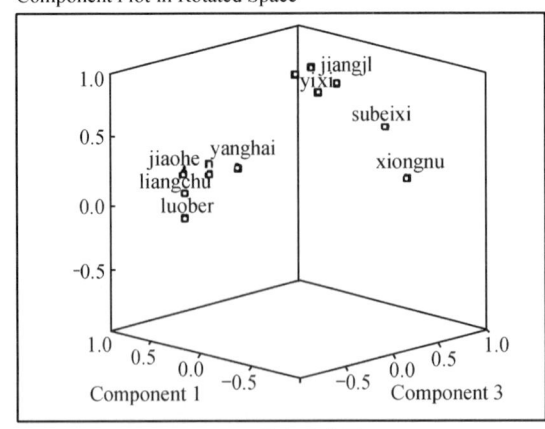

A. 二维主成分图

B. 三维主成分图

图 10-52

SPSS 软件的使用相当复杂，在此短短的篇幅中不能详细说明，本章后列出了一些 SPSS 教程书籍，读者可以参考阅读[1~7]。

参 考 文 献

[1] 洪楠，林爱华等. SPSS for Windows 统计分析教程. 北京：电子工业出版社，2000
[2] 贾恩志，王海燕等. SPSS for Windwos 10.0 科研统计应用. 南京：东南大学出版社，2001
[3] 卢纹岱. SPSS for Windows 统计分析. 北京：电子工业出版社，2000
[4] 马斌荣. SPSS for Windows Ver. 11.5 在医学统计中的应用（第3版）. 北京：科学出版社，2004
[5] 苏金明，周建斌等. 统计软件 SPSS for Windows 实用指南. 北京：电子工业出版社，2000
[6] 薛薇. 统计分析与 SPSS 的应用. 北京：中国人民大学出版社，2001
[7] 张文彤. 世界优秀统计工具 SPSS 11.0 统计分析教程（高级篇）. 北京：北京希望电子出版社，2002